Signos solares para o século XXI

Signos solares para o século XXI

UM GUIA PRÁTICO
PARA O DIA-A-DIA
MODERNO

BABS KIRBY

Tradução:
Johann Heyss

NOVA ERA

CIP-Brasil. Catalogação-na-Fonte
Sindicato Nacional dos Editores de Livros, RJ.

K65s Kirby, Babs
Signos solares para o século XXI: Um guia prático para o dia-a-dia moderno / Babs Kirby; tradução de Johann Heyss. — Rio de Janeiro: Nova Era, 2007.

Tradução de: 21st Century Star Signs
ISBN 978-85-7701-145-2

1. Astrologia. 2. Horóscopos. I. Título.

07-2092.
CDD – 133.5
CDU – 133.52

Título original inglês:
21st CENTURY STAR SIGNS

Capa: Luciana Mello & Monika Mayer
Diagramação de miolo: ô de casa

Copyright da tradução © 2006 by EDITORA BEST SELLER LTDA
Copyright © 2006 by Babs Kirby

Publicado mediante acordo com Arrow Books Ltd., um selo de Random House Publishing Ltd., 20 Vauxhall Bridge Road, London, SW1V 2SA.

Publicado originalmente em inglês por Arrow Books Ltd., em 2006.

Todos os direitos reservados. Proibida a reprodução, no todo ou em parte, sem autorização prévia por escrito da editora, sejam quais forem os meios empregados, com exceção das resenhas literárias, que podem reproduzir algumas passagens do livro, desde que citada a fonte.

Direitos exclusivos de publicação em língua portuguesa para o Brasil adquiridos pela EDITORA NOVA ERA um selo da EDITORA BEST SELLER LTDA.
Rua Argentina 171 – Rio de Janeiro, RJ – 20921-380 – Tel.: 2585-2000
que se reserva a propriedade literária desta tradução

Impresso no Brasil

ISBN 978-85-7701-145-2

PEDIDOS PELO REEMBOLSO POSTAL
Caixa Postal 23.052
Rio de Janeiro, RJ – 20922-970

Para Reuben, com amor

Agradecimentos

Gostaria de agradecer à minha editora Hannah Black, da Century, por tornar este livro possível; a Doreen Montgomery, da Rupert Crew Ltd., por ter ajudado muito no projeto como um todo e a Sandra Levy, cujo envolvimento, contribuição e apoio se mostraram inestimáveis.

Sumário

Introdução 13

Capítulo 1
Áries: de 21 de março a 19 de abril 19

Conhecendo o signo de Áries 19
O lado negativo de Áries 28
O homem de Áries 36
A mulher de Áries 42
A criança de Áries 49

Capítulo 2
Touro: de 20 de abril a 20 de maio 55

Conhecendo o signo de Touro 55
O lado negativo de Touro 64
O homem de Touro 70
A mulher de Touro 76
A criança de Touro 82

Capítulo 3
Gêmeos: de 21 de maio a 20 de junho 89

Conhecendo o signo de Gêmeos 89
O lado negativo de Gêmeos 97
O homem de Gêmeos 104
A mulher de Gêmeos 111
A criança de Gêmeos 117

Capítulo 4
Câncer: de 21 de junho a 22 de julho 125

Conhecendo o signo de Câncer 125
O lado negativo de Câncer 134
O homem de Câncer 141
A mulher de Câncer 146
A criança de Câncer 152

Capítulo 5
Leão: de 23 de julho a 22 de agosto 159

Conhecendo o signo de Leão 159
O lado negativo de Leão 166
O homem de Leão 172
A mulher de Leão 178
A criança de Leão 183

Capítulo 6
Virgem: de 23 de agosto a 22 de setembro 189

Conhecendo o signo de Virgem 189
O lado negativo de Virgem 197
O homem de Virgem 204
A mulher de Virgem 210
A criança de Virgem 215

Capítulo 7
Libra: de 23 de setembro a 22 de outubro 223

Conhecendo o signo de Libra 223
O lado negativo de Libra 231
O homem de Libra 239
A mulher de Libra 245
A criança de Libra 251

Capítulo 8
Escorpião: de 23 de outubro a 21 de novembro 259

Conhecendo o signo de Escorpião 259
O lado negativo de Escorpião 267

Sumário

O homem de Escorpião 275
A mulher de Escorpião 280
A criança de Escorpião 288

Capítulo 9
Sagitário: de 22 de novembro a 20 de dezembro 295

Conhecendo o signo de Sagitário 295
O lado negativo de Sagitário 302
O homem de Sagitário 310
A mulher de Sagitário 316
A criança de Sagitário 322

Capítulo 10
Capricórnio: de 21 de dezembro a 19 de janeiro 329

Conhecendo o signo de Capricórnio 329
O lado negativo de Capricórnio 338
O homem de Capricórnio 346
A mulher de Capricórnio 353
A criança de Capricórnio 360

Capítulo 11
Aquário: de 20 de janeiro a 18 de fevereiro 367

Conhecendo o signo de Aquário 367
O lado negativo de Aquário 378
O homem de Aquário 383
A mulher de Aquário 389
A criança de Aquário 397

Capítulo 12
Peixes: de 19 de fevereiro a 20 de março 405

Conhecendo o signo de Peixes 405
O lado negativo de Peixes 415
O homem de Peixes 423
A mulher de Peixes 430
A criança de Peixes 436

Introdução

Signos solares para o século XXI oferece uma nova visão dos 12 signos do zodíaco. Estes signos possuem origem muito antiga e são abordados neste livro de maneira atual, adequada aos dias de hoje. Mais que qualquer outro sistema divinatório, a astrologia resistiu ao teste do tempo e ainda é capaz de fornecer um método convincente por meio do qual podemos entender mais profundamente a nós mesmos e nossos entes queridos.

O título enfatiza os signos *solares*, sendo o Sol a influência astrológica mais importante de nossas vidas. Desde a popularização das colunas de horóscopo em jornais e revistas, a maior parte das pessoas sabe que o signo é determinado pela data de nascimento. Cada signo do zodíaco é definido de acordo com a presença do Sol em um mapa do céu dividido em 12 casas de trinta graus, e, assim, com os anos bissextos, a data exata em que um signo começa e termina pode mudar a cada ano.

No começo de cada capítulo é indicada uma data aproximada de entrada e saída do Sol no referido signo. Aqueles que nasceram perto do dia em que o Sol entra em um signo devem ler também sobre o signo imediatamente anterior e decidir qual reflete mais sua personalidade, ou consultar um astrólogo que possa lhe dizer exatamente quando o Sol saiu de um signo para outro no ano de seu nascimento.

É claro que desde Copérnico todos sabemos que é a Terra que gira em torno do Sol, e não o contrário. Mesmo assim, nossa experiência baseia-se na Terra, onde sentimos como se fosse o Sol a girar, e isso em nada afeta a maneira como interpretamos os signos. Na verdade, no Ocidente, os astrólogos não usam mais as constelações reais – o cenário de estrelas de acordo com o qual os signos foram nomeados. O zodíaco sideral tem por base o filamento de estrelas do céu e é usado por astrólogos na Índia e no Oriente.

O zodíaco tropical é usado pelos astrólogos ocidentais e tem como ponto de partida o equinócio da primavera, que acontece por volta de 21 de março, quando o Sol cruza o equador e o dia e a noite têm a mesma duração. Tanto o zodíaco tropical quanto o sideral contêm os mesmos signos, mas eles começam e terminam em datas diferentes e são analisados de acordo com critérios distintos.

Há efetivamente dois zodíacos, que coincidiam há dois mil anos, mas que foram se separando gradualmente, num fenômeno conhecido como precessão dos equinócios. Por mais confuso que seja, esta é uma das razões pelas quais a astrologia oriental é tão diferente da astrologia ocidental. Os críticos da astrologia costumam achar que os astrólogos não têm conhecimento desse fato, e usam esse dado para tentar desacreditá-los. Mas os astrólogos sabem disso muito bem.

O Sol passa cerca de 30 dias em cada signo, e confere uma influência específica para as pessoas nascidas nestes períodos, tecendo a postura e as atitudes que adotam na vida. Ainda não se sabe exatamente como isso ocorre; há diferentes teorias sobre o assunto, mas não as abordaremos aqui.

Minha orientação pessoal, assim como a de muitos astrólogos ocidentais, é encarar os signos zodiacais como imagens arquetípicas. Prefiro abordar a astrologia de modo simbólico a fazê-lo de forma determinista ou fatalista; basta que a astrologia aponte os potenciais inatos das pessoas, ajudando a encontrar a direção certa e o significado de nossas vidas. Além de ter mais de vinte anos de experiência como astróloga, também sou psicoterapeuta profissional, portanto meu foco sempre foi tanto no aspecto interno dos 12 signos quanto em suas características externas.

Nossas maiores dificuldades na vida vêm de aspectos nossos que negamos ou rejeitamos – características que não conseguimos aceitar. Qualquer assunto que esteja enterrado no subconsciente pode ter um poder destrutivo em nossas vidas. Todos nós temos nossos "pontos cegos", os quais serão abordados de modo compassivo nos capítulos a seguir, na esperança de que possamos aumentar nossa aceitação e o conhecimento de nós mesmos, tornando-nos mais plenos.

A astrologia também é um instrumento poderoso para compreender as outras pessoas. É relativamente fácil descobrir os signos das pessoas – só

Introdução

precisamos saber sua data de nascimento. A leitura sobre os signos nas páginas a seguir trará uma nova luz sobre as razões que levam as pessoas a se comportar da maneira que o fazem. Compreender de verdade que uma atitude que lhe parece incompreensível é perfeitamente válida do ponto de vista astrológico acaba por enfatizar o fato de que não há uma só maneira de ser, e sim várias. Conhecer os diferentes signos pode ajudar a promover mais compreensão e tolerância entre as pessoas.

Há atualmente diversos livros de auto-ajuda oferecendo conselhos espirituais e psicológicos, mas um esboço observador do signo solar não pode ser subestimado, pois, por intermédio dele, é possível reconhecer e entender muitos fatores.

Os **signos cardinais** são Áries, Câncer, Libra e Capricórnio, e o que eles têm em comum é que todos, cada um com suas peculiaridades, gostam de começar. Os nativos dos signos cardinais são desbravadores, ótimos em começar projetos e dar o pontapé inicial. Eles gostam de agitar e acham que inovar é sempre bom. São dotados de grande motivação, dinamismo e entusiasmo, e se destacam por suas mudanças instigantes.

Touro, Leão, Escorpião e Aquário são os **signos fixos**, os quais, como o nome já sugere, resistem a mudanças. Os nativos dos signos fixos distinguem-se por sua tenaz persistência, por levar seus projetos e tarefas até o fim e por sua capacidade de trazer estabilidade e consolidação. São indivíduos confiáveis, leais e persistentes, bons em manter o *status quo*. Nunca desistem nem entregam os pontos facilmente; antes, conservam e preservam o que quer que possuam.

Os nativos dos **signos mutáveis**, que são Gêmeos, Virgem, Sagitário e Peixes, são indivíduos adaptáveis e flexíveis. Dotados de agilidade mental e destreza física, podem se ajustar facilmente a mudanças nas circunstâncias mais diversas. Têm o dom de se adequar a qualquer ambiente em que se encontrem e são capazes de se curvar ao vento, ao menos metaforicamente.

Um de meus professores usava a seguinte história para ilustrar essas qualidades: imagine alguém chegando em uma encruzilhada no meio do nada, sem nenhuma placa de sinalização. O indivíduo do tipo cardinal pegaria qualquer uma das estradas, por achar que todas elas acabam levando ao destino final. O indivíduo do tipo fixo ficaria parado até que alguém chegasse para indicar o caminho certo. O indivíduo do tipo mutante, por sua vez, percorreria um pequeno trecho de uma das estradas, depois voltaria e tentaria outra estrada, depois outra e assim por diante, explorando um pouco de cada uma delas.

Fora essas três qualidades, os signos são constituídos por quatro elementos: fogo, terra, ar e água. As qualidades cardinais, fixas e mutáveis contêm, cada uma, um signo de cada elemento. Portanto, podemos exemplificar que existe um signo de fogo cardinal (Áries), um signo de fogo fixo (Leão) e um signo de fogo mutável (Sagitário). É possível conseguir uma grande quantidade de informações sobre um signo em particular ao reunir dados tanto de sua qualidade quanto de seu elemento. Sendo assim, vamos agora abordar os elementos.

Os **signos de fogo** são Áries, Leão e Sagitário. Os nativos desses signos são calorosos e espontâneos, vivazes e impetuosos. Animados, otimistas, dedicados e generosos, eles se baseiam em sua intuição e são visionários, voltados para o futuro.

Touro, Virgem e Capricórnio são os **signos de terra**, signos de pessoas práticas, sensuais, pés no chão e realistas. Os nativos de signos de terra confiam em seus cinco sentidos: tato, paladar, olfato, visão e audição. Dotados de personalidades práticas e prosaicas, são antes de tudo pessoas sensatas.

Os nativos dos **signos de ar**, Gêmeos, Libra e Aquário, são indivíduos sociáveis, gregários, que gostam de conversar, de trocar idéias e de conectar-se a outras pessoas. Possuem uma postura imparcial, objetiva e lógica; são idealistas, interessados em pensamentos abstratos. Sua orientação acrescenta perspectiva e tolerância que são levadas a quaisquer situações.

Câncer, Escorpião e Peixes são os **signos de água**, cujos nativos são indivíduos de sentimentos profundos, sempre em contato com suas emoções e seu mundo interior. Simpáticos, compassivos, imaginativos, impressionáveis e sensíveis, eles assimilam as influências ocultas das situações.

Ao interpretar um mapa astrológico, o signo solar é apenas um entre os vários fatores levados em consideração pelos astrólogos. Também são considerados o signo lunar e os signos dos planetas, Mercúrio, Vênus, Marte, Júpiter, Saturno, Urano, Netuno e Plutão. Além disso, há também o signo ascendente (que é o signo que ascendia no horizonte no momento do nascimento) e o meio do céu (o signo culminante no céu na hora do nascimento), ambos importantes na análise completa do mapa. Todos os 12 signos ascendem e culminam em algum momento num período de 24 horas, daí a necessidade do horário do nascimento. Essa é a base de orientação para todo o mapa, que fornece muito mais informação do que apenas o signo solar.

Quem se reconhece nas descrições de outros signos que não o signo solar pode ter o signo ascendente ou o signo lunar ressaltados por uma ocupação de vários planetas. Nenhum de nós se resume a um só signo; somos uma mistura de vários deles. Sendo assim, a interpretação feita por um astrólogo do mapa, com todas as suas complexidades e detalhes, se revela uma experiência profunda e esclarecedora.

A despeito das diversas influências astrológicas, o Sol está no centro do nosso sistema solar – tudo gira ao redor do Sol e dele depende, e para todos nós ele também é de importância essencial e peculiar. A importância do signo solar, portanto, jamais deve ser desprezada, e os retratos astrológicos apresentados a seguir serão facilmente reconhecíveis, além de esclarecedores.

Cada capítulo contém cinco partes. A primeira parte consiste numa descrição das principais características dos nativos do signo, seu comportamento, atitudes e motivações. Essa introdução geral aborda a atitude do signo quanto a trabalho, dinheiro, prazer e a dinâmica entre chefes e subordinados, de acordo com os pontos fortes e fracos do signo.

A segunda parte concentra-se especificamente nos atributos negativos do signo, explicando suas razões psicológicas subjacentes e oferecendo conselhos construtivos àqueles que lutam contra aspectos difíceis de suas personalidades. Essa parte será inestimável para as pessoas que se relacionam com nativos do signo em questão, já que revela os problemas de cada signo e oferece sugestões de como lidar com eles.

As outras duas partes descrevem, respectivamente, os homens e as mulheres de cada signo, discutindo como as características se expressam mais especificamente em termos de cada sexo, mostrando como cada um se comporta no papel de amigo, de amante e de sócio. A dinâmica dos relacionamentos é apresentada sem distinção de gênero, de modo a incluir tanto as relações heterossexuais quanto as homossexuais. Serão analisadas questões como compromisso e fobia de compromisso; responsabilidade e liberdade; lealdade e infidelidade; dependência e independência; segurança e autonomia; cooperação; proximidade e abandono. Serão descritas as diferentes necessidades e os padrões de relacionamento de cada signo, bem como algumas situações típicas.

O objetivo da última parte, que aborda a criança do signo, é ajudar os pais a entender seus filhos. Algumas pessoas talvez queiram ler essa parte para entender como eram e quais eram suas necessidades quando crianças. Os vários estágios do desenvolvimento infantil estão enfocados, com referências sobre como cada signo lida com as transições.

Áries

de 21 de março a 19 de abril

Signo cardinal de fogo, regido por Marte

Conhecendo o signo de Áries

É fácil reconhecer os nativos de Áries por seu calor humano e sua sinceridade. São indivíduos que olham com firmeza nos olhos da pessoa, tidos como autênticos, despretensiosos e francos. Além disso, é de se observar uma certa inocência e ingenuidade que os leva a dizer com a maior naturalidade coisas que parecem insensíveis e que outras pessoas jamais ousariam dizer.

O carneiro representa Áries, e os nativos deste signo têm várias características em comum com esse animal, como a de usar os chifres, no sentido metafórico. Podem bater de frente com quem os enfrenta e não toleram procrastinações. Os arianos não têm tempo para brincadeiras ou joguinhos; trata-se de sujeitos prosaicos, francos e honestos, mas que também podem ser considerados um tanto falastrões por quem espera um pouco mais de diplomacia. Não é que sejam deliberadamente grosseiros; na verdade são pessoas revigorantes, espontâneas e de boa-fé.

Na qualidade de nativos de um dos signos de fogo (os outros são Leão e Sagitário), os nativos de Áries são intuitivos e orientados em direção ao futuro, com uma abundância de otimismo e fé no que está ao redor. Alguns podem considerá-los sortudos, mas é a capacidade que os arianos têm de enxergar as oportunidades inerentes em cada situação que origina sua boa sorte. Eles acreditam muito em seus pressentimentos, o que pode parecer um modo perigoso e assustador de viver para quem não leva isso em consideração, mas que é algo infalível para os nativos dos signos de fogo. E se no final derem com os burros n'água, são capazes de se levantar, sacudir a poeira e dar a volta por cima, para grande consternação daqueles que se deixariam destruir por bem menos.

Áries é o primeiro signo do zodíaco; começa no equinócio da primavera do hemisfério norte, por volta do dia 21 de março, e sua personalidade reflete isso. Gostam de ser os primeiros e sua natureza é altamente competitiva, um fator que pode ser mais ou menos evidente, mas que nunca deve ser subestimado. O desejo de vencer está em tudo o que fazem, e consideram cada vitória, por menor e mais insignificante que seja, uma confirmação de sua capacidade de vencer. Apesar de vencer ser importante para eles, a maneira com que conquistam a vitória também o é, o que os torna escrupulosamente honestos e justos. Qualquer outro tipo de triunfo seria vazio e sem sentido para um ariano. Além disso, são sinceros principalmente pelo trabalho que dá não ser verdadeiro – mentiras e logros tornam a vida complicada demais para um nativo de Áries.

Bravos, corajosos e galantes, os nativos de Áries são regidos pelo planeta Marte, o deus da guerra do antigo panteão grego, e existe um quê de guerreiro nos arianos. Eles têm espírito de luta e o que mais gostam é de uma causa a ser defendida; são especialmente bons em amparar os mais fracos. Eles correm para defender aqueles que consideram negligenciados ou desfavorecidos pelo resto da sociedade. São aqueles indivíduos que podem montar uma campanha convincente e atrair adesões e apoio. Esse tipo de atitude se encaixa bem com seu temperamento, pois assim eles podem exercitar suas qualidades de liderança e lutar por boas causas. Fazem isso com muito mais eficiência pelos outros do que por si próprios, e sem dúvida as causas que abraçam podem ser um canal para suas próprias questões mal-resolvidas. Esse comportamento não é necessariamente sinal de forte consciência política, apesar de haver muitos políticos bem-sucedidos nascidos sob o signo de Áries; é mais a injustiça humana que os estimula a agir.

Ultimamente tem aparecido uma série de políticos bem-sucedidos do signo de Áries na Grã-Bretanha. Entre eles estão John Major e Neil Kinnock, que estiveram no poder na mesma época, como líder do governo e da oposição, respectivamente; além de William Hague e Iain Duncan Smith, os líderes seguintes do Partido Conservador. Nada em Áries sugere uma natureza conservadora como tal, mas trata-se de pioneiros e líderes natos.

Provar sua bravura é um passatempo para os arianos e consiste em desafiar todas as coisas que temem na vida. À medida que vão vivendo, vão superando seus medos ao se tornarem exímios em todo tipo de coisas estranhas. Alguns dos ofícios em que se engajam podem não ter mérito muito evidente – talvez não represente um crescimento profissional, por exemplo –, mas para eles têm enorme valor. As outras pessoas talvez não percebam como suas conquistas são importantes, pois os arianos não costumam fazer muito estardalhaço sobre seus feitos; eles simplesmente se jogam de cabeça. Isso pode ser entendido de modo literal, como um certo ariano que conheci que morria de medo de mergulhar e que aprendeu à perfeição no período de um verão.

É típico dos arianos conhecer as barreiras à sua ascensão e, então, aceitar determinados trabalhos, funções, responsabilidades ou atividades que as façam cair por terra. É assim que eles crescem e florescem, pois precisam estar sempre testando a própria coragem. Buscam os desafios por instinto; o desafio extrai o melhor dos arianos, e eles se saem bem em crises e quando estão sob pressão.

Isso não quer dizer que os arianos não tenham medo; eles lidam bem com seus medos, sejam conscientes ou não, ao subjugá-los. Pode ser que esses medos estejam no inconsciente, o que os leva a desafiar a si mesmos por meio de atos ousados. Isso pode se tornar uma compulsão e, nesse caso, se quiserem parar, precisam se conscientizar de seus medos internos. À medida que vão adquirindo consciência e maturidade, os arianos vão ficando mais seletivos em relação aos riscos para os quais estão preparados e mais capazes de escolher atividades e aventuras que valham a pena.

Os nativos mais jovens e menos seletivos tendem a se precipitar em atividades sem levar as conseqüências em conta. O dito "o tolo aprende à sua própria custa e o sabido, à custa do tolo" bem poderia ser sobre um ariano imaturo. Essa imprudência pode levá-lo a um estresse excessivo. A idéia de conhecer os próprios limites é completamente estranha aos arianos; o que eles desejam é superar suas conquistas anteriores em todas as áreas da vida. São ambiciosos simplesmente por serem movidos por seu espírito conquistador.

A escritora ariana Erica Jong foi catapultada à fama por seu livro *Medo de voar*, que fez enorme sucesso na década de 1960. Apesar de o livro não ter nada a ver com voar, o título implica um desafio, o que é típico do signo de Áries. Maya Angelou, autora de uma série de livros autobiográficos, é outra escritora que demonstra suas características arianas de pioneirismo pela vida que leva, rompendo todas as barreiras para uma mulher negra do extremo sul dos Estados Unidos. Ela tipifica a capacidade deste signo de superar enormes dificuldades e se tornar um modelo e uma inspiração para as pessoas.

A impetuosa natureza de Áries pode ser uma dádiva para os demais, pois os arianos não hesitam em oferecer ajuda quando necessário, sem medir esforços pessoais. São indivíduos generosos, principalmente porque agem primeiro para pensar depois, reagindo de modo impulsivo e espontâneo. Apesar disso, o signo tem fama de egoísta. Isso ocorre por eles saberem o que querem e o dizerem com a maior clareza.

Então, por exemplo, quando um ariano pede um favor, é bem provável que ignore formalidades e cortesias e entre direto no assunto, solicitando o que quer. Não são bons em manobras engenhosas nem em manipulações. Pessoas de temperamento mais sinuoso podem se ofender com a falta de malícia e com a maneira enérgica com que os arianos expõem os fatos, o que também leva pessoas que têm o que esconder a se sentirem expostas. Talvez os arianos tenham sido originalmente tachados de egoístas como um insulto por parte de quem não consegue lidar com sua transparência. Chamá-los de autocentrados seria mais exato, tanto no sentido positivo quanto no negativo.

No lado positivo, ao colocar-se no centro, Áries emana integridade e certeza. Este é um dos poucos signos que não precisa, necessariamente, que os outros gostem dele – o ariano não busca a aprovação dos outros. Essa independência de ação inspira a confiança das pessoas. Os nativos transparecem muita segurança, o que não quer dizer que sejam tão seguros assim. Na verdade, eles podem ter um ego tão frágil e uma auto-estima tão baixa quanto qualquer um; quem se impressiona com seus modos raramente percebe essa vulnerabilidade.

Áries

Os arianos são essencialmente almas puras que expõem a todos seus impulsos rudes e primitivos. O que lhes falta em sofisticação lhes sobra em energia; Áries é o dínamo humano do zodíaco. Seu problema pode ser saber a hora de parar, pois eles acumulam atividades e não escutam as mensagens do corpo. Alguns podem argumentar que isso seria uma forma de compensação, que assim eles fogem de sentimentos mais complicados dentro de si.

Na verdade, como se trata de um tipo intuitivo, o mundo sensorial é repleto de dificuldades para os arianos, e seu corpo exemplifica isso. A necessidade de alimentar o corpo, de descansar, de manter-se em forma ou de fazer algum tipo de exercício não os impressiona. Não é que sejam indolentes. Eles acham maçante ir para a academia, e o "barato" que ocorre depois dos exercícios é logo esquecido, por isso não há motivação para retornar. A melhor maneira de fazer um ariano se exercitar é com algo que envolva competição; competir com amigos, ou mesmo ultrapassar metas preestabelecidas. Ao contrário dos signos de terra, os nativos de Áries não têm prazer na atividade física em si.

E também não prestam muita importância à alimentação, sendo um dos signos mais propensos a engolir a comida de qualquer jeito, às pressas. Pratos sofisticados são desperdício para eles; a comida é uma necessidade e um requisito, não um prazer. Eles podem acabar aprendendo a respeitar as necessidades do corpo, mas isso se dá após muito abuso e negligência. Felizmente, sua constituição é forte e costumam ter bastante resistência. Um jovem cliente meu, com quem abordei esse exato problema, me garantiu que não tinha o menor interesse em cuidar de suas necessidades corporais – seu interesse se voltava para viagens astrais, para sair completamente do corpo. Era um caso extremo, mas seu desejo de se livrar do corpo e de suas necessidades se encontra no âmago de muitos arianos.

Os nativos de Áries costumam ter uma forte vitalidade que lhes garante boa saúde; isso também vale para quando adoecem e ficam verdadeiramente impossíveis. O primeiro impulso de um ariano adoentado é ignorar os sintomas e seguir em frente mesmo assim. Isso pode não ser tão heróico quanto parece. Eles fazem isso porque não suportam ceder a limitações físicas, optando por negá-las. Se a doença chega a ponto de incapacitá-los, tornam-se os piores pacientes do mundo. São melodramáticos e agem como se estivessem à beira da morte, e podem ser exigentes e ingratos. É preciso ter em mente que agem assim por se sentirem aterrorizados pela sensação de desamparo que lhes acomete ao caírem de cama. As dificuldades mentais relacionadas à perda de autonomia e de independência levam os arianos a perder as estribeiras.

Parte do problema em ficar doente para os nativos de Áries é que eles param de funcionar de modo racional. O medo de ficar doente para sempre é tão grande que acabam perdendo a noção das coisas. Ficam desesperados para melhorar logo. Um ariano seriamente adoentado sofre duas vezes: por causa da doença em si e por causa da maneira como reage ao confinamento que a doença implica.

Muito disso pode ser atribuído ao mecanismo de "lutar ou correr" dos arianos. Eles são fortemente sintonizados com seus instintos primitivos de sobrevivência, dos quais a vida humana já dependeu em tempos ancestrais. Apesar de normalmente não ser mais necessário acessar tais instintos, ainda assim os arianos são guiados por eles em situações de perigo. É uma poderosa compulsão inconsciente. Podem se comportar de modo primitivo e reagir de modo exageradamente agressivo e brutal ao se sentirem ameaçados. Seu desejo de vencer a qualquer custo também é ligado a essa estratégia básica de sobrevivência.

Os problemas de Áries no plano físico também afetam sua capacidade de lidar com questões práticas. Os arianos são conhecidos por sua incapacidade de cuidar de sua papelada pessoal. Preencher formulários pode causar-lhes medo e ódio, por isso preferem simplesmente não preenchê-los. Pagar contas (excetuando conveniências como o débito automático em conta, que deve ter sido inventado para os nativos dos signos de fogo) é uma questão relativa. Ou pagam logo de uma vez ou esquecem por completo. Obrigações como fazer a revisão do carro ou encher os pneus encontram grande resistência por parte dos arianos.

Há uma ariana cujo carro teve dois motores fundidos porque ela não trocava o óleo. Os nativos de Áries costumam recorrer aos outros para ajudá-los com tarefas desse tipo e ficam vulneráveis e surpreendentemente impotentes no que se refere à maioria das providências de natureza prática. Os arianos que controlam os aspectos pragmáticos e mundanos da vida conseguiram isso com a experiência e lidam com tais coisas de maneira mecânica, ou então é o caso de terem algum aspecto em seu mapa que lhes torne mais fácil esta lida, como ascendentes em signos de terra.

Os arianos são conhecidos por sua impaciência; estão sempre com pressa e, conseqüentemente, irritadiços. Perdem a paciência consigo próprios bem como com as pessoas em geral e costumam passar por muitas frustrações por causa das enormes expectativas que nutrem. Esta é outra característica que melhora com a maturidade. Até então, é difícil que eles consigam deixar de expressar seu descontentamento; demonstram sua irritação o tempo todo, para grande consternação dos signos mais sensíveis. Felizmente, os ataques de raiva passam rapidamente e são logo esquecidos. Seu temperamento é como um tempo instável, quando o clima muda rapidamente e intercala enxurradas e até chuvas de granizo com tempo bom e ensolarado. Nunca alimentam desgostos e nem são de guardar rancores, e quando não estão gostando de algo, fica logo evidente para todo mundo. São abertos, explícitos e esperam que as pessoas saibam lidar com o que têm a dizer, e podem, sem querer, subestimar os aborrecimentos e as ofensas que acabam provocando.

Os nativos do signo de Áries têm energia de sobra, e adoram esportes competitivos – isso se forem razoavelmente bons neles, pois é preciso haver possibilidade de vitória. Podem sair-se bem em esportes de equipe, apesar de que no futebol, por exemplo, são melhores no ataque do que na defesa. Gostam de ter papel proativo. Podem praticar esportes radicais, como automobilismo, modalidades de pára-quedismo e *bungee-jump*. A motivação é a sensação de liberdade e a onda de adrenalina. Não se esqueça de que os arianos se sentem compelidos a superar seus medos e a provar que são corajosos.

Os arianos pisam fundo no acelerador, sem muita consideração pelos passageiros, e muito menos pelos outros motoristas. Estão invariavelmente com pressa e colocam toda sua competitividade inata no momento em que sentam-se ao volante. Se as circunstâncias permitirem, sem dúvida vão preferir um carro esporte, e, se tiverem filhos pequenos, as crianças podem acabar apertadas no banco de trás. Desistir do carro de dois lugares por causa da família é uma transição fundamental na vida de um ariano, e alguns preferem manter dois automóveis a fazer tamanho sacrifício.

No que se refere a tarefas domésticas, os nativos de Áries se encontram em uma dentre duas categorias distintas: ou são rápidos e eficientes demais ou se esquecem totalmente do que precisam fazer. Alguns podem alternar os dois extremos. Seja qual for o modo pelo qual desempenham tais tarefas, é provável que o resultado seja desconfortável para quem vive com os nativos deste signo. É típico que não queiram ninguém mais na cozinha quando estão cozinhando, de maneira que nada atrapalhe o que estão fazendo. Não querem ninguém no seu pé nem lhes atravancando o caminho entre o fogão e a mesa onde estão trabalhando, o qual percorrem com a rapidez que lhes é peculiar. Se alguém oferece ajuda, o nativo de Áries acaba fazendo com que seu assistente fique sentado, fora do caminho, e espera que ele ou ela faça o que lhe é pedido. O ariano está no comando; o ajudante é um subordinado. Cooperação e igualdade não são seus pontos fortes.

A outra categoria, a dos que não sabem o que precisa ser feito em casa, surge a partir da dificuldade do ariano com as coisas de natureza prática. Por ser um campo no qual são menos proficientes, podem se iludir dizendo a si mesmos que tais tarefas são desimportantes e estão aquém da própria capacidade, o que não é uma postura positiva para quem quer ter harmonia dentro de casa.

O desejo dos nativos de Áries de estar no controle se manifesta tanto em casa quanto no trabalho. Quando são funcionários, precisam de muita autonomia e responsabilidade para realizar seu trabalho. Não se dão bem com vigilância constante e questionamentos sobre o que estão fazendo. Adaptam-se melhor a escalas de trabalho flexíveis. Não toleram restrições desnecessárias como horários impostos ou regrinhas insignificantes; é preciso que vejam sentido nas regras de trabalho ou ficam furiosos e se tornam, na melhor das hipóteses, difíceis de cooperar, quando não rebeldes. Também não respeitam chefes idiotas – o que, para eles, seria hipocrisia –, portanto, é essencial que nutram respeito genuíno por seus superiores, e vice-versa.

Os arianos podem ser funcionários diligentes e entusiasmados quando seus chefes lhes deixam fazer tudo ao seu modo. Ao trabalhar em equipe é importante que as áreas de responsabilidade sejam definidas de forma clara e que cada um receba seus respectivos créditos. São generosos, mas não aceitam fazer mais do que a cota justa se seu trabalho extra não for devidamente reconhecido. Eles gravitam em posições de liderança e, por conta do próprio entusiasmo, são bons motivadores para as outras pessoas.

Áries

O nativo de Áries sente-se completamente à vontade em posições de chefia; são bons em dar o pontapé inicial, são dinâmicos e inspiradores. Eles nasceram para ser chefes, e quando assumem posições de liderança deixam isso mais do que claro. São chefes durões, até porque estabelecem padrões exigentes para si mesmos, e não vêem por que os outros não poderiam fazer o mesmo. Se os funcionários derem cem por cento de si, o chefe ariano ficará satisfeito. Apesar de serem considerados mandões, exigentes e intransigentes, nunca são mesquinhos nem malévolos. E conseguem extrair resultados, não resta dúvida.

Os arianos lutam contra injustiças e, na condição de empregadores, isso inclui o ambiente de trabalho. São indivíduos honrados e de princípios, justos e honestos, apesar de serem um pouco assustadores às vezes. Talvez o pior pecado para um chefe ariano seja a mentira, portanto nunca tente forjar uma doença para faltar ao trabalho com um chefe ariano. Eles preferem mil vezes um empregado que solicite um dia de folga de modo direto àquele que dá uma desculpa esfarrapada que acaba tendo o efeito de um insulto à sua inteligência. Mais que isso, é bem possível que eles atendam a um pedido direto, pois admiram pessoas francas.

Um dos maiores trunfos de um chefe ariano é sua intuição. Muitas de suas decisões de negócio tomam por base sua intuição, incluindo a escolha dos empregados. Não sabem explicar ou justificar a razão de agirem deste ou daquele modo – uma das dificuldades do processo intuitivo é não resistir a análises racionais. E isso quer dizer que um chefe ariano pode ter um jeito de saber mais sobre seus funcionários do que estes gostariam.

Os nativos do signo de Áries se adaptam melhor a carreiras nas quais a iniciativa, o entusiasmo e a autonomia são bem-vindos, como na área de negócios, política, artes, vendas e marketing. São bons em situações de crise e costumam se dar bem em todos os serviços de emergência, incluindo a medicina, nos quais suas reações rápidas compensam sua falta de paciência. Eles têm uma necessidade heróica de ajudar pessoas em apuros, portanto se saem bem em qualquer tipo de trabalho de resgate, especialmente aqueles que envolvem elementos de perigo em alto-mar ou em terrenos difíceis.

Seja qual for seu trabalho ou posição na vida, os arianos contribuem com retidão, clareza e simplicidade. São pessoas que sempre fazem a vida parecer menos complicada. Atingem a essência das situações e vêem além das aparências. Têm aptidão nata para desconstruir. Este é o seu dom.

O lado negativo de Áries

Muitas das características positivas de Áries podem se tornar negativas. Os arianos só precisam expressar algumas das características mais extremas e distorcidas de sua personalidade para serem tachados de difíceis e problemáticos. A maioria dos arianos acaba fazendo isso de vez em quando, tornando-se uma péssima representação de seu signo. Quando, por exemplo, se sentem ameaçados ou terrivelmente aborrecidos, podem ficar impacientes e agressivos. Alguns arianos manifestam predominantemente o lado mais negativo do espectro de possibilidades de que dispõem. Estes são, geralmente, os indivíduos que mais sofrem. Não que isso seja uma desculpa, mas quando se tem de lidar com uma pessoa desagradável, entender o porquê de seu comportamento ajuda. Assim, abordaremos agora as expressões negativas dos nativos deste signo, considerando a razão de agirem de tal maneira.

O ariano é um otimista por natureza, portanto é de se perguntar como ele se tornaria negativo. Bem, o nativo de Áries se torna negativo quando fica tão fora da realidade que passa a viver no mundo da lua. Para alguns, sua capacidade de ter iniciativa se transforma em mera busca pelo próximo golpe de sorte, o qual esperam para já. Eles pensam que a falta de sorte que estão vivendo não é culpa deles, e que tudo mudará magicamente sem que precisem agir. Recusam-se a aceitar a responsabilidade pela situação e começam a culpar quaisquer forças externas enquanto esperam que algo ou alguém mude suas vidas. Eles nunca ouviram falar do dito popular "nós criamos nossa própria sorte". Indivíduos assim podem acabar desperdiçando a vida por não reconhecerem nem aproveitarem as oportunidades que se apresentam a eles. Ao invés de serem proativos, o que é típico deste signo, tornam-se passivos e esperam que alguém os salve.

Sendo um tipo intuitivo, a maioria dos arianos costuma confiar em seus palpites. Mesmo assim, nada substitui o trabalho dedicado. Alguns podem viver muito mais na imaginação, ou pensando no futuro, e deixam de pensar no próprio corpo e no aqui e agora. Negligenciar o corpo até um certo ponto é normal para os arianos, mas se a negligência se estender por longos períodos podem surgir muitos problemas em decorrência disso. São pessoas propensas a pular refeições e comer às pressas, portanto problemas digestivos como síndrome do cólon irritável e maus hábitos alimentares, como ficar beliscando doces, são comuns, podendo se desenvolver a ponto de se transformarem em distúrbios alimentares sérios como anorexia, que é uma doença complexa, mas que pode ser desencadeada por um padrão alimentar caótico.

Os arianos podem detestar seus corpos e certamente não se sentem confortáveis com funções corporais; consideram-nas nojentas. São melindrosos e algumas de suas negligências se originam na negação desses aspectos naturais da condição humana. Os nativos deste signo preferiram que tais coisas não fizessem parte do ser humano. Podem sentir-se bastante estorvados por suas necessidades físicas, e tendem a ignorá-las.

Tudo isso atrapalha os relacionamentos dos arianos. Sua dificuldade no domínio do físico pode ser um problema para sua sexualidade. Os nativos do signo não são naturalmente sensuais (característica dos signos de terra) e não gostam necessariamente de carinhos pelos carinhos em si. O contato íntimo com o corpo do outro deve ser apenas o meio para alcançar um objetivo, ou seja, a satisfação sexual. Eles podem literalmente sentir nojo de corpos. Tais características não são muito atraentes, e as pessoas que se envolvem com eles podem sentir-se desprezadas, incapazes de perceber que o problema não está com elas. De toda forma, essas questões devem ser levadas em conta em relação à duração do relacionamento. O sexo pode ser uma forma de esporte para os arianos, na qual podem gostar do resultado, mas não necessariamente do processo. Essa é uma caricatura negativa, e no caso dos arianos normais, apesar de haver relances desses extremos, não será seu principal modo de operação.

Hugh Hefner, o notório criador da revista masculina *Playboy*, é um ariano com um estilo de vida que ilustra algumas dessas questões quanto ao âmbito físico. Apesar de alguns homens o invejarem, outros podem achar que ele se escora em um ego frágil ao cercar-se de numerosas mulheres seminuas. À parte questões de exploração, Hefner parece pensar que quanto mais mulheres melhor, o que aparenta ser mais um indicador de sua competitividade do que uma capacidade de possuir relacionamentos significativos.

    Outro traço dos arianos que pode se tornar detestável é sua falta de paciência. São dotados de mente muito rápida; normalmente entendem a questão e assimilam uma situação muito antes dos demais, e ficam muito irritados com pessoas mais lentas. A impaciência faz deles maus professores, pois eles seguem o ritmo dos alunos mais brilhantes e deixam os outros a ver navios. Uma mãe ariana, ao tentar ajudar a filha com o dever de matemática, acabou traumatizando a garota com suas críticas – se a menina não entendia, era tratada como se fosse burra. Na verdade, a menina não tinha nada de burra, só não era tão rápida quanto a mãe esperava que ela fosse. Os arianos assimilam as coisas intuitivamente e seu desprazer é, em parte, um disfarce, pois eles não conseguem explicar seus métodos em termos racionais. E para eles é muito difícil não demonstrar sua irritação.

    A impaciência dos nativos de Áries também pode ser direcionada a indivíduos fisicamente mais lentos. Odeiam ficar esperando. Portanto, ao saírem com a família, podem ficar irritadiços se os outros não estiverem prontos quando eles próprios já estiverem, deixando de reconhecer que é da natureza deles ficar prontos primeiro. Eles tendem a caminhar de forma rápida e qualquer um que ande num ritmo um pouco mais tranqüilo pode irritá-los. Nem mesmo idosos e crianças pequenas, que são evidentemente mais lentos, despertam mais tolerância, e o passeio pode se tornar tenso por causa de sua frustração.

    Os indivíduos de Áries são dotados de um temperamento vivo quando estão bem, e quando estão mal podem ser verdadeiros déspotas e ter acessos de cólera. Esse tipo de pessoa aprendeu que pode controlar os outros ao amedrontá-los. No fundo, podem sentir que carecem de poder, portanto precisam se afirmar exageradamente. Isso é típico dos valentões, que no íntimo são covardes. Pessoas assim foram, muito provavelmente, vítimas de familiares ou pais tiranos. É claro que isso não justifica seu comportamento quando adultos, mas sua visão de mundo se polarizou entre ser vítima ou exercer tirania, e acabaram escolhendo a segunda opção. Para mudar essa horrível dinâmica é preciso conscientizá-los de que há outras opções na vida.

    O lado menos extremo desse aspecto aparece nos modos bruscos e na negligência cotidiana de alguns arianos, que podem ser particularmente perniciosos e angustiantes para os entes queridos. Podem se alterar à toa em situações domésticas, descarregando sua intolerância e mau humor em qualquer um que esteja por perto. Não se deve esperar muita tranqüilidade ao morar com um ariano – eles acabam sendo barulhentos até no modo como andam pela casa. Costumam não ter consciência de como se sentem, e é bem possível que não percebam quando estão estressados, apesar de disseminarem sua irritação em toda parte.

Aqueles que se considerarem corajosos o bastante devem levantar essas questões. O risco é que os arianos fiquem ainda mais bravos e explodam, mas quem conseguir lidar com a situação verá que vale a pena tentar – pelo menos os nativos do signo vão direto ao cerne do problema. Se essa tática não der resultado porque o ariano continuou negando o que está se passando, não adiantará fazer objeção ao seu comportamento. Quem mora com um deles precisa desenvolver uma carapaça, não tomar sua petulância como algo pessoal e aprender a ficar fora do caminho deles. Nada fácil!

Os nativos de Áries têm fama de egoístas e egocêntricos, e freqüentemente deixam de enxergar além de suas próprias necessidades, como se o mundo girasse ao redor deles. São indivíduos absortos consigo mesmos, fascinados por si próprios, e esperam que esse fascínio se estenda aos demais, apesar de isso significar que as outras pessoas não são levadas muito em conta. Os arianos não sabem se colocar no lugar dos outros nem encarar as situações de uma outra perspectiva, pois são muito enraizados em seu próprio ponto de vista. Defendem suas idéias com enorme afinco, pois estão convencidos de estarem certos. Enquanto alguns conseguem lidar com sua abordagem "eu, eu, eu" basicamente por apreciarem sua inocência infantilizada, quem mora com estes indivíduos tem de saber se conter, mas ter em mente que existe o perigo de acumular ressentimentos.

Essa é uma dinâmica que pode se desenvolver em silêncio naqueles que moram com um ariano dominador. O poder no relacionamento vai gradualmente pender a favor do ariano, e o parceiro vai se sentindo cada vez mais inútil e ineficaz. O Sr. ou a Sra. Áries toma todas as decisões relevantes sem a mínima discussão, apresentando-as como fato consumado. Alguém tem de ceder. Ou o parceiro se sente tão desprezível e inadequado que acaba se contraindo a ponto de virar uma versão assustada de si mesmo, ou então diz "agora chega!" e firma posição, talvez algo drástico como dar as costas ao ariano dominador. Não é fácil fazer um ariano entender, e às vezes só agindo de maneira radical se consegue fazê-lo captar a mensagem.

Todavia, quando um ente querido passar por problemas, o ariano toma suas dores e luta por quem ama. Em casos assim seus parceiros apreciarão e se beneficiarão de seu espírito combativo. O ariano sempre protege os seus sem pensar duas vezes.

Tarefas domésticas podem dar origem a outro problema, considerando a dificuldade que os arianos têm com essas coisas. Como já vimos, alguns arianos conseguem superar isso tornando-se muito rápidos e eficientes, enquanto outros negam o problema e simplesmente se desligam do que precisa ser feito. Tal divisão pode provocar um colapso nas atribuições de gênero, em que as mulheres têm o domínio da área doméstica e os homens fingem uma superioridade absurda ao se desvincular por completo desse departamento. Podem considerar essas coisas desimportantes e deixar de entender qual é o problema, afinal – uma atitude arrogante e, mais uma vez, nada atraente quando se pensa em dividir a vida com a pessoa. Um homem assim precisará aprender a executar tarefas domésticas, pôr o lixo para fora, fazer as compras etc. É claro que a divisão de gêneros não precisa ser desta maneira – o problema é que os arianos não têm uma mente prática e não vêem isso como um problema, pois imaginam que os outros estão tendo o privilégio de cuidar deles. Observe essa questão e pense bem *antes* de resolverem morar juntos.

Os arianos são indivíduos tipicamente ativos; são pessoas de ação e adoram ter muito a fazer. Mas isso pode se tornar algo extremo, de modo que usam sua atividade para se distanciar das pessoas e evitar intimidade. Alguns nunca conseguem ficar sentados, quietos, e até quando parecem apenas estar assistindo televisão estão fazendo outra coisa ao mesmo tempo. Não interrompem facilmente suas atividades para conversar e esperam que os outros façam o mesmo e se ocupem com o que quer que possam estar fazendo. Sim, é irritante. Sim, é egoísta. Mas é também uma tática para evitar seu desconforto tanto com a intimidade quanto com a inatividade. A atividade satisfaz sua necessidade de realizar algo, mesmo que sejam tarefas de rotina. Por isso, mesmo quando o ariano é voltado para a vida doméstica, sua atitude pode ser desconfortável para aqueles que vivem com ele.

As tendências altamente competitivas da personalidade dos arianos que já abordamos antes podem se transformar facilmente em uma característica negativa. Sua necessidade de vencer a qualquer preço pode transformar um jogo-da-velha numa zona de guerra, fazendo as pessoas até desistirem de jogar. Os arianos sempre jogam pesado, para eles não há outra maneira, portanto, se este não for o seu estilo, é melhor pensar bem antes de entrar no jogo. Sua competitividade não se restringe a atividades recreativas, ela está presente em todas as áreas de sua vida e pode ter um quê de patológico. A competitividade pode indicar um desejo de ser o melhor em tudo, de sempre tentar superar o recorde anterior, seja em termos de conversa ou de feitos. É constrangedor testemunhar esse tipo de complexo de superioridade. É uma espécie de "síndrome do garanhão dominante", que pode ser encontrada na estrutura hierárquica de muitos grupos de animais. Esse comportamento se manifesta nas ocasiões em que prevalecem os instintos primitivos do ariano. Eles agem como se sua própria sobrevivência dependesse de ocuparem uma posição no topo. Isso causa rivalidades e hostilidades que os arianos julgam imerecidas. Eles podem perceber quando as pessoas estão competindo, sem jamais enxergar como eles mesmos incitam a competição. São indivíduos rudimentares cujas inseguranças ficam à vista de todos.

Essa ingenuidade tem seu lado bom, mas o problema é que os arianos perdem a oportunidade de trocar com os outros, o que prejudica sua capacidade de socializar. Escreve-se muito atualmente sobre inteligência emocional – um tipo de inteligência social que envolve a habilidade de monitorar os altos e baixos emocionais, nossos e dos outros, identificando-os e usando o que essas emoções informam para controlar o pensamento e as ações – e como ela é um fator importante no ambiente de trabalho. Os funcionários promovidos em uma empresa não são necessariamente os mais inteligentes, mas sim os mais dotados de inteligência emocional – e este pode ser um ponto fraco de Áries.

Pode ser um problema também em outras situações sociais, nas quais os arianos perdem certas deixas que outros pegam rapidamente. Quando lhes dizem algo em tom de ironia ou sarcasmo, os arianos podem não perceber a intenção subliminar. O comentário é ouvido de maneira literal e a entonação é ignorada. Às vezes, o ariano pode se surpreender muito com isso, sobretudo quando entende, mais tarde, o que estavam querendo dizer. Podem acabar se sentindo idiotas por causa disso, e frustrados pelo fato de nem todos se comunicarem de maneira tão direta e objetiva quanto eles.

Seja qual for o sexo da pessoa, Áries é um signo masculino, com todos os pontos fortes e fracos associados ao comportamento masculino. Os arianos se sentem tão confortáveis em escutar os problemas dos outros, mas são bons em tomar iniciativas e encontrar soluções. Sabem como expressar sua individualidade muito bem e provocam um impacto poderoso nas pessoas, mas falham espetacularmente naquilo que chamamos de domínio da sensibilidade e da emoção.

Isso indica claramente problemas em seus relacionamentos mais próximos. Entes queridos têm de aprender a ser claros com seus companheiros arianos e não esperar que eles leiam suas mentes, pois apesar de terem uma intuição fortemente desenvolvida, os arianos acessam essas informações por uma rota diversa, antes por suas antenas altamente perceptíveis do que por alguma forma de sensibilidade desenvolvida. Isso pode confundir as pessoas, levando-as a acreditar que os arianos são empáticos, quando na verdade não são. O que eles têm é uma forma de conhecimento mais abstrata e impessoal.

Por essa razão, muitos arianos de ambos os sexos preferem ser amigos de homens, pois a comunicação tende a ser menos intrincada e mais direta. Eles sabem onde estão pisando e se sentem bem mais confortáveis ao não ter problemas com o que consideram influências ocultas perigosas que já lutam para registrar, que dirá interpretar. São mais felizes quando conseguem ignorar "essas besteiras" e lidar apenas com o que está na cara.

A liderança inata de Áries também pode ser um problema, tanto para eles mesmos quanto para os outros, pois os arianos têm uma tendência a assumir essa posição a despeito de suas qualificações para tal. Eles assumem a liderança instintivamente da maneira mais convincente e impressionante, às vezes sem nem saber o que estão fazendo. Assim, apesar dos passos enérgicos e decididos de Áries transmitirem a mensagem de que eles sabem o que estão fazendo, eles podem na verdade não fazer a menor idéia de para onde se direcionam. Eles simplesmente tomam uma decisão e as pessoas presumem que estão sendo levadas na direção certa, e é só quando se perdem de maneira espetacular que todos percebem o que se passa e as recriminações começam.

Não é da natureza de Áries pedir ajuda ou conselhos. Então, se ocorre de se perderem, tendem a prosseguir mesmo assim, esperando que cedo ou tarde reconheçam algum caminho ou paisagem familiar. É possível perceber isso especialmente quando estão ao volante; podem percorrer grandes distâncias na direção errada antes de sequer pensarem em recorrer a um mapa. Eles tomam por base sua intuição, a qual, apesar de estar normalmente certa, não é infalível, e quando essa intuição errada se associa ao instinto de pôr o pé na estrada, pode haver um desastre em menor escala.

Em maior escala, os arianos podem se ver promovidos a posições para as quais não estão preparados. Eles se põem sob o mais insuportável estresse enquanto lutam para extrair resultados. Acreditam que são capazes de realizar uma tarefa e as demais pessoas esperam que sejam, por causa da grande segurança e do espírito de liderança que os arianos demonstram.

O entusiasmo de Áries por causas também pode ser fonte de problemas. Os nativos podem se empolgar demais e resolver fazer um salvamento quando a situação requer mais tranqüilidade e ninguém pediu ajuda. Eles forçam a situação e não reconhecem como se beneficiariam em reconhecer o afago que dão ao ego quando resolvem bancar os heróis. Mesmo que suas intenções sejam honradas, é complicado para a pessoa a ser "salva" recusar ajuda – eles não aceitam "não" como resposta.

Em geral, os arianos têm um ego frágil e inflado, por isso não custa muito para que mudem o tom e isso se transforme em um traço negativo de seu caráter. Podem ser autoritários, arrogantes, parecer completamente seguros de si, ou seja, impossíveis de lidar. Apesar das aparências, isso é um sistema de defesa no qual se apóiam constantemente. Na verdade são tão inseguros quanto um adolescente, e podem ficar emperrados nesse estágio de desenvolvimento, em muitos sentidos. Tudo o que precisam fazer para lutar contra seus medos é encenar competência – no que podem se tornar bastante impressionantes, a ponto até de convencer a si próprios que não são mais novatos inseguros tentando se estabelecer no mundo dos adultos.

O homem de Áries

O homem de Áries é charmoso e arrojado. Ele tem um dinamismo que é extremamente atraente, e de certa maneira a vida parece não lhe custar qualquer esforço. O que apavora as pessoas em geral, ele tira de letra; poucas coisas intimidam ou parecem demais para o homem de Áries. Ele exala competência e todos acreditam logo que ele vai cumprir o que promete. E ele cumpre. Seu ar natural de autoridade o faz avançar muito na vida. Ele causa uma impressão e tanto!

Este homem regido por Marte tem todas as qualidades de um guerreiro; seu papel na vida é otimizar essas características, quase sempre em uma sociedade que não está em guerra. Ele precisa encontrar escapes culturalmente aceitáveis para seu espírito de luta. Os esportes e o mundo dos negócios são boas opções. Em tais arenas, seu desejo de dominar e de vencer seus rivais é considerado parte do jogo.

Determinado e teimoso, o homem de Áries tem um modo pertinaz de abordar situações na vida. Ele nasceu para liderar. É nessa posição que naturalmente gravita em reuniões sociais, e é nessa posição que seus parceiros o colocam. O homem de Áries está no melhor dos mundos quando toma a frente e todos olham para ele em busca de orientação. Essa é uma postura que ele assume independentemente de saber ou não o que está fazendo – ele apenas corresponde à expectativa que cria. Pode dizer muita besteira como quando dá palpites em assuntos que mal conhece do modo mais convincente. Alguns caem na sua conversa, ao passo que outros percebem que seu discurso carece de fundamento e ficam intrigados com sua atitude veemente.

A despeito de seu talento para a retórica, o ariano não é um homem de pensamentos profundos – ele prefere a ação e se atira para onde outros pensariam duas vezes. É galante e adora bancar o herói. Opõe-se a injustiças e defende com ardor aqueles que ama; é um sujeito com quem se pode contar em horas difíceis. Não é um amigo só para as horas boas. Independentemente de se envolver ou não com política, é um homem com consciência política. Ele tem uma posição moral, sabe o que considera certo ou errado e vive de acordo com sua concepção. Honesto e direto, não tolera fraudes e não é bom com sutilezas ou estratégias.

Áries

Um dos lados negativos do homem de Áries é que, por esperar que tudo flua tranqüilamente, quando isso não ocorre, ele pode ter ataques de raiva que aumentam sua fama de pavio curto. Ele se enfurece nos casos em que os outros seriam mais tolerantes e compreensivos. Sua resistência à frustração é muito limitada e, bem à moda do carneiro que representa seu signo, o homem de Áries tem propensão a investir contra obstáculos, o que pode ser algo bastante assustador de testemunhar, ainda mais quando se é o alvo. Aqueles que têm esse aspecto de sua personalidade sob controle se saem bem melhor e possuem uma vida pessoal mais harmoniosa, ao passo que aqueles que ainda reagem como se tivessem dois anos de idade podem ser adultos extremamente aterrorizantes, e sua atitude também não ajuda em nada suas carreiras.

O ator Russel Crowe, um nativo de Áries, não parece ter prejudicado muito sua carreira com suas demonstrações de mau humor, mas para sua sorte ele está numa carreira em que qualquer publicidade é bem-vinda. Isso aumenta sua fama de irascível. Algumas de suas explosões parecem indicar que ele acha difícil estar debaixo dos holofotes, de modo que a perda do anonimato e da autonomia podem ser duras para este signo independente e teimoso.

Apesar das qualidades de liderança inatas do homem de Áries, ele não é necessariamente um bom chefe. Talvez lhe falte paciência ou diplomacia para gerenciar pessoas, e desenvolver tais qualidades seria uma dificuldade para ele. O que deixa o ariano feliz de verdade é servir de inspiração para os outros ao tomar a frente e abrir caminho para ser seguido.

O fator conquista é de grande importância na psique do ariano. Para o homem de Áries, isso pode significar que ele se sente motivado pela vitória em situações românticas, mas uma vez tendo seduzido e conquistado, seu interesse desaparece. Ele então se dedica à sua próxima conquista. Sem dúvida, esse é um dos lados menos atraentes de sua personalidade e, em sua pior forma, pode lembrar Don Juan, que fazia marcas na perna da cama para contar suas conquistas. A caçada é de importância fundamental, e ele se fortalece com o prazer da excitação; pode viciar-se nisso e carecer de maturidade emocional para desenvolver um relacionamento mais profundo e firme. Ele pode, entretanto, ficar com uma pessoa que nunca se renda a ele e continuar em permanente perseguição – uma relação um tanto neurótica. Não é um cenário admirável, mesmo quando aparenta estabilidade. As pessoas que estão começando a se envolver com um homem de Áries deveriam se informar sob seus antecedentes para ver como ele conduz essa dinâmica. Se seus antecedentes não forem bons, provavelmente se trata de um destruidor de corações.

Outro papel que o homem de Áries gosta de desempenhar é o de salvador. Ele defende os fracos e oprimidos e pode fazer uma cruzada por uma boa causa, freqüentemente se portando à guisa do cavaleiro arquetípico montado em um cavalo branco que, numa investida veloz, salva a dama em perigo, o que faz maravilhas para seu ego e seu senso de potência. Isso significa que ele pode se deixar cativar por histórias de má-sorte e tende a estar com aqueles que nele se apóiam e que aceitam sua autoridade de cara. O ariano se mantém a força dominante em seus relacionamentos – na verdade, ele não é muito bom em conceber a chamada "igualdade". Pode ser que ele creia nisso em teoria, mas na prática gosta de estar no comando. Para quem aprecia um companheiro de atitude dominadora, este é o homem.

O ariano mais amadurecido emocionalmente, que já superou esses padrões destrutivos ou que nunca os teve e que é capaz de manter um compromisso afetivo, é um companheiro leal e pronto a oferecer apoio. É espontâneo, generoso e dá tudo de si. Não há nada de enigmático nele. Além disso, ele tem coragem moral, que nasce de sua capacidade de encarar seus medos. Parte de seu charme é ser tão transparente. Isso tranqüiliza as pessoas e as ajuda a serem mais abertas – ele faz isso parecer fácil e seguro.

O homem de Áries não só acredita em si mesmo como também acredita resolutamente em seus entes queridos, e esse tipo de encorajamento contínuo é o suficiente. A segurança e auto-estima do parceiro do nativo de Áries florescem com a assimilação da confiança projetada pelo ariano. É um homem animado para se conviver; seu otimismo e entusiasmo na vida mostram que ele tem muito a oferecer – ele sempre se concentra no lado luminoso das coisas e inspira esperança nas pessoas. Não é dado a depressões, não guarda rancores, não se deixa afetar pelo mau humor dos outros e se recupera da adversidade com admirável velocidade. Apesar de sua capacidade de se recuperar rapidamente ser às vezes irritante para quem lhe é íntimo, por restar uma dúvida se o ariano aprendeu de fato sua lição, também serve como exemplo de pensamento positivo.

Áries

Como pai, o homem de Áries é igualmente generoso na forma de encorajar seu filho ou filha. Ele os ajuda a crer que podem conquistar seus objetivos e realizar seus sonhos. É o pai com menos tendência a tentar moldar o caráter de seus filhos desta ou daquela maneira; seu interesse é descobrir quem são seus filhos. Também não impõe a eles suas próprias aspirações ou sonhos frustrados – é bem provável que ele tenha vivido sua vida ao máximo, fazendo tudo o que precisou fazer na hora que quis, o que vem a ser o lado positivo do rótulo de egoísta que costuma levar.

Enquanto o filho for jovem e admirar o pai sem questionamentos, acreditando em sua autoridade, vendo-o como líder, o ariano será bem-sucedido. Mas pode ser mais difícil para ele lidar com a fase de rebeldia da adolescência. Ninguém se diverte com a perspectiva de um adolescente irado criando confusão dentro de casa, mas o pai ariano pode perder a calma com filhos adolescentes caso eles consigam lhe dar nos nervos, o que só fará aumentar a tensão. De toda forma, se ele não reagir de modo exagerado com seus filhos mais crescidos, será um pai muito presente. O ariano não sufocará o espírito de aventura dos filhos; ele não vê perigo em toda parte e confia na sensibilidade e na capacidade dos filhos de cuidar de si próprios. O homem de Áries sabe bem da importância de ter autonomia e liberdade e não irá restringi-los sem necessidade – ele se mostra um pai bastante liberal nesse ponto.

Em parte por causa de sua baixa tolerância à frustração, o ariano tende a ser suscetível ao estresse. Esportes competitivos representam o antídoto perfeito para isso. Ele precisa do desafio físico à medida que seu corpo acumula tensão sem uma válvula de escape adequada, além do que o esporte pode ser um veículo no qual ele canaliza sua agressividade de maneira saudável. Um jogo de *squash*, no qual possa encurralar o oponente, é bem o que ele precisa depois de passar um dia inteiro tentando ser educado no escritório. Seus instintos primitivos se situam muito próximos à superfície; seu triunfo e prazer ao vencer são bastante aparentes, e encontrar válvulas de escape socialmente aceitas é essencial para que ele não implode. Temos aqui alguém que gosta mais de vencer que a maioria das pessoas, e que sempre joga duro.

Nem todos os homens de Áries encontram atividades físicas que lhes agradem, razão pela qual determinadas competições no plano mental, como o jogo de xadrez, por exemplo, também podem servir de alívio. Embora não seja o mais sutil dos jogadores, joga de maneira bastante astuta. Sua tendência competitiva o leva a querer se dar bem em tudo a que se propõe na vida, e ele geralmente consegue. Perder não combina com o signo de Áries. Sua posição natural é a de vencedor, e ele luta para garanti-la.

O Sr. Áries se dá bem em carreiras que requerem uma abordagem implacável. Ao contrário de algumas pessoas, ele é capaz de tomar decisões rápidas e manter o que decidiu. Tem pouco tempo para arrependimentos, não fica vasculhando o passado e mantém o foco no que está pela frente. Odeia perder tempo e tende a considerar a introspecção como tal. Isso não quer dizer que ele não dê importância a ter consciência das coisas, é só que ficar olhando o próprio umbigo não é sua forma de buscar conhecimento. O ariano prefere adquirir conhecimento de si mesmo, dos outros e dos eventos da vida por meio de sua intuição. Alguns podem pensar que não devem confiar nos palpites do nativo de Áries, mas para ele esta é sua fonte de conhecimento mais confiável. Isso talvez queira dizer que ele pode executar verdadeiros saltos quânticos sem conseguir explicar o processo pelo qual chegou às suas decisões, o que não deveria ser motivo para questionar sua validade.

O homem de Áries é atraído por carreiras em que a coragem e as decisões rápidas sejam vitais: cirurgião, piloto de teste, motorista de ambulância, bombeiro ou automobilista são bons exemplos. Todos precisam ter nervos de aço. Quando se dedica e lança mão de seus talentos verbais, também pode se tornar um ótimo vendedor e quebrar todos os recordes de vendas. Ela ama a competição. Seu sexto sentido infalível lhe capacita para qualquer negócio que tenha por base a sintonia com o espírito da época. Ele tem o dom de prever o que está por vir. Sai-se bem nos meios de comunicação e nas artes, contanto que tenha a ajuda de alguém para lidar com os fatores administrativos.

O homem de Áries não nasceu para lidar com o que considera tarefas maçantes do dia-a-dia; pode ser bastante arrogante ao se colocar acima dessas coisas e cometer erros por causa de sua falta de atenção aos detalhes. Freqüentemente, outras pessoas consertam esses erros, tanto no trabalho quanto na vida pessoal, o que não favorece o ariano em nada no longo prazo. Sua incapacidade de reconhecer os próprios defeitos enfurece aqueles que têm de lidar com ele no trabalho cotidiano.

Áries

O homem de Áries vai melhorando com o tempo e a prática. De toda forma, quem trabalha ao lado deles e especialmente quem vive com eles deve se retirar de vez em quando, deixá-lo quebrar a cara de modo que ele possa ganhar essa experiência tão necessária. Ele tem um modo inteligente de lisonjear seus serviçais, portanto é fundamental para seu próprio desenvolvimento que aqueles que o amam não sucumbam a seus elogios.

Elton John, Eric Clapton e David Frost são três homens de Áries que ilustram traços típicos, ainda que diversos, do signo. Um documentário sobre Elton John registrou seus abomináveis ataques histéricos e sua baixa tolerância à frustração. Sua generosidade impulsiva e seu estilo de vida extravagante também foram bem documentados; quem mais gastaria 15 mil libras com flores em um ano?

Eric Clapton é surpreendentemente franco e transparente ao ser entrevistado. Ele se revela de modo honesto e direto, e as canções que compõe muitas vezes tratam de assuntos altamente pessoais. O modo com que se mostra tem um elemento de inocência e ingenuidade que sem dúvida lhe ajuda a ser popular.

David Frost, jornalista de televisão inglês, é conhecido por suas entrevistas de estilo vigoroso, nas quais enfrenta políticos e insiste em extrair respostas para seus telespectadores. Suas réplicas ágeis, perguntas que vão direto ao ponto, bem como sua clareza mental são típicas de seu signo. Ninguém consegue enrolá-lo, pois ele corta o caminho e vai direto ao cerne da questão.

Todos os três chegaram ao topo de suas profissões e abriram caminho em vários sentidos, mas todos eles mostram a mesma ambição e determinação típicas de Áries. Outros exemplos de arianos famosos são Charles Chaplin e Spike Milligan, ambos gênios da comédia que estavam muito à frente de seu tempo e que ainda são influências importantes para as gerações atuais. Milligan transpôs a fronteira entre programas de rádio, enquanto Chaplin elevou a comédia pastelão a outro nível na época do cinema mudo.

Finalmente, Marlon Brando é outro ariano que obtém grande impacto como ator do "método"* no auge de sua carreira, quando popularizou essa

---

*O "método" é uma técnica de atuação na qual o ator usa suas emoções reais para a construção do personagem. (*N. do T.*)

técnica de interpretação, até hoje referência para atores. Ele também rompeu com a tradição e aumentou as expectativas do que um ator pode transmitir sobre a verdade psicológica e a honestidade do comportamento a ser interpretado (é interessante observar que o roteiro do filme que catapultou Brando ao estrelato, *Um bonde chamado desejo*, foi escrito por outro ariano, Tennessee Williams).

Talvez a característica mais marcante dos homens de Áries seja abrir caminho em qualquer campo em que atuem. Nem todos são famosos, mas muitos são exemplos brilhantes de superação de limites.

Se ao menos o homem de Áries pudesse ser persuadido a parar por um momento ao alcançar o topo de qualquer montanha que esteja escalando... Ao contrário, ele já está pronto para escalar a próxima montanha que avista a distância, então, em vez de comemorar seu sucesso, ele sente necessidade de continuar mais e mais, como se sua conquista atual de nada valesse. Quem ama esses arianos faria bem em mostrar a eles como já chegaram longe.

As falhas do homem de Áries são muito evidentes – isso não se discute –; ele não é perfeito. Mas quem é? Quem pensa em se envolver com um ariano ao menos deve saber desde o começo onde está se metendo, e não terá surpresas desagradáveis seis meses depois. O que se leva é o que se vê. Aproveite!

A mulher de Áries

A Sra. Áries – sim, é bem mais provável que esta mulher prefira ser chamada de senhora a senhorita – é uma feminista por natureza, a despeito de sua postura política. Trata-se de uma mulher altamente independente, tanto nas ações quanto nas idéias. Ela carrega suas próprias malas e abre suas próprias portas, tem opiniões próprias e fala o que pensa. Na verdade, pode parecer bastante assustadora, sobretudo para quem espera docilidade e obediência das mulheres.

Áries, regido por Marte, é provavelmente o signo mais assertivo do zodíaco e, como tal, não é fácil ser uma ariana em culturas nas quais a passividade feminina é valorizada. Madonna, apesar de não ser de Áries (é de Leão), falou por todas as mulheres poderosas quando declarou ter um cérebro masculino.

Áries

Apesar de isso implicar que as mulheres não podem ser assertivas sem adotar uma atitude masculina, é uma declaração que descreve bem as mulheres de Áries. Qualidades que são consideradas positivas e atraentes nos homens são desestimuladas nas mulheres; se o homem é considerado seguro e confiante, a mulher é considerada mandona e dominadora, e recebe críticas por isso.

A mulher de Áries costuma descobrir logo cedo na vida que seu espírito combativo e competitivo não é muito bem recebido, o que pode levá-la a conter sua natureza agressiva e a procurar maneiras de se expressar que não vão de encontro aos códigos sociais de gênero. Ela certamente terá mais chances de ser fiel à sua natureza em sociedades mais igualitárias, mas mesmo assim a atitude das pessoas ao seu redor influenciará a percepção que tem de si mesma.

No lugar do carneiro associado ao signo, algumas mulheres de Áries assumem características de ovelha, numa tentativa de serem amadas. Não que ela esteja especialmente preocupada em obter a aprovação das pessoas – não está –, mas esse é o resultado da persistente desvalorização de algumas de suas qualidades essenciais. Ao fazer isso, porém, ela perde todas as suas chances na vida. Ao adotar um "falso eu" ela acaba se isolando de tudo que lhe traria satisfação e realização. É importante que ela descubra um canal de expressão para sua personalidade forte e dinâmica, e isso pode ser considerado, em muitos sentidos, uma verdadeira missão e o desafio de sua vida.

Se a mulher de Áries se disfarçar de seguidora, tendo na verdade nascido para liderar, será extremamente crítica com aqueles que assumirem a liderança. Por um lado ela sabe que seu lugar é na posição de líder, mas por outro carece de coragem e segurança para assumir tal posição. Seria melhor para ela exercer qualquer posição de liderança, mesmo que uma liderança menor, para exercitar essa sua natureza. Muitas fazem isso. É típico da mulher de Áries assumir esse papel, mesmo não sendo seu por direito. Com uma autoridade tão natural quanto seu correspondente do sexo masculino, as arianas ultimamente têm desenvolvido mais sua capacidade de socializar e se relacionar, por isso podem ir longe.

A mulher de Áries toma decisões muito depressa. Na verdade, ela faz tudo com rapidez. Quando decisões se fazem necessárias, ela sabe imediatamente o que quer. É como se ela tivesse um condutor lampejante invisível em seu cérebro no qual ela confia cegamente. Portanto, não adianta discutir com ela ou tentar dissuadi-la. Ela sabe o que quer, e, na maioria das vezes, quer para já. Paciência não é o seu forte e ela realmente não entende por que as pessoas demoram tanto com as coisas. Isso a confunde e intriga.

Ela não é a típica dama em apuros. Mas as mulheres de Áries, apesar de não demonstrarem que querem ser salvas, têm seu lado vulnerável e nutrem sonhos românticos. Quando estão apaixonadas são idealistas incuráveis. Impressionam-se com gestos galantes e demonstrações heróicas de amor e paixão. Admiram a coragem, qualidade que possuem em abundância, e procuram por alguém que não desista fácil.

Sendo um tipo intuitivo, a mulher de Áries tem um talento nato para sintonizar o potencial oculto das pessoas. Ela identifica uma centelha criativa nos outros, o que a inspira e empolga. Quando suas emoções mais íntimas estão envolvidas, ela trabalha além do horário e se entusiasma além da conta. Às vezes, uma relação pode existir mais em sua cabeça do que na realidade, pois ela é capaz de dar significado às interações mais aparentemente insignificantes. É capaz de tecer uma fantasia sobre seu novo amor, criando uma pretensa vida futura em comum. Quando isso ocorre, ela se ajusta à realidade da situação de modo lento e doloroso. Apesar de ter essa tendência para avançar rapidamente, a nativa de Áries pode mesmo assim ter de suportar uma série de dificuldades em um relacionamento – a pessoa que ela ama não precisa ser perfeita. Trata-se de uma pessoa corajosa e determinada, e não é fácil fazê-la mudar de idéia.

Aqueles que desejam cortejar a mulher de Áries precisam ser como ela – sentir-se agradavelmente desafiados e estimulados em vez de intimidados por seus modos diretos. Pode ser que ela atraia tipos manhosos, que se põem a adorá-las a seus pés, admirando-as. Talvez isso lhe faça bem ao ego por um breve período, mas, se a ariana se envolver em uma relação mais séria com um tipo assim, pode acabar frustrada e infeliz. Ela precisa de alguém que enxergue além da rudeza de sua auto-suficiência e perceba sua ingenuidade e inocência. Para se desenvolver, ela precisa esperar para encontrar seu par ideal – alguém igualmente forte –, um oponente que valha a pena e com quem ela possa brigar sem causar maiores seqüelas. Com um companheiro assim, é possível desenvolver uma parceria excitante e dinâmica.

Mais que tudo, a mulher de Áries se dá bem numa parceria que lhe dê liberdade de ação, na qual exista um senso de aventura e um território desconhecido a ser explorado. Se a vida entrar numa rotina e ela achar as situações maçantes e monótonas, ela vai se sentir presa e pode querer se libertar. Mesmo no dia-a-dia, ela não vai querer necessariamente dar satisfação de onde se encontra a cada momento, nem vai querer saber onde está o outro. Não é que ela queira fazer nada de errado, ela só precisa de espaço.

Suspeitas e ciúme sem fundamentos a irritam profundamente, e com um clima desse a mulher de Áries pode acabar concretizando os piores medos de seu parceiro. Ela não vai ficar numa situação infeliz, pois não age como vítima nem mártir, vai declarar sua insatisfação em alto e bom som e agir. De todo modo, se ela se envolver com outra pessoa, seu parceiro será o primeiro a saber. Lembremos que ela é sempre honesta e direta. Ela se recusa a ser controlada ou manipulada, espera que acreditem nela implicitamente e, uma vez comprometida, é capaz da mais profunda e permanente lealdade. Na verdade, é bem pouco provável que mantenha um caso secreto.

Fica claro, então, que a ariana não é uma mulher fácil. Ela pode ser impetuosa e áspera, pode ser rebelde e ter gênio forte. Trata-se de uma mulher extremamente competente, que brilha quando desafiada e é resoluta; ela pode lidar com quase qualquer coisa que a vida lhe apresente. Isso não quer dizer que ela ache a vida fácil, o fato é que seu caráter não lhe permite reclamar ou recuar. Ela é animada e otimista e aborda os problemas de modo positivo e com alto-astral.

Como resultado freqüente disso tudo, a mulher de Áries acaba se encarregando de bem mais do que a maioria das pessoas consideraria viável. A despeito de sua sobrecarga, ela vai em frente. Recusa-se a aceitar suas limitações e é incitada por seu zelo competitivo a superar a exaustão e concluir o que assumiu – mesmo que no começo tenha parecido impossível. E nada menos que isso, do contrário se sentiria uma fracassada.

Um parceiro precisa ser tolerante com isso. Não deve nem pensar em criticar a ariana quando ela assume mais do que deveria e está às voltas com suas responsabilidades. Dizer coisas como "eu te avisei" quando ela estiver completamente desnorteada é correr um alto risco. Ela fica bastante exaltada sob pressão. Ela nunca vai levar uma vida insípida e comum, e é importante que quem se envolva intimamente com a ariana não se deixe afetar pelos altos e baixos de seu dia-a-dia.

A despeito de sua auto-suficiência, o que a mulher de Áries não pode tolerar é seu parceiro não a apoiar quando ela estiver brigando com alguém. Ela sempre vai ficar do lado daqueles que ama. Para ela, é simples assim; espera que seus amigos e amantes fiquem do seu lado, independentemente de qualquer coisa. Não ficar do lado dela seria uma traição absoluta. Mais ainda, quando se trata disso, ela se torna totalmente irracional e ilógica.

Quando a ariana briga, ou mesmo quando tem algum desentendimento menor, quer que aqueles que a amam se ponham no seu lugar e ofereçam compreensão e empatia, e não análise desapaixonada e objetiva da situação. Na hora certa, ela vai acabar percebendo melhor a situação, mas se seu parceiro tenta oferecer um ponto de vista alternativo antes de ela estar pronta para ouvir, o clima vai esquentar e a coisa pode ficar feia. Pior ainda: ela se sentirá abandonada emocionalmente. Ela pode ficar aborrecida com isso por muito tempo, afetando a confiança e a proximidade da relação. A solução seria apoiá-la sinceramente na hora e ficar quieto até que ela esteja pronta para pensar melhor.

Quando se vive junto, a mulher de Áries parece dar as ordens, o que não é necessariamente a realidade: talvez ela apenas fale mais e expresse seus pontos de vista de maneira mais ruidosa. Victoria Beckham é um bom exemplo de ariana. Enquanto os meios de comunicação a descrevem como autoritária e controladora, ela nega que seja o elemento dominante no casamento com David Beckham. Fica claro que ela atrai críticas por ser uma mulher forte e de opiniões próprias.

Victoria Beckham também demonstra bem que suas qualidades "masculinas" não implicam necessariamente uma aparência masculina. Ela tem as maçãs do rosto pronunciadas e boa estrutura óssea, que são típicas de Áries. Essas mulheres regidas por Marte são tão femininas, sedutoras e atraentes quanto as de outros signos, apesar de que talvez optem por não lançar mão desses atributos como estratégia. Fazer joguinhos não é o estilo das arianas. Os únicos jogos que elas conhecem são as competições, as quais jogam para ganhar.

Independentemente de se casar, estar num relacionamento fixo ou optar por permanecer solteira, a mulher de Áries faz questão de se manter sempre fiel a si mesma. Qualquer uma dessas opções está à sua disposição. Para ela é mais fácil ser solteira do que para a maioria das mulheres, o que não quer dizer que esta seja a sua vontade. Ela também pode ter mais de um relacionamento ao mesmo tempo, mas teria de ser às claras. Todos os envolvidos saberiam o que se passa, pois ela é honesta quanto ao que sente.

A mulher de Áries deseja ter filhos tanto quanto qualquer outra. Talvez não seja uma mãe do tipo clássico, mas, se ela quiser exercer a maternidade, o fará com toda paixão. Se não houver um parceiro adequado disponível, poderá optar por ser mãe solteira. Se for homossexual, a nativa de Áries pode usar sua condição de modo político também, pois está pronta para servir de exemplo para as outras pessoas. Seja qual for sua orientação sexual, ela não se deixará deter pela falta de um parceiro.

Dito isso, a mulher de Áries prefere ter seu filho em uma relação estável, e isso não tem nada a ver com alguma concepção idealista de um futuro em comum com seu parceiro. Na prática, cuidar de uma criança sozinha representaria a possibilidade de ver-se restringida demais. Apesar de sua tendência a assumir várias funções ao mesmo tempo, seu espírito independente acaba se chocando com as necessidades constantes de um bebê, por isso é importante poder dividir a responsabilidade com alguém igualmente envolvido com a criança.

Como mãe, a mulher de Áries é excelente em dar a seus filhos a liberdade para serem verdadeiros com eles mesmos, que é o que ela mesma mais precisa. É uma mãe do tipo prosaico, boa para organizar as atividades dos filhos, sempre pronta para receber os amigos deles e que nunca os assombra com atividades em excesso. Paciência não é seu ponto forte e ela tende a estar sempre com pressa, tendo ou não razão para isso. Como adora jogos competitivos, os filhos da ariana aprendem logo cedo a jogar pesado e a vencer, algo que pode transformá-los em reais vencedores mais tarde.

A mulher de Áries é ambiciosa pelos filhos, quer que deem o melhor de si e está sempre ao lado deles, elogiando-os e apoiando-os em todas as suas tentativas, o que é de fato o estímulo de que eles precisam. Quando os filhos crescem, é pouquíssimo provável que ela seja daquelas mães que sofrem da "síndrome do ninho vazio", pois está sempre ocupada com a própria vida. Pode ser que ela pare temporariamente de trabalhar para criar seus filhos, mas é improvável que se afaste por muito tempo do ambiente de trabalho. Ela também precisa da satisfação e do estímulo proporcionados pela carreira.

No trabalho, a mulher de Áries tende a ser bem-sucedida e respeitada. Ela se dá bem com o trabalho em si, é eficiente, esforçada e não reclama. O que mais um chefe pode querer? Ela prefere um trabalho no qual possa tomar iniciativas, pois fica muito frustrada ao ser comandada. Por isso costuma ocupar posições de chefia, já que demonstra trabalhar bem sem supervisão.

As carreiras às quais se adaptam melhor são aquelas nas quais usam suas características inatas: liderança, iniciativa, competitividade, honestidade, intuição e coragem. Também podem ser recomendáveis os ramos de vendas – se for de um produto ou serviço no qual ela de fato acredite –, de negócios ou comércio, bem como qualquer atividade relacionada às artes. Além disso, também são indicados trabalhos em serviços de emergência, nos quais força e ação rápida sejam vitais.

É freqüente que a mulher de Áries seja sua própria chefe, provavelmente, sua melhor escolha. Mais que tudo, isso a motiva e lhe dá liberdade e autonomia para criar o tipo de padrão de trabalho que se ajuste a ela. Assim, ela pode exercitar seu livre-arbítrio e demonstrar como é boa em se organizar. Ela brilha especialmente quando o esforço envolve criatividade e quando não há regras definidas quanto ao modo de fazer as coisas.

Entre as mulheres famosas de Áries estão Diana Ross, Aretha Franklin, Chaka Khan e Billie Holiday, todas cantoras e ícones de seus respectivos gêneros, que deram uma grande contribuição à música e influenciaram as gerações seguintes. Diana Ross, originalmente membro do grupo The Supremes, acabou se lançando em carreira solo, o que é bem típico do signo. As outras integrantes do grupo ainda lançam farpas em entrevistas sobre a separação e o sucesso de Diana como artista solo, o que indica a forte rivalidade que existia – algo que as arianas provocam inadvertidamente com sua flagrante ambição. Diana Ross tipifica Áries em vários sentidos, e não só por se estabelecer sozinha, lutando contra todas as dificuldades por si mesma.

Betty Ford, que fundou a famosa clínica de reabilitação nos Estados Unidos, também é de Áries. Ela foi pioneira nesse tipo de trabalho e reconheceu que as celebridades que tivessem problemas com vícios precisavam de um lugar espaçoso e com anonimato garantido onde pudessem ser tratadas, e fundou sua clínica, onde tal serviço é oferecido. Ela decidiu fundar o estabelecimento por causa de seus próprios problemas, que foram exacerbados quando ela esteve sob os refletores como primeira-dama dos Estados Unidos. Como boa ariana, ela usou da própria experiência para construir algo que acabou sendo de grande ajuda para muitas outras pessoas, e não apenas as ricas e famosas.

Para quem pensa em se envolver com uma mulher de Áries, é bom saber que ela vai esperar que você esteja por trás de seus esforços, não encare o sucesso dela como uma ameaça e ofereça o ombro amigo quando a carga for excessiva. Esta é uma mulher excitante para quem resolver topar o desafio de se envolver com ela.

A criança de Áries

A criança de Áries é dotada de espírito independente e insiste, logo cedo, em fazer as coisas ao modo dela. Elas se revoltam com a autoridade dos pais mais que as outras crianças, por isso, quanto mais liberdade os pais da criança de Áries puderem dar, melhor. Valorizam muito quando os pais lhes confiam a responsabilidade de tomar conta das próprias coisas – obviamente, respeitando a idade e as circunstâncias adequadas – e cooperam mais do que quando não podem receber essa liberdade.

A criança de Áries é uma guerreira em formação e deve ser cuidadosamente enraizada na sociedade para poder se adaptar. Fica claro desde cedo que se trata de uma criança de personalidade forte. Sua primeira palavra pode ser "não". A dica para os pais seria ajudar seu filho a se tornar um adulto integrado socialmente, pronto para lidar com frustrações e levar em conta os sentimentos das outras pessoas, sem, contudo, se mortificar com isso.

Muitos pais ficam apavorados pelo gênio teimoso da criança de Áries, imaginando que ela mais tarde venha a se tornar anti-social se não for corrigida logo cedo. Esses pais tentam fazer com que o filho seja obediente e adaptável, o que não vai funcionar e, pior ainda, pode fazer com que a criança sofra um problema psicológico irreversível. O bom comportamento deve ser estimulado e obtido por meio da persuasão, mas não meça forças com a criança de Áries, pois ela é mais frágil do que parece e pode ser facilmente oprimida. A vida já é dura por si só; elas precisarão de toda sua agressividade para sobreviver.

Arianos reprimidos quando crianças podem se tornar adultos que se sentem como um gato sem garras, indefesos e sem chance de escapar de situações de perigo. Os pais que toleram as insubordinações dessas crianças e que estimulam uma auto-afirmação saudável estão estabelecendo a base do sucesso dos filhos quando adultos.

A despeito desses fatores, a criança de Áries é naturalmente autoritária, e se tiver chance acaba mandando na casa toda. Limites definidos devem ser impostos para evitar que detenham poder demais, o que não seria bom para a criança e nem para o resto da família. Essa é uma dinâmica permanente, que tem de ser renegociada nas diferentes idades e estágios de crescimento. De toda maneira, é sempre bom permitir que o jovem ariano tenha um pouco mais de liberdade do que seria concedido a uma criança mais tímida.

A criança de Áries é uma líder nata que gosta de estar no controle das brincadeiras desde muito jovem e comanda as outras crianças sem dificuldade. São crianças bem dispostas, turbulentas e que ficam entediadas com facilidade – precisam ser muito estimuladas e adoram atividades movimentadas. Seja menino ou menina, a criança de Áries se dá bem com atividades de desafio e que requeiram destreza física.

Essas crianças precisam testar sua coragem e provar que são corajosas de tempos em tempos. Sentem que crescem em tamanho e em auto-estima sempre que alcançam o sucesso em algo. Quanto maior o espaço vital para canalizar suas energias de maneira saudável, menores serão as chances de criarem problemas. Se você é pai ou mãe de uma criança de Áries que se comporta de modo destrutivo, tem de encontrar alternativas para a expressão da criança. Qualquer atividade física que envolva um elemento de perigo, como escaladas (a maioria das cidades têm paredes artificiais para que os jovens escalem), seria uma boa opção.

É possível que haja danos profundos na auto-estima de crianças de Áries que acabam cometendo pequenos delitos. Cometer o delito em si é muito pior para a criança do que ser castigada por ele; elas sentirão intensamente a falta de saída, a falta de supervisão e compensação ao fazê-lo. E encontrar um veículo apropriado para sua vigorosa forma de expressão pode ser um bom desafio para seus pais também. Tentar suprimir a energia da criança na melhor das hipóteses não dá certo, e, na pior, acaba atrofiando-a. Vale a pena considerar qualquer arte marcial, pois elas fazem aumentar a autoconfiança e a auto-estima da criança, e também as ensina a ser disciplinadas e controladas.

A menina de Áries tem muito em comum com o menino. Ela também pode ser bem levada e precisa de desafios físicos do mesmo jeito que ele. É provável que não goste de bonecas, preferindo um soldado de guerra ou coisa do tipo (e ainda pode se perguntar por que não há bonecas de aventura como os bonecos dos meninos). Se ela tiver um irmão, vai acabar usando os brinquedos de montar dele, ou as armas de brinquedo, além de gostar de brincadeiras de ação do tipo mocinho e bandido.

Isso não significa que a menina de Áries não vai ser tão feminina quanto qualquer outra quando crescer. Ela vai se interessar por roupas e maquiagem do mesmo jeito – especialmente se lhe permitirem expressar seu lado tempestuoso quando jovem e lhe encorajarem a desenvolver suas qualidades de liderança. Quando isso ocorre, ela passa a confiar em suas habilidades físicas e em sua força, o que a prepara bem para a vida.

Leve a criança de Áries para o parque de diversões, deixe que escale árvores (não olhe!), dê a ela uma bicicleta e uma bola de futebol. Deixe que ela trace os próprios limites em suas atividades desde bem cedo. Se for impedida de fazê-lo por pais excessivamente ansiosos, pode acabar criando um padrão, contra o qual ela terá de lutar mais tarde, de esperar que os outros designem seus limites. Como esse cenário não é nada promissor, é melhor não determinar nada logo de cara. Se a criança quiser tentar algo que você considere além de suas capacidades, deixe que ela descubra isso por si só, e tome conta delas de modo discreto. Nunca as humilhe dizendo "eu avisei". Não as desafie, pois elas já o fazem o suficiente. Elas precisam estar sempre provando para si mesmas como são valentes ao fazer coisas que as amedrontam.

Uma criança de Áries sem um jardim para brincar e descarregar energia pode ser um pesadelo. Esta criança quer brincar fora de casa. Se a família morar em apartamento, o *playground* e os parques públicos são uma dádiva dos céus que ajudam os pais a manter a sanidade.

Tirando o fato de serem crianças fisicamente ativas, os jovens arianos têm mente ágil e são extremamente competitivos. Gostam de vencer e se dedicam muito na escola quando há possibilidade de chegar ao topo ou de se destacar em sua atividade. Se a situação parecer perdida, a criança se recusará a competir. Por essa razão, na escola estas crianças sempre se sairão melhor ao ocupar a liderança do grupo B do que uma posição mediana no grupo A, por exemplo. Elas se sentem mais incentivadas para o estudo quando têm a possibilidade de chegar a algum tipo de liderança na turma.

O jovem ariano pode sentir atração por ciências, especialmente matemática e física, nas quais pode explorar seu talento para saltos de abstração que servem de base para tais matérias. Estas crianças são mais intuitivas que racionais ou lógicas, de modo que não podem explicar facilmente o processo pelo qual chegam a uma determinada resposta, o que não é demérito algum. Apreendem as coisas como um todo rapidamente e têm percepção visual muito apurada, e são crianças que podem ficar facilmente entediadas ou impacientes quando as pessoas são lentas, e isso inclui seus professores. Quando não são estimuladas o bastante, acabam se tornando dispersas e desordeiras. De um modo ou de outro, no final não aprendem com o estudo. Se a criança de Áries não estiver rendendo, não conclua precipitadamente que se trata de algum problema de inteligência; é bem possível que a criança esteja entediada e desatenta por ser brilhante.

Estas crianças têm imaginação fértil e podem entrar facilmente no mundo do faz-de-conta. Têm potencial para as artes, sobretudo teatro, artes plásticas e música, portanto, se a criança manifestar interesse em alguma dessas áreas, deve ser encorajada. De toda forma, não tente restringi-la; permita que experimente à vontade, pois ela acabará encontrando seu rumo. Apesar de ser importante que os pais tenham esperanças para o futuro dos filhos, é essencial lembrar que o futuro é da criança, e não dos pais. A criança deste signo pode se desenvolver de muitas maneiras diferentes, e é fundamental que possam experimentar e testar suas opções.

Apesar de parecerem muito fortes, as crianças de Áries precisam de muito encorajamento. Elas se saem melhor quando seu espírito indômito é direcionado de modo sutil e carinhoso, pois costumam ficar arrasadas com críticas, as quais levam para o âmbito pessoal. Sua segurança consiste basicamente de bravata e precisa ser consolidada ao longo da vida por meio de suas conquistas. Trata-se de crianças inocentes, honestas e sinceras, e se você for pai ou mãe de uma delas, preste atenção para não rebaixá-las, do contrário estará prejudicando a formação de uma base sólida na personalidade da criança. Outras pessoas certamente terão esse tipo de atitude com seu filho ou filha, mas ele ou ela precisa saber que pode contar com seu apoio incondicional. Estas crianças são muito mais frágeis do que aparentam e sem apoio constante podem se dispersar e perder sua melhor qualidade, que é seu espírito de aventura.

É parte da psique de Áries esperar lealdade de quem os ama, ser apoiado integralmente e considerar qualquer coisa que fuja a isso como traição. Os pais devem atentar para jamais favorecer o colega do filho numa disputa. Se o filho voltar da escola com alguma história ruim, precisa ter os pais firmes ao seu lado. Essa é uma área na qual estas crianças são particularmente vulneráveis.

Se houver irmãos, os pais podem achar complicado lidar com suas brigas, pois todas as contendas devem ser consideradas de modo justo e imparcial, não levando em conta somente o bem-estar da criança de Áries. De todo modo, o jovem ariano saberá lidar com as conseqüências, desde que não haja favoritismo e ele ache que suas reclamações são ouvidas e levadas a sério.

Quando o filho mais velho é de Áries, a tendência é que ele domine os irmãos mais novos de modo intolerável, portanto, é bom que os pais fiquem de olho nisso. Pode ser aconselhável não deixar o jovem ariano tomando conta dos irmãos mais novos, principalmente se houver reclamações da parte destes contra o mais velho.

Quando o mais jovem é de Áries, normalmente passa por muita frustração por conta da dificuldade de ganhar em jogos e brincadeiras – as crianças de Áries gostam de ser as melhores em qualquer coisa que façam. Não ser o primeiro é muito duro para o ariano; essa é uma lição que aprendem logo cedo na vida. Os pais devem prestar atenção para que os mais velhos não humilhem o nativo de Áries mais novo, apesar de que os arianos conseguem enfrentar perfeitamente bem as provocações normais de irmãos.

É importante ter uma boa relação estabelecida com um filho ou filha de Áries bem antes da chegada da puberdade, pois eles podem tirar os pais do sério nessa fase. É uma criança rebelde, na melhor das hipóteses, e os pais precisam de um histórico de confiança e comprometimento, além de regras básicas acertadas e negociadas de ambos os lados para que as coisas corram bem. Se os estágios de desenvolvimento anteriores tiverem transcorrido sem problemas, haverá um precedente ao qual recorrer quando os hormônios destes jovens estiverem começando a se manifestar.

Um pai autoritário enfrentará dificuldades extras, pois um filho ariano adolescente tenderá a exercer o máximo de sua rebeldia nesse período. Regras impostas simplesmente não funcionarão mais. Ser autoritário é o oposto de ter autoridade, e um pai assim perde sua credibilidade ao tentar dominar o filho. Essa opção não pode durar muito, e a adolescência sinaliza o fim dessa tática. Em tal ponto, haverá uma rápida curva de aprendizado para pais e filho, isso se a comunicação não se romper de todo. Se os pais quiserem manter a esperança de reconquistar sua confiança, a qual pode ser seriamente abalada por um legado de regras impostas, têm de aprender a ouvir e respeitar a autonomia do filho.

Duas das características positivas da criança de Áries são sua espontaneidade e sua objetividade. Estas crianças não mentem nem escondem – elas dizem aos pais como se sentem e o que querem de maneira honesta e clara. As pessoas sabem o que estas crianças pensam delas. São extremamente inocentes, mas podem agir de modo agressivo, sem na verdade serem agressivas. São competitivas, resolutas e voluntariosas, mas também são transparentes. Não têm malícia. Isso não significa que não seja possível que se magoem facilmente; afinal, não têm sangue de barata, mas brilham quando valorizadas por seus dons.

Touro

de 20 de abril a 20 de maio

Signo fixo de terra, regido por Vênus

Conhecendo o signo de Touro

Os taurinos podem ser reconhecidos por seu charme e respeitabilidade. São indivíduos agradáveis que emanam satisfação e contentamento de seu interior. Nunca estridentes ou insolentes, possuem sofisticadas qualificações sociais e uma autoconfiança discreta. Sua base são os sentidos físicos, o que faz com que saibam se colocar em relação à maioria das situações. Eles lidam com tudo a partir de seu ponto de vista, com uma abordagem criativa e prática da vida, descobrindo soluções pragmáticas para os problemas, em vez de teorizar abstrações ou intelectualidades.

Touro é regido por Vênus, o planeta associado ao amor e à beleza, e seus nativos são abençoados com uma natureza fácil e afável e com boa aparência. Mesmo quando não têm uma beleza convencional – e muitos têm –, seus modos atraentes e gentis os levam longe. Por causa de seu talento para atrair coisas e pessoas de que gostam e que querem para si, a vida parece transcorrer para eles sem esforços ou conflitos.

Como os nativos de Libra, o outro signo regido por Vênus, os taurinos buscam estabelecer conexões e relacionamentos harmoniosos com os outros, razão pela qual são obsequiosos, amigáveis e inclusivos. Em situações sociais, concentram-se no que possuem em comum com as pessoas, minimizando e evitando diferenças e áreas de atrito. Os taurinos são indivíduos calmos e agradáveis, dotados de certa constância – eles não se apressam nem entram em pânico. Seu lema poderia ser: "Quando não souber o que fazer, não faça nada."

Na verdade, os taurinos possuem uma capacidade considerável de não fazer nada. Mais do que os outros signos, podem simplesmente sentar-se e ficar parados. Sua natureza é plácida e pacífica, têm seu próprio tempo e resistem a qualquer idéia de pressa ou correria. Trata-se de um signo fixo, e, como tal, podem fincar os pés no chão e se recusar a se mover. Quanto mais pressão exercerem sobre o taurino, mais firme ele ficará onde está. Parte disso é causada porque, quando coagidos, os nativos deste signo ficam com a mente vazia e talvez não saibam o que estão fazendo. Seja qual for a razão, sua reação ao estresse é se calar ou bater em retirada.

Quem se depara com essa característica do nativo de Touro deve recuar e dar-lhe espaço. Um ultimato não é a maneira de se conseguir nada de um taurino. Sua fama de obstinação e teimosia não deixa de ser verdade do ponto de vista das outras pessoas, mas é algo freqüentemente mal interpretado; taurinos odeiam se apressar ou serem apressados, pois qualquer decisão é longamente considerada, o que requer tempo. De toda forma, uma vez que tenham decidido, não hesitarão e manterão o mesmo curso de atividade.

Na condição de primeiro dentre os signos de terra (os outros dois são Virgem e Capricórnio), Touro gera indivíduos sensatos e práticos, cuja atitude diante da vida é de criatividade, objetividade e realismo. Os nativos têm os pés firmemente plantados no chão e não se deixam afetar por possibilidades. Sua atitude na vida é enxergar o todo de modo sintonizado, sensível e, ainda assim, objetivo, sem espaço para idéias abstratas. Eles lidam com fatos concretos e detalhes reais ao considerar uma situação.

Os taurinos podem acabar perdendo oportunidades, pois se concentram mais no que já é do que no que pode vir a ser. Alguns acham que isso é falta de imaginação, mas o que acontece na verdade é que eles não fazem especulações nem projeções para o futuro. São pessoas que preferem esperar e ver o que acontece. Elas vivem o momento.

À vontade com o mundo físico, os taurinos são muito sensuais e de natureza tangível, e deliciam-se com cada um dos cinco sentidos, especialmente o tato. Eles fazem contato físico com a mesma naturalidade com que as pessoas em geral conversam, às vezes acariciando-as e tocando-as de modo casual e não-exigente. Assim como algumas pessoas automaticamente fazem carinho num gato que esteja passando, os taurinos acham difícil passar por uma pessoa que amam sem fazer algum tipo de contato físico – é uma forma instintiva de interação. E como é algo de que eles também gostam muito, quando estão em um relacionamento costumam se entregar preguiçosamente a carícias demoradas que não são apenas um prelúdio para o sexo.

Essa comunicação não-verbal é profundamente reconfortante e tranqüilizadora para todos os signos de terra, e para Touro em particular. Por essa razão, eles precisam estar em um relacionamento e não se dão muito bem com a solidão. Odeiam acabar uma relação, mesmo que insatisfatória, e é freqüente que sofram em silêncio, procurando tolerar as dificuldades, talvez tentando ignorar os problemas, em vez de perder a intimidade física com o parceiro. Os taurinos sabem como dói a solidão e precisam da segurança emocional que lhes dá dividir a cama com alguém toda noite.

Os nativos de Touro não consideram muito as palavras como meio de expressão, todavia, freqüentemente têm vozes notáveis e talento musical. Até sua voz falada costuma ser melodiosa e gostosa de ouvir. Alguns desenvolvem esse dom e seguem carreira de cantores ou músicos, na qual podem se comunicar de modo profundo. Mesmo que os taurinos não sigam um caminho profissional, eles podem obter um prazer considerável por meio desse talento, talvez fazendo parte de algum coro ou banda local e entretendo os amigos com saraus musicais improvisados.

Quando estão esgotados, estressados ou com baixa imunidade por qualquer razão, a garganta é o ponto fraco dos taurinos, que são particularmente suscetíveis a infecções nesta região. Quando pegam um resfriado, é comum que a laringe seja afetada e que eles percam a voz. Dores de garganta são freqüentes e podem ir e voltar, dependendo de seu bem-estar geral. Sua laringe pode ser abençoada, mas é também vulnerável e tende a ser o ponto menos resistente em seu corpo. Alguns sofrem de torcicolos produzidos por tensão, por pressões internas ou por glândulas inchadas.

O corpo é uma área da qual os taurinos têm conhecimento nato – eles sabem quais músculos devem tensionar, como aliviar dores e soltar as juntas.

Confortáveis sob a própria pele, sua atitude em relação ao corpo e suas funções é bastante prosaica e objetiva, e nada melindrosa. É um dos signos menos inibidos do zodíaco. Aos olhos do taurino, celulite não é nada demais, todo mundo transpira, menstruação é um fato da vida e cravos existem para serem espremidos. Por meio de sua atitude de aceitação e ausência de julgamentos, eles costumam ajudar as pessoas a ficar à vontade.

Os taurinos não têm medo de compromisso e são dignos de confiança. Quando envolvidos emocionalmente, ficam prontos para entrar de cabeça numa relação profunda. Esperam fidelidade absoluta – não são indivíduos de flertar ou ficar, e são o signo mais possessivo do zodíaco. Mais que a maioria das pessoas, preocupam-se muito com segurança, de modo que a segurança financeira ou emocional que o parceiro possa oferecer conta muito na escolha dos taurinos. Não estou dizendo que sejam interesseiros; é só que se atraem muito por esse tipo de atributo. Acabam valorizando igualmente a segurança emocional e material, apesar de alguns darem preferência a um desses fatores.

O contato sexual sempre é importante para os taurinos, que não encaram bem os períodos de celibato. Eles gostam do sexo pelo sexo em si, o que nem sempre é muito romântico, pois precisam de sexo simplesmente pela libertação que traz. Com sua abordagem primitiva e sem superficialidades, do tipo homem ou mulher das cavernas, é possível que pessoas de natureza menos física os achem um tanto brutos demais. Provavelmente, o pior castigo que um parceiro pode dar ao taurino é deixar de fazer sexo. Este signo tem um apetite e tanto, e apesar de permanecer fiel quando satisfeito, tende a pular a cerca quando não está. Os nativos são bem capazes de manter um amante simultaneamente à "relação principal" sem grandes problemas. E não sentirão culpa nem remorso, pois consideram que este é um direito que lhes assiste. Os taurinos podem fechar os olhos a considerações normais quando se trata de satisfazer suas necessidades.

Todavia, se a infidelidade partir do parceiro, o taurino toma o fato como uma catástrofe que vai provavelmente sinalizar o fim da relação. Sim, eles têm dois pesos e duas medidas, o que é aceitável para eles não é para o parceiro. Os nativos deste signo encaram o parceiro como uma propriedade. Para eles, a infidelidade é uma invasão de território. Apesar de não ser uma postura muito atraente, é provável que não tenham palavras para se defender dela, seja como for; a situação lhes deixaria paralisados por uma raiva primordial. Sua reação à infidelidade do parceiro pode ser descrita como primitiva, para dizer o mínimo.

Muito tem sido dito sobre a sensualidade dos taurinos, que pode ter um efeito libertador em um relacionamento. O nível de aceitação que oferecem a um amante pode curar muitos ferimentos causados pelas atitudes de rejeição ao corpo que são tão recorrentes em nossa sociedade. Eis aqui alguém que não se esquiva da carne e que se refestela para valer com o corpo, permitindo que o parceiro sinta orgulho e amor por si próprio. Os taurinos tratam com carinho e atenção a pessoa amada, incluindo suas verrugas, cicatrizes, pneus na cintura e tudo mais.

A sensualidade dos nativos de Touro indica que eles são motivados pelo princípio do prazer e têm um pendor para as coisas boas da vida: comida, vinhos, roupas, a casa em que vivem e o tipo de férias que tiram. E tendem a se encontrar em uma das seguintes categorias: a daqueles que preferem o que é básico e saudável e a daqueles que sentem atração pelo que é caro e luxuoso. O primeiro tipo gosta de acampar nas férias, de usar algodão, linho e lã, de ter uma casa confortável, de comer comida orgânica e saudável e de curtir um bom vinho. Com seus valores sólidos e concretos, preferem viver de modo simples e puro.

A segunda categoria de taurinos também sabe apreciar a textura de tecidos naturais, mas vai além e valoriza tecidos mais luxuosos como seda e cashmere. E esse tipo de taurino pode ter preferências impressionantemente caras. Compram roupas das melhores marcas, atraídos pelo corte, pelo estilo, pela qualidade e pelo acabamento. Isso não se dá por ostentação ou exibicionismo, até porque as pessoas nem imaginam o quanto vão gastar com essas roupas. Independentemente de terem ou não dinheiro para tanto, trata-se de indivíduos capazes de criar um estilo próprio de se vestir.

Estes taurinos também apreciam gastronomia de primeira, comem nos melhores restaurantes e é possível que sejam ótimos cozinheiros. Se alguém já se perguntou quem paga os preços astronômicos de certos vinhos excepcionais, é bem provável que os compradores sejam taurinos, pois eles têm papilas gustativas sensíveis a essas coisas. Vale insistir que eles não compram vinhos caros para se exibir. Simplesmente têm gostos muito sofisticados.

Alguns taurinos podem ser cozinheiros profissionais, pois adoram comida, têm o paladar sensível necessário e gostam de entreter, portanto cozinhar para muitas pessoas de modo regular se encaixa perfeitamente bem com seu jeito de ser. A comida que fazem pode ser deliciosa no sentido mais tradicional, mas eles também são dados a misturar sabores inesperados, produzindo resultados impressionantes e originais. Os nativos de Touro podem acabar se tornando *chefs* inovadores e de nível internacional quando resolvem seguir carreira na gastronomia.

Os taurinos apreciam a arte, e aqueles que tiverem dinheiro podem se tornar colecionadores de arte. É provável que tenham móveis bonitos e caros em casa, sejam antigüidades ou representantes do mais moderno design, peças que despertem sua sensibilidade tátil. Mesmo aqueles que não têm poder aquisitivo muito alto, criam um lar confortável e de bom gosto. Os nativos de Touro têm olho bom para saber o que funciona e sabem gerar harmonia ao redor de si.

É comum encontrá-los trabalhando com arte ou com antigüidades. Alguns taurinos são *marchands*, outros podem ser artistas, podendo ser escultores ou pintores, ou então trabalhar no ramo de design ou na indústria da moda. Sua capacidade perceptiva apurada e literal, próxima da memória fotográfica, somada a seu aguçado senso estético, torna o taurino perfeito para essas áreas. Os taurinos que não exercem seu lado artístico profissionalmente exercerão seu dom com uma grande dose de estilo.

Outra profissão ou hobby em que os taurinos são muito bons é a jardinagem e a horticultura. Costumam ter mão boa para plantas, adoram flores, e seu olhar aguçado para cores e formas é bem explorado em tais atividades. Pacientes na hora de lidar com mudas e podas, não reclamam do trabalho pesado nem das unhas sujas. Deliciam-se com o cheiro da terra, da grama recém-aparada e de todos os aromas deliciosos de um jardim. Um jardim com estufa para o cultivo de mudas e para proteger do inverno as plantas mais delicadas é um lugar onde os taurinos adoram passar muitas horas. Isso os livra do estresse e lhes concede o infinito prazer de simplesmente ficar à toa.

Alan Titchmarsh é um conhecido jardineiro do signo de Touro, famoso na televisão por sua boa aparência e por seu talento para horticultura, e também por ser acusado por seus colegas de evitar o trabalho mais duro.

A preguiça, que é um dos aspectos negativos do signo de Touro, será abordada mais à frente; por enquanto basta dizer que, apesar de não necessariamente se esquivarem do trabalho duro, os nativos também não vêem necessidade em se exaurir.

Os taurinos têm uma enorme afinidade com a natureza em todas as suas múltiplas formas e se sentem bem com ela. Quando podem optar entre a vida no campo ou na cidade, se dão melhor e ficam mais satisfeitos se optarem pelo campo. Uma casa em um terreno grande, talvez o bastante para acomodar cavalos, ovelhas, bodes ou patos, seria perfeita. Seu apego aos animais é notável – uma amiga minha de Touro dormiu no estábulo com sua égua alguns dias antes de o animal dar sua primeira cria, para estar por perto quando a égua precisasse dela. Apesar de estar longe do trabalho, sua prioridade era a égua.

Alguns taurinos são especialistas em vida selvagem. Podem ser ornitólogos ou entender de plantas selvagens; têm uma sintonia excepcional com animais domésticos, de fazenda ou selvagens. Alguns são meteorologistas amadores, capazes de reconhecer a mudança do tempo e os diferentes tipos de nuvem. Muitos deles simplesmente sentem enorme prazer em estar no campo, em fazer caminhadas e excursões a pé. A vida na lavoura também combina com este signo, apesar de ser uma vida dura.

Seja qual for a profissão escolhida pelo taurino, e com toda certeza ela não se limita às áreas descritas anteriormente, ele traz certos atributos ao trabalho. Este é o indivíduo que traz um vaso de planta esquisito para o escritório, ou que encherá o pote de biscoitos se ninguém o fizer. São pessoas fáceis de levar, cooperativos, imparciais e agradáveis de se trabalhar. Sua força está nas boas relações que nutrem com as pessoas, por isso funcionam bem em grupo; de temperamento inclusivo para com os outros, preocupam-se com o bem-estar dos demais. Também são muito sensíveis e podem se deixar afetar bastante por atritos no ambiente de trabalho, o que inclui tensões subliminares que nem todos percebem. Os taurinos se saem bem em ambientes pacíficos.

Alguns falam mal dos nativos de Touro por causa de seu lado materialista, por isso é preciso explicar esse aspecto do ponto de vista dos taurinos. Para eles, tudo tem a ver com sentimentos primitivos de segurança. Os bens ajudam estes indivíduos a se sentir seguros no mundo. Acrescente-se a isso sua apreciação estética de belos objetos e sua natureza aquisitiva se torna bem clara. Eles adquirem objetos para sustentar sua percepção de si mesmos; muito de sua identidade é investida naquilo que possuem. Até mesmo aqueles que vivem de modo extremamente simples apreciam as poucas coisas que possuem.

Como Touro é regido por Vênus, tende a buscar o caminho mais fácil e não gosta de conflito nem de desarmonia. Apesar de o símbolo deste signo ser o touro, animal feroz e amedrontador que indica que um taurino enfurecido é uma visão assustadora, eles não perdem a paciência com facilidade. Porém, quando perdem, a terra pode tremer debaixo deles e de quem estiver por perto. Levam muito tempo para esfriar a cabeça de novo e seu corpo como um todo leva dias para se recuperar, em alguns casos até mesmo semanas ou meses.

Um homem de Touro, cujo caso amoroso com sua parceira já havia terminado, ficou enfurecido por dois anos depois de saber que ela estava saindo com outro homem. Lembra-se do que foi dito sobre a possessividade dos taurinos? Os nativos deste signo custam a perder a calma e podem ficar cozinhando uma situação em fogo baixo por muito tempo – como o touro raspando o chão com a pata antes de atacar – até por fim explodir em fúria. O alcance de sua raiva é uma medida do quanto não reagiram durante o tempo em que mantiveram a situação em banho-maria. Para eles, é difícil expressar sua raiva de maneira coerente, e, como um vulcão adormecido, são bem mais perigosos que aqueles que explodem periodicamente.

Apesar do que foi dito no parágrafo anterior, Touro é um signo pacífico; só que sua aversão a qualquer tipo de discordância e desunião pode acumular e causar um problema bem pior. Ele precisa entender que simplesmente não é possível passar pela vida se esquivando de confrontos e que sua teimosa resistência a pressões em geral nem sempre é a melhor solução. Às vezes, é necessário opor resistência.

No lado bom do signo, a capacidade de Touro de levar as coisas até o fim, de simplesmente agüentar, quer dizer que os nativos são capazes de suportar muitas adversidades. Trata-se de indivíduos estóicos, que têm o poder de segurar as pontas em situações aparentemente impossíveis. Eles não se deixam abater, não desistem das pessoas, dos projetos nem de seus sonhos. Uma vez emocionalmente comprometidos em fazer um trabalho, cumprem sua parte de modo firme e consistente – é o lado construtor que têm dentro de si – e finalizam seja o que for que se propuseram a levar a cabo. Não deixam as coisas pela metade e não se deixam intimidar caso venham a levar muito tempo. Para o bem ou para o mal, são pessoas persistentes.

Parte de sua capacidade de resistência a tudo que a vida lhes apresenta se origina simplesmente do horror que os taurinos têm a mudanças. Eles têm uma atitude de "em time que está ganhando não se mexe" e preferem se aferrar ao que já é àquilo que pode vir a ser. Mudanças de qualquer ordem podem ameaçar seu senso de segurança e estabilidade, o que pode prendê-los a uma rotina que leva a um padrão arraigado de existência. Se existe alguém que sempre passa férias no mesmo lugar, ano após ano, é o nativo de Touro. Para ele, saber para onde está indo elimina a parte estressante do passeio, e viajar para um lugar novo não significa necessariamente animação ou exitação.

Essa preferência pela previsibilidade não quer dizer que os taurinos têm a vida toda planejada antecipadamente, pois muitos nativos não planejam nada e levam vidas repletas de reviravoltas. Todavia, essas reviravoltas sempre lhes cobram um alto preço emocional e rendem muita reclamação. Mudar de endereço, trocar de emprego ou terminar um relacionamento é algo que consideram muito sério, objeto de longa e árdua consideração antes de passar à ação. Mas quando se decidem, não há volta. Suas decisões são irrevogáveis e eles não costumam olhar para trás; sua postura em tais circunstâncias não é nada sentimental.

Entre alguns dos atores famosos de Touro se encontram George Clooney, Jack Nicholson, Ryan O'Neal, Al Pacino, Michelle Pfeiffer, Uma Thurman e Debra Winger. A boa aparência foi um fator de ajuda a todos eles. Jack Nicholson é particularmente conhecido por conseguir excelentes efeitos lançando mão apenas de sua presença física, e já interpretou vários personagens com poucas palavras. Todos eles demonstram uma certa segurança que nasce de estarem bem assentados em seus corpos e no âmbito físico, fator que utilizam profissionalmente nos personagens que interpretam.

A rainha Elizabeth II talvez seja um dos melhores exemplos de um taurino em ação. Ela conquistou estabilidade e constância em seu reinado, fazendo mudanças no protocolo apenas quando absolutamente forçada pela pressão popular, como por ocasião da morte da princesa Diana. Ela exemplifica o valor da constância em um mundo em mutação, e esta é a grande força dos taurinos, a despeito das circunstâncias.

O lado negativo de Touro

Apesar do fato de que qualquer característica deste signo pode acabar se degenerando, os taurinos são particularmente suscetíveis a excessos relacionados aos prazeres da carne. A sensualidade que torna estes indivíduos tão atraentes pode levá-los a auto-indulgência, indolência e depravação. É típico dos taurinos gostar de vinhos e boa comida, mas esse prazer pode se transformar em muleta nos momentos difíceis. Aquele sujeito viciado em televisão que se entope de batata frita e chocolate é com certeza um taurino. A maioria dos que se encontram nesse rumo perigoso acabam reagindo e voltando a uma vida mais equilibrada, mas poderão abandonar toda sua moderação em determinados momentos, entregando-se à bebedeira. Entretanto, alguns taurinos não reconhecem quando estão extrapolando e passam a adotar esse tipo de atitude como um estilo de vida do qual é difícil se livrar.

Essa pode ser uma expressão distorcida do apetite natural dos taurinos. Quando não conseguem o que precisam das pessoas podem acabar encontrando formas de sublimar sua frustração e encontrar satisfação imediata. Essa direção, muitas vezes, é tomada como reação à dor de uma rejeição sexual. É uma forma de se manterem no controle e satisfazerem as próprias necessidades – nem que seja comendo uma barra de chocolate. Eles evitam correr o risco de serem rejeitados. Sejam quais forem as razões subjacentes, comer em excesso e ganhar peso como conseqüência é uma cruz carregada por muitos taurinos.

O taurino Liberace, cantor e ator norte-americano, lutou publicamente contra seus excessos. Seu amor por belas roupas e jóias se tornou um mote ostentoso e, apesar de ser parte do seu número, alega-se que seu visual fez por desviar a atenção de sua música, a qual não foi levada a sério como ele devia querer. Ele era inegavelmente talentoso, mas mesmo assim virou uma paródia com seu estilo de vida exagerado.

Apesar de a indulgência ser um problema para alguns taurinos, também é possível que neguem, reprimam e sufoquem sua natureza sensual. Não espere que todos tenham problemas de peso; muitos são esguios e mantêm uma dieta rigorosa, como se estivessem sempre com medo de que seu apetite natural tome conta de si; estão determinados a manter o controle de seu desejo sensual. Talvez não seja muito divertido fazer uma refeição com um desses taurinos, pois essa necessidade de controle pode resultar numa adesão a idiossincrasias alimentares e idéias meticulosas sobre o que "é bom comer". Se existe alguém inclinado a uma dieta de arroz integral e chá de ervas, esse alguém é o nativo de Touro.

A ascese dos taurinos talvez se estenda a todas as áreas de sua vida; eles podem optar por seguir alguma prática espiritual obscura, viver num cubículo equivalente à cela de uma freira ou padre, jejuar periodicamente e comer comida macrobiótica. Não que haja nada de negativo em si nessas práticas – longe disso –, mas algumas pessoas podem considerar a soberba e os extremos a que chegam alguns indivíduos de Touro algo perverso e detestável. Tais nativos cultivam uma postura totalmente oposta à sua natureza, e ao reprimir e negar seus desejos sensuais, assumem uma posição de superioridade, como se fizessem algo digno de admiração.

Por um lado, os taurinos só acreditam naquilo que podem perceber por meio dos sentidos – aquilo que podem provar, tocar, ver, cheirar e escutar –, mas, por outro lado, sentem um fascínio pelo aspecto intangível da realidade e são loucos para forjar uma relação com a realidade imaterial. Falta-lhes, porém, o dispositivo para fazê-lo, e com isso acabam rejeitando os cinco sentidos e todo o bom senso que estes lhes conferem.

Os taurinos parecem ter uma atração fatal por todas as religiões. Muitos seguem um caminho espiritual ou religioso com fanatismo. São impermeáveis à razão, a qual já rejeitaram em favor de algo que percebem como mais elevado. Esse pendor exatamente pelo que têm menos capacidade de avaliar os coloca em situações às quais os demais não estariam tão vulneráveis. Podem se tornar devotos de algum guru particularmente suspeito ou sujeitar-se a cultos e estilos de vida questionáveis que prometem a salvação. Em sua busca, acabam literalmente abandonando seus sentidos.

Dois taurinos notórios que tipificam algumas das características negativas deste signo são Adolf Hitler e Karl Marx, que estavam, ironicamente, a milhas de distância em termos políticos, mas eram ambos dogmáticos e radicais em suas opiniões. Eles exemplificam como os nativos de Touro podem se fanatizar, e, em ambos os casos, foram conduzidos por um zelo religioso, apesar de Marx opor-se completamente às religiões em si mesmas.

Um fenômeno mais recente é o taurino David Icke*, que alguns diriam ser louco, mas que, não obstante, sustenta uma filosofia que atrai seguidores e usa de seu carisma pessoal para manter o interesse das pessoas.

Jim Jones foi outro fanático religioso de Touro. Ele era o líder de um culto chamado "O Templo do Povo", que terminou com um suicídio em massa em 1978. Os que não morreram por vontade própria foram forçados, ou seja, na prática, foram assassinados. Ele certamente tinha um poder de persuasão considerável sobre seus seguidores para fazê-los chegar a cometer tais atos.

Todavia, nem todos os taurinos que desenvolvem sua religiosidade são loucos ou maus, como mostra o exemplo de Buda, que alguns consideram ter sido um taurino. Os nativos deste signo podem ansiar por uma conexão com o lado transcendental, e, apesar de, às vezes, seguirem um rumo espetacularmente errado, nem sempre esse é o caso.

A atriz Shirley MacLaine é uma taurina que vem defendendo publicamente essa dimensão espiritual. Ela escreveu diversos livros sobre sua busca espiritual e metafísica, e talvez tenha se tornado tão famosa por estes livros quanto por seu trabalho de atriz.

Existem vislumbres dessa dinâmica em muitos taurinos. Práticas religiosas e espirituais costumam ser uma boa escolha, o único problema é que este signo de terra nem sempre consegue lidar tão bem com o assunto, podendo ficar obsessivo. O taurino domina o plano físico e, em termos religiosos tradicionais, essa especialidade se torna um foco de contenda, sendo às vezes mal conduzida. Dessa forma, o jejum, por exemplo, que pode levar a estados alterados de consciência, pode se tornar radical demais. Sua tentativa de transcender os limites do corpo pode levá-los a negligenciar o corpo e cau-

---

*David Icke, ex-jogador de futebol britânico, também apresentador e repórter de televisão, ex-porta-voz do Partido Verde inglês e personalidade polêmica desde os anos 1990, quando começou a declarar-se um "canal do espírito de Cristo", entre outras coisas (*N. do T.*).

sar-lhe dano. Afinal, esse é o veículo que todos nós, mortais, temos para existir enquanto estivermos aqui, e é melhor que saibamos cuidar bem dele.

O taurino, que normalmente se sente invejavelmente à vontade com o próprio corpo, pode rejeitá-lo e desatender suas necessidades, não de modo descuidado como um signo de fogo pode fazer, mas cruel e persistentemente, como se extraísse prazer da própria renúncia. Os nativos deste signo podem acabar sentindo dores que os façam levar em conta as necessidades de seu tão negligenciado corpo. Essa negligência ou negação pode se dar também no plano psicológico, no qual a negação de determinados sentimentos dolorosos abre caminho para o surgimento de problemas físicos.

Pode-se alegar que uma doença séria consome anos e anos de negligência para ser cultivada, por isso, quando a doença já está instalada no corpo, será difícil, se não impossível, tirar algum sentido dela. Dessa forma, as mensagens do corpo se tornam incompreensíveis e misteriosas. Destrinchar os componentes psicológicos ou as predisposições não produzirá uma cura, apesar de certamente ajudar; deve-se lidar com a doença em seus próprios termos, mas a recuperação terá maiores chances de ser permanente se as razões psicológicas também forem abordadas. Até as dores de garganta tão típicas deste signo melhoram com um pouco de introspecção, além do uso de remédios adequados.

A capacidade dos nativos de Touro para manter a calma e a paz de espírito costuma ser alvo de elogios, mas é algo que pode degenerar em letargia e apatia. Seus modos inalteráveis se tornam então pura indolência e obstrução. São indivíduos cuja reação à pressão é simplesmente parar tudo. Metaforicamente, bem como literalmente, eles fincam os pés e se recusam a prosseguir. E também costumam se sentir pressionados em circunstâncias e situações nas quais outras pessoas não se sentiriam assim. Não é possível conseguir que um taurino se apresse, pois sua forma de reagir à pressão é diminuir o ritmo, e apesar de isso talvez representar um problema para ele, para quem o cerca é simplesmente de tirar do sério. É possível que sua fama de pessoa paciente e plácida precise ser contextualizada de acordo com a proporção em que testa a paciência dos outros.

Touro é um signo fixo de terra, e, na natureza, a terra fixa aparece na forma de rochas e pedras. Não há nada tão impenetrável e impermeável quanto certas formações rochosas, portanto essa é uma boa metáfora do que as pessoas podem esperar ao lidarem com um taurino obtuso. Sua resistência a certos tipos de atividade pode ser tomada como preguiça, uma acusação recorrente, daí a importância de entender essa reação em termos psicológicos. Sua motivação na vida é sempre o prazer, portanto, se um determinado empreendimento não for prazeroso, os taurinos não se interessarão. Eles não agem por senso de dever; "tenho que" e "é meu dever" são expressões que não constam de seu vocabulário. Outros signos mais hiperativos ficam pasmos com a capacidade do taurino de não fazer nada. Este signo possui uma natureza lânguida e sensual, beirando a indolência, de modo que "ter calma" pode se transformar em "não fazer nada da vida".

O indivíduo de Touro tem dificuldade em confrontar as pessoas de modo direto e muitas vezes aceita solicitações que não quer aceitar. Na verdade, todos os taurinos deviam ter um contrato para lembrá-los que não há problema algum em dizer "não" ou "vou pensar no caso". Só assim eles poderão ter algum tempo para considerar o que realmente desejam e se livrar da compulsão de concordar primeiro para depois dar para trás, pois ao não dizerem "não" quando necessário, fazem surgir uma série de complicações. Uma delas é que os taurinos acabam culpando os outros e ficam com raiva de terem sido postos em tal situação; eles acham sinceramente que ninguém devia ter-lhe proposto nada. Eles não vêem que a falha é deles mesmos.

A cultura da culpa na qual vivemos nos dias de hoje ajuda os taurinos a responsabilizar os outros por suas dificuldades pessoais. Essa cultura os habilita a fugir da auto-análise, pois tudo o que têm à disposição é sua resistência silenciosa e sua desobediência. Não é que os nativos deste signo sejam manipuláveis, longe disso, eles certamente não farão algo que não querem fazer; a maneira como recusam é que é o problema, isto e sua tendência a culpar os outros.

Touro também pode ganhar má reputação por ser gentil demais. Apesar de ser difícil imaginar algo assim, essa tem sido a acusação recebida pelo primeiro-ministro britânico Tony Blair, um taurino. As pessoas costumam se perguntar se é possível confiar em um homem que sorri tanto. O sorriso dele é considerado agradável demais e seus modos gentis são recebidos com suspeita. Como é possível que ele seja sincero, o que esconde aquela aparência cordata? O homem com tamanha destreza e sofisticação de modos não pode ser visto como autêntico, e é nessa característica dos taurinos que os meios de comunicação se concentram.

Também é possível alegar que os nativos deste signo são muito bons em afastar as pessoas com seus modos impecáveis e seu sorriso caloroso, jamais demonstrando qualquer sentimento profundo. A capacidade do taurino de se esconder atrás de uma máscara de boa educação é uma maneira esperta e não-agressiva de evitar intimidade e de sair de situações desagradáveis com relativa graciosidade. O problema é que, ao evitar o conflito e mascarar suas verdadeiras emoções, pode acabar sendo considerado falso e indigno de confiança, o que é verdade, ao menos naquele momento específico. Seu sorriso de "estou-caindo-fora" é uma solução elegante para personalidades essencialmente acomodadas, sempre buscando um denominador comum e evitando reconhecer diferenças ou discórdias.

Como têm aversão a agressão e raiva, os taurinos tendem a reprimir e negar esses tipos difíceis de sentimento, o que os leva a descarregar as emoções reprimidas de modo velado. É por esta razão que pessoas intimamente envolvidas com uma pessoa de Touro podem ficar loucas da vida. Apesar de não ser justo culpar o taurino pelo problema, existe algo neste controle e repressão do taurino que pode destruir um parceiro que demonstre mais as próprias emoções. Um parceiro assim pode se deixar contaminar pelas emoções não declaradas do taurino e começar a agir de maneira espantosa. Na pior das hipóteses, o taurino pode deliberadamente explorar o parceiro, levando-o a expressar estes sentimentos desagradáveis. A identidade de Touro leva os nativos deste signo a serem gentis, de modo a deixar o trabalho sujo para os outros. Quem está envolvido com um taurino ou uma taurina deve refletir se esta seria uma dinâmica do relacionamento, e se for, tentar sair dela. Não é uma perspectiva das melhores fazer parte deste esquema.

A aversão dos taurinos a mudanças e sua passividade generalizada pode se tornar negativa. Às vezes, eles toleram circunstâncias que outras pessoas enfrentariam ou das quais fugiriam. Podem nutrir um medo notável por qualquer tentativa de confrontar o *status quo*, optando por manter o que quer que tenham – por pior que seja – do que se arriscar no desconhecido. Isto quer dizer que alguns deles permanecem muito mais tempo do que seria razoável em situações insatisfatórias e infelizes, sofrendo em silêncio, sem ousar tomar qualquer providência. Quando estão em uma relação sem amor, esperam ser abandonados, às vezes até provocando isto, pois não agüentam tomar a iniciativa de terminar. Uma atitude destas lhes pesa demais nos ombros, então eles preferem não assumir esta responsabilidade.

Nenhum dos defeitos dos taurinos é qualquer coisa de terrível ou medonha. São apenas os efeitos colaterais de suas qualidades mais apreciadas por aqueles que os cercam. O lado negativo de sua personalidade faz parte do pacote, mas aqueles que são próximos de um taurino têm muitas coisas boas a dizer destes indivíduos gentis, tolerantes e descontraídos.

O homem de Touro

O homem de Touro é carismático, charmoso e elegante, sendo facilmente reconhecido por sua presença magnética. É do tipo forte e silencioso. Quando ele fala, cada palavra pronunciada é ouvida com atenção – ele ganha rapidamente o respeito de quem o rodeia. É um homem extremamente atraente, de gosto impecável, modos gentis, costuma usar roupas de qualidade e ter mãos bem cuidadas. Há nele uma solidez que exala confiabilidade.

Trata-se de um homem prático, que pensa de modo pragmático e realista e que se posiciona na vida de acordo com este modo de pensar. Não é bom em assuntos abstratos: descarta-os como sendo fruto da imaginação. Ele confia em seus cinco sentidos e é limitado pela informação por eles proporcionada – este é seu domínio e ele está em terreno estranho ao sair dele. É um sujeito prosaico, com muito bom senso e cabeça-fria.

Tenha ele uma beleza clássica ou não – e geralmente o homem de Touro tem este tipo de beleza –, terá *sex appeal* e uma atitude gentil. Sua atratividade também está na maneira como atenta aos detalhes. Bem vestido, ele cuida de sua aparência e da maneira com que se apresenta. Suas roupas são imaculadas e combinadas, e seus sapatos são bem engraxados. Ele tem um ar de segurança que emana de todos estes cuidados e aumenta a fascinação que provoca. A despeito de se vestir de maneira caprichosa ou casual, estará sempre muito bem e terá consciência disto. Alguns taurinos são considerados vaidosos em excesso, uma tendência que de fato existe. Nem todos se enfeitam demais, mas mesmo assim sempre darão especial importância à aparência. Podem se orgulhar sobremaneira da maneira com que aparam as costeletas, por exemplo, sempre impecáveis, ou então serão dos poucos homens que fazem limpeza de pele e usam cremes no rosto. Seja como for, isto demonstra sua relação com seu reflexo no espelho. Não que haja nada de errado com o que vêem; talvez mais homens devessem adotar cuidados como os do senhor Touro.

O jogador de futebol inglês David Beckham exemplifica estes aspectos do signo de Touro com suas roupas de grife e as freqüentes mudanças de corte de cabelo. Ele certamente se preocupa com sua imagem e sua forma física, uma combinação vitoriosa que lhe rendeu alguns contratos de patrocínio bastante generosos; para não falar das atenções femininas – e masculinas – que recebe.

Todavia, nem todos os homens de Touro se importam tanto assim com a aparência. Há diferentes tipos de taurinos, entre eles o mais tradicionalmente machão, do tipo que faz a barba dia sim, dia não. Este homem é um exemplo de atitude prosaica de vida; ele é totalmente despretensioso e não tem malícia. Ele não liga para comidas ou vinhos sofisticados, prefere algo mais básico e substancioso. É do tipo que gosta de um bom arroz com feijão.

A praticidade do homem de Touro indica que muitos enveredam por ocupações ligadas a construção, pintura, decoração e tapeçaria, ramos nos quais podem aproveitar bem sua sensibilidade tátil e visual. Em trabalhos deste tipo, eles ficam satisfeitos com o resultado de seus esforços físicos – um exemplo desta praticidade. Muitos são artistas, designers e artesãos que adoram ver suas criações tomando forma pouco a pouco e que se orgulham de suas realizações.

O homem de Touro aprecia a madeira, sua granulação, coloração e ressonância, e muitos se especializam em seu uso. Sua sensibilidade para escolher os materiais que usa o coloca em uma categoria única como designer ou produtor de móveis e como carpinteiro. Seus padrões e toques finais vêm de sua fina sensibilidade estética.

Como artista, a especialidade do homem de Touro também pode ser a escultura, pois ele entende de formas. Entalhar e lascar em madeira ou pedra se adapta a seu temperamento. Ele também pode ser igualmente encontrado trabalhando em um dentre seus muitos projetos de design, no ramo da moda ou da música. Brian Eno, David Byrne, Steve Winwood e Roy Orbison são exemplos de taurinos de sucesso duradouro na música.

A dança e a coreografia são outras possibilidades, pois os homens de Touro se movem com graciosidade e também podem ter bom senso rítmico. A atividade de cabeleireiro também seria uma opção adequada, já que requer um olhar ao mesmo tempo prático e estético. Não que ele esteja limitado às opções acima, de forma alguma, pois ele pode muito bem trabalhar em outros ramos, até como banqueiro, nos quais possa se fundamentar em sua postura sensata e pragmática. Qualquer que seja o caminho profissional de sua escolha, ele tem à disposição sua mente prática, uma percepção tátil aguda e uma apreciação de textura, cor e estilo.

Este homem atrai bastante as muitas mulheres que acham que homem "de verdade" é aquele que encara o serviço pesado. Até os taurinos que não trabalham com as mãos podem ocasionalmente fazer coisas do tipo só para impressionar suas amadas. Ele fica feliz de comprazer com este tipo de expectativa estereotipada.

Feminismo e direitos das mulheres passaram ao largo do homem de Touro. Ele certamente não é o "novo homem" que supostamente emergiu do movimento feminista. Se, por exemplo, ele ajudar em casa, será devido aos seus bons modos, não por ter ouvido falar que agora é politicamente correto agir assim. Este é um dos signos menos liberais do zodíaco, e é provável que tenha opiniões conservadoras a respeito de seu papel na vida. A menos que sua consciência tenha sido forjada à força, sua percepção da divisão dos papéis em um relacionamento é bem tradicional. Certas tarefas ele aceita para si, e as outras ficam para o parceiro e simplesmente não entram em sua programação.

No que tange ao sexo, o homem de Touro funciona em um nível primitivo. Não é que lhe falte sofisticação, é só que ele é extremamente possessivo em relação à pessoa com quem se relaciona amorosamente. Ele vê esta pessoa como se fosse um território conquistado. Ele lutou para conquistar e agora ela ou ele pertence ao taurino. Um taurino homossexual agirá, de modo geral, de modo bem parecido com o taurino heterossexual em seus relacionamentos. Ele espera lealdade e fidelidade total e não consegue se satisfazer com nada menos que isso.

O homem de Touro é ciumento com "C" maiúsculo e não há nada que desperte mais sua raiva do que suspeitar estar sendo traído. Se a pessoa com quem ele estiver for infiel, será como uma tortura para ele, e vai continuar a lhe afligir por meses ou até anos depois. É bastante improvável que uma relação resista ao que constitui, para o taurino, uma traição devastadora. Apesar de que todo este aborrecimento não é nada elogioso para a pessoa, que é vista como uma propriedade invadida do taurino, e não como um ser independente.

Apesar do homem de Touro considerar fidelidade total um direito que lhe assiste, ele mesmo talvez não seja cem por cento fiel. Ele possui algumas definições interessantes e bastante parciais de fidelidade. Mesmo assim, ele é fiel em certos aspectos; seu parceiro continua a figura central de sua vida e ele não ameaça a relação principal – a despeito do que ele faça por fora. Para ele, sexo freqüente é uma necessidade, mas não precisa vir acompanhado de envolvimento emocional. Sexo e amor podem estar ligados em seu relacionamento principal, mas ele normalmente é capaz de separá-los e aproveitar do sexo pelo sexo em si, e como não existe amor, ele não conta como traição.

Isto posto, a pessoa que está começando uma relação com um taurino pode fazer com que ele prometa algo que seja capaz de respeitar – é importante que isto seja feito no começo do relacionamento. Ele será leal, mas é preciso deixar tudo bem especificado. É provável que não considere uma saída de uma só noite como traição, a não ser que lhe seja dito claramente que isto conta como tal. Se seu relacionamento não for feliz e não houver plenitude sexual, e mesmo assim ele decidir continuar, normalmente por razões de segurança ou de estabilidade – apesar de que ele também pode ficar por causa dos filhos , é bem provável que ele mantenha uma relação extra de longo prazo. Ele não sobreviveria sem isto. Uma relação com intimidade física é tão essencial para ele quanto o ar que respira.

À parte seu forte desejo sexual, o homem de Touro também é dono de pronunciada sensualidade e adora entregar-se a carinhos com a pessoa amada. Ele sabe o que agrada e é um amante atencioso. Sua postura em relação ao corpo, tanto com o dele mesmo quanto com o do parceiro, é bem prosaica. Ele entende de tensão muscular e sabe o que fazer para suavizá-la; pode até ser que ele trabalhe com o corpo, como massagista ou com algum outro tipo de terapia corporal, e fica bem à vontade com todos os tamanhos e formatos, com quaisquer cicatrizes ou imperfeições. Trata-se de um realista que não espera que ninguém se pareça com uma imagem retocada de vitrine de loja. Isto pode ser muito libertador para quem se relaciona amorosamente com o taurino, cuja atitude de aceitação permite que a pessoa relaxe.

Apesar das qualidades acima, o homem de Touro não é um parceiro dos mais leais e dedicados. Quando está em uma relação feliz, ele fica emocionalmente constante e presente, e está do lado da pessoa para o que der e vier; não é de se deixar deter pelas dificuldades. Na verdade, se a pessoa que ele ama estiver passando por problemas, ele estará mais presente do que nunca. Ele dá todo o apoio, e se mostra "pau para toda obra".

Aquela que estiver procurando um homem para ser pai de seus filhos deve ter em mente que um homem de Touro seria uma ótima pedida. Seu lado criativo aflora com a paternidade, e ele encoraja os interesses criativos e artísticos de seus filhos, estimulando-os e ajudando-os com imensa boa vontade. O que ele mais gosta de fazer é sair com os filhos; é um pai inventivo e animado na hora do lazer, levando-os a galerias de arte, museus e teatro, e ao futebol também. Mesmo quando os filhos são bem pequenos, ele já ajuda a cuidar deles. Sua natureza constante o leva a sempre preservar a relação com os filhos, a despeito do que possa acontecer com o casamento. Eis aqui um pai que jamais abandona os filhos. Na verdade, se houver uma separação, é possível que ele lute pela custódia deles. O taurino é mais que apto a levar uma família como pai solteiro.

Perfeito homem de família, o homem de Touro é afetivo e paciente com os filhos. O fato de raramente estar com pressa, o que lhe causa alguns inconvenientes em certas áreas da vida, faz com que tenha tempo de sobra para a família; ele sempre está lá, com seu jeito sólido e firme, quando os filhos precisam dele.

O taurino não se dá muito bem com as palavras – muitas vezes a comunicação acontece de forma não-verbal. Essa é uma das razões pelas quais o sexo é tão importante para ele – por sua qualidade profundamente reconfortante em termos emocionais. Ele é gentil, atencioso e demonstra sua atenção à pessoa que está com ele de modo concreto e tangível, fazendo o que ele sabe ser prazeroso e oferecendo presentes. Pode agraciar uma nova namorada com presentes caros como forma de demonstrar a profundidade de seus sentimentos. Do mesmo modo, ele espera reciprocidade, como mostra da profundidade dos sentimentos da pessoa por ele também. Palavras não o impressionam muito. Lembranças de amor não precisam custar muito dinheiro, mas precisam ser bem escolhidas e precisam dizer muito.

O nativo do signo de Touro é plácido; esse homem não se irrita com facilidade. Ele se mantém no mesmo nível das outras pessoas de modo quieto e modesto e raramente acha necessário levantar a voz ou falar de forma mais ríspida. Todavia, nas raras vezes em que isso acontece e ele fica com raiva, pode ser realmente amedrontador. Custa muito até chegar a esse ponto; ele pode alegar ter sido provocado ao extremo, mas sejam quais forem as circunstâncias, o taurino pode ficar assustador e ameaçador quando seriamente irritado. Parte disso se deve ao fato de o taurino não ter o costume de lidar com extremos emocionais. Após esfriar a cabeça, é bem possível que ele possa falar sobre o incidente de modo mais racional. Essa "lavagem de roupa suja" é importante para todos – pode ser que ele prefira permanecer calado, mas não é bom que o deixem seguir esse rumo. Ele precisa desabafar e liberar sua raiva também.

É mais típico que o homem de Touro lide com dificuldades com teimosia e falta de cooperação. Ele evita conflitos, mas se recusa a colaborar, em seu inimitável estilo. Este homem é especialista em resistência passiva, o que com freqüência tem o efeito de distrair os outros – as pessoas mais próximas e queridas do taurino ficam furiosas, enquanto ele permanece insuportavelmente controlado. Assim, ele se mantém em posição superior, sem reconhecer como foi irritante nem que os outros podem acabar expressando uma raiva que é dele.

O homem de Touro também pode provocar as pessoas que ama com seu comportamento, fazendo bagunça ou "se esquecendo" de fazer certas tarefas que são de sua responsabilidade. Trata-se de um problema e tanto para resolver; afinal, cada um é responsável por si mesmo e por seus ataques histéricos, mas se o taurino vê que a pessoa descarrega freqüentemente sua fúria nele, vai pensar que o problema é com ela. E a parceira que talvez esteja expressando uma raiva que é na verdade dele deve ter consciência que esse é um papel ao qual não deveria estar se prestando, por isso faria bem em recuar, avaliar e mudar a situação.

Vênus, planeta feminino, rege Touro, e os homens nascidos sob este signo devem estabelecer uma identidade masculina que inclua atributos tradicionalmente considerados femininos, como uma natureza gentil e delicada, o amor pela beleza, uma sensibilidade estética e sensual e intensos desejos físicos. Emoções negativas comprometem a imagem que ele tem de si mesmo, o que o fez descobrir estratégias para lidar com elas. Tem facilidade para lidar com amor e afeto; é especialista nessas áreas. É um homem razoável, agradável e estável; nunca é fraco. Seja qual for sua orientação sexual, é um homem másculo e muito seguro de sua masculinidade, não obstante ser dotado de graça e charme.

A mulher de Touro

A mulher de Touro emana serenidade interior e contentamento. É calma e contida e se recusa a se deixar levar pela pressa. Ela tipifica o próprio bom senso e tem uma abordagem prática diante da vida e das pessoas. Com seus pés firmemente plantados no chão, ela é capaz de lidar com qualquer situação que a vida lhe apresente – poucas coisas a amedrontam. Em muitos sentidos, personifica a mãe-terra arquetípica, tomando conta de tudo e todos com seu jeito pragmático. É uma mulher muito capaz e competente.

Este é um dos signos mais atraentes fisicamente, e a mulher de Touro tem muitos admiradores. Talvez tenha sido abençoada com uma beleza clássica, apesar de seus atrativos se deverem em boa parte a seus modos agradáveis e a sua capacidade de se relacionar com os demais. Seu encanto também reside em sua sensualidade e seu comedimento – que agem como um ímã, a despeito de seus reais atributos físicos.

Ao contrário de algumas de suas companheiras de outros signos, a mulher de Touro não corre atrás de desafios e não é particularmente ambiciosa. Na verdade, ela é mais motivada pela necessidade de segurança e estabilidade na vida. Sua identidade está intimamente ligada ao mundo material, o que a faz investir muito no que possui. Chamá-la de materialista seria nivelá-la por baixo e não atingir o ponto real quanto ao que os objetos representam para ela. Os bens que possui lhe garantem uma sensação de segurança que é sua proteção. Ela conta com sua casa e com o que há dentro dela para lhe garantir uma âncora emocional; seus pertences e sua casa refletem a si mesma e representam uma extensão de sua identidade.

Ao lado desses fatores, a mulher de Touro tem um gosto impecável e muita sensibilidade estética, o que costuma custar caro. O dinheiro a atrai por causa do que ele pode proporcionar. Sua relação com o dinheiro é realista; ela não é gritantemente extravagante, mas como tem um olho de especialista, pode gastar enormes quantias. A taurina reconhece e prioriza a qualidade, e não tem interesse nenhum em barganhas se isso significar abrir mão de seu padrão excelência.

Calcinhas de seda luxuosas foram inventadas para a mulher de Touro, pois, apesar de as mulheres em geral também as comprarem, é a taurina quem realmente aprecia essas peças, usando-as para seu próprio prazer. Mesmo que esteja com o orçamento apertado, terá roupas íntimas caras. Ela não se deixa impressionar por marcas em si, mas gasta seu dinheiro, feliz da vida, nas melhores peças que puder comprar, e valoriza o corte, o acabamento e os tecidos de roupas de grife. Trata-se de uma verdadeira dama que investe tempo e dinheiro e planeja cuidadosamente a própria aparência. Costuma ser íntima de cabeleireiros e freqüenta salões de beleza para extrair o melhor de si mesma.

Conforto e divertimento são importantes para a taurina, e ela faz seus convidados se sentirem em casa. Eis aqui uma mulher que se delicia em entreter as pessoas, que gosta de reunir os amigos e a família, recebendo-os para pródigos jantares. Investe muita consideração e atenção nos detalhes práticos que farão seus convidados sentirem-se confortáveis e à vontade. A comida é deliciosa, a mesa é lindamente decorada, o ambiente é tranqüilo. É sempre um prazer ser seu convidado, pois nada é problema para ela. A taurina cuida de cada detalhe para fazer os visitantes ficarem descontraídos e atender ao que possam precisar, de modo que sempre há a possibilidade de seus convidados passarem a noite na casa da taurina em questão. Ela é a personificação da boa anfitriã.

Esse talento faz da mulher de Touro uma verdadeira jóia em seus relacionamentos. Ela oferece apoio e deixa as obrigações sociais fluírem, demonstrando não só não estar fazendo o menor esforço, mas também estar tendo prazer com essa função. Se ela for heterossexual, seu marido talvez até consiga uma promoção depois de um dos jantares comandados por ela, os quais, sendo jantares de negócio ou não, são sempre elegantes e agradáveis. Assim, mesmo que ela não contribua financeiramente com a renda familiar, acaba contribuindo para a ascensão profissional do companheiro.

Ao escolher um parceiro, a mulher de Touro sempre considera sua situação financeira, pois isso para ela sempre representa um atrativo importante, permitindo que ela tenha um estilo de vida com o qual se identifique. Muitas taurinas, porém, estão interessadas apenas em conseguir o dinheiro que precisam por si mesmas. Não estão necessariamente à espera de um parceiro que lhes dê segurança financeira, e as taurinas nunca se vendem. Elas podem desejar muito um estilo de vida confortável, mas são capazes de viver de modo humilde e simples, se for o que seu poder aquisitivo lhes permitir, e serão felizes mesmo assim.

Quando a necessidade de segurança da taurina está garantida, ela passa a ser motivada pelo princípio do prazer. Essa mulher sabe como descontrair e se divertir, e ajuda as pessoas à sua volta a também entrarem no mesmo clima. Possui talento para fazer as pessoas se sentirem totalmente à vontade, é amável, fascinante, sensual e carinhosa. Gosta de verdade da companhia das pessoas e expressa sua afeição por meio do toque. Conheço uma taurina que parece estar sempre com os pés das pessoas em suas mãos. Ela faz massagens nos pés de seus entes mais próximos e queridos para aliviar o estresse deles, e o dela também. Para ela, é uma forma importante e muito direta de se expressar e de comunicar seus sentimentos de afeto pelos amigos.

Apesar de algumas taurinas talvez trabalharem com massagem profissionalmente, outras simplesmente lançam mão disso como uma parte natural do dia-a-dia, ocasionalmente fazendo massagens nas costas, que vem a ser seu jeito gentil e discreto de saber como estão as pessoas que ama. Quando a taurina põe as mãos na pessoa, logo avalia seu estado.

Apesar de existirem taurinas em todos os campos profissionais, elas ficam particularmente felizes quando podem utilizar seus talentos naturais. Carreiras em ramos como arte, design, moda, música, gastronomia e jardinagem são adequadas. Mas se escolherem outro rumo profissional, aptidões continuarão sendo parte de sua natureza, e poderão aparecer de maneira tangencial em seu trabalho, bem como na vida pessoal.

A mulher de Touro não se joga de cabeça num relacionamento, principalmente porque, quando assume um compromisso, se mantém fiel à pessoa amada. Ela leva o envolvimento amoroso a sério, se preocupa com os sentimentos do outro e gosta de conhecer um possível parceiro aos poucos. Aguarda pacientemente até ter certeza. Espera ser cortejada e reage bem a demonstrações de carinho. Palavras não a impressionam muito; ela julga as pessoas por seu comportamento e espera demonstrações concretas de amor.

Para as nativas de Touro, jóias caras e presentes simbolizam o valor que lhes é conferido, além das flores e dos chocolates que já são tradicionais, mas é importante que as flores e os chocolates sejam de primeira e estejam lindamente embalados. Ela não vai dar bola para algo comprado no supermercado.

Uma vez envolvida e conquistada, a mulher de Touro mantém-se fiel a seus sentimentos. Após levar as coisas no seu tempo, ela se torna a mais leal das mulheres, sempre ao lado do parceiro. Estar comprometida combina com seu jeito de ser, e ela gosta de relacionamentos longos. Como se trata de uma mulher extremamente sensual e tátil, ela precisa da segurança de uma ligação física de intimidade. Isso inclui intimidade sexual assim como ficar juntos, agarradinhos, e tocarem-se casualmente enquanto lêem, escutam música ou assistem a televisão. O pior que um parceiro pode fazer à mulher de Touro é evitar contato físico. Se discussões não destroem o amor que ela sente, o silêncio, por sua vez, pode acabar com esse sentimento. Excluir a taurina faz minar toda sua confiança e a deixa insegura. Ela tende a ser ciumenta, na melhor das hipóteses – trata-se de uma mulher muito possessiva. Não por desconfiar do parceiro; é simplesmente sua natureza agarrar-se firmemente às coisas e pessoas que ama. Ela reconhece a extensão da expectativa de segurança emocional que projeta em seus relacionamentos e não está disposta a correr riscos nesse campo. Guardar e proteger aquilo em que forma seus alicerces é um instinto básico para ela.

Este é um signo fixo, e assim é a mulher de Touro, que não gosta de mudanças. Ela prefere que tudo permaneça como está, e qualquer tipo de mudança lhe dá nos nervos. Incomoda-se especialmente quando alguém tenta lhe impor inovações. Ela não gosta de ter sua rotina alterada e detesta que mudem seus móveis de lugar, muito menos que promovam alterações mais radicais, como redecorar a casa ou acrescentar novos objetos. A taurina se sente segura mantendo tudo ao seu redor como sempre foi. Para algumas pessoas, a mudança pode ser o tempero da vida, mas para a taurina representa uma ameaça e a deixa aterrorizada. Ela prefere monotonia e previsibilidade.

A confiabilidade e a fidelidade da mulher de Touro devem ser compreendidas à luz do exposto anteriormente. O parceiro da taurina precisa ter consciência de como o bem-estar psicológico dela depende de sua estabilidade na vida. Ela é constante porque precisa disso. Não vai desapontar o parceiro, mas será que ele pode prometer o mesmo? É esse o acordo que ela busca.

Uma mulher de Touro que esteja infeliz ou que se sinta não-realizada tende a sofrer de problemas de peso. Ela já luta contra a balança naturalmente, pois adora comer, especialmente os pratos mais calóricos e saborosos, mas sua vaidade costuma lhe garantir a manutenção de um peso razoável. Contudo, não custa muito para que sua dieta, seja ela qual for, entre em colapso e, uma vez deprimida, a taurina pode se ver em um verdadeiro rodamoinho. Sua principal dificuldade é usar a comida como forma de consolo. A taurina rechonchuda terá a seu favor o fato de permanecer atraente, e ao menos não estará reprimindo seu apetite.

Algumas mulheres de Touro conseguem manter uma rígida dieta; essa é a única forma que têm para controlar sua tendência à auto-indulgência. Mas apesar de manterem as formas longilíneas, são mulheres menos tranqüilas de se ter por perto. Ao não se permitirem o prazer que a comida lhes proporciona, elas podem levar sua frustração para outras áreas de sua vida. Antes de se envolver com uma nativa de Touro, leve-a para jantar e faça com que ela coma tudo. Todavia, a maioria das taurinas não cai em nenhum desses extremos e tem um gosto saudável por comidas substanciosas.

Touro é um signo produtivo e fértil, e a nativa deste signo tende a ver a maternidade como parte do seu destino. Mais que a maioria das mulheres, para a taurina ter filhos é uma parte importante de sua auto-expressão e criatividade. Trata-se de uma mãe única. Sua força, paciência e tolerância a capacitam de modo inato para essa função. Desde a gritaria dos bebês até a época em que as crianças têm prazer em simplesmente fazer o contrário do que lhes pedem, passando pela rebeldia adolescente, ela mantém uma expressão de calma ao se confrontar com comportamentos desafiadores e leva todas as fases ruins com firmeza. Sua abordagem pragmática é ideal; ela é capaz de lidar com as várias necessidades dos filhos e lhes garantir constância e estabilidade, dando-lhes uma base segura.

É provável que a mãe taurina seja do tipo que trabalha em casa. Ela se dedica de corpo e alma à criação e ao bem-estar dos filhos, investindo muito neles em termos emocionais. Isso se torna sua vida, e a maioria das crianças gosta da atenção que ela lhes dedica, principalmente nos primeiros anos. Depois, quando as crianças estiverem crescidas e já não mais precisarem dela da mesma forma, pode ser que a mãe taurina tenha problemas em se adaptar à nova fase. Talvez continue tendo filhos durante muitos anos seguidos, uma solução para contornar esse problema.

De todo modo, a mulher de Touro é confrontada pela "síndrome do ninho vazio" em algum momento da vida, e pode sofrer muito quando isso ocorrer, principalmente se não tiver uma vida profissional fora de casa; ela lutará contra a tendência de sentir-se inútil e sem ter o que fazer até que comecem a chegar os netos. Então, estará de volta à sua natureza: sempre à disposição para ser a melhor das avós.

Isso não significa que as taurinas tenham de ser mães para realizar seu potencial. Aquelas que optarem por não ter filhos canalizarão sua força criativa de outras maneiras e poderão fazer seu nome em alguma atividade artística. A vida em família combina com elas, e são ótimas donas de casa, mães e esposas, mas todos esses talentos são muito mais reconhecidos na área profissional, onde também tendem a se destacar. Nunca as subestime – como já vimos, trata-se de mulheres muito capazes.

Entre as taurinas famosas estão Cher, Barbra Streisand e Audrey Hepburn. Todas lindas, cada uma a seu modo. Cher parece crer que sua aparência define seu valor, já que freqüenta a mesa de cirurgiões plásticos com freqüência para aumentar seus atrativos, tentando deter o avanço dos anos. Ela já falou publicamente sobre como detesta envelhecer. Isso não é típico do signo, já que uma das características das taurinas é estarem satisfeitas consigo mesmas, mas, na sua profissão, Cher é alvo de pressões extraordinárias para permanecer bela e jovem. Barbra Streisand chegou ao topo de sua profissão, e seus gostos requintados são bem conhecidos de todos. Tanto Cher quanto Barbra têm vozes notáveis, um dom do signo de Touro do qual elas usufruem ao máximo. Audrey Hepburn possuía um olhar firme, era contida, tinha a sensualidade típica das taurinas e foi abençoada por uma beleza excepcional. Apesar de nem todas as taurinas terem os talentos e as oportunidades dessas três, elas ainda assim tipificam a graça e a elegância de todas as nativas deste signo.

Quem estiver pensando em se envolver com uma taurina deve se lembrar de que não será um namorico sem compromisso; a coisa é séria e ela é realmente um bom partido. O risco é alto, pois ela espera muito e tem muito a oferecer.

A criança de Touro

A criança de Touro costuma ser especialmente adorável. Os pequenos taurinos têm temperamento fácil e plácido e se relacionam bem com as pessoas. Prestativos, se encaixam bem na engrenagem familiar. São gentis e gostam de causar boa impressão – precisam se sentir queridos. Além de terem personalidades deliciosas, costumam ser crianças lindas, de feições simétricas e equilibradas. Todo pai ou mãe acha seus filhos lindos, mas, nesse caso, as demais pessoas concordam. São os pequenos taurinos que vencem concursos do tipo "bebê mais bonito" e têm potencial para trabalhar como modelos mirins.

Estas crianças são a personificação do charme e usam seu poder de persuasão para conseguir o que querem, apesar de carecerem da assertividade de certos signos e dependerem da aprovação dos outros. Parecem ter nascido com a frase "o amor faz o mundo girar" como lema. Partem da premissa de que o mundo é um lugar bom e que lhes serão oferecidas oportunidades na vida. Muitos adultos passam horas entoando afirmações positivas, mas as crianças de Touro já nascem com essa positividade e é difícil fazê-las perder a autoconfiança. É um dom que têm.

Como nasceram sob um signo regido por Vênus, planeta do amor e da atração física, as crianças de Touro buscam instintivamente se ligar às pessoas, se relacionar com elas. Constituem um verdadeiro patrimônio para qualquer grupo, pois estão sempre minimizando possíveis conflitos e fazendo por fortalecer os laços harmoniosos entre os integrantes. Trata-se de um talento inato que levarão por toda a vida. Não são crianças agressivas, nem competitivas, portanto dependem de sua capacidade de atrair para si as coisas e as pessoas que querem em suas vidas.

A maior força das crianças de Touro em situações adversas é sua persistência. Conseguem suportar grandes problemas; nesses casos, simplesmente sentam-se e esperam a maré ruim passar. São austeras e agüentam muito sem alterar sua crença essencial na bondade. Isso faz parte de seu temperamento calmo e maleável.

Dotadas de um jeito firme e confiável, as crianças de Touro desenvolvem seu bom senso acima da média logo cedo, e merecem que se deposite confiança nelas, pois não se comportam de modo tolo ou irresponsável. Elas têm uma perspectiva prática e realista que lhes permite avaliar as situações sem se expor a riscos imprudentes. Os pais dessas crianças podem esperar que ajam de acordo com a lógica e mantenham a palavra que dão. Os pequenos taurinos cumprem suas tarefas de forma metódica, no seu próprio ritmo – odeiam que os apressem.

Dizem as estatísticas que bebês do sexo feminino sorriem primeiro e mais freqüentemente que os do sexo masculino, o que indica que a diferença entre os gêneros aparece bem cedo. A menina de Touro usa seu sorriso para obter reações favoráveis desde os primeiros meses, e logo percebe que assim fica mais fácil vencer na vida. Ela é capaz de ter o pai nas mãos. Ciente de seu charme, do qual lança mão, ela tem uma manha feminina, sabe o efeito que causa nos outros e como atrair as atenções. Desde muito nova, é ligada em roupas e tende a preferir vestidos bonitos à praticidade de calças jeans. Costuma se interessar precocemente por maquiagem e passa horas em frente ao espelho com suas amigas, experimentando penteados e roupas. Para ela, essa é uma atividade criativa. Ela sabe se enfeitar e causar boa impressão.

Nem todas as meninas nascidas sob o signo de Touro ficam obcecadas com a aparência. E, apesar de alguns meninos deste signo também serem vaidosos, é mais provável que sua vaidade se desenvolva depois da puberdade. Nessa época, todo adolescente costuma sentir-se envergonhado, mas, como os jovens taurinos aprenderam desde cedo a contar com sua boa aparência, não é de surpreender que sofram mais que os outros adolescentes quando aparecem os sinais típicos do desenvolvimento hormonal, como espinhas, cabelos oleosos etc. Quando o adolescente de Touro desperta para a sexualidade, começa a fazer de tudo para aumentar seu *sex appeal*, pois reconhece o valor de ser considerado atraente.

Muito tem sido dito sobre o temperamento calmo das crianças de Touro, mas elas podem ocasionalmente perder as estribeiras e fazer verdadeiras cenas. Não é freqüente, mas, quando isso acontece, elas ficam aborrecidas por um tempo considerável. Na verdade, estas crianças são como o touro que representa o signo; uma vez irritadas, têm dificuldade em recuar. O touro é uma criatura plácida e não costuma atacar, mas quando resolve avançar e pega velocidade, nada o detém. Igualmente, quanto estas crianças estiverem realmente furiosas, é melhor deixá-las gastar sua fúria sozinhas. Mesmo que seja uma criança de dois anos de idade, é melhor, se possível, deixá-la sozinha para que a raiva passe a seu tempo. A despeito da idade, elas farão de tudo para consertar qualquer possível dano, uma vez terminada sua catarse.

Muitas crianças de Touro amam a natureza e adoram jardinagem, lidar com animais e estar ao ar livre. Se possível, deixe que tenham seu próprio jardinzinho para plantar flores e vegetais de sua escolha. Muitos jovens taurinos pedem bichinhos de estimação e sabem cuidar bem deles, apesar de não serem tão confiáveis quando se trata de aspectos menos agradáveis da manutenção do animalzinho, coisas que dependam mais de um senso de dever e responsabilidade do que de prazer. O que eles adoram é escovar e dar banho – adoram o contato físico e a ligação emocional que fazem parte de ter um bichinho de estimação. Portanto, são recomendáveis animais calorosos e peludos, em vez de um réptil, por exemplo. As crianças de Touro dão banho em seus bichinhos com afeto e se sentem amplamente recompensadas pela maneira com que seu adorado gato, cão ou porquinho-da-índia os reconhece e demonstra gratidão.

Os jovens taurinos também podem demonstrar um interesse acentuado em outros aspectos da natureza e costumam gostar de caminhadas, de catar pequenas frutas e sementes e plantá-las; de identificar pássaros, árvores e borboletas; de criar lagartas e besouros, observando seu crescimento e metamorfose. Isso pode se tornar um prazer para a vida inteira e deve ser estimulado com livros adequados para a idade da criança e, se possível, com um cantinho em casa para plantas, pedras e outros objetos da natureza.

As crianças de Touro são criativas e práticas e tendem a gostar de todo tipo de atividade artística. Ofereça-lhes tintas, giz de cera e grandes folhas de papel para desenhar; cola, tesoura, cartolinas e papéis coloridos para fazer colagens; argila e massa para modelagem e uma caixa de areia com muitos brinquedos. Elas têm afinidade natural com cores e desenhos, adoram modelar argila com as mãos e podem até acabar trabalhando no futuro em um desses campos.

Estas crianças também podem ter ouvido para a música, portanto dê a elas instrumentos musicais e não deixe de pagar-lhes aulas se demonstrarem aptidão. Mostre a elas vários estilos musicais ao longo da infância e estimule-as a cantar. A dança também pode ser um canal importante para que se expressem e pode realmente mexer com os jovens taurinos. Estimule esses talentos latentes, pois é possível que, no futuro, venham a extrair seu sustento disso. Mesmo que não continuem se interessando por essas coisas ao crescerem, é provável que mantenham sua apreciação por toda a vida.

As crianças de Touro tendem a ser mais possessivas e controladoras com suas posses que as demais crianças. Elas não querem emprestar seus brinquedos e detestam que mexam em suas coisas. Mesmo quando muito pequenas, podem criar caso se outra criança pegar um de seus brinquedos. Se for possível, é bom que tenham um quarto só para elas. À medida que vão crescendo, é importante que ninguém entre em seu quarto sem bater nem interfira no modo como arrumam seus pertences. A pessoa que for limpar seu quarto deve se lembrar disso.

Os pertences das crianças de Touro — mesmo que sejam conchas colhidas na praia e dispostas de uma maneira específica, ou então arrumadas em uma jarra — significam muito para elas, que investem seus sentimentos de segurança nesses objetos e sentem-se ameaçadas se alguém os muda de lugar. No futuro, podem vir a colecionar outros objetos de real valor monetário, mas a essência continua a mesma: são pessoas que dão muito valor a seus objetos, e isso deve ser respeitado.

Muitas famílias exigem uma certa dose de toma-lá-dá-cá, e acham importante que seus filhos aprendam a dividir, mas, com as crianças de Touro, o mais importante é que elas possam escolher. Elas precisam ser persuadidas a dividir e a entender que isso é bom para elas mesmas, e não uma via de mão única. Também é importante que as pessoas usem seus pertences com respeito, pois essas crianças tomam muito cuidado com o que têm e não vão aceitar de bom grado que lhe retornem algo estragado ou malconservado.

A criança de Touro não se dá bem com nenhum tipo de mudança. Elas se sentem seguras com a rotina. Refeições e hora de dormir regulares, e atividades previsíveis ajudam os jovens taurinos a sentir que têm algum controle sobre seu mundinho, numa época da vida em que de fato não têm muito.

Dependendo de sua idade e das circunstâncias, mudar de casa pode ser uma experiência traumática para as crianças desse signo, que ficam confusas ao ver os móveis sendo empacotados. Para elas, é como se fossem perder seus pertences para sempre. A melhor maneira de tornar tudo mais fácil nessa situação, que pode ser bastante estressante para os pais também, é envolvê-las no processo o quanto antes, levando-as para ver a nova casa antes da mudança mais de uma vez, se for possível, e incluí-las nas conversas sobre o assunto. Não presuma que o fato de a casa nova ser mais bonita, maior, ter um jardim ou qualquer outra vantagem fará o pequeno taurino sentir-se melhor, pois na verdade a criança viverá uma forma de luto pela perda do velho lar, independentemente dos benefícios da troca.

É bom estabelecer desde cedo o hábito de dar mesada aos taurinos. São crianças que têm desejo por posses e gostam de gastar, portanto poderão aprender muito tendo uma pequena quantia em dinheiro para administrar. É importante que os pais não condenem sua natureza aquisitiva, pois é uma característica intrínseca que têm, para o bem ou para o mal. Estimular estas crianças a colecionar e apreciar o que podem comprar e a economizar para poder adquirir outros objetos mais caros é uma forma de ensiná-las a ter bom senso com as finanças, além de ajudá-las a reconhecer o custo das coisas.

As crianças de Touro podem facilmente equiparar seu valor e auto-estima com o fato de possuírem (ou não) a melhor bicicleta do bairro. Portanto, sensibilidade é fundamental ao lidar com essas questões. Os pais têm de criar um equilíbrio feliz entre não fazer pouco dos sentimentos da criança nem ceder às suas exigências. Os pais podem sentir-se tiranizados por tantos "eu quero", principalmente pela ênfase emocional que carregam.

A maioria dos adolescentes deseja a marca "certa" de tênis ou roupas, e isso pode se estender a produtos como celulares e relógios também. Tal comportamento geralmente é resultado da pressão dos colegas, que são por sua vez influenciados pela publicidade. Para os adolescentes de Touro, isso pode significar que há muito em jogo, portanto há uma lição difícil a ser aprendida aqui no que tange a valores. Podem ficar desesperados por conquistar o prestígio associado à posse de certas coisas.

Os pais devem ser cautelosos quanto a isso, ao mesmo tempo tomando cuidado para não gastar quantias exageradas com as vontades do jovem. Um bom compromisso seria os pais pagarem o preço que custaria uma peça de roupa normal, por exemplo, que não seja da marca mais luxuosa, para que o jovem taurino pague a diferença. Assim eles podem começar a questionar seu desejo pelas peças mais caras sem se sentirem destituídos.

Toda criança precisa de carinhos físicos, mas as crianças de Touro precisam mais ainda. São crianças especialmente sensoriais e táteis e precisam de constantes demonstrações físicas de afeto. Palavras não bastam. É bom que os pais dêem colo para a criança quando ela pedir e que permitam que o filho ou filha durma na mesma cama com eles de vez em quando. Para estas crianças, carinho nunca é demais. Os jovens taurinos retribuem a afeição em dobro, tornando-se adultos confiantes e amorosos.

É preciso ter cuidado para que os nativos deste signo não se tornem gulosos. Estes pequenos adoram qualquer gororoba e têm um apetite saudável, normalmente voltado para alimentos saudáveis, mas se lhes oferecerem doces como recompensa por algo, pode haver problemas. Eles tendem a gostar demais de comer, por isso é importante não estimular ainda mais tal tendência. Uma vez tendo associado alimentos doces a amor, surgirão dificuldades em algum ponto da vida.

Em geral, problemas de peso advêm da busca por compensar alguma carência; no caso da criança de Touro, pode ser uma forma de compensar a falta de contato físico. Portanto, cubra esta criança de carinhos desde bem cedo, o que funcionará como uma forma de antídoto para a vida toda contra a tendência de comer demais. Mas os pais devem observar que é necessário buscar um equilíbrio delicado, pois uma atitude ansiosa em relação a calorias e peso também pode causar problemas no futuro. Com o medo e o horror de gordura intrínseco à sociedade em que vivemos, é difícil não transmitir à criança certas posturas inúteis da nossa cultura.

As crianças de Touro precisam de ambientes harmoniosos e ficam muito angustiadas com brigas e discussões. Pode ser particularmente difícil para elas ter de conviver com pais instáveis. É claro que os pais têm seu direito de expressão, mas evitar uma guerra na frente destas crianças será, sem dúvida, de grande ajuda. Quando acontece de um dos pais ter temperamento passivo enquanto o outro é histérico, a tendência é que o jovem taurino se identifique com o mais passivo e se distancie emocionalmente do outro, a quem atribui a culpa pelo conflito. A criança pode acabar temendo o pai ou a mãe de temperamento mais agressivo, mesmo que nunca tenha havido ameaça de violência física. Qualquer criança sofre num lar violento, mas a criança de Touro pode reagir mal até mesmo à mais leve discórdia, pois é o tipo de situação que ameaça sua crença essencial de que o mundo é um lugar seguro e agradável.

Na verdade, a criança de Touro detesta qualquer tipo de conflito. Elas se posicionam de maneira bastante discreta, usando métodos não-confrontativos, como a mais pura resistência. Crianças deste signo podem ser bastante teimosas e se recusar a cooperar – sua aversão a confrontos não significa que se deixam levar facilmente. Elas têm um jeito de não se deixar abalar por nada e acabam conseguindo o que querem por meio da resistência pacífica.

Quando há conflito de interesses, o jovem taurino tende mais a ficar calado e introspectivo do que a gritar. Eles adotam uma resistência inquebrantável na conquista do que desejam; não desistem nem esquecem. Algumas crianças se distraem e esquecem logo, mas com os taurinos é diferente. O segredo é firmar um compromisso. Eles aceitam chegar a um acordo, contanto que sejam ouvidos e suas reivindicações, consideradas. Não pense que está tudo bem só porque aparentam tranquilidade; certifique-se de que eles realmente aceitaram o acordo.

Este é um signo regido por Vênus, portanto os garotos não vão necessariamente querer jogar futebol e participar de atividades tipicamente masculinas. Estimule os meninos deste signo a desenvolver seu lado feminino e eles poderão, junto às garotas, desenvolver atividades criativas que em nada comprometerão sua masculinidade. Trata-se de um signo fértil e produtivo e, como tal, garotos e garotas de Touro são dotados de enorme potencial estético e artístico – algo a se fomentar e de que se orgulhar.

Gêmeos
de 21 de maio a 20 de junho
Signo mutável de ar, regido por Mercúrio

Conhecendo o signo de Gêmeos

É possível reconhecer um geminiano por sua inteligência rápida e sua percepção peculiar e individualista da vida. Os nativos de Gêmeos são dotados de um maravilhoso senso de humor, e conhecidos por suas respostas ultrajantes e excêntricas. Seu humor reside, em parte, em sua capacidade de ver as situações de fora – de uma perspectiva extraordinária. Lançando mão de seu poder de observação, que avança além de qualquer delicadeza pretensiosa, seus comentários podem ser incisivos, reveladores, afiados e extremamente engraçados. Nunca se deixam levar pelas restrições da sociedade bem-educada; são irreverentes, brincalhões, travessos e muito divertidos de se ter por perto.

Com sua disposição elétrica, sua inquietude e seu nervosismo, os geminianos são dotados de mente alerta, temperamento brilhante, respondem rápido e têm baixa resistência ao tédio. Acima de tudo, buscam estímulo mental e querem uma vida repleta de novidades; gostam de estar em constante movimento, circulando e se envolvendo com uma enorme variedade de pessoas. Têm amigos de todas as idades e tipos e sua vida social costuma ser intensa.

Dotados de mente ágil e naturalmente questionadora, os geminianos iluminam qualquer encontro ou festa e descontraem até o mais tímido dos convidados. Apesar de eles mesmos, às vezes, serem tímidos, sempre puxam conversa, simplesmente pelo fascínio que as pessoas lhes despertam. Sempre têm perguntas e comentários a fazer. É seu profundo interesse nos outros que os deixa interessantes. Há uma qualidade na maneira como escutam e na atenção que oferecem às pessoas que os torna bastante atraentes.

Todavia, a curiosidade do geminiano pode ser malcompreendida. Os outros podem não saber como interpretar seu enorme interesse por toda e qualquer pessoa ou foco em que resolvam se concentrar. Pode ser que os achem excitantes. Às vezes os nativos deste signo ultrapassam os limites naturais de uma conversa casual ao fazerem perguntas estranhas, penetrantes e íntimas – o que pode enervar um pouco as pessoas, que muitas vezes reagem se abrindo e revelando mais de si do que fariam normalmente. Quando isso ocorre, as pessoas tendem a achar que se estabeleceu um tipo especial de intimidade, o que pode ser verdade ou não.

Para o geminiano, esse tipo de conexão é parte do cotidiano. As pessoas acabam se abrindo para os nativos deste signo, confessando-lhes seus pensamentos mais íntimos – ao que parece, eles simplesmente provocam esse efeito nas pessoas. Mas a menos que o geminiano tenha se aberto também, é bem provável que não se sinta emocionalmente envolvido. É fácil tomar sua curiosidade como algo mais profundo, sobretudo quando há o desejo de um envolvimento emocional.

Os geminianos gostam de estar a par das últimas notícias. São inquestionavelmente bem informados e versados. Têm um enorme interesse em artes e freqüentemente vão a galerias, exposições, teatro, balé, ópera, shows e cinema. Sejam quais forem as artes que lhes interessem mais – e é provável que sejam várias –, eles lerão as críticas e matérias sobre as últimas exposições ou peças. Não que a opinião da crítica lhes impeça de formar a própria, mas gostam de ter conhecimento da opinião geral, contra a qual podem se posicionar.

A força propulsora de Gêmeos é o desejo de conhecer os fatos, as pessoas e o mundo ao seu redor. Têm grande capacidade de juntar informações, algumas delas sérias e que serão usadas um dia em algum artigo que planejem escrever, outras tantas triviais, mas de especial interesse para eles. Como o esquilo que coleta e guarda suas nozes, às vezes esquecendo onde as estocou, o geminiano tem prazer em colecionar informações. Alguns guardam recortes de jornal sobre os mais diversos assuntos, sobre os quais nem costumam falar; gostam de ter esses arquivos à mão caso um dia venham a precisar deles.

Da mesma forma, os geminianos colecionam livros de referência, de modo que qualquer coisa que precisem saber esteja à disposição. Muitos acabam personalizando seus livros, que ficam assim cheios de marcas e anotações que fazem menção a pontos relevantes. Alguns geminianos parecem uma verdadeira enciclopédia ambulante por causa da capacidade que possuem de memorizar uma miríade de fatos. Jogos como que exigem vasto conhecimento geral, como os de perguntas e respostas, parecem ter sido feitos para os geminianos.

A despeito da geração a qual pertençam, os geminianos lidam com novas tecnologias com entusiasmo e interesse. Totalmente modernos e atualizados, eles nunca têm medo de absorver as idéias mais recentes e estão sempre a par das últimas tecnologias, sabendo falar usando até mesmo as terminologias específicas. Eles recebem bem qualquer coisa que lhes acrescente informações e facilite sua comunicação com os outros. Têm em casa as engenhocas mais modernas, os aparelhos mais sofisticados e, ao contrário de certas pessoas, sabem usá-los. É provável que tenham seu próprio site na internet e que se interessem por atividades na web.

Os geminianos temem o tédio e usam de várias mídias para afastá-lo. Leitores ávidos, em geral estão sempre lendo um ou dois livros, carregando-os para cima e para baixo. É típico também que levem consigo um aparelho portátil para escutar suas músicas favoritas em fones de ouvido. Além disso, têm à mão sempre papel e caneta, caso pensem em tomar nota de algo.

Eles ligam o som do carro para dirigir e, por conta de seu gosto musical variado, têm sempre uma boa coleção de CDs geralmente bem-arrumados, de modo a poderem localizar imediatamente o que desejam. Gostam de ouvir rádio também, não só para escutar música, e podem apreciar audiolivros em viagens longas.

Terrivelmente fofoqueiros, os geminianos adoram compartilhar notícias e jogar conversa fora. Nunca lhes conte um segredo, pois eles têm muita dificuldade de guardar o que escutam para si mesmos e acabam comentando com alguém, mesmo que única e exclusivamente com seu melhor amigo – o que para eles não conta. Eles adoram saber de tudo, mas, para tal, precisam deixar escapar o que sabem. Eles querem ser os detentores de todas as informações, mesmo que não seja nada de importante. Sentem-se excluídos se não estiverem sabendo das últimas notícias sobre o escândalo no escritório ou a briga de família.

É difícil conseguir que um geminiano se resolva. Quando as pessoas pensam que um acordo já estava definido, eles decidem renegociar na última hora. Seus planos mudam a cada minuto e algumas preparações podem ser deixadas em aberto, pois eles gostam de se permitir mudar de idéia. Isso pode não ser pelo motivo que as pessoas temem – ou seja, que os geminianos em questão estão esperando para ver se aparece outra opção melhor –, mas simplesmente por que os nativos deste signo odeiam sentir-se encurralados.

Os nativos de signos fixos (Touro, Leão, Escorpião e Aquário) podem achar essas mudanças de última hora extremamente irritantes e aborrecedoras. Contudo, para o geminiano, que se ajusta a um novo plano num piscar de olhos, esse tipo de liberdade é a essência da vida. Este é o signo mais ágil do zodíaco: enquanto alguns geminianos são ginastas de verdade, outros acabam extravasando seu lado atlético por meio de seu estilo de vida e também no plano mental.

Falando em estilo de vida, os geminianos são famosos por entupir sua agenda de compromissos. Chegam à exaustão, tentando encaixar mais tarefas dentro de um só dia do que alguns signos conseguiriam em uma semana. É parte de seu dia-a-dia ficarem pulando de um compromisso social a outro, sem acharem isso nada demais. Não é raro que saiam para fazer compras, depois almoçar com alguém, em seguida visitar uma galeria de artes e finalmente ir ao cinema com amigos. Eles mal se dão tempo para respirar e não acham que precisam de mais tempo para assimilar e processar cada experiência antes de pular para a próxima. Mas sofrem por causa disso.

Tentar acompanhar o ritmo de um geminiano pode ser exaustivo. Ele leva muito tempo para aprender a desacelerar e a reconhecer a existência de sobrecargas que podem estar lhe estressando. Contudo, mesmo quando entende isso, tende a extrapolar e a arrumar "pendências" para resolver, como pequenas missões que incluem viagens ou compromissos sociais, de modo que é donos de seu tempo, mas se exaure no processo.

Quando presos ou restringidos, os geminianos podem ficar claustrofóbicos e precisar desesperadamente esticar as pernas e sair. Gostam de ficar "pairando", prontos para sair, bagunçando a vida de quem vive com eles. O ar que respiramos circula o tempo todo, assim é a natureza, e, na qualidade de signo de ar, Gêmeos precisa igualmente circular em liberdade. Ter um meio de transporte, nem que seja um par de patins ou uma bicicleta, lhes traz uma sensação de liberdade. Poder ir e vir a seu bel-prazer e não ter de dar satisfações a ninguém também é importante.

Assim, os nativos de Gêmeos são especialmente bons em fazer várias coisas ao mesmo tempo. É a extensão lógica de sua flexibilidade. Seu modo normal de operar é se dedicar a três ou mais atividades simultaneamente, voltando-se à que for mais urgente no momento para depois se concentrar em outra. Os geminianos tendem a não conseguir se concentrar na mesma atividade durante muito tempo, de modo que se dão muito bem com as trocas constantes entre as diferentes tarefas a que se dedicam. Isso ajuda a manter seu interesse e evita o tédio. O conceito de que talvez haja muito acontecendo ao mesmo tempo lhes é completamente estranho; eles se sentem bastante à vontade com as mudanças rápidas do mundo contemporâneo.

O símbolo deste signo vem na forma dos irmãos gêmeos, e é comum que os nativos de Gêmeos sintam falta de sua "metade da laranja" e passem a vida procurando por ela. Aqueles que a encontram vivem felizes juntos por muitos anos, apesar de serem minoria, pois as coisas não são tão simples assim. Mesmo os geminianos que parecem felizes e estabelecidos sentem essa dor íntima da falta de sua cara-metade.

O geminiano envolvido em uma relação estável pode sentir-se atormentado por sentimentos de insatisfação e lutar contra sua ânsia por algo mais, algo extraordinário. É fácil para eles se concentrar nos problemas de sua relação atual e ficar pensando se devem se separar logo e continuar procurando por uma companhia melhor. Chega um ponto em que eles têm de perceber que a cara-metade ideal não existe, é fantasia, e parar então com a busca. Aqueles que persistem com a procura podem ficar muito melancólicos, pois é uma tarefa sem-fim e sem perspectivas de satisfação.

O parceiro do geminiano sempre sofre com essa dinâmica, pois sente como é insuficiente para o nativo deste signo. É difícil não se envolver com a ânsia dos geminianos, levando a maioria de seus parceiros a simplesmente desejar ser capaz de oferecer-lhes um elixir mágico e realizar enfim seu sonho. Se o geminiano não consegue conter a insatisfação pode ficar bem difícil manter seus relacionamentos.

Estes geminianos podem passar por várias relações fracassadas antes de perceber que o problema não está fora de si, mas dentro. Não é que haja algo de necessariamente errado em todos os seus relacionamentos, é só sua própria incapacidade de se comprometer com algo real e disponível. Eles não agüentam a angústia de sacrificar a fantasia de um amor perfeito. Uma vida dispersa por relacionamentos terminados é, ironicamente, uma opção menos dolorosa, já que ao menos preserva o sonho. Alguns preferem ainda viver sozinhos a correr o risco de um compromisso.

Pode-se alegar que comprometimento é um atributo da maturidade, uma forma de reconhecer que os relacionamentos não são exatamente como nos contos de fada; envolvem dar e receber, e dão trabalho. A incapacidade do geminiano de se comprometer pode ser vista como uma forma de recusar-se a crescer: permanecem idealistas e avessos a muita realidade. Pode soar dramático, mas os nativos deste signo têm certa queda por um melodrama romântico.

Gêmeos é um signo dual, e os geminianos são capazes de ter mais de uma paixão ao mesmo tempo. Isso pode vir na forma tanto de um determinado interesse quanto de outra pessoa, então podem amar jogar tênis, ou amar o livro que estão escrevendo, de modo que um parceiro pode perceber esses interesses como rivais e sentir-se excluído. E o envolvimento do geminiano com seja lá o que for, apesar de claramente não representar ameaça alguma, pode ser apaixonado e exaustivo. A chave para entender tudo isso é saber que é mais provável que se trate de um "caso mental" e não um caso real com uma pessoa.

Os geminianos podem dedicar sua vida à busca por conhecimento. Alguns são eternos estudantes, pulando de um curso para outro. Para eles, que tanto gostam de estudar, não é difícil, apesar de haver conseqüências no plano financeiro, especialmente porque não costumam fazer dinheiro com suas qualificações. Quando o curso que estão fazendo se aproxima do fim, é possível que já estejam de olho no próximo curso, que pode não ter nada a ver com o assunto do estudo anterior. Tais cursos não são necessariamente de natureza acadêmica; os geminianos podem estudar quase qualquer coisa: horticultura, *shiatsu*, aromaterapia...

Assim, é típico de Gêmeos não seguir um caminho profissional convencional. Talvez apenas uma responsabilidade financeira possa manter um geminiano num emprego, do contrário, jamais veriam sentido em trabalhar desse jeito. Eles valorizam muito seu tempo e sua liberdade, mais que o dinheiro que poderiam estar ganhando. É comum que prefiram empregos de meio expediente, para que possam ter tempo para atividades paralelas. Não há nada de errado nisso, mas é pouco provável que sejam promovidos. O trabalho não é sua prioridade, mas fazer o que lhes interessa é, contanto que tenham dinheiro para bancar essas atividades.

Os geminianos não são materialistas e nem se deixam guiar por metas. Eles vivem no e para o momento, e a idéia de fazer sacrifícios por causa de algum futuro nebuloso não lhes apetece. Podem se virar de modo surpreendente com pouquíssimo dinheiro sem aparentar pobreza, pois são bons em esticar as finanças. Não são contra ter economias no banco, mas isso não é algo de que necessitem para se sentirem seguros. Sua prioridade é viver uma vida interessante.

Dessa forma, entre as mudanças de emprego e atividade, o estudo de assuntos que não trazem oportunidades de carreira e um trabalho de meio expediente, é possível que o geminiano não tenha uma carreira brilhante. Podem sair-se inadvertidamente bem quando se envolvem com algo que amam, mas alcançar metas não é o que buscam na vida.

Qualquer cargo que requeira a disseminação de informação e que exija talento comunicativo se encaixa com os nativos de Gêmeos, pois é nesse tipo de coisa que se destaca. Como para eles é difícil passar muito tempo sentados, não se dão bem com trabalhos que exijam isso – estarão o tempo todo inventando desculpas para se levantar da cadeira. O ideal seria uma ocupação variada, na qual fosse preciso viajar, estar em contato com as pessoas e que oferecesse horários flexíveis.

Os geminianos são bons em qualquer trabalho que envolva o intercâmbio de idéias com as pessoas. Dependendo de seu nível de instrução e qualificações, podem trabalhar como locutores, jornalistas, editores, professores, palestrantes, bibliotecários, livreiros, pilotos, comissários de bordo, recepcionistas, com relações públicas, informática, como apresentadores de TV, guias de turismo ou tradutores, para citar apenas algumas das profissões que combinam com eles.

Os geminianos não costumam exercer funções de chefia; é responsabilidade demais para eles. Todavia, se por uma razão ou outra se encontrarem no papel de empregadores, serão chefes flexíveis e não-autoritários, que se importam com as vidas de seus empregados e estão prontos para discutir quaisquer solicitações a respeito dos acordos de trabalho. Os nativos deste signo ficam felizes em poder oferecer aos outros algo de que eles próprios também precisam, e ajudam a criar um ambiente de trabalho animado e descontraído. Apesar de não usarem de autoridade no sentido convencional da palavra, seus subordinados respeitam e gostam do chefe de Gêmeos.

Como funcionário, o geminiano extrapola os limites de quase tudo que se possa imaginar, desde o horário do expediente e do almoço às folgas e a maneira de contar as férias. Raramente estão envolvidos de coração em seu serviço: normalmente trabalham apenas para pagar as contas e costumam ser bastante difíceis de lidar. Podem, por outro lado, ser muito bons no trabalho, pois são dinâmicos e podem se adaptar com facilidade às necessidades de uma determinada posição. O chefe do geminiano faria melhor em vê-lo como um funcionário capaz, que talvez não permaneça no emprego por muito tempo, mas que, enquanto ficar, abrilhantará e animará o local de trabalho.

Independentemente do que o geminiano acabe fazendo, ele ou ela contribui no trabalho com seus amplos e variados conhecimentos, de modo que seus pontos de vista podem ajudar a descobrir novas formas de realizar uma determinada tarefa. São inventivos e originais e fomentam um intercâmbio de idéias interdisciplinares.

A apresentadora de televisão inglesa Cilla Black é um bom exemplo deste signo. De idade madura, mas com alma jovem, ela continua na ativa e se garante com sua presença de espírito e sua inteligência. É um tanto maliciosa, mas como apresenta um programa no horário nobre, não passa dos limites. O finado comediante inglês Bob Monkhouse, que escrevia a maior parte dos textos que apresentava, era um típico geminiano, com seu humor jovial e irreverente. A comediante geminiana Sandra Bernhard, dos Estados Unidos, vai um pouco além ao quebrar as barreiras do que é aceitável ou não, e apesar de algumas pessoas a acharem hilária, ela é muito excêntrica para o gosto da maioria.

Nem todos os geminianos buscam esse tipo de perfil, mas estes indivíduos de múltiplos talentos, com suas mentes inquiridoras e abertas a tudo que lhes apareça, acabam criando uma vida fora do comum para si mesmos. O que mais importa é a variedade e o estímulo, e o trabalho é apenas uma pequena parte nisso tudo. Sua família, amigos e interesses estarão sempre em primeiro lugar. Não se engane, achando que eles simplesmente não encontraram seu caminho. Talvez já estejam mais encaminhados do que a maioria das pessoas.

O lado negativo de Gêmeos

Qualquer uma das características do signo de Gêmeos já descritas pode se desenvolver de modo negativo, mas o que estraga a reputação dos geminianos é sua natureza instável. Estes indivíduos sempre foram malvistos no que diz respeito a sua honestidade e, apesar de geralmente não merecerem a má fama, continuam sendo um dos signos que menos inspiram confiança. Isso se dá em parte por eles terem o dom de desconcertar as pessoas com seu jeito evasivo e brincalhão, pois todo mundo gosta de saber onde está pisando. Já outras pessoas podem achar que o geminiano está fazendo piada delas, o que as deixa desconfiadas dos nativos deste signo.

Às vezes, os geminianos deixam escapar mentirinhas inocentes que usam como desculpa inofensiva, principalmente quando não querem prolongar a conversa. Para eles, é um recurso. Não é por malícia, eles apenas não se sentem compelidos a se explicar. Isso quer dizer que as pessoas não costumam se sentir seguras com os nativos de Gêmeos; elas sabem que algo ali não corresponde à verdade, mas não sabem o que é. Alguns geminianos mentem por omissão, podem ser evasivos, levando as pessoas a acreditar no que quiserem, e, assim, acabam permitindo que seja difundida uma imagem errônea deles.

Apesar de a maioria dos geminianos ser fundamentalmente honesta ou distorcer a realidade de modo sutil e não-malicioso, alguns omitem a verdade de forma deliberada e podem ser desonestos ao extremo. Os piores são os que mentem para se dar bem, propositalmente desencaminhando as pessoas para explorá-las. O trapaceiro de língua ressonante que convence as pessoas a investir dinheiro em projetos ou produtos pouco confiáveis como se fosse a coisa mais recomendável do mundo representa bem o tipo de extremo negativo a que podem chegar.

A maioria dos geminianos é bem tagarela, e quando isso se soma a tendências inescrupulosas e imorais, podem se tornar especialistas em ludibriar os outros. Quem segue esse caminho costuma justificar o que faz por meio de seu pensamento estranho e enrolado, pelo qual negam seu comportamento para si próprios. Eles iludem a si mesmos e podem ter uma percepção bem distorcida do que pensam pertencer-lhes por direito. Em casos extremos, têm pouco contato com a realidade, vivem no mundo de sua fantasia particular. Mas esses casos são minoria. Os geminianos têm uma forma inventiva e original de pensar, que pode ser usada para o bem ou para o mal. A maioria dos geminianos canaliza essa energia de maneira socialmente aceitável.

Esse talento do signo de Gêmeos é o mesmo que se vê no mágico que tira coelhos da cartola, faz pombas surgirem do nada e sempre aparecem com o desejado Ás de Espadas. Não importa que a maioria não saiba fazer truques de ilusionismo, isso é só uma metáfora de uma habilidade que já nasce com muitos geminianos. Eles têm um quê de mágicos, emanam certo charme encantador.

Os geminianos se dão bem com todo tipo de comunicação. Apesar de serem, em geral, bons ouvintes, também podem interromper as pessoas, especialmente quando estão entusiasmados com a conversa. Eles nem sempre conseguem conter suas respostas rápidas e podem fazer a pessoa perder o ponto que está tentando desenvolver na conversa.

Os nativos deste signo podem ter problemas também em admitir que não sabem a resposta para uma pergunta ou a solução para um problema e acabar inventando algo na hora, em lugar de admitir sua ignorância. Ocorre o mesmo que em determinadas culturas nas quais, quando se pede informações na rua, é considerado uma grosseria não saber responder, o que acaba levando as pessoas a dar explicações completamente erradas.

Às vezes, os geminianos pensam que qualquer coisa que eles considerem interessante será de interesse também para um companheiro, compartilhando, então, seus pontos de vista com o outro, por mais desinteressantes que sejam, sem qualquer cerimônia. Nem todos querem escutá-los citar trechos do jornal local. Um indivíduo assim monopoliza e enche de cultura inútil a mente de seu parceiro. Não deixa de ser irônico que possam ser maçantes, logo eles que ficam entediados tão facilmente.

Os geminianos se orgulham de seu intelecto e de sua capacidade de se comportar racionalmente, de manter a perspectiva e de ser capaz de refletir. Eles avaliam as pessoas e as situações com a mente e o cérebro, e não com seus instintos ou emoções. Isso pode lhes criar dificuldades em áreas nas quais o pensamento imparcial não é necessário, como em questões afetivas. É possível que enfrentem problemas no campo das emoções.

É mais comum que os geminianos passem por uma conexão inconstante com suas emoções, sendo muitas vezes massacrados e desestabilizados por elas em vez de tê-las como uma estrutura à qual se mantenham alinhados. Das duas, uma: ou são desligados e distantes, ou nadam em emoção. Pergunte a um geminiano como ele se sente, e ele ou ela responderá: "Acho que me sinto..." Sua abordagem se dá através da mente, o que pode criar problemas pessoais.

A necessidade dos geminianos de *saber* também pode se tornar uma característica negativa. Podem ser os sabe-tudo que nada sabem, pois conhecem os fatos sem, contudo, compreendê-los efetivamente. E podem se iludir, achando que saber dos fatos é mais importante que compreendê-los em profundidade. Em vez de conversar, atacam as pessoas com perguntas, reunindo informações como forma de substituir um conhecimento mais íntimo. Eles pensam que saber fatos da vida de alguém é o mesmo que ter intimidade com a pessoa e, sabendo do que se passa na vida dos amigos, pensam que são próximos a eles.

O pior lado de Gêmeos é a tendência a buscar respostas dos outros, enquanto nada revelam sobre si mesmos. Usam isso como manobra para impedir que os outros cheguem muito perto. Mesmo quando isso não é feito de modo explicitamente agressivo, os geminianos são capazes de manter o foco da atenção fora de si mesmos, afastando qualquer contato mais íntimo. Isso pode acontecer em nível consciente, quando resolvem acuar um certo indivíduo, mas também pode se dar de modo inconsciente, independentemente da pessoa em questão.

Após tamanho questionário, é possível que a pessoa se sinta despida, como se fosse uma cebola cujas camadas são retiradas, uma por uma, até sobrar apenas a parte central. Essa é de longe a expressão mais negativa da curiosidade inútil de Gêmeos.

Os geminianos mais sofisticados psicologicamente podem combinar sua natureza inquiridora à sua mente analítica para extrair um efeito poderoso. Os amigos podem contar com estes nativos de Gêmeos e seus comentários astutos, mas mesmo assim sentir um vazio nessas relações supostamente íntimas. O que o geminiano precisa é aprender a se abrir e mostrar a si mesmo tanto quanto seus amigos o fazem. Por mais astucioso, divertido ou prestativo que seja, se não houver um vínculo emocional, essas relações não serão de muita valia.

Um geminiano que sofra da síndrome da "cara-metade perdida" pode empregar essa tática de distanciamento inconscientemente, confirmando para si mesmo a desesperança que nutre pela relação atual e a necessidade de continuar procurando por sua alma gêmea. Na verdade, isso é exatamente o oposto do que ele precisa fazer: para que seja psicologicamente saudável, é preciso que seja mais aberto em termos emocionais e mostre de modo mais claro o que quer, abrindo-se mais para as pessoas que o cercam.

Os nativos de Gêmeos não são conhecidos por sua fidelidade, pois seus espíritos permanecem essencialmente livres e seu compromisso é antes momentâneo que eterno. Talvez o critério mais importante no que se refere a um parceiro é que este se mantenha interessante. Não é que seja responsabilidade do parceiro em questão entreter e divertir o geminiano, mas, se a vida do casal se tornar muito previsível e monótona, haverá problemas. Falta de estímulo se transforma, então, em claustrofobia, o que pode levar o geminiano a buscar outros horizontes.

Os geminianos sentem atração e repulsa ao mesmo tempo por pessoas que sejam mais sintonizadas com o próprio mundo interior que eles, e, quando se envolvem com pessoas assim, surgem situações interessantes. A pessoa pode acabar sabendo o que o geminiano está sentindo antes de ele mesmo ao pescar e interpretar os sinais. Isso é algo de que o geminiano pode não só ficar dependente como ressentir-se. Quando a pessoa amada o decifra com tanta facilidade, ele se sente simultaneamente exposto e seguro. Em muitos sentidos, a escolha ideal do geminiano é alguém que possa demonstrar outra maneira de ser e fazer com que se sinta menos ameaçado pelas próprias emoções. Para o geminiano, uma pessoa assim é a sua cara-metade, com quem pode aprender muito. Todavia, pode ser que utilize sua habilidade superior de racionalizar para minar o parceiro, e se tornar isso uma prática constante, pode conseguir mesmo. Se o geminiano sentir que sua maneira de ser está sendo ameaçada, volta-se para aquilo que faz melhor e talvez então nunca venha a aprender como se voltar para si mesmo e escutar as próprias emoções.

A natureza divertida de Gêmeos indica que os nativos deste signo também podem ter uma tendência a usar de sua astúcia para evitar maiores intimidades, bancando o palhaço que, por um lado, chama a atenção por ser engraçado, enquanto evita qualquer proximidade real. Sua idéia de diversão pode ser cruel, à custa dos outros, como ficar fazendo comentários sobre os modos, as roupas ou a aparência dos outros. Nessas ocasiões, eles lançam mão de sua capacidade de observação para humilhar publicamente os outros. Pessoas mais bem resolvidas não vêem graça nisso, mas há certo grupo de geminianos, felizmente pequeno, que vê.

Uma das estratégias dos geminianos para lidar com dificuldades no campo emocional é se desligar. Eles simplesmente desligam uma parte de sua personalidade quando sentem que a pressão é excessiva. Talvez sequer percebam quando isso acontece; apenas reconhecem que se tornaram um pouco ausentes, um pouco distantes. Em geral, voltam sozinhos ao normal: quando as emoções se acalmam eles voltam ao próprio corpo e ao planeta Terra. Os geminianos são sensíveis e bastante tensos; precisam ser levados com cuidado. Não precisam necessariamente de intimidade; talvez só consigam tolerar um pouco de proximidade em doses pequenas.

Quando um geminiano está desligado, torna-se impossível conectar-se a ele ou ela, que desvia o olhar e arruma formas de distrair a atenção. Às vezes, extrapolam em sua inconveniência, como quando arrumam algo para fazer exatamente quando a comida está sendo servida ou se atrasam para compromissos por nunca saírem de casa a tempo. Sempre protelam a saída de casa, parece haver alguma ansiedade de última hora em relação ao mundo lá fora, o que se materializa quando "esquecem" coisas ou têm de voltar para conferir algo. Não é de surpreender que isso cause um impacto considerável nos entes queridos do geminiano. Seus atrasos podem levar um parceiro a reparar em outras pessoas. Mesmo quando as pessoas demonstram compreensão pelo seu jeito de ser e não tomam a falta como pessoal, fica difícil conviver com a inconveniência desse mau hábito.

Quando o geminiano está no mundo da lua, seus parceiros podem sentir-se sobrecarregados com todos os sentimentos não processados e não resolvidos que permeiam a atmosfera mas não lhe pertencem. O parceiro pode se sentir assimilando os sentimentos não reconhecidos do parceiro geminiano, perdendo a linha divisória entre um e outro. Esse tipo de confusão acontece em todas as relações, mas é difícil quando o parceiro em questão não reconhece. Fique esperto: um geminiano pode dar trabalho.

A maioria dos geminianos gosta de flertar, alguns mais que os outros, e para eles isso não passa de uma brincadeira leve e jovial. As pessoas que são paqueradas por eles sentem-se lisonjeadas e gostam da atenção especial que recebem. É típico que paquerem o garçom ou garçonete no restaurante, a recepcionista, o mecânico, bem como toda e qualquer pessoa que possa cruzar seu caminho ao longo do dia. Talvez nem dependa do sexo da pessoa; pode acontecer indiscriminadamente e é parte intrínseca de sua interação social. O parceiro do geminiano precisa ter consciência disso e arrumar um jeito de lidar com o ciúme que pode aparecer.

Isso pode arruinar relações importantes dos geminianos, causando dor e sofrimento. As pessoas amadas podem sentir-se desprezadas e sem importância para os geminianos em questão, vindo, então, a questionar a consistência de seus sentimentos. Pode ser devastador para um parceiro presenciar o geminiano lançar seu olhar luminoso para outras pessoas; é como se a ligação que havia feito sentir-se especial fosse desperdiçada em direção a qualquer um.

Embora para qualquer testemunha isso pareça um vício, o geminiano nunca admite que o flerte seja mais do que uma brincadeira inocente; o nativo deste signo se concentra no prazer que extrai da paquera generalizada e resiste a abrir mão desse prazer. Nega categoricamente que algo esteja acontecendo, o que é quase verdade, mas não basta para acalmar seu parceiro. Os geminianos mais conscientes psicologicamente procurarão ao menos não flertar de modo tão ultrajante e levarão em consideração os sentimentos do parceiro.

É freqüente que os geminianos não percebam que estão flertando, e o ato de flertar não significa necessariamente que estejam interessados na pessoa, que pode, compreensivelmente, confundir-se com a mensagem que está recebendo. Isso pode ser perigoso e pode colocá-los em situações complicadas com quem os levar a sério e não gostar da brincadeira.

A curiosidade dos nativos de Gêmeos pode lhes arrumar problemas. Assim como o gato que, mesmo com suas sete vidas, acaba dando com os burros n'água, os geminianos podem entrar em território perigoso por causa de sua necessidade de saber. Eles têm essa compulsão, que pode ser resumida pela frase "o que será que acontece se...", o que faz parte de seu charme, mas os põe em situações difíceis. Eles se metem onde não deviam, fazem perguntas impertinentes, lêem o que não eram para ler e não respeitam necessariamente os limites das pessoas nem sua privacidade. Descobrem o que não deviam saber, e quando isso ocorre, não há retorno.

Tirando isso, a curiosidade dos geminianos pode indicar que eles nunca sossegam. Seu interesse corre de uma coisa para outra sem nunca se sustentar. Em vez de se especializarem em um determinado assunto, eles conhecem de tudo um pouco, mas superficialmente. Não têm problema em se deixar fascinar por um determinado assunto, mas não têm força de vontade e logo passam para outro assunto que lhes desperte o interesse. Seu conhecimento geral pode ser vasto, mas não têm diplomas, e, quando têm, lhes falta experiência naquele campo específico.

Alguns geminianos acumulam diplomas, mas não têm aptidão para praticar. Isso se dá, em parte, porque é fácil sentirem-se entediados. Precisam de estímulos variados e em abundância. Uma vez que tenham se especializado em algo, perdem o interesse e começam a buscar outras experiências. Não estão buscando novos desafios, e sim novos estímulos, e como não são movidos por ambição, nada lhes impede.

De modo geral, os geminianos têm dificuldade em terminar o que começam. Em casa, costumam deixar as tarefas pela metade. Distraem-se. Alguns têm dificuldade de concentração e largam o que estão fazendo para procurar outra atividade. Obrigações domésticas são abandonadas, deixam metade da louça por lavar, as roupas formam pilhas sem serem levadas à máquina de lavar, as prateleiras são instaladas sem nunca serem lixadas ou envernizadas e a última demão de tinta na parede nunca é aplicada. É possível que deixem um rol de tarefas por fazer e que terminar alguma delas se transforme numa verdadeira luta. Assim, seu talento para múltiplas atividades pode virar sinônimo de caos, principalmente se não tiverem o hábito de arrumar aquilo que desarrumaram.

A disposição tensa e incansável de Gêmeos pode dar a entender que eles sofram do transtorno do déficit de atenção e hiperatividade. Os geminianos têm dificuldade em aquietar-se num canto, pois logo começam a tamborilar os dedos, bater com os pés, mexer com as mãos e coisas assim para dissipar sua crescente tensão. Eles precisam liberar essa energia, e uma atividade seria de ajuda. Essa é uma das razões pelas quais costumam manter a forma, pois queimam muitas calorias. Praticar esportes ou freqüentar a academia de ginástica são alternativas para descarregar a tensão e não irritar as pessoas.

Uma das críticas mais recorrentes aos geminianos refere-se à sua superficialidade. Apesar de isso estar longe da verdade, eles podem sim demonstrar despreocupação e se interessar por trivialidades. Não são pretensiosos, e mesmo os que se voltam para conhecimentos acadêmicos acabam arrumando tempo para interações cotidianas e banais. Em vez de acusá-los de falta de profundidade, talvez seja importante reconhecer como são democráticos e inclusivos. Este é um dos signos menos esnobes do zodíaco.

Todo signo tem suas dificuldades, e Gêmeos não é pior nem melhor que os outros signos. Suas falhas são fáceis de entender se olharmos a vida através de seus olhos, tentando entender como é estar em seu lugar. O que é, com certeza, o que aqueles que os amam desejam ser capazes de fazer.

O homem de Gêmeos

Pode-se reconhecer o homem de Gêmeos por sua conduta jovial. Ele envelhece com graça, tem um jeito de garoto e costuma manter o corpo esguio da adolescência até a idade avançada. Mantém-se jovem por dentro, a despeito da idade real. É o Peter Pan do zodíaco, pois nunca cresce e mantém sempre seu jeito brincalhão e espontâneo, mas com uma sofisticada experiência de vida – uma combinação irresistível.

Uma das características mais atraentes do homem de Gêmeos é seu senso de humor, que ganha de qualquer um. Com sua perspectiva astuciosa e irreverente ele pode transformar o evento mais banal num acontecimento divertido. Ele possui um tipo especial de charme e encanto que ilumina lugares tediosos e o torna uma companhia disputada. Às vezes, é capaz de flertar de modo espontâneo e escandaloso, o que faz as pessoas na sua órbita sentirem-se especiais. Apesar de esse tipo de coisa em geral terminar em problema, também lhe confere um apelo irresistível.

Divertido e engraçado, o homem de Gêmeos tem o dom da comunicação. Com suas idéias peculiares e sua visão particular da vida, ele adora conversar sobre qualquer assunto ou pessoa: seja algo profundo ou uma fofoca sem importância, ele adora bater papo. É conhecido por dominar as conversas, mas dificilmente as pessoas se importam com isso, pelo fato de ele ser tão bem informado e tão interessante.

Quando recém-apaixonado, o homem de Gêmeos bombardeia a pessoa amada de comunicações, como textos, cartões, e-mails e telefonemas. Ele é volúvel e brincalhão, mas a maioria dessas comunicações é mais de brincadeira, a mensagem não costuma ser séria. Mas ele é articulado, e quando quer se declarar, o faz com eloqüência e estilo.

Uma vez emocionalmente envolvido e seguro de seus sentimentos, o homem de Gêmeos avança bem rápido. Bancar o difícil não é seu estilo; ele quer que o relacionamento progrida, por isso não deixa margem para dúvidas quando quer algo mais. Ele envolve a pessoa amada em seu dia-a-dia, incluindo-a em todas as coisas que faz normalmente, seja o que for, como ir ao cinema, exposições de arte ou outras atividades culturais, jogar tênis ou outros esportes e até fazer as compras no supermercado. Ele deixa claro que gosta da companhia da pessoa. O geminiano também gosta de organizar viagens de fim de semana repletas de atividades culturais estimulantes para um casal recém-formado.

O compromisso não acontece naturalmente para o homem de Gêmeos; isso é a antítese da sua maneira de pensar. Trata-se de um indivíduo que gosta de espontaneidade, isso faz parte de sua essência. Ele gosta de ser livre, de seguir seus impulsos e de ir aonde o fluxo o levar. Isso não significa que ele não possa ser leal ou fiel, mas seu compromisso é algo que ele recria e reavalia de tempos em tempos, não um fato estático da vida. Não é algo que ele possa, honestamente, prometer para todo o sempre.

Mais que tudo, o geminiano tem de ser fiel a seu espírito e aonde este espírito o leva. Essa é uma preocupação óbvia para quem espera um compromisso mais convencional, o que ele pode oferecer quando muito apaixonado, mas corre o risco de não ser capaz de manter por muito tempo. De certa forma, é curioso demais, o que inclui sua sexualidade: ele gosta de novidade e variedade. Alguns podem alegar que ele é simplesmente superficial, incapaz de intimidade emocional, e que busca novidade o tempo todo para compensar sua falta de profundidade, mas são alegações preconceituosas. Boa parte de seu charme se encontra nesta qualidade desconcertante, em seu jeito determinado de não pertencer a ninguém. É estranho, mas recorrente, que o parceiro tente mudar no geminiano exatamente o que funcionou como fator de atração inicial.

Parte da relutância do geminiano em firmar um compromisso é sua ânsia em encontrar sua alma gêmea, essa sensação que traz por dentro de que existe uma cara-metade perdida pelo universo que pode ser encontrada se ele procurar bem. Isso faz com que todos os que estejam disponíveis sejam eliminados de sua lista, pois, no fundo de sua psique, a pessoa ideal é algo mítico e inalcançável. É difícil lidar com essa situação, tanto para ele mesmo quanto para a pessoa que está com ele, mas reconhecer essa dinâmica já ajuda.

Numa relação sólida e segura, a permanente inquietude do homem de Gêmeos pode ser reconhecida e tolerada pelo que é de verdade, tornando possível, assim, acompanhar os altos e baixos do dia-a-dia. Uma companheira emocionalmente sofisticada aceitará a existência de sua fantasia irrealizável e levará a coisa com bom humor. A situação se torna mais complicada e destrutiva quando ele busca ativamente esse ideal ilusório, como se a cara-metade de fato existisse no mundo real. Quem se engaja nesse tipo de busca está provavelmente inseguro e infeliz, e essa ânsia interminável é mais um sintoma que a causa em si.

O homem de Gêmeos não ganha nada com o fato de contar com seu intelecto e raciocínio rápido quando se trata de resolver situações no campo emocional – que para ele são um mistério insofismável. Apesar de ser um parceiro agradável e divertido em vários sentidos, o fato de possuir pouca ligação com seu próprio mundo interior significa que ele pode ser como um navio à deriva, sem uma âncora emocional.

E quando se trata de questões emocionais, o homem de Gêmeos não é bom ouvinte. Ele gosta mais de falar, e geralmente o assunto não é nada íntimo ou profundo. Apesar de ser curioso e interessado e de muitas vezes fazer comentários válidos, é improvável que ele seja muito empático. Pode encarar os estados emocionais alheios como uma novela, sem qualquer ligação com eles mesmos, como um cientista examinando espécimes.

Apesar de ser difícil para o homem de Gêmeos lidar com suas emoções, ele costuma reconhecer isso em um certo nível e sente fascínio por pessoas que tenham o que lhe falta. Como conseqüência, é atraído por pessoas que toquem facilmente em seu lado emocional. Como ele respeita a força de uma parceira assim, a união pode ser produtiva e válida, o que pode ser bom para ambas as partes. Pode ensinar a parceira a não levar tudo tão ao pé da letra e, por sua vez, aprender a lidar com emoções mais profundas. Mas quando se sente ameaçado ou inseguro, pode voltar a ser excessivamente racional, usando sua lógica superior de modo destrutivo para analisar e dissecar as pessoas e suas razões, em vez de olhar para si mesmo.

A pessoa que estiver numa relação com um homem de Gêmeos tem de encontrar uma maneira de não se deixar intimidar por suas racionalizações e não ceder, mesmo que ele pareça estar furioso. É muito fácil esquadrinhar e desmantelar uma pessoa sentimental, mas o geminiano tem de entender que se trata de uma vitória vazia e que ele está com a pessoa por uma razão: para aprender. Essa é uma parte importante do relacionamento.

É muito comum que os homens de Gêmeos tenham dificuldade em crescer. O lado bom disso é que eles mantêm a jovialidade e o senso de humor contagiante. O que pode ser mais problemático é sua relutância em honrar compromissos e aceitar responsabilidades. Presenciar um geminiano de meia-idade bancando o adolescente pode ser deprimente, especialmente quando isso significa que ele perdeu a chance de ter o lado bom do compromisso afetivo, como uma família e um lar. Não que pense assim, na verdade fica feliz de ter escapado do que para ele seria uma verdadeira escravidão.

O homem de Gêmeos pode não ter muito para mostrar em termos materiais, mas tem muito conhecimento de vida. Quando tem dinheiro, costuma gastar com coisas não-materiais – experiências – em vez de adquirir objetos. Tende a priorizar concertos, teatro, viagens ao exterior. Costuma viver a vida com leveza e não se deixa sobrecarregar por compromissos financeiros. Isso não é necessariamente um lapso de sua parte, e sim uma importante afirmação daquilo que ele valoriza.

O planeta Mercúrio rege o signo de Gêmeos, portanto, tenha em mente as qualidades instáveis do planeta ao tentar compreender o geminiano. Ele se adapta rápida e facilmente a situações novas, desfaz na última hora o que foi combinado antes e espera que as pessoas se adaptem a isso com a mesma fluência que ele. Sua agilidade é o segredo; ele é mental e fisicamente ágil, flexível e atento. Metaforicamente – e talvez na prática –, ele é mais um velocista que um maratonista, já que perseverança não é seu forte. Quase sempre irascível e nervoso, o geminiano costuma ser dotado de um corpo elétrico e uma mente de reflexos rápidos, e para ele é difícil relaxar e descontrair.

O geminiano expressa sua impaciência de várias maneiras em uma situação doméstica. Para ele é difícil ficar parado, sendo possível até mesmo que ele faça suas refeições em pé, ou perambulando. Muda de canal freqüentemente e monopoliza o controle remoto – não que se importe em levantar-se para mudar de canal. Ele convive bem com vários estímulos simultâneos e para ele é normal deixar a televisão ligada sem som e tocar música no CD *player* ao mesmo tempo em que lê. Pessoas interessadas em ter um relacionamento com um geminiano devem considerar-se avisadas.

O homem de Gêmeos sobrecarrega seu sistema nervoso, pode sofrer de insônia e tende a ser uma criatura noturna. Ele liga o rádio em estações estranhas que só aparecem em certos horários, de modo que quando alguém liga o rádio novamente depois só ouve estática. Fica perambulando pela casa, ocupando-se com uma ou outra bobagem, mas sem terminar nada. Como é mestre em deixar as coisas por terminar, arrumar as coisas e finalizar uma tarefa é uma anátema para ele.

Se o geminiano se envolver em qualquer atividade do tipo "faça-você-mesmo" – e um de seus problemas é estar sempre ocupado demais – é bem provável que ele deixe um rastro de bagunça atrás de si. Espera que a parceira tenha gratidão por ele ter se empenhado na tarefa e fica muito desapontado se escuta que a tarefa não foi levada até o fim e que as coisas foram largadas espalhadas. Ele não vê razão para guardar nada, pois pretende voltar à tarefa. Só que pode levar dias ou semanas para isto acontecer. Com sua limitada capacidade de concentração, ele já está ligado em outra atividade de seu interesse. Em vez de se concentrar em uma coisa de cada vez, lida com várias funções ao mesmo tempo. É sua maneira de não se entediar.

Quando um relacionamento está firmemente estabelecido, a pessoa que está com o geminiano deve ter em mente que ele depende da relação. Se ele se recusar a reconhecer isso, é sinal de que não percebeu mesmo essa dinâmica. Às vezes, admite, com relutância, que precisa do relacionamento e é importante que a pessoa em questão se lembre disso quando ele começar a pairar por aí, dando motivos para a parceira sentir-se insegura.

O homem de Gêmeos gosta de espontaneidade e algo morre dentro de si se ele se encontra amarrado – precisa sentir-se livre. Por mais duro que seja, sua companheira tem de confiar nele e nunca tentar rastrear seus passos. Quando se vê investigado, tende à evasão, dando início a um círculo vicioso. A parceira fica, então, desconfiada – o que é compreensível –, e uma vez tendo aflorado a desconfiança, ele se torna ainda mais reticente. É mais do que provável que não haja nada com que se preocupar – ele apenas odeia ter de se explicar e é muito bom em deixar as pessoas amadas paranóicas. Quem se envolve com o geminiano deve tomar como mote, então, *não* cair na paranóia. Quem tiver intenção de manter uma relação duradoura com o homem deste signo deve manter rédeas bem longas, do contrário ele acabará pulando fora.

O homem de Gêmeos que se estabiliza e tem uma família oferece uma visão do mundo mágica e excitante aos filhos. Como pai, prioriza a educação e faz com que seus filhos sejam educados de modo amplo e inclusivo. Sempre prontos a discutir grandes questões do mundo, seja cultura, política, guerra, religião, filosofia, ele estimula os filhos a desenvolverem uma mentalidade independente, o que ajuda em seu amadurecimento.

O pai geminiano nem sempre se comporta de acordo com sua idade e pode deixar os filhos em situações constrangedoras (como todos os pais em algum momento). Ele é o pai que quer acompanhar os filhos em atividades juvenis como patinar no parque, ficar junto das crianças quando não é desejado, como se ele mesmo fosse uma criança grande. Sua relutância em crescer tem de se manifestar de algum jeito. Talvez não seja o mais responsável dos pais, mas se interessa e se envolve genuinamente com os filhos.

O homem de Gêmeos se dá bem em ambientes nos quais possa lançar mão de sua adaptabilidade. Rotina não combina com ele. Prefere horários de trabalho variáveis. Começar a trabalhar logo de manhã cedo não lhe atrai nem um pouco, mas ele não vê problema em trabalhar até as duas da manhã, se for o caso.

O geminiano pode mudar de rumo completamente, até mesmo mais de uma vez, se ficar entediado com o trabalho atual. Por isso, é possível que passe por diferentes carreiras. O problema é que, quando começa a se especializar naquilo que faz, perde o interesse. Quando a tarefa se torna rotineira e fácil, ele parte em busca de novos horizontes nos quais possa aprender e descobrir novas experiências. Um trabalho que o desafie intelectualmente e lhe ofereça variedade lhe servirá melhor. Alguns geminianos acumulam diplomas e se vêem excessivamente qualificados para o trabalho que lhes interessa, o que não lhes preocupa, mas pode ser um problema para o empregador em potencial, pois fica claro por seu currículo que não vão ficar muito tempo no emprego.

Embora ser autônomo lhe pareça uma opção muito atraente, pois oferece o grau de flexibilidade de que gosta, não é comum o geminiano se enveredar por esse caminho. Ele precisa se envolver e interagir com os outros e trabalha melhor quando dispõe do máximo de responsabilidade possível dentro de uma empresa. Ele não é um solitário. Para aqueles que resolveram seguir a carreira de escritor, esta deve ter sido uma escolha difícil – eles podem ser ótimos escritores, mas não apreciam nem um pouco a solidão que invariavelmente acompanha essa profissão.

Entre os geminianos famosos estão Bob Dylan, Clint Eastwood, John F. Kennedy, Paul McCartney, Prince e Donald Trump. John F. Kennedy é um bom exemplo de várias das características do signo; à parte sua retórica inspirada, seu charme de paquerador o ajudou a conquistar votos e o fez cair nas graças do eleitorado feminino, o que o ajudou a chegar à presidência. Mais tarde viria à tona seu lado mais volúvel e mulherengo.

Paul McCartney tem um ótimo histórico de relacionamentos, provando que muitos geminianos são capazes disso. Ele manteve-se em forma e continua extremamente jovial tanto na aparência quanto na atitude. Seu casamento com Heather Mills, bem mais jovem que ele, após a perda de sua primeira esposa, Linda, confirma que sua idade está na cabeça. As letras que escreve desde a época dos Beatles mostram que ele tem o dom da palavra, outra característica clássica de Gêmeos.

O ícone do anos 1960 Bob Dylan sempre foi, acima de tudo, um poeta excepcionalmente instável, com seu senso de humor irônico, sua habilidade em brincar com as palavras e fazer jogos mentais. Prince, fenômeno dos anos 1980, brincou com sua sexualidade, flertando de modo agressivo e usando linguagem maliciosa. São típicas do signo a dualidade aparente em sua mudança de nome e suas características elusivas Ambos, Prince e Bob Dylan, representam bem o tipo clássico de personalidade geminiana.

O homem de Gêmeos aparece sob vários formatos, mas o que todos têm em comum é um espírito indomável e jovial. Acima de tudo, é divertido e animado. Não lhe peça para ser velho e sensato, pois ele acha muito difícil envelhecer – ele vai chegar lá um dia, conduzindo a todos numa dança pelo caminho. Aproveite sua viagem com ele.

A mulher de Gêmeos

O que Joan Collins, Marilyn Monroe e Kylie Minogue têm em comum? São todas geminianas, apesar das diferentes gerações, e cada qual tem sua forma de expressar suas características geminianas quintessenciais. Joan Collins é dona de uma expressão travessa, famosa por suas declarações espertas, brilhantes e engraçadas, e muitos entrevistadores dizem que é difícil extrair respostas diretas dela. A despeito de sua idade real, ela mantém-se por dentro e por fora.

Marilyn Monroe fez bom uso do lado paquerador de Gêmeos e era esperta e espirituosa. Kylie Minogue também flerta abertamente, especialmente com a câmera, e sua personalidade brincalhona, volúvel e vivaz é típica do signo.

As mulheres de Gêmeos se apresentam de várias formas; na verdade, isso é parte intrínseca de seu caráter. Não é fácil defini-la, pois ela muda e se adapta a qualquer ambiente em que se encontre, mesmo que ao seu modo. Sua marca registrada é seu toque de leveza, a maneira amigável com que se posiciona na vida e seu humor irrepreensível. Mas não pense que ela é uma cabeça-de-vento, pois, por mais superficial que pareça, é uma mulher bastante inteligente. Acontece que de vez em quando lhe é conveniente omitir essa qualidade.

A mulher de Gêmeos é certamente mais brilhante do que transparece, pois ela já aprendeu a não fazer muita propaganda disso nos dias de hoje, a despeito das conquistas do feminismo. Ela sabe que tem de escolher entre parecer inteligente e ser popular, e normalmente prefere a popularidade. Pode-se alegar que isso é bastante esperto de sua parte. Tudo o que ela precisa é de uma conversa séria para se perceber que ela tem opinião própria e que é do tipo que pensa muito sobre vários assuntos.

A mulher de Gêmeos tem profundo interesse pelas pessoas e pelo mundo à sua volta, o que ela expressa por meio das perguntas que faz e de uma atenção permanente ao que as pessoas falam e como se comportam. Ela é dotada de grande poder de observação e dedução, características um pouco enervantes para alguns, que podem sentir-se observados e analisados. Sua natureza é questionadora e extremamente curiosa, mas não revela muito de si mesma. Os refletores estão firmemente voltados para os outros, enquanto ela mesma permanece um enigma.

Apesar de não revelar muito de si, a geminiana adora conversar. Seja um debate intelectual, uma crítica cultural ou uma boa fofoca, ela está sempre buscando dialogar com aqueles que a cercam. Conversas e palavras são importantes para ela, que escuta cuidadosamente o que é dito, assimilando as informações e os fatos. Isso aumenta a astúcia de seu intelecto, mas seu entendimento do que ouve pode ser literal demais.

Como o homem de Gêmeos, ela também pode ter problemas no âmbito do sentimento e tende a tomar sempre sua racionalidade por base. Ela pode não captar as entrelinhas do que está sendo dito numa conversa, pois não é muito boa em "pescar" as nuanças sutis nem em compreender uma comunicação não-verbal. Ela se prende ao que é dito, deduzindo que as pessoas dizem o que querem mesmo dizer, como é o caso dela. Ela, porém, normalmente tem mais acesso ao seu mundo interior que sua contrapartida masculina, o geminiano, portanto, mesmo não sendo este o seu forte, ela raramente é tão inatingível como ele pode ser.

Uma leitora ávida que gosta de vários tipos de literatura, desde poesia a não-ficção, a geminiana pode ser sócia de uma biblioteca, apesar de gostar mesmo de ter seus próprios livros, os quais são bem guardados e relidos. Ela tem seus autores favoritos e é capaz de falar com propriedade sobre suas obras.

Mesmo quando está com pouco dinheiro, a mulher de Gêmeos se permite comprar livros – pode até ser que ela os colecione ou que se interesse por livros raros. Suas prateleiras mal comportam tantos volumes, mas para ela é quase impossível desfazer-se de um livro, pois cada livro é como um amigo que tem, guardando em si memórias de como ela estava quando "se conheceram". A geminiana pode até acreditar que é levada ao que precisa ler num determinado momento, de modo que o livro guarda um significado especial para ela.

Além de ler, a mulher de Gêmeos gosta de escrever também, especialmente assuntos de natureza pessoal. É possível que desenvolva diários, agendas ou mesmo anote recordações de seus sonhos ao longo dos anos. É um diálogo importante que mantém consigo própria. Ao passar seus pensamentos, percepções e sentimentos para o papel, acaba tendo maior clareza sobre si mesma. É possível que use de tecnologia moderna para isso, mas é mais provável que prefira métodos tradicionais, e, se sua bolsa fosse inspecionada, encontrariam, além do já esperado livro, um caderno e uma caneta para o caso de alguma idéia vir a lhe ocorrer.

O amor da mulher de Gêmeos pelas palavras se estende a seus relacionamentos, nos quais são de grande importância. Ela precisa que tudo seja dito claramente e não fica supondo nada por causa de gestos silenciosos tão apreciados pelas pessoas apaixonadas. Não que pequenos mimos como flores, chocolates e presentes não sejam bem-vindos, mas o bilhete que os acompanha tem a mesma importância. Ela dá muito valor a qualquer carta, cartão e até e-mails, os quais ela imprime e guarda: se existe alguém que guarda qualquer bilhete do amado, junta tudo e amarra com uma fita de cetim vermelho, é a geminiana. Ela não só guarda todas as comunicações de seu amado, mas também guarda as mensagens que ele deixa na secretária eletrônica, bilhetes de teatro e outras lembranças do tipo.

Ao começar uma nova relação, a mulher de Gêmeos oferece e espera um fluxo constante de diálogo. Ela quer cartões-postais, bilhetes, ligações telefônicas, mensagem pelo celular e e-mails – precisa de palavras para sentir-se segura. Estas não precisam ser declarações de amor – na verdade, ficaria até um pouco alarmada se fossem –, o que ela precisa é sentir-se conectada o tempo todo. A troca de mensagens pode ser descomprometida e leve; o que ela não agüenta é um silêncio prolongado, durante o qual ela ficará se perguntando o que terá acontecido, pensando no pior, e se retrair. Dependendo do estágio do relacionamento, esse silêncio prolongado pode ser algo como duas horas. Portanto, quem quiser manter esta mulher interessada não deve deixá-la esperando tempo demais por uma resposta, pois ela pode acabar partindo para outra.

O lado ruim disso tudo é que a geminiana se baseia demais na palavra falada e quando se encontra emocionalmente envolvida pode apresentar problemas reais em lidar com as próprias emoções e com as do parceiro. Para ela, as emoções podem ser algo ameaçador, de modo que as analisa para que elas se tornem menos amedrontadoras, e isso pode fazê-la parecer fria e distante. Ela se sente desconfortável com a angústia dos outros e, em vez de oferecer ao parceiro a compreensão de que possa estar precisando, ela tende a fazê-lo pensar de forma racional sobre o que está acontecendo.

Se a pessoa amada por uma geminiana se envolver em uma discussão, ela procurará mostrar o ponto de vista do outro envolvido na discussão, pois acredita que explicar a visão do oponente ajuda muito. Apesar de essa postura ser válida no dia em que a mágoa causada pela discussão tiver se dissipado, com certeza não é o melhor a ser feito quando os ânimos ainda estiverem exaltados. A mulher de Gêmeos lida com os próprios aborrecimentos tentando entender e racionalizar sua causa, e não realmente vivenciando essas emoções difíceis. Talvez isso não seja um problema para ela, mas quando as pessoas próximas da geminiana estiverem passando por algum problema emocional, certamente acharão sua atitude muito distante.

Sendo de um signo de ar, a geminiana é predominantemente cerebral e tende a não confiar em seus instintos, a não ser que a informação que intua se ajuste a suas idéias pré-concebidas. Assim, por exemplo, ela pode perder a oportunidade de ter um filho por racionalizar quanto ao momento certo de engravidar. Ela ignora seus anseios instintivos que é chegada a hora, independentemente de fatores práticos. Este seria o pior dos casos, mas é preciso tomar cuidado para não chegar a esse ponto. Aprender a ouvir motivações aparentemente estranhas e a não ignorá-las é parte fundamental de seu crescimento pessoal. O fato de não se encaixarem em seu esquema grandioso não quer dizer que não possuam lógica.

Haverá momentos em que a mulher de Gêmeos será incapaz de lidar com as próprias emoções, ficando então completamente sobrecarregada por elas. Como uma nadadora fraca e sem fôlego, ela tem medo de se afogar e considera a experiência bastante assustadora. A melhor maneira de se defender nesses momentos de dificuldade emocional é se tornar uma nadadora mais forte. Só então ela poderá evitar ser levada pelas ondas de sentimento que certamente a tragarão se continuar desconectada de suas próprias emoções, negando-as e reprimindo-as. À medida que ousar reconhecer essas emoções, será mais fácil fazer a jornada de ida e volta entre seu mundo interno e externo, conseguindo assim uma verdadeira conexão entre ambos e tornando-se mestre de ambos. Tudo o que ela precisa para conseguir isso é de coragem. A maioria delas se encontra percorrendo essa senda.

O que a mulher de Gêmeos mais traz a seus relacionamentos é seu senso de humor e de diversão. Ela ilumina o dia e a vida de seu parceiro. Pode ser séria, mas nunca fica séria demais e sua atitude bem-humorada diante dos problemas faz tudo parecer mais fácil. Esse é um dom e tanto que as geminianas têm.

Quem quiser viver uma relação duradoura com uma geminiana precisa dar-lhe espaço e dar tempo ao tempo para que possa efetivamente conhecê-la, não deve achar que a conhece por aquilo que ela mostra à primeira vista. Conhecê-la é algo que leva certo tempo, pois ela não é o que parece, nem mesmo para si própria. Quem se deixar convencer por seu silêncio enigmático, aceitando-o sem questionamentos, jamais conseguirá conquistá-la. Como não se mostra, as pessoas podem projetar o que quiserem nela, e como ela gosta dessa paixão cega, deixará que prossigam. É bem possível que a geminiana tenha um cortejo de admiradores – cada um com sua própria definição sobre quem ela é, sem que nenhuma se aproxime de seu eu real. Eles podem estar encantados por ela, mas nenhum deles ultrapassou sua fachada e a alcançou emocionalmente.

Também vale lembrar que a mulher de Gêmeos pode ser a melhor ou a pior paquera do mundo, dependendo do ponto de vista. Ela encara esse tipo de coisa como um joguinho inocente e adora brincar, de modo que terá uma horda de admiradores que levaram seus flertes a sério. Uma relação só se torna profunda e significativa para ela quando ela começa a compartilhar seus pensamentos e emoções mais íntimos. Até então, tudo é só um jogo, e quanto mais insegura ela se sente, mais intensa será a paquera. Sua necessidade de ser desejada, que lhe dá autoconfiança, cria uma poderosa tendência oculta.

Quando está envolvida, a mulher de Gêmeos pode deixar de reconhecer o quanto é dependente e quais são suas necessidades, e conseqüentemente não oferecer muita estima ao parceiro – mais ou menos como um gato que mostra seu carinho ao sentar-se no seu colo.

Depois que ela se estabiliza em uma relação, é importante que as linhas de comunicação permaneçam abertas e estimulantes. A geminiana quer ser capaz de manter conversas interessantes com o parceiro, não simplesmente se acomodar em uma rotina doméstica. Para ela, não basta apenas falar de seu dia. Ela quer falar de política, cultura e tópicos específicos, pois sem isso ela fica impaciente e insatisfeita; para ela vai ficar faltando algo na relação.

A despeito de sua necessidade de companhia e de quão sociável e animada ela seja, a mulher de Gêmeos pode optar por passar muito tempo consigo mesma. Ela não vive desesperada para ter relacionamentos, na verdade precisa lidar com muita ambivalência quando está se relacionando com uma pessoa e talvez goste de voltar para casa à noite e não encontrar ninguém. Ela tem uma agenda social agitada e nunca lhe faltam amigos, portanto é improvável que se sinta solitária.

É mais provável que a mulher de Gêmeos opte por não ter filhos que as nativas de outros signos, talvez porque ela tenha medo da dependência que os filhos podem ter e das restrições que isso imporia a seu estilo de vida. Ser mãe significa ser uma pessoa "devidamente adulta", e ela nunca se considera como tal. Precisa abstrair-se desse conceito e entender que tem tanto direito de ser mãe quanto qualquer outra mulher, se essa for sua vontade, e que não precisa se encaixar em nenhum padrão externo para isso. Não é que optar por não ter filhos não seja uma escolha válida para a geminiana, pois é claro que é.

Como mãe, a geminiana oferece bastante estímulo aos filhos e fica feliz de levá-los para uma aula e outra. Ela dá mais valor que as outras mães às atividades extracurriculares e não se aborrece com as indas e vindas; ela precisa disso por si mesma e certamente adora toda a interação que sempre ocorre com os outros pais com quem acaba deparando.

A mãe de Gêmeos tem um interesse real pelo desempenho escolar do filho, está sempre pronta a ajudar com o dever de casa, oferecendo seu apoio e sua ajuda com entusiasmo. Esse encorajamento permite que seu filho desenvolva o intelecto e seus interesses ao máximo. Ela não vai se importar se os interesses do filho mudarem, se eles trocarem uma coisa por outra, pois ela já passou por isso e entende perfeitamente bem a necessidade de experimentar.

A flexibilidade e adaptabilidade da mulher de Gêmeos a ajudam a lidar bem com todos os aspectos da vida doméstica, mas o que ela não agüenta são as restrições à sua autonomia. Por essa razão, ela se sai melhor com a ajuda de uma empregada que durma no serviço, se possível, ou algum parente que more com ela. Ela pode dividir sua casa com outras pessoas, o problema é não poder sair quando tiver vontade.

O trabalho é parte importante da vida da mulher de Gêmeos, não porque ela seja particularmente ambiciosa, mas simplesmente pelo estímulo e variedade que extrai dele. Por isso, é provável que continue trabalhando quando seus filhos ainda forem pequenos, talvez em meio expediente, voltando ao expediente integral o mais cedo possível. Ela gosta de poder contar com as pessoas em termos diários e não se dá muito bem com uma vida confinada, portanto trabalhar em casa, sozinha, não lhe serve bem.

Ser chefe não é o melhor para a geminiana, pois essa é uma forma de trabalho solitária por natureza e ela prefere ter colegas e estar entre iguais. Se ela for chefe, é importante que tenha ligações com outras pessoas em situação semelhante.

A mulher de Gêmeos é uma verdadeira preciosidade. Quem se envolve com ela não deve desistir facilmente. Ela pode ser ardilosa, mas tem muito a oferecer, como sua inteligência e seu senso de humor.

A criança de Gêmeos

Pode-se reconhecer a criança de Gêmeos por seus modos vivazes, atentos e seu atrevimento. Muitas vezes têm uma característica endiabrada, com um rosto perverso e um jeito travesso. Mesmo quando não têm intenção de fazer nada errado, estas crianças parecem estar querendo aprontar alguma.

Já nasceram com grande senso de humor e acham a vida muito divertida – na verdade, elas a tornam divertida, pois estão sempre prontas a ver o lado engraçado das coisas.

As crianças de Gêmeos adoram pregar peças, fazer palhaçadas e contar piadas. São irreverentes e fazem graça tanto de si mesmas quanto dos outros. Têm o dom da mímica e sabem usar sua aguçada capacidade de observação de modo bem-humorado.

Todas as crianças perguntam "por quê?", mas a criança de Gêmeos o faz mais ainda. Elas têm uma curiosidade inata sobre a vida e o mundo que as cerca e começam a fazer perguntas estranhas logo que aprendem a falar. Aliás, costumam desenvolver a fala bem cedo, rapidamente adquirindo um vocabulário variado e bem mais adiantado que as crianças de sua idade.

As crianças do signo de Gêmeos são o sonho de qualquer professor – aprendem rápido e são ávidas por conhecimento e informação sobre o mundo à sua volta. Os pais também costumam se sentir gratificados com a vigorosa curiosidade que o jovem geminiano demonstra, e continuam a manter conversas estimulantes e interessantes com os filhos pelo resto da vida.

Dotadas de múltiplos talentos, as crianças de Gêmeos se dão bem em qualquer área da vida que dependa de sua sagacidade e de suas respostas rápidas. Elas se garantem com sua destreza mental e entendem as coisas de modo bastante rápido, chegando normalmente ao cerne da questão muito antes de seus colegas de classe – isto é, se estiverem prestando atenção.

O problema das crianças de Gêmeos na escola é a freqüente falta de concentração; sua mente começa a vagar no instante em que elas ficam entediadas, o que normalmente não demora muito. Precisam de muito estímulo e, se não o tiverem, acabam distraindo os outros alunos com suas palhaçadas. Podem se tornar uma influência destruidora na sala de aula, o que lhes confere uma notoriedade a qual adoram. Este é um precedente perigoso, pois estas crianças podem achar isso tão recompensador que acabam mantendo esse padrão e aprendendo muito pouco na escola. É necessário enfatizar que isso raramente se dá por falta de aparato mental, mas quase certamente por não estarem sendo devidamente exigidas.

Mais que a maioria das crianças, o jovem geminiano precisa de desafios intelectuais. Estas crianças adoram aprender e descobrir, e se dão bem em projetos nos quais possam explorar um tópico de modo independente, chegando às suas próprias conclusões. Saem-se bem em ambientes educacionais que os estimulem. Têm necessidade de exercitar o cérebro, e uma das piores coisas que pode acontecer a esta criança é se encontrar em um ambiente intelectualmente pobre. Isso não significa que todas as crianças de Gêmeos sejam necessariamente inteligentes, mas com certeza suas mentes são brilhantes e inquiridoras e, ao menos no início, ávidas por conhecimento.

Além de raciocínio rápido, a criança de Gêmeos provavelmente terá um corpo flexível e é possível que gostem de esportes. É particularmente inclinada à ginástica ou qualquer atividade que requeira habilidades de ginástica, como mergulho ou patinação. Normalmente corre bastante e costuma ter boa coordenação visual, o que a ajuda em esportes com bola, como tênis e basquete. Os pais devem encorajar seus filhos de Gêmeos a perseguir seus objetivos, talvez até treinando-os (mas sem forçar a barra). Nem todos serão os próximos Steffi Graf, Venus Williams ou Bjorn Borg, que são todos geminianos e campeões de tênis, mas alguns podem bem vir a se destacar como esses exemplos.

Além desses caminhos, o geminiano pode se atrair por outros menos convencionais. Eles se dão bem com contorcionismo ou malabarismo e podem trabalhar no circo, em números que dependa de agilidade, como no trapézio. A maioria dos jovens gosta de se pendurar de ponta-cabeça, mas a criança de Gêmeos pode acabar fazendo disso uma carreira. A flexibilidade se mantém sempre como um trunfo, mesmo que não seja muito aparente, não só por questões físicas, mas por ser um estado de espírito. Trata-se de crianças adaptáveis, que se ajustam facilmente e não têm problemas com uma rotina em constante mutação. Seja lá o que venham a fazer no futuro, elas não desejam nem precisam de uma vida previsível.

É esperado que o bebê de Gêmeos comece a se locomover logo cedo. O bebê deste signo tem muita motivação para se mexer de um jeito ou de outro e, uma vez que aprenda a se locomover, sairá pegando tudo em que puder pôr as mãos. Isso é um sinal de que este bebê adora explorar o mundo ao seu redor, e de início o bebê faz isso ao colocar tudo na boca. Os pais devem considerar-se avisados de que ficar de olho no pequeno geminiano é uma ocupação de tempo integral. São bebês especialmente curiosos, não só em descobrir o gosto do mundo que lhes cerca, mas também em sair "engatinhando por aí". Os pais devem manter a vigilância e cuidar para que seu bebê de Gêmeos não se aventure por situações perigosas. São crianças rápidas, ágeis e inquiridoras – uma combinação potencialmente perigosa.

Em todas as idades, a criança de Gêmeos exige atividades variadas para se manter interessada. Esta criança logo perde o interesse nos brinquedos velhos e precisa de novos jogos e brincadeiras. Até quando ainda são bebês eles gostam de sair e se interessam muito pelo mundo ao seu redor. O pequeno geminiano faz a festa na creche e no jardim de infância – a combinação das atividades interessantes com todas aquelas crianças é perfeita. Estes indivíduos são especialmente sociáveis e gregários e gostam de ter companhia desde muito jovens.

Apesar de as crianças de Gêmeos precisarem de muitas atividades estimulantes, os pais fariam bem em encorajar momentos de introspecção. Estímulo em excesso pode agravar sua tendência a hiperatividade. A alimentação também pode influir muito nisso, e os pais devem ser aconselhados a diminuir ao mínimo a ingestão de alimentos que estimulem a hiperatividade e limitar o uso de açúcar. O transtorno do déficit de atenção é algo sério e qualquer medida contra isso é recomendável.

Há várias maneiras pelas quais um pai ou mãe pode ajudar uma criança a se acalmar. A massagem é sempre boa para bebês em geral, pois ajuda a relaxá-los e sedá-los, e é especialmente recomendável para bebês de Gêmeos. Seja qual for sua idade, uma massagem sempre os acalmará e facilitará que se deixem absorver por atividades mais tranqüilas. Atividades sensoriais, como modelar em argila ou massinha, uma caixa de areia ou brincadeiras com água (uma bacia grande, mangas arregaçadas e um monte de objetos que se possa molhar) são de grande valia e ajudam a fazer uma criança inquieta sossegar.

Os livros são o esteio das crianças de Gêmeos. Os pais devem dar muitos livros a elas, começando com livros de pano quando são bebês e, a partir daí, livros apropriados para cada fase e idade. Quando contar histórias para dormir, devem permitir que o jovem nativo de Gêmeos participe, inventando situações e dando um fim à história. É importante levá-los à biblioteca pública local e fazer assinatura de suas revistas e gibis preferidos.

É importante permitir que a criança de Gêmeos utilize o computador, mesmo que por poucas horas, desde bem cedo, pois será de grande proveito. A internet também pode ser uma fonte maravilhosa de informação, ajudando a criança com os deveres de casa, mas em se considerando a natureza inquisitiva deste signo, eles precisam da proteção adequada, sendo essencial o controle por parte dos pais – talvez bloqueando salas de bate-papo em que ficariam vulneráveis a abusos.

Instale uma televisão no quarto da criança de Gêmeos, com acesso a canais educativos. É claro que isso deve ser feito com cuidado, de modo controlado, para evitar que certas crianças mais introvertidas acabem se isolando em um mundo de fantasia, no qual leitura, televisão, jogos de computador e acesso à internet se tornem excessivamente importantes e nada saudáveis. Se a criança não tiver amigos e deixar de participar de atividades sociais normais, é importante que os pais descubram uma forma de socializá-las com outras crianças.

Aulas de teatro são uma ótima opção para os jovens geminianos menos gregários, pois interpretar um personagem pode mascarar sua timidez, e sua sensibilidade natural é um trunfo que os permite se entregar de corpo e alma aos personagens que interpretam. Na fase pré-escolar, são recomendáveis brincadeiras com belas roupas de papel, o que abre margem para sua vívida imaginação. Antes mesmo da idade apropriada para aulas de teatro, sempre que têm oportunidade, as crianças de Gêmeos já gostam de interpretar e criar palcos e cenários em casa com panos drapeados sobre a mesa ou sobre o beliche. Se este é o caso, incentive-as.

O talento das crianças de Gêmeos para a mímica lhes traz muito reconhecimento desde muito cedo, e sotaques não representam problema para elas. À medida que começam a se interessar por literatura, seu conhecimento e experiência em teatro se mostram um importante auxiliar. Apesar de haver a possibilidade de seguirem carreira nesse ramo, é mais provável que isso constitua apenas parte importante de sua socialização.

Jogos de tabuleiro também podem ser uma agradável atividade familiar, não porque os jovens geminianos sejam naturalmente competitivos, mas porque eles adoram afiar seus talentos.

À medida que crescem, e mesmo antes de os hormônios aflorarem, as crianças de Gêmeos podem ser maliciosas, rudes e provocativas. Isso porque suas características travessas, somadas à sua forte curiosidade, podem de fato desandar. Estas crianças questionam as regras definidas pelos adultos e extrapolam os limites. Do ponto de vista delas, escutar que não devem fazer isto ou aquilo é o mesmo que serem desafiadas a fazê-lo. Só aceitam uma ordem ao entenderem a razão para tal, de modo que explicações completas se tornam essenciais. A obediência não é algo que lhes vêm naturalmente – precisam saber o porquê.

É notória a dificuldade em se lidar com adolescentes, e geminianos odeiam ser alvo de repressão, pois gostam de descobrir as coisas por si mesmos. Os pais devem dar a eles o máximo de liberdade possível, de modo que possam satisfazer sua curiosidade. Eles anseiam por oportunidades de explorar a vida, portanto é bom mandá-los para viagens e excursões. Intercâmbios de férias são o ideal, pois oferecem a chance de conhecer uma cultura estrangeira e formas diferentes de vida *in loco*, além de aumentarem sua fluência em outras línguas.

Quando a criança de Gêmeos alcança a idade de viajar de modo independente é provável que queira se aventurar mais além, talvez a lugares que os pais não aprovariam. Quanto mais ganham experiência, mais espertos ficam e, conseqüentemente, mais seguros. Encare seus passeios curtos como preparação para viagens no futuro.

As viagens que fazem é parte importante da educação da criança de Gêmeos. É provável que viajem por motivos educacionais também, já que nunca são mais felizes do que quando estão aprendendo, portanto os pais devem ter isso na cabeça e se preparar financeiramente. Até quando os pais desejarão e poderão continuar sustentando filhos adultos é questão de foro íntimo, mas é preciso ter em mente que um geminiano pode passar a vida inteira como estudante.

Os geminianos adoram bater papo e, uma vez capazes de usar o telefone, podem se pendurar nele. Não há nada que gostem mais do que ficar conversando com amigos da escola, falando sobre o que aconteceu durante o dia e trocando idéias sobre o dever de casa. O fato de terem passado o dia inteiro com esses amigos não é obstáculo para que mantenham longas conversas à noite, por isso, não seria má idéia instalar uma segunda linha telefônica.

Provavelmente, há menos diferenças entre as meninas e os meninos de Gêmeos do que entre os gêneros de outros signos. Mercúrio, o planeta regente, é assexuado, portanto este signo não é explicitamente masculino nem feminino, e ambos os sexos podem personificar suas características de personalidade. É típico dos nativos deste signo ter um corpo esguio e ágil e transmitirem um certo clima assexuado. Contudo, isso não significa que o sexo da criança de Gêmeos não seja discernível: Marilyn Monroe e Clint Eastwood são exemplos disso.

Devido à sua natureza cerebral, as crianças de Gêmeos não se ligam em questões práticas. Talvez não sejam muito boas em se organizar. Criar horários fixos para fazer o dever de casa pode ser bastante problemático, e seu quarto pode ser uma verdadeira bagunça. Em vez de criticarem a criança, os pais devem oferecer-lhes ajuda para organizar suas coisas e deixar clara a importância disso. O jovem geminiano deve ser encorajado a adquirir habilidades domésticas essenciais para que possa saber se virar no futuro. Se essas tarefas forem apresentadas como parte de um aprendizado e se houver alguma forma de recompensa, o geminiano ficará mais bem disposto e colaborará. No futuro ele ficará grato de poder terminar uma tarefa e de ter ao menos adquirido alguma proficiência em assuntos de ordem prática.

Um dos atributos mais desafiadores dos geminianos é seu desejo de aprender, o que pode transformá-los em verdadeiros "sabe-tudo". Isso já é bastante difícil para adultos, mas em crianças é insuportável. Ninguém gosta de ser tratado com arrogância por um pirralho de 12 anos – um adulto tem ao menos seriedade e alguma experiência para oferecer! Esse tipo de atitude é ironicamente encontrado naqueles que carecem de autoconfiança e sentem necessidade de impressionar. Os pais de crianças assim devem reafirmar seu valor a despeito de qualquer coisa e nunca fazer com que se sintam estúpidas ou inferiores por não saberem de algo.

As tendências competitivas dos próprios pais podem ser acionadas pela sede de conhecimento de seu filho ou filha de Gêmeos, a qual acaba inadvertidamente se tornando uma ameaça. Criar filhos nunca é fácil, mas estas crianças devem ser apoiadas e estimuladas a usar a mente e, espera-se, galgar níveis superiores de educação.

Todos os pais querem o melhor para seus filhos. Para um geminiano é importante que haja explicações claras e que sejam mantidos informados, que se converse e debata com eles. Ofereça a esta criança diferentes tipos de atividade, mas estimule também um pouco de quietude, contemplação e reflexão. Desse modo os pais podem ajudar seu ativíssimo filho ou filha de Gêmeos a crescer e ser um indivíduo equilibrado e centrado.

Câncer

de 21 de junho a 22 de julho

Signo cardinal de água, regido pela Lua

Conhecendo o signo de Câncer

Os cancerianos são almas cuidadosas, protetoras, criativas e imaginativas, reconhecíveis por sua presença enigmática e ligeiramente sonhadora. É como se eles não estivessem prestando muita atenção ao que está acontecendo no momento, por estarem com a atenção voltada para dentro de si mesmos. Trata-se de indivíduos reservados, que podem ser bastante inescrutáveis e, portanto, difíceis de entender. Mantêm o controle de si mesmos e nunca se mostram, a não ser que queiram. Preferem a discrição em relação a seus pensamentos e emoções, e só se abrem com pessoas de muita intimidade. É importante não tomar sua reticência por timidez, apesar de alguns cancerianos serem tímidos de fato.

Os cancerianos possuem um senso de humor burlesco. Com sua postura de vida um tanto zombeteira e mordaz, os nativos de Câncer abordam a vida de um ângulo bastante diferente dos demais. O modo como o fazem pode ser ao mesmo tempo desconcertante e encantador, o que deixa os outros interessados. É de se esperar que seus pontos de vista sejam assaz idiossincráticos.

Além disso, os cancerianos são particularmente bons em contar histórias, podendo ser o centro das atenções em qualquer pequena reunião com seus relatos peculiares, dos quais normalmente são personagens. Sabem rir de si próprios e não se importam em revelar suas vulnerabilidades e nem em depreciar a si mesmos. Conseguem ser de uma modéstia cativante. Essa modéstia nunca os prejudica e ajuda as pessoas a revelarem aspectos de si mesmas que normalmente não seriam revelados. Assim, eles conseguem estabelecer laços com os outros e criar intimidade.

Este é o primeiro dos três signos de água, sendo os outros Escorpião e Peixes, e os nativos destes signos são indivíduos complexos. Câncer é o mais objetivo dos três e, à primeira vista, bastante fácil de se lidar. Muito simpáticos e afetuosos, os cancerianos são bons ouvintes e, ao contrário de outros signos, não se sentem sobrecarregados pelos problemas dos outros. Na verdade, eles têm fascínio por conversas francas e reveladoras. Eles precisam se sentir conectados em um determinado nível emocional e ter suas emoções reconhecidas. Seu mundo interno é o foco principal de sua atenção, daí a atmosfera enigmática, e para que considerem relevante qualquer contato com uma pessoa é necessário que tenha havido algo além do superficial.

Como o mar, existe algo de insondável e misterioso no nativo de Câncer. Seu "tempo emocional" é sujeito a mudanças repentinas e eles podem estar à mercê de correntes subterrâneas. Eles obedecem a uma força invisível, suas emoções, portanto não parecem ser o mais lógico dos signos. Baseiam a avaliação das pessoas e situações quase inteiramente em sua reação instintiva. Todas as suas decisões na vida tomam por base suas preferências pessoais – eles não refletem sobre as coisas, como faria um signo de ar, o que torna difícil para eles se explicarem ou se justificarem, portanto, na maior parte do tempo eles nem tentam explicar nada.

Essa capacidade de conhecer e estar em contato com aquilo que sentem confere uma certeza interna aos cancerianos. Nesse aspecto eles são seguros de si. Por não refletirem sobre as coisas de um modo racional, distanciado e objetivo, muitos cancerianos acabam por desconfiar do mundo das idéias, considerando-o cheio de intelectuais dogmáticos. Isso é tanto uma qualidade quanto um defeito.

A Lua rege Câncer e, em sua órbita ao redor da Terra, muda de formato ao evoluir de Lua nova à Lua cheia, voltando à fase de Lua nova. De modo similar, os nativos de Câncer são mutáveis. Na verdade, eles possuem uma mistura estranha de constância e flutuação. Em um nível mais profundo, são constantes e confiáveis, mas na superfície são divididos e mudam o tempo todo.

A força gravitacional da Lua sobre a Terra afeta as marés e toda a vida no planeta. Os seres humanos são compostos por sessenta por cento de água, portanto a Lua também afeta a vida humana. Os cancerianos parecem particularmente sintonizados com esse princípio, e especialmente sensíveis às fases da Lua. São conhecidos por seu humor oscilante que vai e vem sem razão aparente – com certeza não há uma razão objetiva para tal. Quando estão de mau humor são capazes de gerar uma atmosfera quase tangível – a nuvem negra sobre suas cabeças é quase visível. Essa atmosfera pode permear a casa toda, como uma névoa que entope o ambiente. Tudo isso se dá porque o canceriano deve estar precisando extravasar algo. Ele tem um dom especial para se comunicar sem usar palavras, e essa é uma das maneiras pelas quais o faz.

Palavras derivadas de lua, como lunático, por exemplo, também se aplicam aos cancerianos. Não que eles sejam mais suscetíveis a doenças mentais que os nativos de outros signos, mas podem ser dados a comportar-se de modo lunático, especialmente na Lua cheia. Existe uma influência dionisíaca oculta que aflora, e então o comportamento dos cancerianos pode se tornar radical: eles caem na farra e se soltam. Também pode haver algo selvagem em seu senso de humor e eles podem parecer malucos. Têm grande abrangência emocional e sabem lidar perfeitamente bem com estados extremos, mas as pessoas ao redor podem se sentir ameaçadas pelos altos e baixos. Sua extravagância tende a jogar pessoas queridas em águas mais profundas do que se sentem seguras.

Para tentar entender os cancerianos, tenha em mente a água e sua natureza. A água segue o caminho que opõe menos resistência; observe um córrego se encaminhando por entre as pedras e entenderá a forma com que os cancerianos procuram a rota mais fácil. Por outro lado, nunca os subestime, pois este signo persistente é como a água que pode erodir a rocha mais dura com o tempo e não desiste antes de conseguir o que quer.

O caranguejo, criatura notória por sua tenacidade, é o retrato de Câncer. Como o caranguejo, que caminha de lado, estes indivíduos abordam o que querem de modo indireto. Os desconfiados cancerianos sempre olham para os lados. São acusados de serem manipuladores e, apesar de isso ser verdade, é freqüente que eles mesmos não conheçam suas intenções. Agem por instinto e podem não ter consciência do que estão fazendo. Assim, quando enfim chegam lá, costumam surpreender-se. Se observarem bem suas ações, podem ver em retrospecto que havia uma força impulsora inconsciente que os levou na direção certa. Essa é mais uma referência ao fato de que eles confiam em seus instintos e são guiados por eles. Uma amiga canceriana distraída comprou vários marcadores para quadro branco antes de precisar deles. Foi a primeira indicação que ela teve de que queria dar aulas, e ainda se passariam alguns meses antes de ela arrumar seu primeiro trabalho como professora, no qual pôde, enfim, fazer bom uso dos marcadores.

O caranguejo é uma criatura primitiva e tímida, de abdômen delicado e vulnerável, mas de carapaça externa dura e resistente. Os cancerianos são exatamente assim. Alguns cancerianos têm uma carapaça mais desenvolvida, de modo que não se percebe muito suas vulnerabilidades, enquanto outros têm carapaça mais frágil e parecem bastante desprotegidos, como se de fato não fossem viáveis no mundo. Estes últimos são muito bons em descobrir pessoas que queiram protegê-los.

Os nativos deste signo têm uma associação poderosa com a mãe e a maternidade, e podem ser mais ou menos divididos entre aqueles que têm algo de maternal para oferecer e aqueles que procuram por isso. Muitos cancerianos são extremamente maternais (sim, os homens também) e de alguma maneira tomam conta dos outros. Profissões nas quais a ajuda ao outro é o ponto central estão repletas de cancerianos em suas fileiras. Têm instinto de proteção e escolhem trabalhar em um ramo no qual possam usar esses instintos. Já outros nativos deste signo são eternos meninos ou meninas em busca de uma figura maternal. Sua forma de solicitar essa proteção se dá por meio de sua conduta infantilizada e seu ar de desamparo.

Alguns cancerianos vacilam entre o papel de mãe e de filho, e podem assumir ambas posições em momentos diferentes. Por exemplo, uma mulher que trabalhe como enfermeira, mas que ainda se comporte como criança na vida pessoal. Ou um homem que tenha um trabalho de extrema responsabilidade, mas ande com o colarinho torto e a camisa apenas metade para dentro da calça, como se estivesse tentando dizer "não sei cuidar de mim mesmo".

Esses sinais não-verbais podem alcançar pessoas que se sintam compelidas a tomar conta destes cancerianos. Quem se deixar atrair por eles de modo irresistível deve estar certo de querer mesmo esse tipo de relação.

A tendência maternal indica que a família, para o bem e para o mal, é parte importante da vida de todo canceriano. É provável que mantenham laços fortes com sua família de origem. Os que fogem a essa regra provavelmente passaram por experiências dolorosas na infância, o que os levou a procurar alternativas em que possam exercer seu poder de escolha, como uma "família" formada por amigos. A influência dos pais na saúde e no bemestar psicológico dos filhos é definitiva, e, quando adultos, os cancerianos continuam mais envolvidos com eles que a maioria dos signos, e sempre tentam resolver qualquer dificuldade que porventura exista. Apesar de nem todos viverem imersos na vida familiar, para muitos ela ocupa papel central, dando-lhes embasamento emocional na vida adulta.

Os cancerianos vivem com a consciência da interconexão da vida, de um substrato que, de algum modo, conecta a vida humana. Isso tem a ver com sua natureza aquática e com a continuidade inerente ao nível d'água. A dor e o sofrimento dos outros afeta diretamente os cancerianos; eles não conseguem abstrair nem se afastar em tais situações. Em certo sentido, eles estão sintonizados com uma família mais ampla e são sensíveis ao seu papel no plano geral e a forma como se encaixam na sociedade. Sua compaixão deriva da capacidade de sentir pelos outros, mesmo por aqueles a quem não conhecem e que vivem em culturas totalmente diversas. Os nativos deste signo não têm mecanismos para se desligar emocionalmente, por isso sofrem com as pessoas.

A necessidade de se sentir aceito é típica do signo de Câncer, o que vem a ser outra razão pela qual a família é de importância central. Quando adultos, eles podem decidir onde exatamente querem se encaixar. A sensação de exclusão é terrivelmente dolorosa para os cancerianos. Eles têm uma necessidade nata de se sentir incluídos e aceitos por algum grupo. Até mesmo fazer parte de um partido político ou grupo ideológico pode ser uma forma de alimentar o senso de comunidade e os vínculos emocionais que lhes são tão essenciais.

Seja qual for o partido político que apóiem, os cancerianos são fundamentalmente conservadores. Eles apóiam valores tradicionais, tomando por base a importância da família e dos relacionamentos com amigos e parentes. Certa vez uma canceriana que precisava de um favor sugeriu abordar um parente que jamais vira antes com as palavras "ele é da família". Pela cartilha dela, espera-se que um ajude ao outro. Essa idéia de compromisso familiar é firmemente enraizada no século anterior, mas está bem presente na psique de cancerianos modernos.

Além dos valores familiares, existe também uma atitude de conservação. Os cancerianos são conservadores em diferentes níveis. Cidades do interior, construções históricas, valores e estilos de vida são algumas das coisas que buscam proteger. Eles dão muito valor à preservação de métodos tradicionais que já foram testados e provaram sua eficácia, de modo que não abraçam o progresso prontamente. A sensação de segurança se baseia nas experiências do passado, e qualquer novidade acaba sendo ameaçadora.

Uma forma pela qual isso pode se dar na prática e de modo mais prosaico é a tendência dos cancerianos de acumular objetos para uso posterior. Não jogam nada fora. Potes velhos de iogurte ou margarina têm sua função e devem ser estocados, selos são guardados para qualquer eventualidade; reciclam tudo, de cordões a botões velhos, guardam qualquer coisa. Em muitos sentidos, isso é admirável; mas a verdade é que eles não suportam jogar nada fora. Abra uma gaveta de um canceriano e encontrará todo tipo de quinquilharias que "poderão ser úteis um dia". Suas casas ficam entupidas com toda a parafernália que guardam, e as pessoas que se relacionam com os cancerianos acharão o monte de entulho bastante sufocante. Os minimalistas devem manter distância!

Guardar objetos é outra manifestação da atitude protetora dos cancerianos. Por desejarem ser capazes de providenciar seja o que for que se precise em um instante, eles tentam se certificar de ter seus recursos à mão. Odeiam correr atrás de algo e fazem estoques de produtos essenciais para nunca serem pegos de surpresa, o que para eles seria uma vergonha.

Os cancerianos são indivíduos cautelosos – astutos, diriam alguns – e, apesar de não serem nada sovinas, gostam de uma liquidação. Roupas caras de grife não lhes enchem os olhos, pois não se deixam impressionar nem um pouco por marcas. Preferem comprar em lojas populares e se entusiasmar com a economia que fazem. Sabem esticar o dinheiro que têm e são bons em se manter dentro do orçamento. Os nativos deste signo conseguem fazer suas economias, mesmo quando dispõem de reduzido poder aquisitivo. Têm sempre em mente que pode haver momentos de dificuldade e acabam deixando de perceber quando esse momento está presente. São prudentes na forma como escolhem gastar seu dinheiro e consideram ser extravagante com as finanças uma forma de estupidez.

Dessa forma, se existe alguém que tem uma boa poupança, é um canceriano, ainda que esta seja na forma de um investimento imobiliário. Os nativos de Câncer confiam em bons tijolos e argamassa e tomam decisões sensatas durante os anos, construindo uma boa reserva financeira de modo bastante discreto. É sua maneira de garantirem a própria segurança. Para tal, economizam de várias maneiras diferentes, não concentrando seu dinheiro em uma só modalidade, pois acham mais seguro não guardar todos os ovos na mesma cesta. Os cancerianos ficam terrivelmente estressados e ansiosos ao se encontrarem sem dinheiro no banco ou ao acumularem dívidas. O estilo de vida do século XXI de viver na base do cartão de crédito não é para eles, que precisam ter uma reserva de dinheiro para seu bem-estar emocional.

Quando está amando, o nativo de Câncer se deixa influenciar bastante por níveis não-verbais de comunicação e pelo comportamento da pessoa amada. Para eles, as palavras pouco contam. O comportamento da pessoa é o que importa. Alguns signos dão importância a presentes, mas os cancerianos, apesar de não fazerem objeção, tampouco se impressionam com isso. O que importa é o carinho e a consideração do parceiro. Pequenos gestos que demonstram essas qualidades são de grande significado, coisas como preparar um banho com o óleo aromático favorito do canceriano ou canceriana, ou deixar que fiquem com a poltrona da janela ao viajarem de trem ou ônibus. Nada exagerado, pois atitudes extravagantes não lhes impressionam: o que buscam é que suas necessidades sejam objeto de uma atenção serena. E os cancerianos sempre retribuem a atenção recebida, priorizando o bem-estar do parceiro.

Os relacionamentos com cancerianos nunca são vulgares e sim tranqüilos e reservados, verdadeiras uniões de almas nas quais palavras são redundantes. A atmosfera emocional se torna totalmente importante, o que pode, às vezes, complicar as coisas para eles. Eventualmente, quando se sentem inseguros, os cancerianos podem ter dificuldade em entender que o fato de uma pessoa amada voltar do trabalho cansada não quer dizer que está cansada deles! Eles se baseiam na sensação de conexão com a pessoa amada, o que pode, às vezes, ser entendido como autoritarismo e intrusão por um parceiro de natureza menos aquática. Um signo de ar, desesperado por espaço, pode se sentir asfixiado por uma relação assim.

Contudo, os signos de ar têm um fascínio especial pela turma da água. Câncer tem todos os atributos que lhes faltam, bem como aqueles que mais temem, por isso não é incomum que casais de água e ar se formem. Os opostos se atraem. Se puderem respeitar um ao outro e se o canceriano em questão não for sensível nem inseguro demais, poderão oferecer muito um ao outro. Os cancerianos podem aprender a ocasionalmente dizer o que querem e a não descartar a linguagem verbal como forma de comunicação. Apreciam, especialmente, quando a pessoa amada lembra do dia em que se conheceram e fala sobre isso, mantendo-se ligada nas trocas emocionais e nos problemas que podem existir. Um nativo de signo de água pode ajudar o parceiro de ar a apreciar os vários tipos de comunicação não-verbal.

No que tange à fidelidade sexual, os cancerianos podem ser um pouco contraditórios e difíceis de entender. Por um lado, quando estão emocionalmente envolvidos, permanecem assim. Os sentimentos não podem ser ligados e desligados, de modo que sua conexão se mantém. Todavia, isso não é garantia de que serão fiéis. Lembre-se de que eles são influenciados por forças instintivas invisíveis, o que pode levá-los a se desgarrar com relativa impunidade e continuar em sua relação principal. Nesse caso, estarão sendo fiéis *a seus sentimentos* em vez de fiéis a seus parceiros. Ainda que haja momentos em que um enorme senso de pertencerem um ao outro os faça permanecer estritamente fiéis e encarar qualquer "pulada de cerca" como uma violação de seus próprios sentimentos. Em outras palavras, eles agradam a si mesmos e não têm uma postura consistente em relação à fidelidade sexual.

A necessidade do canceriano de ter uma família indica que os nativos são ótimos pais e mães em potencial. A maioria deseja ter filhos e não considera outros canais de criatividade como alternativas aceitáveis. Sua capacidade de manter uma sintonia não-verbal torna fácil para eles cuidar de bebês. Durante os primeiros anos de vida, eles estão em seu elemento. Podem ter dificuldades quando a criança quiser um pouco mais de independência, é algo que tendem a achar ameaçador. Dependendo da criança em questão, pode se desenvolver um conflito e tanto. O pai ou mãe de Câncer pode achar esse processo bastante doloroso e toda a fase de crescimento pode ser bem complicada. Aqueles que trabalham fora de casa conseguirão lidar melhor com a situação do que aqueles que vivem completamente voltados para a família.

Os cancerianos são ativos em muitas áreas da vida, incluindo, como já vimos, profissões nas quais se cuida dos outros, como todos os ramos da medicina, assistência social, aconselhamento e psicoterapia, bem como toda a área de saúde complementar. Suas tendências protetoras e empáticas também lhes atrai para a área de serviços de hospedagem, seja como chefes de cozinha ou gerentes de hotel ou restaurante. Também podem ser atraídos por trabalhos que tenham a ver com cuidar das pessoas de modo mais simbólico, como educar e apoiar novos talentos.

Além dessas áreas, os cancerianos costumam sentir atração pelos meios de comunicação e pelas artes, onde estas almas imaginativas e sensíveis podem se sentir à vontade. Muitos canais se abrem para eles nesses campos. Por sua natureza empática, muitos deles podem ser atores ou atrizes, pois sabem se colocar no lugar dos outros e imaginar como se sentem.

Escrever também é uma boa opção para os cancerianos, especialmente peças de teatro, roteiros de cinema e livros de ficção, em que podem usar sua vívida imaginação e sua capacidade de observar a vida e tecer comentários ácidos. Iris Murdoch é um exemplo de escritora do signo de Câncer que, quando do lançamento do filme biográfico *Iris*, após sua morte, foi retratada como uma pessoa extremamente bagunceira. Seu problema parecia ser, em parte, típico de qualquer canceriano, pois não conseguia jogar nada fora. Ernest Hemingway e Barbara Cartland são também exemplos de escritores cancerianos.

Os nativos deste signo são bons em relações públicas, gerenciamento e recursos humanos, são fáceis de se relacionar e bons em amenizar dificuldades, ao mesmo tempo em que são bastante proativos. Tendem a inspirar confiança, de modo que costumam ganhar a confiança e o apoio das pessoas.

O empresário canceriano Richard Branson, criador do império Virgin, que inclui companhia aérea, gravadora de discos, lojas de discos e trens, exemplifica muitos dos traços do signo de Câncer. Apesar de ser extremamente bem-sucedido, tem uma imagem de chefe atencioso que parece botar mais a mão na massa do que provavelmente o faz.

Os cancerianos são bons em tudo que é sensorial e têm de sobra aquilo que hoje chamamos de "inteligência emocional", o que lhes garante estabilidade por toda a vida. Seja qual for seu trabalho – e eles não se limitam, de forma alguma, às atividades citadas anteriormente –, sua atitude será sempre cuidadosa e generosa.

O lado negativo de Câncer

Qualquer uma das características descritas na apresentação deste signo pode se tornar negativa, mas vamos começar pela estreita ligação entre o canceriano e a mãe. Como isso se manifesta de modo diferente em homens e mulheres, trataremos cada caso em separado. Há muitos motivos para se admirar um homem que mantém uma relação próxima com a mãe. Ele mostra seu lado carinhoso e emotivo ao ser solícito e estar pronto a cuidar do bem-estar da mãe, fazendo visitas para conferir se está tudo bem e providenciando coisas para ela. O lado ruim é que ele pode ser excessivamente apegado a ela, permanecendo emocionalmente dependente de um modo pouco apropriado para um adulto. A parceira deste homem sem dúvida reclamará que ele faz coisas para a mãe que se nega a fazer para ela.

A dinâmica mãe-filho é uma força poderosa na psique de todos os cancerianos, e nesses casos o homem se identificou com a criança e continuou preso à mãe. Ele não cresceu. Muitos recriam esse padrão em seus relacionamentos. Eles esperam que suas parceiras sejam como mães enquanto eles permanecem meninos na essência – uma concepção não muito atraente. Um homem assim talvez se case com uma mulher bem mais velha. Ele pode ter muito a oferecer em termos de afeto e consideração, mas não aceita a responsabilidade por si mesmo nem pela relação.

Pior ainda é o homem que não consegue sair de casa nunca. Ele fica com a mãe, sempre ao seu lado, solícito. Ela acaba contando com ele e não lhe dá o empurrão de que precisa para cair no mundo. Ela colabora e deixa que ele fique. O pai dele – e marido dela – talvez não goste, mas não quer criar caso e se interpor entre os dois. É um tipo estranho de casal. Qualquer mulher que esteja se envolvendo com esse tipo de canceriano terá problemas com a sogra. O apego deste homem à mãe vem primeiro, e sua dependência dela não permite que o relacionamento dê certo.

Em uma relação homossexual, o companheiro deste canceriano pode encontrar seu lugar sem desafiar o *status quo*. O homem de Câncer então pode descobrir que está com o melhor dos dois mundos – a posição da mãe não é afetada e o companheiro tampouco é ameaçado pela dinâmica dessa relação, e a aceita sem problemas.

O par mãe-filho se manifesta de modo diferente na mulher de Câncer. Ela pode identificar-se tanto com a posição da mãe quanto com a do filho, e adaptar-se de acordo. As que se identificam com a mãe são extremamente capazes e tendem a ser a mãe de todos, como, por exemplo, quando aceitam o papel central em uma função na qual muitas pessoas lhe pedem orientação. Ela se esmera em apoiar o talento das outras pessoas e em facilitar e promover seu desenvolvimento. Não há muito problema nisso, a não ser que acabe sacrificando sua própria criatividade no processo.

O pólo oposto – uma identificação perpétua com a criança – é bem mais problemático. É como a mulher que, já com seus trinta anos, ainda se veste como uma colegial, com casacos justinhos e rabo-de-cavalo. Assim como sua contrapartida masculina, ela transmite a mensagem de que ainda não cresceu completamente e precisa de alguém que tome conta dela. E essa pose não é de todo malsucedida. Alguns homens e mulheres a acolherão debaixo de suas asas e lhe oferecerão proteção. É impossível, porém, que ela crie uma relação madura tendo parado emocionalmente nos oito anos de idade. Ela está repleta de necessidades não satisfeitas. Esse tipo de atitude pode até funcionar quando ela ainda está com seus vinte e poucos anos de idade, mas à medida que vai ficando mais velha torna-se cada vez mais fora de sintonia se não adotar uma postura mais de acordo com a idade.

Uma mulher assim pode nunca ser mãe. A maternidade lhe permitiria desenvolver esse seu lado e teria efeito de cura. Dentre todos os signos, Câncer tem os instintos maternais mais fortes, portanto, passar a vida buscando por isso, em vez de vivenciar os instintos maternais, é uma perda trágica. Isso não quer dizer que as mulheres de Câncer são obrigadas a ter filhos para se realizar, mas elas precisam expressar o lado maternal e criativo de sua natureza.

A propensão canceriana a se identificar com a criança tem uma dimensão positiva também, pois se pode alegar que ela está em contato com sua "criança interna". Estão em voga muitos tipos de trabalho de crescimento pessoal que têm por objetivo promover o diálogo de adultos com sua criança interna, vista como uma fonte de criatividade e espontaneidade, de modo que aqueles que se conscientizam desse aspecto em si mesmos estão bem mais desenvolvidos. O problema costuma ser a existência de uma *identificação* com o aspecto infantil de si mesmo, mas sem maiores diálogos ou consciência. A não ser que ocorra essa conexão, estarão simplesmente sendo infantis.

Pode ser igualmente alegado que os cancerianos têm acesso especial a qualidades como inocência, verdade, renovação e criatividade, todas extremamente positivas. Esse talvez seja o maior bônus, e lhes permite manter-se jovens e esperançosos pela vida inteira.

Uma dificuldade que todos os cancerianos enfrentam é sua variação de humor. Trata-se de um signo regido pela Lua e, do nosso ponto de vista terreno, a Lua está intrinsecamente associada a constantes mudanças de fase e formato. Poetas vêm escrevendo há anos sobre isso e tem havido uma longa associação entre as mudanças de fase da Lua e as mudanças de humor das pessoas por ela regidas. Mais que a maioria dos signos, os cancerianos têm de lidar com a inconstância das próprias emoções; podem ir dormir perfeitamente felizes e acordar no mais profundo desespero. Talvez possam explicar a mudança caso consigam se lembrar de seus sonhos, mas é mais freqüente que não consigam entender o porquê. Por não saberem o que há de errado, fingem que não é nada, mas demonstram o contrário pelo seu estado emocional. Não é de estranhar que quem convive com os cancerianos às vezes se irrite com isso.

Se perguntarem a um canceriano desse tipo se há algo errado, a resposta será "está tudo bem". Com isso, ele quer dizer "não faço a menor idéia do que esteja errado". Está claro que há algo errado, mas, como ele não tem como explicar, acaba negando tudo apesar de exalar uma atmosfera que comunica o problema de modo não-verbal. As pessoas próximas do canceriano ficam desnorteadas e lutam para entender o que está se passando. É muito fácil que as pessoas que mantêm relacionamentos próximos com um canceriano destes fiquem paranóicas num ambiente assim, que se sintam acusadas de causar dificuldades e acabem até assumindo uma culpa que não têm. E isso não ajuda em nada o canceriano em questão; na verdade, só piora as coisas.

Apesar de os cancerianos poderem ser vítimas de suas próprias maquinações internas – e ainda afetar os outros com elas –, às vezes eles fazem isso de modo deliberado. Há cancerianos que aborrecem as pessoas próximas de propósito. Sabem perfeitamente bem o que está acontecendo e se recusam a discutir o assunto. Talvez estejam aborrecidos, talvez estejam com raiva, mas ao não desabafarem e ficarem emburrados, acabam, na prática, culpando as pessoas por suas dificuldades emocionais e fazendo-as sofrer com isso.

Chantagem emocional é uma das táticas mais desagradáveis dos cancerianos, na qual são especialistas. A despeito de serem pessoas muito profundas, nem sempre os nativos de Câncer sabem lidar com suas emoções turbulentas. Podem tentar, ainda que inconscientemente, fazer as pessoas sentirem o que eles mesmos estão sentindo. Eles também tentam controlar as pessoas de modo a evitar certas emoções indesejadas. Soa complicado? E é, mas é provável que qualquer pessoa que tenha uma relação próxima com um canceriano de vez em quando se pegue perguntando o que diabos está acontecendo. É fácil perder a noção de onde começa um e termina o outro e o que exatamente pertence a quem em uma relação muito próxima, e é disso que o canceriano se aproveita – e de uma maneira extremamente sutil.

Uma mãe canceriana pode dar um jeito de tornar completamente impossível dizer "não" a uma xícara de chá. A xícara de chá em questão significa muito mais do que se pode expressar por meio da linguagem. Se a xícara de chá for rejeitada, será como se ela própria estivesse sendo rejeitada. A criança capta algo, mas não entende o que está se passando; e é assim que o filho ou filha é criado. Tudo o que sabem é que se sentem inexplicavelmente culpados se rejeitarem a xícara de chá. Algo catastrófico e mortal é evocado. Este é o poder das influências ocultas e das coisas que não são ditas.

Não existe uma forma fácil de desatar esse tipo de nó emocional, mas, em última análise, como está claro que a mãe não está sabendo enfrentar o que está engatilhado dentro de si, cabe ao filho adulto desembaraçar a situação. Ser capaz de ver a dinâmica como ela é cria um senso de liberdade mental e de espaço. E, finalmente, ao dizer "não" para o que não quer de modo não-defensivo e compassivo, o filho pode ajudar a mãe a não investir nesse tipo de atitude. Mas mesmo que não se consiga superar o problema, ao menos saber que isso é coisa "da mãe" já ajuda muito.

Já que estamos falando de mães cancerianas – e muito pode ser dito de bom sobre elas – também é necessário dizer que elas podem ser superprotetoras a ponto de sufocar a criança. Existe uma linha divisória entre a inocente solicitação de "se agasalhar bem" e um medo sugerido, mas nunca verbalizado, de que o filho pegue um resfriado se não estiver agasalhado, morra e a deixe sozinha. E a criança captará esse medo mesmo que não consiga verbalizá-lo.

Esse é um problema complicado com o qual os pais cancerianos precisam lidar. Os pais de Câncer também têm seu lado superprotetor, mas é mais provável que ele se manifeste mais tarde, na adolescência, e que seja projetado mais nas filhas. Na verdade, os pais cancerianos lidam melhor com crianças menores, que são mais dependentes, e têm mais dificuldade quando o filho começa a querer mais liberdade, o que os ameaça. Dependendo do quão medrosos eles são como pais, podem frustrar a autonomia que a criança está desenvolvendo, sufocando-a e tornando-a medrosa também.

Os protetores cancerianos podem ser na verdade extremamente egoístas. Eles estão em contato com suas próprias necessidades essenciais de sobrevivência e fazem o que podem para conseguir o que precisam, mas não são tão bons em ver as necessidades dos outros, especialmente se houver um conflito de interesses. Nesses momentos, eles podem ficar cegos e não perceber a maneira implacável com que impõem seus próprios interesses sem sentir qualquer traço de culpa ou remorso. Eles simplesmente não conseguem ver a brutalidade de sua atitude. Brutalidade não é normalmente uma palavra associada a este signo, mas o caranguejo é uma criatura de sangue-frio que também tem essa capacidade. Quando os ânimos se exaltam, isso vem à tona.

Os cancerianos são acusados de serem manipuladores – e com razão. Como o caranguejo que anda para os lados, eles se direcionam para o que querem de modo indireto. Isso é intrínseco em sua natureza e ocorre de forma bastante inocente; estão simplesmente seguindo seus instintos. Mas a coisa também pode se dar de modo mais deliberado, quando se sentem vulneráveis demais para dizer o que querem de maneira mais direta. Eles não vão querer correr o risco de serem rejeitados, então procuram conseguir seus objetivos por meio de métodos sinuosos.

Nem sempre é fácil ver a linha divisória entre manipulação deliberada e uma forma peculiar de conseguir as coisas, mas a linha existe, e as pessoas que estão sendo objeto dessa atitude sabem muito bem discernir uma coisa de outra. As pessoas que se relacionam com o canceriano são levadas a se comportar de determinadas maneiras, e é compreensível que se sintam manipuladas. Não reagir a essas dicas é impensável, e existe uma ameaça subliminar de que algo indizível acontecerá – o céu pode desabar ou o canceriano pode cair morto – e a pessoa amada em questão pode ser responsabilizada. Por mais improvável que seja, como é claro que é, o que está sendo comunicado é como o apavorado canceriano não está conseguindo o que precisa. Sua viabilidade no mundo está em perigo em termos emocionais. E com isso eles são capazes de causar problemas para os outros, involuntariamente.

A falta de confiança que o canceriano tem nas palavras e a dificuldade em refletir sobre as situações contribui para esses problemas. Seu bem-estar depende de conseguir manter uma conexão positiva com as pessoas que ama, razão pela qual não arrisca expressar qualquer sentimento que abale essa conexão. Raiva e mágoa são sentimentos extremamente ameaçadores, portanto, são demonstrados de modo indireto por intermédio de seu mau humor. E emprega, de modo similar, suas táticas perspicazes de manipulação para conseguir o que quer e evitar sentimentos de rejeição.

Lamentar-se da vida é outra característica nada atraente de alguns cancerianos. Em vez de expressar emoções negativas de modo direto, eles se esgueiram e deixam as pessoas se sentindo desconfortáveis. Se tudo o que sabem dizer numa conversa são palavras de reclamação, é mais que provável que estejam furiosos, mas não assumam.

Os cancerianos podem muito bem ficar com raiva ou ressentidos se precisarem de um favor, pois se sentem vulneráveis e dependentes. Isso é expressado por sua voz, que pode ter um tom de "pobre de mim" designado a confundir o ouvinte e incutir-lhe culpa. As pessoas podem achar tal pedido, no mínimo, infundado, além de se sentirem incapazes de pensar direito. Quando os cancerianos acham que têm o direito de pedir determinada coisa podem atazanar bastante, o que é outra forma indireta de demonstrar raiva.

O instinto de acumular do canceriano pode representar um problema. Existe uma linha divisória entre guardar coisas úteis e uma casa que parece um almoxarifado ou, pior ainda, uma lixeira. Ocasionalmente, se houve falar de alguém que vive na maior sujeira e não joga nada fora, é provável que se trate de um canceriano meio desequilibrado. Mesmo se todos esses objetos estiverem estocados de maneira organizada (em geral as casas dos cancerianos são caóticas e desarrumadas), o fato de sua casa estar toda entulhada acaba criando uma atmosfera sufocante. Não há problema nisso se eles só tiverem de considerar a si mesmos, mas em um espaço compartilhado a coisa dificilmente dá certo. Não conseguem ser organizados. Provavelmente, é algo que bloquearia sua criatividade. Fique alerta.

Uma das características do caranguejo que ainda não mencionamos é o seu beliscão. Não é um animal que ataca sem ser provocado, mas, se for ameaçado, pode usar seu par de pinças ameaçadoras para se defender. Tudo isso pode ser dito de um típico canceriano, incluindo sua capacidade de beliscar. Isso é normalmente feito verbalmente de modo bem mais sutil, mas quem já levou seu beliscão sabe como é. E como Câncer pode ser um pouco sensível demais, pode se sentir ameaçado por algo relativamente sem importância e preparar uma ofensiva fora de proporção. Lembre-se de que tudo isso se dará de maneira indireta. Quem for objeto desse complicado ataque achará impossível alcançar a raiz do problema e pode nunca ficar sabendo o que fez de errado, apesar de não ter dúvida de que *algo* aconteceu. Um canceriano típico nutre vendetas aparentemente insolúveis por anos a fio.

Em uma relação íntima, esse tipo de jogo pode prosseguir interminavelmente. É um tipo de dança na qual o caranguejo cria estratégias na relação com a pessoa amada, sem nunca pôr as cartas na mesa. Provavelmente, eles não têm consciência de si mesmos – apenas agem por instinto. Qualquer um que espere uma relação mais aberta e honesta vai acabar caindo do cavalo.

Como o caranguejo, os cancerianos têm uma tendência a agarrar e não soltar. Isso tem várias implicações psicológicas, e uma delas é que eles se agarram a velhas mágoas e alimentam ressentimentos. Este não é um signo que perdoa e esquece – se a pessoa erra com eles uma vez, eles vão se lembrar pela vida toda. Em uma discussão, nunca dizem o que realmente está ocorrendo no momento, voltando a velhos assuntos e levantando incidentes mal-resolvidos de muito tempo atrás. De alguma maneira, fica impossível superar o passado e chegar ao que está acontecendo naquele instante. Isso é profundamente frustrante para as pessoas queridas que desejam superar isso tudo. Para o canceriano, passado branco não existe.

Os cancerianos são conhecidos também por sua resiliência, pois conseguem o que querem pela persistência. Vencem pelo cansaço. Podem dar a impressão de desistir, mas isso também é parte de sua estratégia. Uma nova abordagem está sendo preparada, apesar de que mais uma vez é importante enfatizar que isto talvez não seja um pensamento consciente, pois os cancerianos operam de modo primitivo e instintivo. Como estes indivíduos parecem tímidos e hesitantes, é fácil subestimar o poder que exercem e sua capacidade de fazer as coisas a seu modo. Pense no que o oceano faz com as rochas ao longo do tempo.

O homem de Câncer

Com seu charme discreto e sua presença enigmática, o homem de Câncer tem um apelo e tanto. Ele é notório por sua capacidade de transmitir emoções. Seu rosto costuma ser delicadamente bochechudo e suas emoções são bem evidentes. É dotado de um carisma melancólico e preocupado. A sensibilidade é um de seus atrativos, e ele gosta de conversar e escuta com atenção. Trata-se de uma alma gentil e afável para a qual importa muito como as pessoas próximas estão se sentindo, e que demonstra essa preocupação. As pessoas se atraem por seus modos atenciosos, se abrem com ele e valorizam a compreensão e a empatia que o canceriano exala.

O homem de Câncer gosta das mulheres e tem muitas amigas. Ele gosta de sua companhia, de sua conversa e se interessa de verdade por elas e por suas vidas. Não é que ele não tenha amigos homens também, mas tem muito mais amigas mulheres. O homem de Câncer consegue falar sobre suas dúvidas e medos, por isso se encaixa melhor e se sente mais à vontade entre as mulheres, em vários sentidos. Seu próprio lado feminino é bem desenvolvido e ele não tem de mascarar nem negar este seu lado quando na companhia de mulheres, pois a aceitação é total.

Essa sensibilidade também cria várias dificuldades para o canceriano. Talvez seja o signo mais difícil para um homem em uma sociedade na qual mostrar seus sentimentos e emoções é considerado uma forma de fraqueza e na qual o comportamento do macho é valorizado. Assim como o caranguejo com sua carapaça dura, muitos desenvolvem uma crosta externa rígida para se proteger e se defender. Eles aprendem a esconder sua vulnerabilidade, mostrando apenas a carapaça resistente. Estes homens passam por dificuldades em estabelecer relacionamentos satisfatórios, e, ao romper com sua vida interna, eles também estarão rompendo com tudo aquilo que lhes alimenta. Eles colocaram um torniquete metafórico em sua alma. É um preço terrível a se pagar para se encaixar na cultura ocidental.

A maioria dos homens de Câncer consegue chegar a um equilíbrio, por meio do qual podem entrar em sua carapaça, caso se sintam ameaçados, e também sair e se relacionar com as pessoas de modo significativo. Eles aprendem quando e com quem podem revelar sua vulnerabilidade, e uma das situações em que isso ocorre é quando se apaixonam.

O canceriano é o sonho de toda mulher. Ela nunca encontrará um homem tão capaz de manter a sintonia com ela e conhecê-la por dentro. A mulher fica caidinha por ele. O canceriano não só entende suas emoções e sentimentos, mas os recebe muito bem – um aspecto latente de sua natureza terá encontrado enfim um canal de expressão. Ele oferece à sua amada uma conexão em um nível bem profundo de sentimento. Quando está apaixonado, também proporciona à amada uma forte sensação de certeza e firmeza. Esse é o domínio no qual se garante: ele pode manter um compromisso estruturado no que sente, sabendo que está pisando em terreno firme.

De toda forma, se o canceriano não estiver apaixonado de verdade, pode parecer mesmo assim estar profundamente envolvido com a pessoa, que pensará ter encontrado seu príncipe encantado, enquanto ele estará de fato apenas de namorico sem maiores intenções. Por ser tão dado a entrar na freqüência da mulher, acaba se tornando um amante exímio, muito atencioso e emocionalmente aberto, o que possibilita que os sinais sejam mal interpretados. É bem possível que ele deixe atrás de si uma trilha de corações partidos e fique imaginando o porquê disso. Para ele, nada deu errado em si, apenas não era para ser. Ao contrário dos geminianos, que talvez nunca encontrem a "cara-metade", o canceriano tem boas chances de encontrar. Ele não espera muito para se estabilizar em um relacionamento e quer ter filhos. Isso se aplica a qualquer orientação sexual. Dentre todos os casais homossexuais, aquele que tiver um canceriano é o mais provável de incluir filhos.

O canceriano é um companheiro sensacional. Sabe cozinhar, gosta da vida doméstica, é emocionalmente disponível e absorvido na vida familiar. Ele precisa que precisem dele e se esforça para ser indispensável e confiável. Ele busca e oferece estabilidade e segurança e faz o que for preciso para proteger e salvaguardar seu relacionamento. Isso é uma âncora em sua vida, servindo de base para sua capacidade de funcionar em um mundo sobre o qual não nutre ilusões. Quando ele entrega seu coração, quer segurança.

Isso não é garantia de que o homem de Câncer seja fiel. Ele pode ter um caso extraconjugal, mas não vai arriscar sua relação principal. Seus casos, se os tiver, acontecem por acidente. Ele sempre tem amizades próximas nas quais existe um grau incomum de intimidade, e as coisas podem acontecer se surgir a oportunidade. Quando quer, ele pode ser relativamente imperscrutável, de modo que a parceira pode perceber que ele está um tanto distante e mal-humorado. Ele continua a encher a parceira de amor e atenção, de modo que suas "puladas de cerca" não serão tão aparentes. Geralmente, consegue escapar impune.

De modo geral, mesmo se ele ocasionalmente fizer das suas, o interesse sexual do canceriano pelo parceiro não diminui. Ele tem libido forte, e apesar de alguns homens serem capazes de separar sexo de amor, para o homem de Câncer ambos estão necessariamente interligados. É por isso que, uma vez apaixonado, ele se mantém fiel. Para ele, o sexo é uma troca profunda e comovente com a pessoa amada. Também é profunda e emocionalmente reconfortante, e parte de sua excitação é obter esta tranqüilidade. Muito de sua confiança interna e da valorização de si mesmo se baseia na sensação de ser querido, e se a parceira quiser menos sexo do que ele, ele pode se sentir ameaçado em um nível fundamental. Então, apesar de ser um grande amante, suas necessidades sexuais podem até sobrecarregar a pessoa amada, que sabe o que está em jogo para ele e o quanto ele sofre com uma rejeição.

Há ocasiões (talvez quando a relação principal do canceriano se encontra numa fase um tanto turbulenta) em que ele busca consolo em toda parte. O canceriano não lida bem com nenhum nível de rejeição – que o faz sentir-se terrivelmente vulnerável. Esse tipo de envolvimento é bem diferente dos casos "acidentais", pois aí há uma ameaça latente à relação principal. Ele estará, então, correndo o risco de se envolver emocionalmente e ter de fazer uma escolha terrivelmente dolorosa mais à frente. Se houver crianças envolvidas, o canceriano detestará ter de partir, por mais insatisfeito ou infeliz que esteja no relacionamento, e acabará tolerando dificuldades consideráveis para não ter de se separar de seus filhos.

O nativo de Câncer é um homem da família por excelência. É ótimo pai, podendo canalizar bem seu lado protetor e carinhoso. Dependendo do poder aquisitivo seu e da parceira, e das circunstâncias, este homem pode apresentar um perfil de dono de casa, do marido que trabalha em casa enquanto a esposa trabalha fora, mas, se não for este o caso, ele será de grande ajuda e solicitude nas tarefas domésticas. Sai-se particularmente bem na cozinha e com as compras (ele gosta de escolher seus ingredientes) e ficará feliz de assumir essas funções em tempo integral, deixando outras responsabilidades para a parceira. Todavia, ele não é dos mais organizados; tanta criatividade na cozinha pode gerar muita louça suja; portanto, uma lavadora de louças seria um bom investimento.

Além de cozinhar, se o canceriano não estiver em casa tomando conta das crianças, se empenhará para chegar em casa a tempo de dar-lhes banho e contar uma história para dormir. As crianças crescem, mas ele continua interessado nos mínimos detalhes de suas vidas e é um pai que transmite segurança aos filhos. Seu envolvimento ativo é uma verdadeira bênção para sua companheira, que recebe apoio emocional mais que suficiente.

Quando as coisas não estão indo bem para o canceriano, ele se expressa por meio de seu estado de espírito, e é preciso dizer que os homens não lidam tão bem quanto as mulheres com seus altos e baixos emocionais. Os homens não entendem tanto o que está se passando, assumem menos responsabilidade pelas nuvens carregadas que emanam e esperam que as pessoas amadas os resgatem da confusão que estão criando. Um certo grau de mau humor pode ser atraente, mas em excesso torna a atmosfera pesada na casa toda, afetando todos os que nela vivem. Um homem assim pode controlar e tiranizar, de modo passivo, a todos que o cercam. Ele precisa de ajuda para desemaranhar a causa de seu mau humor; portanto, desafiá-lo também pode ser bastante útil. Esse é o preço que ele paga por sua sensibilidade.

Uma de suas características cativantes é seu senso de humor. Um pouquinho estrambótico, ele tem uma perspectiva bizarra da vida que pode ser hilária. Seu ponto de vista é sempre altamente pessoal: ele tem um jeito de se incluir no assunto e de trazer as situações a si de modo interessante e charmoso. Ele não conta piadas nem fica tagarelando, não é nenhum humorista, mas seu senso de humor é bem amigável e envolve a todos com quem ele conversa.

Se o espaço permitir, reservar um quarto só para ele ajudaria a reduzir o estresse dentro de casa. Um estúdio, um gabinete ou mesmo uma garagem ou galpão, um lugar onde ele possa estocar suas coisas e onde sua companheira possa jogar as coisas que ele larga espalhadas pela casa. Os homens de Câncer não são dos mais organizados e guardam as coisas para supostamente se desfazer delas, mas isso pode ser resolvido com algum planejamento. Quem for montar casa com um homem destes, deve arrumar um lugar amplo onde ele possa guardar *muitas* coisas.

Os homens de Câncer também dirigem seu lado criativo, protetor e cuidadoso para seu trabalho, e as profissões nas quais se ajuda às pessoas estão repletas de cancerianos. Já admiramos seus talentos culinários, e este é outro talento que pode ser explorado profissionalmente, pois ele se sente à vontade na cozinha. Se, contudo, ele decidir que cuidar das pessoas de modo literal não é para ele, pode, então, aplicar esse talento de modo simbólico. Ele é ótimo para estimular talentos latentes nas pessoas e é extremoso ao apoiá-las. Profissões de gerenciamento ou uma carreira no mundo dos negócios são outras possibilidades. Trata-se de um homem imaginativo, que também pode trabalhar no ramo das artes. Sua receptividade torna a música, as artes plásticas, o teatro e o cinema áreas de sucesso potencial.

Trabalhar como veterinário, fazendeiro, criador ou com resgate de animais é outra possibilidade de carreira para o nativo de Câncer. Ele é um homem gentil e, se escolher seguir uma carreira na qual vá trabalhar com animais, descobrirá que traz uma certa magia dentro de si. Ele consegue se sintonizar com o animal e se ligar a ele de maneira simpática e prestativa.

O cantor e compositor canceriano George Michael exemplifica o signo de Câncer. Ele é sem dúvida criativo, tem uma presença emocional e variável, além de valorizar e proteger muito sua privacidade. Tem uma visão pessoal e seus sentimentos são facilmente atingidos, como suas canções e videoclipes revelam.

Signos solares para o século XXI

Os atores cancerianos Tom Hanks e Harrison Ford já interpretaram uma vasta gama de papéis e são especialmente bons em demonstrar as emoções íntimas dos papéis que interpretam. Tom Hanks também tem a capacidade de parecer comum – ele tem o "toque da normalidade" –, que vem a ser outro talento canceriano.

O ator canceriano Sylvester Stallone, conhecido por seu físico, talvez tenha desenvolvido uma carapaça para proteger sua natureza sensível. Talvez seu corpo musculoso sirva como tal. Ele mostra que, a despeito da sensibilidade deste signo, os homens de Câncer ainda assim podem ter uma aparência bem masculina.

O presidente dos Estados Unidos, George W. Bush, é um canceriano destacado que demonstra muitas das características deste signo. Ele testemunhou o terrível ataque ao World Trade Center, algo que certamente causaria um impacto profundo em um canceriano. Sua decisão de declarar guerra foi motivada por ameaças aos Estados Unidos posteriormente percebidas, e a despeito de haver razão para seus atos ou não, trata-se de um comportamento tipicamente canceriano. Eles sempre querem proteger os seus.

Outro canceriano conhecido é o príncipe William, que, como sua mãe canceriana, a princesa Diana, parece ser de uma timidez tocante. Sua evidente vulnerabilidade é enternecedora e ele exala sensibilidade e emoção. À medida que crescer a ligação entre o príncipe William e as "pessoas comuns", ele terá toda a chance de ser tão amado quanto foi sua mãe, e de se tornar o "príncipe do povo".

Quem se envolve com o homem de Câncer não deve esperar que faça o papel de machão, pois mesmo que ele possa fazer isso, não é seu estilo. Aproveite a suave parte abdominal deste caranguejo e ele jamais se desgarrará e será seu por toda a vida. Ele não é perfeito, mas não há parceiro mais comprometido, apoiador e carinhoso que ele.

A mulher de Câncer

A mulher de Câncer pode ser reconhecida por sua natureza gentil, carinhosa e sensível. Ela é contida, apesar de não necessariamente reservada, e nunca é impositiva nem escandalosa. Quando ela fala, as pessoas ouvem, pois é dotada de uma autoridade natural que nasce do fato de só opinar sobre aquilo que sabe. Pode-se, então, esperar que ela seja uma voz de bom senso.

A mulher de Câncer adota valores tradicionais e prioriza sua vida pessoal. Tenha ela uma carreira ou não – e muitas têm –, as pessoas queridas estão em primeiro lugar. A família é sua base e ela nunca deixa de ser uma filha presente, não por obrigação, mas sim por sua natureza protetora e seus laços emocionais. Um de seus interesses pode ser sua árvore genealógica, pois ela valoriza seus ancestrais e a idéia de continuidade implícita.

História, especialmente a forma como as pessoas viviam no passado, é objeto de fascínio da canceriana. Quando ela escolhe um romance para ler, é bem provável que seja algo de cunho histórico. Seu gosto para móveis e decoração tende a ser mais para o antigo e tradicional, com ênfase no conforto. Ela gosta de construções antigas, de visitar mansões e de admirar os belos artefatos que nelas encontra. Não que ela queira viver no passado; isso a ajuda a entender seu lugar no esquema geral das coisas.

A mulher de Câncer é famosa por seu humor burlesco e excêntrico. Divertida e afetuosa, com suas histórias engraçadas e sua espirituosidade autodepreciativa, ela ajuda as pessoas a se sentirem aceitas e incluídas. Na verdade, ela é mestra em usar suas próprias experiências para desarmar as pessoas. A canceriana tem um jeito todo seu de ser íntima e pessoal sem, contudo, se abrir demais. Ponto alto de qualquer encontro, ela faz com que as pessoas ao seu redor se sintam confortáveis e à vontade.

A mulher de Câncer não é, de forma alguma, ameaçadora. Ela faz o que pode para que as pessoas se sintam seguras e tranqüilas, pois isso é algo de que ela própria também precisa. Ela presta atenção no bem-estar próprio e dos demais, e percebe qualquer detalhe que passaria despercebido para almas menos sensíveis. Por causa disso, ela frequentemente se magoa com pequenas indiferenças inconscientes e está sempre se colocando no lugar das pessoas e tomando cuidado para não magoá-las.

Uma das conseqüências da sensibilidade da canceriana é que ela não sabe lidar bem com conflitos. Se tiver um problema com uma pessoa querida, lidará com a situação de modo indireto. Sua técnica é semelhante à do caranguejo: anda para os lados e talvez dê um beliscão. Ela não está livre do mau humor, e seu estado de espírito é algo a ser observado.

As nuvens de tempestade que a canceriana gera podem ser propositais ou podem ser algo além de seu controle. Normalmente, ela tem escolha. O que se percebe é que a densidade atmosférica aumenta ao redor de certas pessoas. Ninguém tem dúvida de que algum problema existe, mas chegar ao cerne da questão e resolvê-la são outro departamento. Assim como ela pode ficar de mau humor sem realmente saber por quê, pode também mudar seu estado de espírito de uma hora para outra sem razão aparente.

As oscilações de humor podem ser bem difíceis para quem mora com a nativa de Câncer, pois as pessoas não têm como saber se têm algo a ver com o problema da canceriana ou não. É muito fácil que se sintam culpadas, pensando ter ofendido ou magoado a canceriana de alguma maneira, sem perceber. E pode ser que a coisa toda não tenha nada a ver com quem vive com a canceriana. Causar sentimentos de culpa nas pessoas não é a forma mais admirável de lidar com problemas, e a melhor maneira com que as pessoas queridas podem lidar com suas oscilações de humor é jamais assumir a culpa por elas, de modo a fazer com que a canceriana busque outra solução. Estimular o diálogo também é recomendável, pois expressar verbalmente seus ressentimentos é uma revelação para ela e para quem compartilha de sua intimidade.

Dito isso, altos e baixos emocionais fazem parte da mulher de Câncer, e jamais deixarão de fazer. Trata-se de uma mulher enraizada em suas profundezas interiores, e apesar de nem sempre conseguir se explicar, não está disposta a mudar seu jeito de ser. A canceriana não é uma mulher racional; ela segue seus instintos. Ela não reflete sobre as situações, ela as *sente*, um processo que pode levar tempo e ser extremamente impositivo. Recue e dê-lhe espaço. Muitos problemas surgem porque as pessoas amadas levam suas oscilações de humor para o lado pessoal.

A canceriana não se encaixa na categoria das extrovertidas, nem das introvertidas. Essencialmente introvertidas e reservadas, ela gosta de ter tempo para si mesma e adora ficar só durante alguns períodos, mas também precisa de companhia. Não gosta de ficar tempo demais sozinha. Prefere ficar cercada de entes queridos. Tem prazer em situações sociais que tenham real valor e importância para ela. Eventos com celebridades não a impressionam de modo algum; ela gosta de situações mais "família", como festas de aniversário.

Quem se deixar cativar por esta mulher deve prestar atenção ao seguinte. A canceriana avalia as pessoas e as situações de acordo com o que sente, portanto é assim que um parceiro em potencial será julgado. Cortejá-la significa mostrar-lhe consideração. Ela aprecia os pequenos gestos que demonstram que a pessoa está pensando nela: lembrar-se de perguntar como foi seu dia, mostrar interesse em coisas que são importantes para ela e dedicar-lhe algum tempo. Ela espera envolvimento emocional e apoio, de modo que ajuda no plano prático é sempre bem recebida. Quando apaixonada, ela também oferece esse tipo de atenção e solicitude.

Quando a canceriana ama, nada é difícil demais. A pessoa amada é sua prioridade número um e ela investe toda sua criatividade no relacionamento. Ela é certamente do tipo casadoira e, caso seja homossexual, estará, mesmo assim, procurando uma companheira fixa para se estabilizar. Segurança emocional é algo que ela valoriza muito, portanto busca uma relação com futuro – um relacionamento no qual possa se imaginar envelhecendo ao lado da pessoa. Para ela, a reviravolta e o aborrecimento de uma separação é algo insuportável de se pensar; portanto, ela escolherá sua companhia com todo cuidado, pois busca um compromisso de longo prazo, com fidelidade e confiabilidade. Mesmo que esteja muito envolvida com uma pessoa, se o que ela busca não estiver sendo oferecido, ela partirá para outra. A canceriana não vai perder seu tempo se não houver espaço para uma relação estável, com vistas a um crescimento e desenvolvimento maior.

Nesse sentido, a canceriana não fica de brincadeira, pois leva seu futuro muito a sério. Todavia, uma vez estabelecida, pode acabar fazendo joguinhos. Talvez ela não veja desta maneira, e talvez esteja apenas à mercê de suas emoções. Seja como for, ela pode conduzir o companheiro alegremente à medida que passa por seus altos e baixos. Dessa forma, oferece uma espécie de estabilidade, mas não no sentido de não haver variedade ou mudanças. É como o tipo de mudança pela qual passa a Lua, que está sempre lá e não muda de verdade, embora de nosso ponto de vista aqui na Terra ela esteja sempre mudando. A canceriana é bem assim.

As mulheres de Câncer são possessivas e demarcam seu território. Quando jovens, não costumam passar pela fase de dividir apartamento com as amigas, pois sua natureza é matriarcal e dominadora, o que quer dizer que, a não ser que sejam homossexuais, não gostam muito de dividir o mesmo espaço com mulheres. Ela está mais à frente que suas amigas também em relação a seus instintos caseiros e surpreenderia suas companheiras de apartamento ao comprar utensílios como uma máquina de lavar e esperar que elas contribuam de alguma maneira, apesar de estarem satisfeitas com o serviço da lavanderia. Trata-se de uma mulher que gosta de dirigir a própria casa e estar no comando. Ela é mais apegada a seus pertences do que a maioria das outras pessoas, por causa da emoção que ela incute no que possui.

Os sentimentos de posse se estendem aos parceiros. A mulher de Câncer tem uma consciência aguda do que pode perder e se esforça o tempo todo para proteger seus próprios interesses. Não é de natureza especialmente ciumenta, em se comparando com Touro ou Escorpião, por exemplo, mas é inclemente com quem ameaça sua segurança e estabilidade. É aí que ela mostra as garras e luta sem respeitar regra nenhuma: luta apenas para vencer e sobreviver. Nunca a subestime, pois apesar de sua natureza gentil e suave ela pode ser bem dura se for preciso.

Quando tudo está correndo bem, ela oferece amor e atenção em abundância aos entes queridos. A mulher de Câncer é do tipo protetora e se dá muito bem em trabalhos nos quais possa cuidar das pessoas. É provável que queira ter filhos, e desempenha o papel de mãe com a maior naturalidade. Se, contudo, ela decidir direcionar essas qualidades para sua carreira, também pode se sair muito bem sem filhos.

Uma mãe canceriana acha difícil fazer malabarismos para equilibrar carreira e família, o que não quer dizer que ela não possa ter um trabalho relevante, mas sim que ela pode não investir tudo no trabalho. Se ela optar por ter um filho, se sentirá muito gratificada e feliz e priorizará a criança, deixando a carreira em segundo plano. O ideal seria se ela retomasse sua carreira alguns anos mais tarde; seria o melhor tanto para ela quanto para a família.

Um dos perigos para a mãe canceriana é que ela investe tanto de si mesma em sua vida familiar que, à medida que seus filhos crescem e largam o ninho, sente-se completamente desolada. Ela pode dificultar a emancipação do filho, agarrando-se a ele de formal sutil e manipuladora. Sua necessidade de ser útil indica que para ela é ótimo quando os filhos são pequenos e dependentes, mas é terrível quando eles vão embora e buscam a justa independência que vem com a idade adulta. Tão-somente por essa razão, ela pode vir a ter vários filhos, com grande diferença de idade entre um e outro, de modo que passará um longo período de sua vida tendo um bebê para cuidar. Quando o filho mais novo alcança a idade de ir para a escola é o período em que fica preocupada e deseja engravidar novamente. Quem se envolver com uma canceriana e não quiser outro filho, é bom sugerir outras válvulas de escape e se certificar de que ela não seja a única responsável pela contracepção – acidentes acontecem.

Apesar de uma criança precisar mesmo de todo o carinho e proteção que a canceriana oferece, chega um ponto no qual ela pode ser superprotetora e sufocante. Seu parceiro também pode achar que às vezes o relacionamento fica um pouco claustrofóbico. Ela exige intimidade emocional e precisa afirmar repetidamente sua conexão com as pessoas próximas, de modo que a vida cotidiana pode ser bastante intensa. Se seu companheiro buscar um pouco mais de espaço, ela vai se sentir insegura e se tornar mais exigente. Quanto mais estabelecida e segura ela se sentir em uma relação, menores serão as chances de ter crises emocionais.

A mulher de Câncer que decide não ter filhos tem muita criatividade à disposição. Trata-se de uma mulher que pode chegar ao topo de sua profissão, pois tem muito a investir. Especialmente se for solteira, ela estará sempre buscando extrair o máximo de satisfação do trabalho. À parte as carreiras mais óbvias na hotelaria e em serviços afins, e nas profissões que lidam com ajuda aos outros, que talvez sirvam mais para cancerianas com filhos, ela pode se sair muito bem no mundo dos negócios. Ela se dá bem com as pessoas e entende o comércio de modo instintivo, além de ter muita energia para gastar no trabalho. Sai-se muito bem no comando de pequenas empresas; gosta de vê-las crescer e prosperar. E suas qualidades afetuosas e empáticas tornam fácil para ela extrair o melhor das pessoas, ganhando seu apoio com sua dedicação a elas.

Uma carreira no ramo das artes ou de comunicação é outra opção válida para as nativas de Câncer. Sua capacidade de estabelecer rapidamente uma sensação de intimidade as torna grandes entrevistadoras, seja no rádio, na televisão ou em um jornal. Elas têm um jeito só delas de fazer com que as pessoas se soltem e confiem nelas.

Pode ser que a canceriana opte pela carreira de atriz, pois tem o dom de retratar diferentes estados de espírito. Meryl Streep é uma canceriana conhecida por seu alcance e sua sutileza. Ela confere uma profundidade emocional aos papéis que interpreta que emociona a platéia. Esse é o dom de todas as cancerianas.

A sufragista e feminista Emmeline Pankhurst era de Câncer e, por meio de sua ação e de outras militantes no começo do século XX, as mulheres conseguiram o direito ao voto. Apesar de a militância não ser um atributo típico deste signo, as mulheres de Câncer, como Emmeline Pankhurst, podem se tornar ativistas quando se sentem ultrajadas demais.

Elizabeth Kubler-Ross foi outra canceriana extraordinária que realizou um trabalho pioneiro sobre a morte. Seu livro *Sobre a morte e o morrer*, publicado em 1969, desvelou esse assunto tabu tantas vezes negligenciado, trazendo ao público um maior entendimento do processo do luto. Mas, mais que tudo, ela ajudou a trazer mais dignidade e respeito ao cuidado com os doentes terminais, especialmente as crianças.

A canceriana Tracey Emin, controvertida artista britânica, chocou o mundo das artes ao expor no Prêmio Turner uma cama por fazer, suja e bagunçada, algo bastante pessoal e perturbador de se mostrar. Seu trabalho é muito revelador e tem o poder de causar desconforto e constrangimento ao público.

Mas talvez a canceriana mais famosa de todas seja a princesa Diana, que fez muito trabalho de caridade, priorizando as crianças. Antes mesmo de se tornar princesa, chegou a trabalhar em uma creche. A compaixão e afetuosidade de Diana ilustram os melhores aspectos deste signo. Talvez ela tenha sido emocionalmente ávida, mas isso não a diminui em nada.

A mulher de Câncer é atenciosa, dedicada e gentil, mas pode ficar furiosa para preservar suas necessidades vitais. Seu temperamento é complexo e desafiador. A canceriana traz profundidade emocional e magnificência àqueles cujas vidas são tocadas por ela. Cuide bem dela.

A criança de Câncer

A criança de Câncer é imaginativa e gentil, e talvez um pouco tímida. Estas almas impressionáveis e sensíveis refletem o ambiente em que estão – especialmente no que diz respeito à família. Se o bebê tiver cólica sempre às 18 horas, coincidindo com a chegada do pai em casa, deve haver algum tipo de tensão relacionada à sua chegada, ou talvez seja até puro ciúme de não ter mais a mãe só para si.

Crianças cancerianas são sempre muito ligadas à mãe e podem ver o pai como rival desde bem cedo. Um bebê de 11 meses, na cama com ambos os pais e mamando no seio da mãe, olha para o pai como quem diz "o que está fazendo aqui?" – comportamento típico, muito antes da idade em que os meninos normalmente se imaginam casando com a mãe quando crescerem. Estas crianças são típicos "filhinhos da mamãe". Geralmente, ficam mais chegados ao pai depois que já estão um pouco mais velhas.

Crianças de Câncer são muito ligadas à sua segurança pessoal: a própria imagem da criança agarrada à barra da saia da mãe. Só vão falar com quem quer que seja quando se sentirem dispostos. É melhor deixar que ajam no seu tempo, pois forçar a barra não adianta em nada com estas crianças, pelo contrário, só piora sua insegurança, bem ao modo do caranguejo que se retrai ao sentir-se ameaçado.

Portanto, crianças cancerianas são grudadas na mãe. Elas sabem que a mãe é o centro de seu universo e fator fundamental para seu bem-estar. Sabem como precisam dela, e essa ligação segue firme até a vida adulta. São mais dependentes dela na infância que as outras crianças de sua faixa etária. As mães destas crianças pegajosas e aparentemente carentes talvez se preocupem com isso e considerem se não seria bom forçar uma certa separação entre mãe e filho. A resposta é não. Se por um lado a idéia pode ser boa para a mãe, especialmente se ela tiver outros filhos mais independentes, para a criança de Câncer é melhor agir no seu próprio tempo, pois ela sofrerá muito se for forçada a se afastar da mãe antes de estar preparada para tal, e no final das contas só ficará mais insegura.

Ponha as idéias preconcebidas de lado e dê amor incondicional à criança canceriana quando ela for pequena. Assim, ela crescerá com autoconfiança. A mãe não precisa ter medo de ser excessivamente tolerante nem de mimar os filhos cancerianos, pois eles prosperam ao receber muito amor e carinho, internalizando a mensagem de que são queridos e valiosos, o que lhes confere uma boa auto-estima na vida adulta.

A sensibilidade da criança de Câncer faz com que demonstrem facilmente suas emoções. Quando magoadas, choram mesmo. É importante não dar a entender que haja algo errado com isso e aceitar seu aborrecimento: os pais precisam reconhecer seus sentimentos de modo objetivo, sem fazer drama. Deve-se lidar com essas situações como fatos corriqueiros, o que de fato são, sem exagerar. Assim, os jovens cancerianos aprenderão a aceitar suas emoções, mantendo-as sobre controle sem, contudo, reprimi-las.

As coisas são mais difíceis para os garotos de Câncer, pois eles tendem a ser alvo mais freqüente de zombaria. Pode haver um dano silencioso a partir disso, e os pais devem evitar fazer troça, especialmente o pai, em quem certas emoções inconvenientes podem emergir por causa do filho sensível e emotivo. As meninas podem encontrar no choro um caminho certo para conseguir o que querem. Por isso, apesar de ser importante reconhecer as emoções destes jovens, é igualmente importante vigiar os resultados. O pai de uma filha destas deve estar bem treinado, principalmente se estiver desesperado para fazer com que ela se acalme. Essas estratégias de manipulação não devem ser encorajadas.

Quando pequenos, os cancerianos gostam de ajudar a mãe, de ter uma tarefa na atividade que ela estiver desempenhando. Eles ajudam a lavar a louça como se fosse uma brincadeira divertida e derramam água para todos os lados. Se um dos pais for assar algo, estas crianças vão perturbar para assar biscoitos ou bolos também. Apesar de sua demora em adquirir independência, os cancerianos estão bem à frente de seus contemporâneos no que tange à cozinha. Tendo em mente que essa pode até vir a ser uma opção profissional no futuro, deixe o jovem canceriano à vontade na cozinha tão logo alcance a idade apropriada.

Tanto as meninas quanto os meninos gostam de brincar de casinha e com bonecas, e isso deve ser aceito. Não espere que um menino canceriano vá querer, necessariamente, jogar futebol. Ele pode até ser bom com a bola, mas também pode gostar de brincadeiras consideradas femininas. Fantasiar-se, inventar teatrinhos e criar esconderijos pela casa são brincadeiras de grande apelo para ambos os sexos. Estas crianças têm imaginação fértil e usam de tudo que encontram pela casa para criar um mundo imaginário próprio. Estimule o lado artístico e criativo dos pequenos cancerianos e eles podem ficar famosos um dia.

A aguda sensibilidade da criança de Câncer é de grande valia para sua apreciação da música. Apresente a elas uma grande variedade musical e, se demonstrarem interesse e aptidão, ofereça-lhes instrumentos e aulas de música, já que talvez tenham dom para essa arte.

Leve o jovem canceriano a museus e galerias de arte e dê-lhe tintas, telas e massa de modelar. Apesar de estes jovens não terem a concentração de um adulto ao visitar exposições, certamente se sentirão estimulados e inspirados. Se possível, o melhor seria ver a exposição antes e voltar para acompanhar o jovem de Câncer, e assim deixar que ele ou ela siga seu próprio ritmo. Pendure na parede as pinturas e desenhos produzidos por estes jovens. Admire e elogie seus esforços e eles aprenderão que vale a pena ser criativo. Esse é apenas um dos canais de expressão de sua imaginação, pois apesar de nem todo canceriano ter talento artístico, todos são, de algum modo, criativos.

As crianças de Câncer precisam de ajuda desde cedo para se organizarem. É recomendável fazer com que se responsabilizem por seu próprio quarto desde bem cedo. Ofereça-lhes ajuda quando a coisa virar um caos. Assim, eles começarão a aprender a lidar com o problema e se tornarão adultos cientes de que a bagunça que gerarem não se organizará por si mesma. Se os pais ficarem arrumando a bagunça que produzem, estes jovens jamais aprenderão. Mas não há por que radicalizar isso. Pode-se ajudá-los, mas quando eles pedirem. Assim, eles passam a entender as conseqüências de seus atos e se tornam mais responsáveis.

Jovens cancerianos são dotados de natureza gentil e carinhosa, e é muito bom para eles ter um animal de estimação. Costumam demonstrar ótimo senso de responsabilidade e maturidade ao cuidar do bichinho. Desenvolvem grande sintonia com o animal e são donos muito cuidadosos. Evidentemente, nem toda família pode acomodar um animal de estimação, e é preciso considerar que esta criança desenvolverá um vínculo intenso com qualquer animal, de modo que pode ser traumático dar-lhes bichos de vida curta, como hamsters. Todavia, qualquer bichinho de estimação é melhor que nenhum.

Um cachorro ou gato seria o ideal. Mas fique sabendo que a criança de Câncer, se puder, vai levá-los para dormir na cama consigo. O labrador negro da filha de uma amiga minha costumava dormir na cama com a menina. Os pais que não aceitarem isso devem deixar claro desde o início, ou a cama do jovem canceriano ficará parecendo um canil. Estes jovens podem passar muitas horas cuidando de seu bichinho e mesmo adestrando, caso tenham um cachorro. O laço afetivo que se forma entre estes jovens e seus bichinhos é estável e os ajuda na formação de seu caráter. As mães de cancerianos pegajosos que precisarem de um pouco de espaço encontrarão a solução num animal de estimação.

Crianças de Câncer se apegam a seus pertences também. Odeiam jogar algo fora, mesmo aquilo que não usam há anos. Os objetos têm valor sentimental para elas, de modo que pode ser traumático desfazer-se de um brinquedo favorito ou de uma roupa, mesmo que não sirva mais. Elas não se esquecem quando isso ocorre, menos ainda de quem as forçou a se desfazer de seja lá o que for. É uma situação difícil para os pais. Normalmente, não seria certo sugerir que os pais agissem sub-repticiamente, livrando-se do que não serve mais quando a criança não estiver por perto, mas talvez esta seja a única maneira. Se possível, faça em duas etapas. Mude as coisas de lugar, deixando-as fora do alcance imediato da visão, para ver se a criança repara. Essa etapa deve durar o máximo possível, pois a criança de Câncer tem boa memória. No final, se não derem pela falta, pode-se, então, efetivamente jogar fora.

Todavia, o lado bom disso é que a criança de Câncer pode começar muito cedo aquilo que no futuro venha a ser uma coleção importante. Estas crianças gostam de guardar selos, dedais, ou cartões. Não precisa ser nada de valor; às vezes guardam conchas ou flores secas. Essas aquisições são importantes para elas, portanto, ninguém deve interferir. Há um investimento emocional considerável da parte do canceriano em suas coleções, o que também lhes faz desenvolver sentimentos de auto-estima.

A mesada – que eles talvez optem por economizar – é outro instrumento para estimular nos jovens cancerianos a independência e a confiança em si mesmos. Com isso, eles podem ter autonomia para fazer pequenas compras quando desejarem muito. Mesmo que só dê para comprar revistas em quadrinhos e outras coisinhas, é bom que tenham mesada desde bem cedo. Mais tarde, aumentar a mesada para que comprem as próprias roupas seria bom para aprenderem a lidar com dinheiro. Os pais devem, contudo, deixar claro, desde o início, o que eles devem comprar com sua mesada, pois é comum que guardem o dinheiro e esperem que os pais comprem tudo para eles.

O adolescente canceriano não é nem de longe tão difícil quanto os adolescentes dos demais signos. Se os nativos de Câncer tiverem o encorajamento e o apoio de que precisam desde cedo, esse estágio de independência inicial será ótimo para os pais e transcorrerá sem maiores problemas. Adolescentes de Câncer não costumam ser dos mais rebeldes.

Qualquer canceriano precisa se sentir parte de um grupo, e na adolescência há uma troca de grupo, que deixa de ser a família e passa a ser os amigos. Os jovens passam a relacionar sua segurança emocional cada vez mais com os amigos da escola. Costumam sair muito com eles e gostam de escutar música juntos. Querem fazer tudo que os amigos fazem, de modo que os pais devem ficar de olho nas amizades do filho ou filha de Câncer. Se essas amizades fizerem algo de errado, é bem provável que o jovem de Câncer os acompanhe no erro. Não que estes jovens sejam fáceis de levar – podem ter muita força de vontade, se necessário –, mas querem muito ser aceitos e incluídos, e é aí que mora o perigo.

Na hora de escolher uma profissão, os cancerianos tendem a optar pelas artes em geral, como literatura, línguas e matérias criativas como estudos de arte, teatro e comunicações. Os nativos deste signo são mais felizes ao trabalharem em áreas nas quais possam usar sua imaginação fértil, mas não devem ser desencorajados caso demonstrem pendor para ciências, pois sua tendência a cuidar das pessoas pode levá-los a uma carreira na medicina ou em alguma atividade correlata.

A faculdade pode ser o começo da vida independente dos cancerianos, uma posição intermediária na qual eles podem ir e vir, mantendo a segurança da casa dos pais e ao mesmo tempo se aventurando no mundo lá fora. Estimule o jovem canceriano a optar por uma universidade longe de casa e a trabalhar nas férias. Aqueles que não freqüentarem uma faculdade também precisarão de oportunidades para largar um pouco a segurança do lar.

Os cancerianos costumam passar a vida toda lutando contra a dependência. Se você tiver um filho ou filha deste signo, não deixe de encorajá-lo a confiar em sua própria capacidade. À medida que ele for crescendo, passe a ajudá-lo menos, deixe que erre e se recupere por si mesmo. Assim seu filho desenvolverá um jogo de cintura do qual prescindirá no futuro. E se ele ou ela não tiver saído de casa por volta dos vinte anos, dê um empurrãozinho: seu filho lhe agradecerá por isso no futuro.

Leão

de 23 de julho a 22 de agosto
Signo fixo de fogo, regido pelo Sol

Conhecendo o signo de Leão

Pode-se reconhecer um leonino por sua disposição calorosa e radiante, e seu jeito seguro. O leão é o rei da selva, e os leoninos têm um ar nobre. Como o leão, sua postura é digna e transparece um senso nato do próprio valor, um orgulho e um equilíbrio inerentes. Nem todos podem ser reis ou rainhas de verdade, mas mesmo assim o leonino considera ter um direito inalienável aos lugares mais altos. O nativo deste signo ocupa o centro do palco e dá as ordens.

A rainha-mãe Elizabeth, que viveu até os 101 anos de idade, é um exemplo brilhante do signo de Leão. Apesar de não ter nascido nobre, tinha todas as características de uma e acabou se tornando rainha consorte por causa da renúncia do cunhado, Eduardo VIII. Elizabeth era adorada por suas qualidades leoninas, seu calor humano, seu espírito generoso, sua dignidade e seus bons modos. A presença luminosa do leonino confere um tom especial a qualquer encontro.

O leão é um animal corajoso e destemido, qualidades que o leonino tem de sobra. Os nativos de Leão são honestos, íntegros, confiáveis e têm princípios. Não se furtam a dizer a verdade, de modo que os demais sempre sabem onde pisam. Sentem-se no direito de dar sua opinião, a qual expressam com muita segurança. Possuem um senso nato de responsabilidade e autoridade, e, por isso, são notados e respeitados pelas pessoas, seja qual for sua posição na vida.

Disse um amigo depois de sair para jantar com uma leonina: "Se o restaurante começasse a pegar fogo, você agiria imediatamente, tomando a frente e assumindo a responsabilidade de fazer as pessoas saírem em segurança." A leonina concordou e disse que o problema, se é que se pode considerar um problema, é que ela vê rapidamente o que deve ser feito em determinada situação e acaba tomando a frente de maneira automática. E é isso que ela faz em todas as áreas de sua vida. Não é de surpreender que ela seja bem-sucedida, como tantos leoninos.

Leão é o segundo signo de fogo (Áries é o primeiro e Sagitário é o terceiro), e todos os signos de fogo exalam calor. São naturalmente simpáticos e sociáveis; espontâneos e magnânimos. Abordam a vida de modo intuitivo e costumam estar no lugar certo, na hora certa, o que os faz parecer sortudos. Na verdade, contam com isso, acreditam que o destino lhes será generoso.

Leão é um dos signos mais populares do zodíaco. Os leoninos são conhecidos por seu espírito generoso, além de sua atitude galante, expansiva e inclusiva. Dão muito e esperam retorno equivalente. Acreditam que tudo que vai, volta; portanto, mantêm um padrão de vida com base na fartura. Nunca são mesquinhos ou sovinas, pois jamais se rebaixariam a tal tipo de comportamento, e quando percebem que não podem confiar em determinada pessoa, simplesmente se afastam. Seu senso de dignidade não lhes permitiria retrucar.

Como não têm medo de estar no comando, costumam ocupar posições de poder e autoridade. Conduzem a função com leveza e costumam ser líderes benquistos. O ex-presidente dos Estados Unidos, Bill Clinton, foi incrivelmente popular durante suas gestões; um bom exemplo de leonino no poder.

As intenções nobres e magnânimas do leonino são claramente perceptíveis para todos, pois eles emanam uma integridade que inspira confiança. As pessoas confiam neles e os amam. Como um líder, têm visão e não temem realizar mudanças radicais. Usam bem seu poder pessoal e fazem muito pelos outros. Costumam comandar de maneira benigna e positiva para as pessoas, seja na política ou nos negócios, apesar de o poder às vezes lhes subir à cabeça, pois os leoninos não estão livres de um certo egoísmo. Nem todos os leoninos podem ocupar altos cargos, mas todos exibem essas características, em maior ou menor nível.

Napoleão Bonaparte, imperador da França, demonstrou a coragem típica deste signo por meio de sua ousadia e valentia militar.

Fisicamente, nota-se que as costas dos leoninos são especialmente aprumadas e que suas cabeças estão sempre orgulhosamente empinadas. Não obstante, são dados a problemas nas costas, que sentem o peso das responsabilidades que eles assumem. A dor nas costas pode ser vista como um apelo do corpo por ajuda, por mais apoio; uma indicação de que o corpo do indivíduo está pedindo menos peso.

A despeito de como se perceba essa vulnerabilidade, os leoninos precisam cuidar de suas costas, sendo recomendáveis exercícios de alongamento e fortalecimento. Os músculos do estômago são o apoio da coluna, então, fortalecê-los ajuda muito, assim como ajudam os exercícios de ioga, que dão flexibilidade à coluna. A técnica de Alexander é outra ferramenta muito útil, pois aumenta a consciência dos movimentos e ações que sobrecarregam a coluna, ensinando a pessoa a se movimentar de modo harmônico com a estrutura do corpo.

O Sol, que é o centro de nosso sistema solar, rege este signo; de modo que os leoninos podem esperar que as pessoas gravitem ao redor de si, como planetas ao redor do Sol. Eles têm uma consciência intrínseca de sua própria importância e, apesar de não se acharem mais importantes que os outros, seu jeito autoconfiante atrai as pessoas. Os leoninos têm o dom de fazer as coisas do jeito deles. Possuem uma mistura invejável de boa disposição, alegria, simpatia e a atitude firme de quem sabe que nasceu para vencer.

Há leoninos introvertidos; nem todos são expansivos. Os leoninos mais introspectivos costumam exemplificar, de modo discreto e sutil, o orgulho e dignidade deste signo. Eles têm porte, e as pessoas também gravitam em torno deles, sentindo que eles têm algo de especial, mesmo que não seja tão evidente.

Os leoninos parecem ter um grande senso de identidade, mas esta continua se desenvolvendo ao longo da vida. A pergunta "quem sou eu" é de fundamental importância para eles, algo que passam a vida inteira respondendo. Assim, buscam descobrir sua identidade. Muitas de suas extravagâncias devem ser consideradas a partir desse dado. Estão sempre experimentando para descobrir quem são exatamente. A *pop star* Madonna é um exemplo clássico do comportamento leonino. Ela está sempre se reinventando, como se dissesse "tenho muitas identidades, posso ser assim ou assado". Ela não se sente obrigada a ficar presa a uma imagem, e suas mudanças externas refletem a busca interna.

Os leoninos captam as atenções quando chegam num lugar. Roubam a cena em qualquer encontro ou reunião com sua mera presença. Às vezes, isso chega a ser uma tática deliberada, mas na maioria das vezes simplesmente acontece. Para eles, é normal ser o centro das atenções.

Jacqueline Kennedy Onassis era uma destas leoninas que não atraem as atenções propositalmente. Era dotada de modos e atitude que faziam todos os olhos se voltarem para ela, onde quer que estivesse. Tornou-se também um ícone da moda: muitas tentaram copiar suas qualidades indefiníveis. Ela manteve a dignidade por toda a vida, mostrando-se um bom exemplo de leonina reservada, cercada de dramas pessoais, mas sem posar de vítima.

Os leoninos precisam de reconhecimento e aceitação. O nível de afeto recebido na infância determinará a intensidade dessa necessidade na vida adulta. Costumam exagerar até em conversas triviais do dia-a-dia. São pessoas naturalmente coloridas e vibrantes; muitas vezes, as pessoas que os cercam chegam a parecer insípidas e maçantes. Os nativos deste signo nem sempre têm intenção de se fazer notar e podem ficar realmente magoados com pessoas que se aborrecem por ficarem na sombra, achando que os leoninos roubam a cena de propósito. Nesse sentido, os leoninos são um pouco ingênuos, mas com o passar dos anos acabam distinguindo as pessoas com mais sensibilidade e aprendem a desempenhar papel coadjuvante em ocasiões especiais.

Não é de surpreender que muitos leoninos se atraiam pelas artes cênicas, pois são dotados de enorme senso dramático. Eles se realizam com os aplausos de uma platéia, bem como com a fama e a condição de celebridade que advêm de uma carreira bem-sucedida na televisão ou no cinema. Mas, independentemente da arena em que se encontrem na vida, sempre dão um jeito de transformar as pessoas ao seu redor em platéia para suas atuações.

Este signo é naturalmente orgulhoso, razão pela qual os leoninos precisam realmente conquistar algo de real significado de que possam se orgulhar. Esta é a forma de conquistarem reconhecimento de modo honrado. São bem capazes de chegar ao cargo máximo de qualquer empresa ou instituição, exercendo-o com porte. Jamais subestime sua capacidade, o que representa uma afronta à sua dignidade e só aumenta sua determinação. Os nativos deste signo não se curvam facilmente.

Por mais ambiciosos que sejam os leoninos, este é também um dos signos mais generosos e calorosos – razão pela qual são tão amados. Eles atendem imediatamente, e com evidente sinceridade, a um ente querido que esteja passando por problemas, fazendo de tudo para ajudar. Pode-se ter certeza de que o leonino não é um amigo de ocasião: são sempre leais aos amigos nas horas difíceis. Talvez por se identificarem com as pessoas que estejam passando por crises, sabem da importância de lhes dar atenção e de lembrar a quem amam como são especiais e importantes.

Os leoninos são amigos e amantes honestos e confiáveis. Ao contrário de alguns signos cheios de energia e entusiasmo, os nativos de Leão podem oferecer estabilidade também, e vão até o fim do mundo por aqueles que amam. Quando apaixonados, ficam mais coloridos e dramáticos, gerando uma onda de energia que deixa o companheiro sem ação. Quando a relação progride, eles se desfazem em carinhos e não têm medo de assumir compromisso. Não ficam de joguinhos e são de grande honestidade – o que, além de já ser desconcertante por si só, os ajuda a conseguir o que querem.

Todavia, pode ser difícil de agüentar o drama constante. O parceiro logo vê que tudo que cerca um leonino é maior que a vida. Isso não muda; faz parte da natureza do signo.

Os nativos de Leão oferecem aquilo de que precisam, portanto, na hora de paquerar uma pessoa deste signo, é fundamental cobri-la de atenções. Para os leoninos, não existe exagero; quanto mais excessivo e berrante, melhor. Grite seu amor pelos telhados. Faça um pedido de casamento em rede nacional de televisão e publique nos jornais. Os leoninos adoram que o mundo inteiro saiba de sua felicidade e amam gestos grandiosos. Mas tenha em mente que eles vão precisar disso para sempre, e não só no começo do relacionamento.

Os leoninos vivem de acordo com os mais altos padrões e são dotados de considerável integridade. Não gostam de ser comprados, e reagem mal a qualquer coisa sorrateira ou clandestina. Preferem fazer tudo às claras e são muito honestos. Contudo, são suscetíveis à bajulação. Por faltar-lhes malícia, nem sempre sabem avaliar a sinceridade dos elogios que lhes fazem. Muitas vezes, pressupõem que todos são honestos, como eles próprios são, e às vezes se decepcionam. Os leoninos nunca jogam sujo nem brincam deliberadamente com os sentimentos dos outros. Como precisam ser aceitos, acreditam até nos elogios mais falsos. Assim, quando um namorado em potencial resolve impressionar, eles ficam balançados.

Quando estão envolvidos com alguém, os leoninos precisam ser constantemente lembrados de como são importantes para o parceiro. Uma das piores coisas que se pode fazer com leoninos é subestimá-los. Esperam ser tratados como príncipes ou princesas. Portanto, se a idéia for um relacionamento duradouro, exalte-os. Os leoninos apreciam presentes e gestos que os façam sentirem-se especiais; não precisa ser nada caro, contando que tenha significado. No entanto, presentes caros sempre terão significado – os nativos deste signo adoram presentes que envolvam algum tipo de sacrifício.

Quem vive ao lado de um leonino jamais passará por momentos de tédio. Seu senso de drama impregna tudo que faz, de modo que os acontecimentos mais mundanos adquirem cor e brilho. Mas ele também passa por momentos de quietude e reflexão, quando renova suas forças. Pode ser mais contido, se quiser. Mas em geral é sociável e vive cercado pelos amigos e a família. Seus amigos são muitos e de tipos diversos, o que faz o leonino, muitas vezes, promover encontros improváveis. Isso contribui para a atmosfera vivaz que o cerca.

Apesar da natureza aparentemente afável dos leoninos, viver debaixo do mesmo teto que eles não é tão fácil. Não costumam gostar de mudanças, a não ser que as tenham causado, e gostam de fazer tudo do seu jeito. Mostram-se surpreendentemente acostumados ao cenário e esperam que as pessoas se adaptem ao seu modo preestabelecido. São de uma teimosia inacreditável para quem não convive com eles. Resistem de modo tacanho quando não conseguem impor sua maneira de agir. Até o menor dos leoninos pode se tornar de repente uma rocha intransponível, ocupando um espaço maior que seu tamanho e parecendo pesar mais do que pesa. Simplesmente não arredam o pé.

Este signo é particularmente ligado à criatividade e, como ter filhos é um ato criativo por excelência, é de se esperar que os leoninos os tenham. Os leoninos são pais orgulhosos. Dão muita atenção aos filhos e fazem com que se sintam especiais e valiosos. Assim, o pai ou mãe de Leão pode mostrar aos filhos que eles têm direitos e méritos. Eles cobrem os filhos de tudo aquilo de que precisam, o que, na melhor das hipóteses, dá ao jovem a oportunidade de desenvolver uma boa auto-estima que os acompanhará para o resto de suas vidas.

Os leoninos adoram brincar; isso é intrínseco à sua natureza e, mais que tudo, é seu grande dom como pai ou mãe. Gostam de brincadeiras bobas e brutas em geral, de modo que o filho ou filha às vezes sente que está brincando com um amiguinho. Brincadeiras são associadas à infância, mas na verdade têm a ver com criatividade; muitas grandes idéias surgem por meio de brincadeiras. Os leoninos mantêm essa capacidade por toda a vida, de modo que estão sempre prontos a entrar no mundo dos filhos. Enquanto para alguns pais brincar com os filhos é um dever e uma obrigação, para os leoninos é sempre um prazer. Esse é um grande trunfo, que faz por aumentar o âmbito imaginativo da criança.

Não que o pai ou mãe de Leão não tenha seus momentos de autoritarismo. Seu lado mandão e controlador pode ser problemático, mas o lado positivo disso é que os filhos têm a noção exata de até onde podem ir. Não existe muito liberalismo com um pai ou mãe de Leão.

O senso natural de autoridade e direção do leonino pode levá-lo a sair mandando nas pessoas ao seu redor. Nascidos para comandar, dão bons gerentes, pois são ótimos em delegar tarefas. Mas cuidado: seu jeito nobre e imperial pode fugir do controle.

Aliado a isso, os leoninos têm visão. Trata-se de um signo intuitivo e orientado para o futuro; e os nativos conseguem sentir para que direção sopra o vento em termos de negócios. Têm um faro apurado e são muito convincentes. Se existe alguém que pede um empréstimo para financiar um plano maluco, este alguém é um leonino, e a tendência é que dê certo. Eles têm fé nas próprias convicções e inspiram confiança nos outros.

Há muitas áreas nas quais os leoninos podem deixar sua marca, desde o mundo dos negócios, seja trabalhando como empresários, gerentes ou diretores, a uma vasta gama de carreiras nas artes, nas quais se destacam. Repare que na área comercial eles se encontram nas posições mais altas e, geralmente, não começam por baixo. Não se deixam fazer de bobos facilmente e podem ter sérios problemas se não tiverem respeito pela pessoa a quem devem prestar contas no trabalho. O leonino irá desafiar a autoridade do colega e tentará ocupar seu lugar, acreditando piamente em sua capacidade de trabalhar melhor. Os nativos de Leão rendem bem tomando decisões e organizando equipes. Logo ganham o respeito dos subordinados por meio de sua perspicácia e segurança. São chefes calorosos e humanos e geralmente conseguem extrair o melhor dos funcionários.

Nas artes, além de se destacarem no palco, também podem ser bons diretores. Sua visão e senso de organização são decisivos nessa função. Muitos têm talentos para artes plásticas e design. Independentemente de seguirem carreira no ramo ou não, muitos leoninos têm olho clínico para o design e a moda. Freqüentemente se tornam, eles mesmos, uma obra artística: dedicam-se com afinco à própria aparência e produzem forte impacto.

Coco Chanel foi uma leonina que ficou famosa como estilista de moda. Seu estilo era chique e distinto, e ela foi uma das primeiras estilistas a incluir os acessórios. Suas bolsas, cintos, sapatos e perfumes ficaram tão famosos quanto suas roupas.

Qualquer que seja o trabalho do leonino, ele precisa chamar a atenção. Jamais toleraria passar despercebido, portanto, se você tem um funcionário leonino, elogie-o e reconheça seus talentos ou ele acabará procurando outro emprego. Pessoas do signo de Leão costumam ser ótimos funcionários no ambiente adequado e iluminam o local de trabalho com sua boa disposição e simpatia.

O lado negativo do Leão

Muitas características leoninas podem se tornar negativas. O fato de terem uma expectativa intrínseca de se tornarem populares e adorados faz com que reajam terrivelmente à rejeição. Quando não conseguem a atenção que julgam merecer, agem como divas ultrajadas. Para um leonino, ser ignorado simplesmente não é uma opção. Seus acessos de ira são antológicos.

Parte dos problemas dos leoninos ocorre porque, para eles, não estar no centro das atenções e não ser constantemente elogiado é o mesmo que não existir. A indiferença das pessoas é algo que os aniquila. Suas explosões de raiva são formas de mostrar que devem ser reconhecidos a qualquer custo, pois o que está em jogo é sua identidade. É uma luta pela sobrevivência. Contudo, nem todos à sua volta entendem isso, e assistir a uma crise de um leonino é algo bastante intimidador.

Alguns signos, como Virgem e Capricórnio, prefeririam morrer a fazer o tipo de cena de que os leoninos são capazes. Disso, os nativos de Leão parecem não ter vergonha. Protagonizar cenas escandalosas em público não lhes afeta nem um pouco. Se estiverem irritados, vão falar alto mesmo que se encontrem num restaurante sossegado, pouco se importando com quem vai ouvir. Tudo faz parte da idéia de estar sob os refletores e de que aquilo que possam sentir a qualquer momento é de importância prioritária. As pessoas de seu relacionamento que não tenham temperamento muito extravagante consideram as crises histéricas do leonino uma verdadeira tortura. Esse é o lado negativo destas personalidades espontâneas e coloridas.

A necessidade de platéia dos leoninos também pode ser um problema, principalmente se não forem atores, cantores ou algo do tipo. Às vezes, podem tratar namorados e amigos como platéia. Um leonino destes vai dizer o que lhe der na telha, a despeito da situação da outra pessoa. Têm uma necessidade desesperada de se expressar, seja como for, e deixam de se dirigir à pessoa com quem estão falando na verdade. Para eles, é a mesma coisa que fazer um discurso num palanque.

Um leonino desse tipo chega em casa e não repara na "platéia" antes de terminar seu número, mesmo que a platéia em questão esteja doente, de cama. Pessoas assim podem ser tao cheias de si e se achar tao interessantes que acabam acreditando que os outros vão ficar igualmente envolvidos. Quando começam a atuar, mal param para respirar.

É compreensível que acusem os leoninos de serem egoístas e autocentrados, mas como eles se colocam mesmo no centro, não há como ser diferente. Mas mesmo o mais egocêntrico dos leoninos apoiará o amigo ou amante que se vira e diz "e eu?", pois espera que as pessoas sejam tão capazes de lutar pelo próprio espaço quanto ele o é. Os leoninos não são maliciosos e ficam chocados e magoados quando pessoas que não lutam para conseguir seus objetivos os acusam por estar sempre roubando seu espaço.

Os leoninos podem ser bem seguros de si e expressar sua opinião de maneira bastante dogmática. Isto pode levar algumas pessoas a se sentirem rebaixadas, sobretudo se não conhecerem muito bem o terreno em que estão pisando. Alguns signos são capazes de enxergar as nuances e os tons de cinza, ao passo que o leonino tende a ver tudo como preto ou branco. Não há nada de errado nisso em si, mas desse jeito não vai sobrar muito espaço para as opiniões dos outros. Os leoninos simplesmente ignoram o fato de nem todo mundo ser tão convencido e assertivo quanto eles, e esperam que as pessoas se encaixem no seu jeito de ser.

Essa segurança que alguns leoninos demonstram é uma máscara, mas é tão convincente que as pessoas acreditam. Por alguma razão, os leoninos esperam ter respostas para tudo e submetem a si mesmos a uma considerável tensão para apresentá-las. Então, agem de modo arrogante para se desviar de críticas, modo pelo qual se sentem atraídos. Seria bom se aprendessem a tolerar as incertezas e o fato de não terem resposta para tudo.

A necessidade de atenção dos leoninos pode lembrar um distúrbio narcisista de personalidade. O narcisismo é uma ferida no senso do "eu", a qual supostamente se origina numa falta de atenção para com a criança, resultando numa necessidade voraz de atenção na vida adulta. Um leonino desse tipo acaba sugando as energias de quem o cerca, pois não há amor nem carinho que possa preencher seu infinito vazio interno. Sua diferença em relação a outros leoninos é que exigem absurdos dos entes amados e são inteiramente voltados para si próprios. Tudo gira em volta deles e termina neles, como se nada mais existisse. São pessoas que perderam completamente a noção da realidade. São mais que divas ofendidas, o que já seria suficientemente difícil, passaram a algo ainda mais radical.

A maioria dos leoninos não chega a esse ponto, mesmo que pessoas de seu relacionamento possam acusá-los, às vezes, de chegar perto do comportamento patológico. Trata-se apenas de indivíduos mandões e, quando saem da linha, geralmente é por temerem que, perdendo o controle da situação e o poder de mandar nas pessoas, nada seja feito. Muitos consideram a responsabilidade que assumem um verdadeiro fardo.

Esse tipo de leonino perdeu a capacidade de delegar. Para delegar, o leonino precisa reconhecer um rei ou rainha dentro de si e acreditar que existam pessoas no mundo para servi-los. Isso pode passar dos limites se tomar um rumo errado, mas, por outro lado, sem isso eles se sentem compelidos a agradar ao aspecto tirânico das profundezas de sua personalidade e acabam carregando o mundo nas costas.

Um leonino mandão pode estar estressado e ansioso e querer que apareça alguém para assumir o comando, alguém merecedor de seu respeito e que lhe inspire a confiança de que tudo correrá tão bem em suas mãos quanto sob o comando do leonino ou leonina em questão. E é aí que mora o perigo. Os problemas começam quando eles esperam que os outros façam as coisas como eles fariam. Eles não confiam que ninguém faça nada tão bem quanto eles, e isso talvez fique claro demais. Ficam em cima da pessoa e criticam-na, mesmo que não verbalmente. É uma situação paradoxal que o leonino provoca, geralmente de modo inconsciente, ao achar que ninguém jamais conseguirá fazer determinado trabalho tão bem quanto ele ou ela. O nativo que se encontra nessa situação precisa aceitar os erros das pessoas e aprender a soltar as rédeas. O leonino é a imagem do controlador compulsivo, algo que a própria Madonna já admitiu.

Esse lado do signo de Leão pode resultar em pais extremamente autoritários. Seu lado brincalhão é abafado pela necessidade de estar no comando e, nos piores casos, suas casas acabam lembrando um quartel, com eles na posição de sargentos. Nenhuma criança reage bem a desmandos, por isso este pai ou mãe de Leão pode contar com uma rebelião, mais cedo ou mais tarde. Quanto mais o leonino temer a perda do controle, mais repressor e tirânico se tornará.

A necessidade do nativo de Leão de estar sob os holofotes pode ser um problema sério para seus filhos. É claro que os pais definem as coisas, e as crianças precisam se enquadrar, mas é igualmente importante o fato de que a criança precisa se sentir o centro do universo dos pais. Se o pai ou mãe for narcisista demais, em vez de mostrar aos filhos como eles têm valor, ocorre o contrário: o pai ou mãe enfatiza seu próprio valor para os filhos. A criança fica se sentindo explorada, como se tivesse vindo ao mundo para satisfazer as necessidades do pai ou mãe, e não o contrário.

Os leoninos podem ser indivíduos brutais e dominadores, principalmente se não enfrentarem resistência. Pode ser uma posição bastante solitária. Esse tipo de leonino pode sentir-se infeliz por conta de seu isolamento, ansiando por ser desafiado por alguém que não se deixe intimidar por eles. Contudo, essa não é a solução, pois eles precisam aprender a respeitar os direitos dos outros, e não passar por cima deles. Não cabe aos outros lhes impor limites.

Alguns leoninos gostam de mostrar poder e não fazem idéia de por que nunca estão felizes. Provavelmente, acham que é culpa de alguém – estes indivíduos são muito bons em culpar os outros. O fato de as pessoas terem medo deles não conta. Algumas pessoas a seu redor talvez demonstrem esse medo, o que eles interpretam de maneira positiva, tamanho o egocentrismo de seu ponto de vista. Todas as características positivas dos leoninos acabam ficando distorcidas naqueles que perseguem o poder.

O combustível do leonino é sua necessidade de ser amado. Isso é mais importante que qualquer ambição e controle, e até suas características mais agradáveis, como sua boa disposição, generosidade e calor humano podem ser analisados, cinicamente, como uma forma de conquistar amor e adoração. É isso que torna este signo tão popular: seus nativos se alimentam do amor das pessoas e retribuem esse amor. As coisas só ficam feias mesmo quando o leonino está ferido e sem autoconfiança o suficiente para gerar amor.

Esse tipo de leonino também pode ser pomposo e se achar bem mais importante do que realmente é. Aquela celebridade de terceira categoria que exige tratamento preferencial – e se sai com um "sabe com quem está falando?" – é um bom exemplo disso. Mesmo em se tratando de alguém importante, um toque de humildade nunca vai mal – fanfarronice não angaria simpatia. Afetação é apenas uma das formas de mascarar sentimentos de inferioridade, que bem podem ser o resultado de desamor na infância. Os leoninos precisam disso em doses cavalares; precisam ser constantemente lembrados, quando crianças, de como são importantes e talentosos – do contrário, acabam se tornando arrogantes e presunçosos. Não que simpatizar com seu problema ajude quando eles se comportam de modo insolente, mas um pouco de compreensão da dinâmica psicológica pode tornar o convívio mais fácil.

Muitos dos traços negativos dos leoninos se tornam aparentes quando se mora com eles. Eles podem acabar ocupando mais espaço que o companheiro, em todos os níveis. Sabem reclamar o próprio espaço e não ligam para o conceito de igualdade. Se precisarem de três quartos do armário, então vão ocupar três quartos. Se quiserem pendurar um quadro na sala de estar, vão tirar o outro quadro previamente pendurado. Para o leonino, é difícil entender que um ente querido não concorde com ele e não lhe dê razão em tudo.

A autoconfiança inquebrantável talvez seja um dos aspectos mais difíceis da personalidade dos leoninos para quem vive com eles. Nativos de Leão jamais se curvam. Têm segurança total em sua própria infalibilidade e vão às últimas conseqüências numa discussão. Conseguir que um leonino volte atrás ou admita um erro é quase impossível. A coisa mais importante para um parceiro é ser capaz de agüentar firme e concordar em discordar. Assim, o parceiro não é desvalorizado e faz o leonino ter menos certeza de tudo.

Nem todo leonino é extrovertido. Os leoninos introvertidos, apesar de não serem tão mandões e não fazerem tanta cena, também têm suas dificuldades especiais. Para eles é mais difícil ainda conseguir a atenção que buscam, sendo mais inclinados à arrogância. São de uma superioridade pretensiosa. Uma leonina que às vezes me liga nunca deixa mensagens simpáticas na minha secretária eletrônica, só um "aqui é fulana, ligue quando puder". Soa como um comando imperial. Ela certamente ficaria chocada de saber a impressão que causa, pois sem dúvida tenta não soar impositiva, mas o tom de sua voz a entrega.

Este é um signo orgulhoso, mas alguns leoninos desenvolvem um falso orgulho que é na verdade extremamente vulnerável, especialmente os mais introvertidos, que, por não conseguirem atrair a atenção que desejam, podem se sentir prejudicados e tramar vinganças. Certas pessoas podem até nem perceber o que feriu o orgulho do leonino e se perguntar o que deu nele quando são contra-atacadas. Os leoninos estão dispostos a sofrer em nome de seu orgulho, o que contribui para sua dificuldade em ceder. Mesmo quando sabem que estão errados, não admitem nem se humilham.

Os leoninos podem sucumbir a ilusões de grandeza. Estes indivíduos pensam e agem como se estivessem num grande palco, portanto, se a vida não lhes oferecer esse palco, haverá um problema. Um homem de Leão que seja mais baixo que a média, por exemplo, muito provavelmente terá um complexo por causa da altura. Enquanto muitos homens investem seu orgulho masculino nessas coisas, para o leonino isso se torna um problema sério, a ponto de sequer se poder mencionar o assunto. Se ele for baixinho, altura será um assunto tabu. Ele irá usar sapatos com saltos maiores e só sairá com mulheres mais baixas que ele. O leonino não agüenta sentir-se exposto, e para ele uma mulher mais alta ao seu lado chama atenção para sua baixa estatura.

As mulheres são diferentes, exercem sua vaidade por meio da perfeição do corpo, como o tamanho dos seios, por exemplo – que é a forma pela qual se julga as mulheres na maioria dos países do Ocidente. Pamela Anderson é uma leonina mais famosa pelo silicone que aplicou nos seios do que por qualquer outra coisa. Assim, tanto as mulheres quanto os homens de Leão sentem que precisam corresponder às expectativas dos estereótipos sociais, além de nutrir sentimentos de inferioridade nas áreas em que não conseguem se encaixar nesses padrões. Não lhes ocorre que nem todo mundo se deixa levar por isso.

Mas talvez a característica mais comum e mais difícil do signo de Leão seja sua expectativa de que o mundo gire ao seu redor. Isso é algo que se nota até no leonino mais consciente. Tente negociar algo com ele e verá que tudo terá de ser nos seus termos – as pessoas sentem-se compelidas a fazer-lhes concessões de modo inconsciente, sem perceber, concessões que não fariam a mais ninguém. Os leoninos dão um jeito de não explicitar essa estratégia. É um dom que, assim como cativa, também deixa muita gente louca da vida com eles.

O homem de Leão

É possível reconhecer o homem de Leão por sua popularidade – ele é o cara a quem todos escutam. Parece bem-sucedido e seguro, tem um ar de autoconfiança que o destaca da multidão. Fica claro que as pessoas instintivamente acatam o que ele diz, o que ele acha perfeitamente normal. É um homem habilidoso e masculino.

O homem de Leão é espontaneamente caloroso e generoso. Reage de pronto e toma decisões num instante. Transmite a impressão de ser um homem feliz e realizado, emana um imediato senso de convicção e satisfação em seu destino. Ele confia em sua abordagem intuitiva nas situações e baseia nela suas escolhas de vida. Esta é sua pedra fundamental; é assim que ele funciona.

A intuição é, simultaneamente, o ponto forte e fraco do leonino. Ele é orientado em direção ao futuro e tem ótimo faro para sentir o que vem pela frente. Sua precisão ao avaliar as pessoas é única, e ele sabe imediatamente em quem pode confiar e com quem deve trabalhar e fazer amizade. Toda essa certeza só aumenta sua autoconfiança.

O lado ruim disso é que o leonino não sabe se justificar nem se explicar. Como confia completamente em sua intuição, não faz idéia da razão de suas decisões e não é capaz de dissecá-las. Quando algo dá errado, ele só pode contar consigo mesmo. Além disso, nunca vive totalmente o presente, está sempre à frente de si próprio, concentrando-se no que está por vir.

O homem de Leão é muito bom em ver as coisas como um todo, mas não é tão bom com os detalhes. Não se sai tão bem ao implementar seus planos grandiosos, ele precisa da ajuda dos outros para a execução de suas idéias. Isso pode ser irritante, pois ele quer todo o crédito só para si, quando na verdade não poderia ter concretizado nada sem ajuda. Tem um jeito muito sagaz de não reconhecer a participação de pessoas igualmente envolvidas no projeto. Sua justificativa é que a idéia inicial era dele, que o projeto em si é dele, que ele criou o conceito: sem ele não haveria nada. Pode até ser verdade, mas é um tanto hipócrita. A necessidade que o leonino tem de brilhar atrapalha seu bom senso – ele quer os elogios, quer liderar, e isso costuma impedir que seja realmente justo.

Quando se trata de amor, o leonino tem de cuidar muito de seu orgulho masculino. Não aceita correr o risco de ser rejeitado, não por ser sensível como os signos de água, mas pelo efeito da rejeição em seu ego, que é construído por meio de confiança e boa auto-estima, e ele tem de preservá-lo. Ele busca sinais evidentes de ser correspondido antes de agir. Quando vê o sinal verde, gosta de fazer a corte de modo extravagante, levando a pessoa para jantar fora em grande estilo.

O leonino também é generoso; jamais espera que sua companhia divida a conta, a qual ele paga de bom grado. Ostentar sua situação financeira é apenas uma das demonstrações de seu orgulho masculino. Há algo de pavão na sua personalidade, especialmente quando está paquerando. Ele gosta de exibir seus trunfos e de causar boa impressão. Quando em situações sociais, assume o controle com maestria. No restaurante, basta que ele estale os dedos e o garçom já vem, pois o leonino impõe respeito. Gosta de exercer o típico papel masculino e, se for heterossexual, espera que sua namorada o complemente, exercendo o papel tipicamente feminino.

O homem de Leão anseia por amor e reconhecimento, o que indica sua vulnerabilidade a bajulações: pode se deixar seduzir por elogios. Qualquer um que lhe faça muita festa consegue fazê-lo ronronar, parecendo mais um gatinho que um leão. Essa suscetibilidade mostra que nem sempre ele se liga nas experiências passadas e nos golpes de seu ego. Ele pode procurar por um parceiro que o melhore de certa forma, e isso, muitas vezes, tem a ver com a aparência – independentemente de sua sexualidade, é suscetível a relacionar-se com pessoas belas, já que vê o parceiro mais como uma extensão de si do que como um indivíduo distinto.

Quando está envolvido, o homem de Leão pode crer que, como o leão que tem várias leoas para si, ele também não deve se restringir a um relacionamento monogâmico. É bem possível que adote a poligamia. Pode nem passar da fantasia, mas não é muito lisonjeiro para o parceiro. Se o leonino põe isso em prática ou não é algo que dependerá muito da postura do parceiro em relação à monogamia. Não é nem que o leonino tenha desejo sexual excessivo. Como está sempre disposto a fazer sexo, a pessoa que se relaciona com o leonino pode até se perguntar de onde ele tira energia para satisfazer diferentes amantes. Talvez seja a idéia de um harém, com tudo que isso implica em termos de ego, que atraia o leonino a esse estilo de vida, mais até que o sexo em si. Todavia, o leonino é um homem essencialmente leal, e quanto mais ele reconhecer estes desejos, menores serão as chances de realmente manter casos extraconjugais. Se a fidelidade for importante para quem estiver com ele, é preciso deixar isso bem claro desde o início. É pouco provável que ele deixe de cumprir sua palavra.

O astro do rock Mick Jagger é um típico leonino com fama de namorador. É difícil saber a verdade por trás do que diz a mídia, mas é fato que ele é pai de filhos de diferentes mulheres, alguns deles frutos de casos extraconjugais, o que parece indicar que ele de fato corresponde ao arquétipo do signo. Mas ele ainda mantém uma relação próxima com Jerry Hall, mãe de vários filhos seus, o que por sua vez também demonstra uma forma de fidelidade leonina.

Jagger parece se relacionar bem com seus filhos e é sempre visto em público com eles, seja em situações sociais ou prestigiando seus projetos. Gosta de ser fotografado com eles nessas ocasiões. Sem dúvida é um pai orgulhoso – característica positiva do signo. Contudo, talvez a grande paixão de Jagger seja o palco, onde se encontra em seu elemento.

Sexualmente, o leonino não é exatamente de correr riscos. Pode parecer excitante fora da cama, onde exibe toda sua pretensão, mas entre quatro paredes ele é bastante convencional. Não é um amante especialmente sensível. Do mesmo modo que ocorre com os outros signos de fogo, sua abordagem do sexo é a mesma de uma atividade atlética, na qual ele se esforça para brilhar. Como não há necessariamente envolvimento emocional, não será aprovado por uma amante mais perspicaz. Ele pode até cumprir bem sua parte, mas sua falta de profundidade acaba lhe entregando. Além do que é competitivo, e quando está solteiro não é de surpreender se marcar pontos a cada conquista na perna da cama, para provar a si mesmo quanto ele é desejável.

Quando se encontra numa relação estável, o leonino é mais adaptável aos hábitos do que se imagina. Ele gosta de sua rotina. Trata-se de um signo fixo, e, como tal, oferece estabilidade e segurança ao parceiro. É extremamente tranqüilizador, está sempre onde diz que estará e chega na hora combinada. Ele emana uma certeza, sem ser jamais maçante. É cheio de si, sabe o que quer da vida e não tem medo de deixar isso claro.

O homem de Leão pode ser muito generoso, mas a seu modo. Gosta de ser magnânimo, de ser visto como benevolente, portanto dará o que quiser, mas ai de quem lhe pedir algo. O problema com pedidos é que eles fazem o leonino sentir-se mesquinho, o que ele odeia. Ele quer estar no controle. A única forma de se conseguir algo do homem de Leão é dar um jeito de ele achar que a idéia foi dele. Assim, ele se sente altruísta e cavalheiresco; seu senso de identidade fica intacto e todos ficam felizes. Para um parceiro que conte com seu apoio financeiro, pode ser um pouco humilhante. O leonino gosta de deixar claro o tempo todo que é ele quem detém o poder financeiro.

A ligação entre a extensão da generosidade do leonino e sua identidade pode causar outros problemas, também. Às vezes, ele é mais generoso com estranhos do que com as pessoas mais queridas. Atos inesperados de caridade rendem mais aplausos, e os leoninos adoram receber os agradecimentos em público, enquanto nos relacionamentos mais chegados tais coisas não existem. Isso pode enfurecer seu parceiro, que tem de testemunhar o leonino sendo "gente boa" com os outros e fechando a mão para quem vive com ele. Dito isso, trata-se de um homem gentil e bem-intencionado que nunca age de maneira deliberadamente mesquinha ou sovina. Seu tipo peculiar de orgulho masculino o faz querer cuidar de todos à sua volta, e ele se esforça para tanto.

As pretensões de nobreza do leonino devem ser mencionadas. O fato de ele não ser rei e de estar em qualquer nível da escala social não diminuem, em absoluto, a maneira como se comporta e as expectativas que nutre sobre si mesmo e sobre os outros. Ele assume responsabilidades pelos outros, bem além do que precisaria, e não se deixa intimidar pelas dificuldades inerentes de assumir a liderança. Ele sente que é seu dever, e o cumpre sempre que se faz necessário. As pessoas contam com o leonino para tomar a dianteira, e ficam gratas por haver alguém que aceite as responsabilidades que elas próprias não querem assumir.

As qualidades de liderança do homem de Leão podem ser afetadas pela ambição e por questões de poder e domínio, por isso, quando ele estiver em cargos de liderança, é bom que os exerça com idoneidade. É para isso que ele conquistou o cargo e por isso que as pessoas investiram nele, apoiando sua autoridade natural. O leonino se sairia bem como gerente ou diretor de empresa, pois sabe tomar decisões, não tem dificuldade em delegar e é ótimo organizador. Muito de sua criatividade é voltada para suas atividades corporativas, nas quais se destaca. Seu talento e visão podem garantir emprego para uma grande equipe.

Fora do trabalho, o homem de Leão é brincalhão, o que se torna mais evidente quando ele tem filhos. Apesar de ter dificuldade em abdicar da chefia da família, no sentido do controle, ele também gosta de se divertir e esfriar a cabeça. É provável que leve os filhos a atividades culturais, como teatro e galerias de arte, desde bem cedo. São atividades que lhes dão prazer, nas quais ele quer iniciar os filhos.

Se praticar esportes, o pai de Leão gostará de fazê-lo também com os filhos, apesar de sua atitude ser competitiva demais para crianças pequenas, que gostam que lhes dêem uma chance. Já os adolescentes podem afiar suas habilidades competindo com o pai leonino numa modalidade esportiva. Ao menos ele não será condescendente com o adolescente, deixando-o ganhar de propósito, e estará sempre jogando entusiasticamente.

Como pai, o homem de Leão é encorajador e companheiro, caloroso e participante, mas também pode ser bastante rigoroso e autoritário. Estipula padrões elevados e espera muito dos filhos. Ele se orgulha das conquistas dos filhos e os elogia quando merecem. Sempre pensa no futuro deles, de modo que sempre está pronto a dar palpites sobre a direção que pretendem seguir na vida. Algumas de suas próprias ambições – e ele tem muitas – podem ser canalizadas para os filhos. Geralmente, isso acontece quando eles não realizaram determinadas ambições por si mesmos, e buscam realizar-se por meio dos filhos – um fardo complicado e potencialmente perigoso para quem tem um pai leonino.

Um pai deste signo que não tenha obtido sucesso, considerando-se seu próprio critério do que seja sucesso, é algo perigoso. O melhor seria que este pai procurasse realizar as próprias ambições e deixasse os filhos seguirem o próprio caminho. Contudo, seu envolvimento, mesmo que um pouco exagerado, é melhor que ser um pai ausente. As crianças regozijam com as fantasias tecidas sobre elas, e este pai as tem em abundância.

O homem de Leão é poderoso e potencialmente determinado, com ideais e crenças fortes, para bem e para mal. Sempre se considera certo, e geralmente consegue prová-lo. Aqueles que enveredam pela política lançam mão de seu considerável carisma pessoal em benefício próprio. Apesar de seu comando ser geralmente benigno – Bill Clinton é um exemplo –, alguns são inquestionavelmente ditatoriais e cruéis. Fidel Castro e Slobodan Milosevic são dois leoninos cujos atos políticos ainda estão sendo avaliados. Seja qual for o veredicto, o certo é que ambos exerceram considerável influência em seus países e no resto do mundo.

Seja como for, é mais provável que o desejo do leonino de causar impacto o leve para outras direções. Robert Redford, Dustin Hoffman, Antonio Banderas e Arnold Schwarzenegger são atores leoninos famosos que deixaram sua marca no cinema, sendo que Redford também atua como diretor – ou seja, o manda-chuva. A entrada de Schwarzenegger na política levantou várias suspeitas, nenhuma delas até agora confirmada, sobre sua vida sexual no passado. Apesar de isso poder lhe prejudicar, não o impediu de ser eleito, de modo que agora ele realmente tem poder sobre a vida dos outros.

O homem de Leão nunca faz nada pela metade, portanto, seja qual for a carreira escolhida, ele investe nela tudo de si. Ele agrega ao trabalho seu orgulho inerente, sua autoridade, sua criatividade, sua capacidade intuitiva e logo chega ao topo de seu ramo, seja ele qual for. Se ele resolver fazer algo bem, o fará.

Quem pensa em se envolver com um homem leonino deve sempre se lembrar do animal magnífico e gracioso que é o leão. Além de ser amado e adorado, o leonino precisa de afago e, dentro de quatro paredes, torna-se um gatinho. Mas não se engane de achar que ele é um animal doméstico, pois continua feroz e mantém as garras e presas. Respeite isso e ele continuará ronronando.

A mulher de Leão

A mulher de Leão é inconfundível. Régia e calorosa, honrada e confiante, ela transmite a mensagem "estou aqui, olhe para mim". E todos olham. Ela é mesmo impressionante. Destaca-se na multidão e sabe como chegar num lugar.

Para a leonina, a vida é uma única e longa performance, o que não quer dizer que ela não seja autêntica, mas sim que está sempre consciente da platéia ao redor de si e do impacto que causa. Ninguém é tão consciente de si mesmo e da impressão que transmite quanto a mulher de Leão. Para ela, isso é uma forma de arte. Ela tem estilo, segurança, classe e presença, é luminosa e vibrante, razão pela qual é notada.

O que pode ser bastante impressionante na aparência da mulher de Leão é seu cabelo, que pode lembrar uma juba. Nem todas são loiras naturais, mas muitas clareiam o cabelo ou fazem "luzes", o mais importante, porém, é que, independentemente da cor, o cabelo costuma ser volumoso e funciona como uma coroa particularmente gloriosa.

Ao lado disso, as mulheres de Leão têm uma postura bastante imponente, suas costas são especialmente eretas e a cabeça está sempre empinada. Caminham como se fossem importantes e se permitem sentir orgulho de si mesmas. O leão é uma fera nobre, e assim são estas mulheres.

A confiança da Leonina na vida, que não é pouca, vem da convicção inata de que em todas as questões importantes ela está sempre com a razão. Isso pode ser insuportável ou encantador para quem a cerca, depende de se concordar com ela ou não. Sua autoconfiança é algo totalmente enraizado e indiscutível. E mesmo que venha a ficar provado que está errada, ela acaba se saindo com alguma desculpa e se recusa a dar o braço a torcer. Quando alguém perceber que ela pode estar errada, provavelmente ela já não estará mais por perto e terá perdido o interesse no debate.

A mulher de Leão é generosa e dá tudo de si. Costuma ter reações maiores que a vida; ela expõe todas as suas emoções de maneira inequívoca, de modo que quem a cerca sabe exatamente o que ela pensa. Ela não imagina que as pessoas vão se ofender, pois é bastante forte e resistente e já espera uma certa dose de atrito como parte do cotidiano.

A mulher de Leão fica extremamente romântica e idealista quando está apaixonada. Na verdade, fica totalmente fora da realidade. Seu amado pode ter um currículo temeroso, mas ela mesmo assim acredita que com ela será diferente e tudo correrá bem. Parte disso se deve à sua autoconfiança inabalável, e parte à sua tendência à onipotência e à falta de bom senso. Ela tem tanta certeza de ser especial, o que de fato é, que acaba exagerando.

Isso quer dizer que a leonina é suscetível à dor e à depressão, mas ela se recupera rapidamente de situações que deixariam outras pessoas destruídas. O drama que faz ajuda em sua recuperação, funciona como uma catarse que não a deixa guardar mágoas mal-resolvidas. Enquanto outros signos se consomem por dentro, a leonina age de modo passional e expressivo, se abrindo com as pessoas mais próximas. E ela sabe perdoar. Pode-se alegar que talvez fosse melhor para ela não perdoar e esquecer com tanta facilidade, já que acaba repetindo o mesmo erro com freqüência. Parece que ela nunca aprende. Sua positividade e inocência são realmente encantadoras. Os amigos ficam se perguntando, pasmos, como ela consegue esquecer a mágoa sofrida e se abrir novamente para outra pessoa, confiando plenamente.

A mulher de Leão não guarda ressentimentos e, como se recupera rápido de dissabores, logo que termina um relacionamento já parte para outra. Admiradores não costumam lhe faltar, portanto não será difícil arrumar um ombro amigo para desabafar até encontrar sua nova grande paixão.

A vida da leonina é pontuada por dramas, cada um maior que o outro. Seus amigos a ouvem confidenciar, um a um, todos os detalhes de sua vida. Conheço uma mulher que é amiga de uma leonina e que se apresentou como "uma das várias melhores amigas de Fulana". A leonina faz cada amigo sentir-se especial, e para ela são mesmo. Quando ela promove festas de maior porte, seus amigos costumam se impressionar em ver como a leonina quer abraçar o mundo com as pernas, mas logo entendem, pois ela é ótima companhia.

A leonina adora entreter e é ótima anfitriã, gosta de convidar os seus muitos amigos para reuniões. Independentemente do tamanho de suas festas, elas são sempre ótimas, e a leonina sabe criar um clima de festa – suas reuniões costumam adentrar a noite, com as pessoas dançando e se divertindo até o dia raiar. Todos querem ser convidados, outra razão para ter tantos amigos – as pessoas mantêm relações com ela para estarem presentes em sua colorida vida social.

Até nas festas a capacidade de delegar da leonina fica evidente. Ela terá vários amigos responsáveis por diferentes coisas, como a música, a comida, as bebidas, enquanto ela supervisiona tudo. Consegue conferir um status elevado a quem a ajuda, de modo que as pessoas ajudam de bom grado. Conseguir que as pessoas façam coisas para ela é uma arte na qual a leonina é mestra.

Esse talento organizacional indica que a mulher de Leão se sai bem em uma carreira na qual esteja no comando, seja como autônoma ou gerente. Ela não sabe acatar ordens e orientações, a não ser que realmente concorde com elas.

Portanto, como funcionária, a leonina pode ser difícil, a não ser que tenha autonomia e autoridade na sua área. Se tiver isso, trabalhará para valer. Na verdade, este é parte de seu problema: mergulhar nos projetos de tal maneira que fica integralmente absorvida pelo trabalho. Ao investir tanto de si, é óbvio que ela queira muito retorno. E, acima de tudo, ela busca o poder de fazer as coisas do seu jeito e ter voz ativa. Portanto, apesar de não ser muito boa funcionária, é excelente chefe.

Como chefe, a leonina tende a estimular sua equipe de trabalho a dar o melhor de si, gerando entusiasmo e comprometimento. É leal aos funcionários e quer o melhor deles e para eles. Não tolera gente preguiçosa, mas é razoável e compreensiva, e nunca exige de ninguém aquilo que não exige de si mesma. Sua primeira reação quando um funcionário não acompanha seu ritmo é sentir-se pessoalmente ofendida, mas, a despeito do que estiver sentindo por dentro, ela confrontará a situação e agirá de modo decisivo. Ela não tem o menor problema em demonstrar o poder que tem nas mãos.

A leonina tende a ter ótimo discernimento em quase todas as áreas de sua vida, exceto na área afetiva: quando apaixonada, perde a capacidade de ver os fatos como são. Sempre tem na cabeça uma visão ampla das coisas, mas tem dificuldade em lidar com detalhes mais imediatos. Isso se dá em parte porque detalhes deixam a mulher de Leão entediada; ela não consegue lidar com eles. A leonina não dá importância aos detalhes, e deixa essa parte para outra pessoa resolver. A visão do todo combina mais com seu temperamento, ao passo que lidar com os mínimos detalhes talvez seja um tipo de trabalho serviçal demais para ela – embora ela odeie admitir ser esta a razão. Não se esqueça de que, seja qual for sua posição na vida, ela se vê como uma princesa e espera que haja um serviçal à mão para realizar as tarefas.

A família real britânica é repleta de leoninos. Além da falecida rainha-mãe Elizabeth, tanto a princesa Anne quanto a princesa Margaret nasceram com o Sol em Leão. A princesa Anne mostra o lado aristocrático e imperativo do signo e, em se tratando de uma leonina, não é das mais populares. Já a princesa Margaret faz bem mais o estilo típico do signo, com seu gosto pelas festas e pelas coisas boas da vida. Sempre apoiou as artes com entusiasmo e muitos diziam que ela queria ser rainha. Quando jovem, teve de escolher entre o amor pelo plebeu Peter Townsend e o título de princesa, e optou por continuar na família real, decisão da qual talvez tenha se arrependido depois.

Madonna é um excelente exemplo de leonina. Como artista, tem combinado vulgaridade, ostentação e elegância ao mesmo tempo, o que não é pouco. Sua arqui-rival nos anos 1990, Whitney Houston, é outra leonina que tem o mesmo tipo de aura mágica. Ambas são dotadas de uma presença magnética que deixa as pessoas desconcertadas.

A artista e musicista Laurie Anderson também é de Leão. Ela pode não ser tão famosa quanto Madonna e Whitney, mas o estilo de seu trabalho é tão peculiar que acaba se destacando. Ela tem muitos fãs e continua a gravar discos excepcionais e incomuns. O que as três têm em comum é o dom para o palco, onde estão sempre expandindo as fronteiras do que se pode fazer ao se apresentarem ao vivo.

Quem se envolver com uma leonina verá que ela tem muitas virtudes. São mulheres leais, firmes e, apesar de sua teatralidade, não fazem joguinhos. São honestas e autênticas e, a despeito de todo o drama que as cerca, buscam estabilidade. Quando suas principais necessidades emocionais são levadas em consideração no relacionamento, ela se sente realizada. Nesse caso, suas possíveis crises serão por causa de questões menores, como que roupa usar.

Quando a leonina está num relacionamento estável – e sendo ela heterossexual –, seus pensamentos giram em torno da maternidade. Um bebê seria um canal perfeito para sua necessidade criativa, mas é improvável que ela opte por ser mãe se for solteira ou lésbica. Se não puder fazer um filho com a pessoa que ama, acabará direcionando essa necessidade para outra coisa. Para ela, ter um filho é criar algo tangível a partir do amor que ela sente pelo parceiro. Quando a criança nasce, ela logo passa a amá-la pelo que ela é, mas o impulso inicial é materializar o amor que sente. Após o primeiro filho, é bem provável que a leonina queira o segundo e o terceiro, pois isso é que é família de verdade para ela, e, se for para constituir família, que seja direito!

Como mãe, a mulher de Leão está em seu elemento e traz todo seu talento organizacional para as brincadeiras. A bagunça na qual a casa se transforma nos primeiros anos da criança não é nenhum drama para ela, que sabe se movimentar em meio ao caos doméstico. Ela é eficiente e tem força de vontade, impõe limites claros para os filhos, estimula sua criatividade e sabe conduzir a casa como se fosse uma empresa, de modo organizado e delegando tarefas. Ela providenciará todo tipo de atividades extracurriculares para os filhos, mesmo que tenha de ser a motorista para levar as crianças deste para aquele curso, e manterá a casa sempre limpa e a geladeira cheia, mesmo que ela tenha meramente orquestrado tudo. A leonina pode fazer tudo isso e ainda trabalhar fora, contando com a ajuda de uma babá e uma empregada doméstica, é claro.

Dependendo do que ela já tiver conquistado na época que a criança nascer, é pouco provável que interrompa a carreira para cuidar de um filho. A leonina que estiver se dedicando somente à maternidade corre o risco de transferir suas próprias ambições e idéias para o filho ou filha, portanto, é melhor voltar ao trabalho. Se existe uma mulher que vai conciliar maternidade e trabalho, é a leonina – o protótipo da supermulher.

Uma das características da leonina que podem ser simultaneamente insuportáveis e encantadoras é sua convicção absoluta de que está certa. Sua segurança é algo completamente enraizado e inquestionável.

Para quem estiver pensando em se envolver com esta mulher excitante e impressionante, vai aqui uma lista de requisitos indispensáveis. Terão de conseguir lidar com um temperamento inflamável e enxergar a vulnerabilidade inerente por trás de suas exigências aparentemente egoístas. Ela precisa de garantias plenas, a começar por suas profundas inseguranças quanto a seu valor, chegando a elogios triviais sobre sua aparência. Nunca a despreze, pois ela é como uma planta exótica que precisa de cuidados constantes e morre se não tiver a devida atenção. Mantenha este senso de importância e lembre-se de seus traços nobres. Ela não é tão complicada assim. Valorize a leonina, ela vale a pena!

A criança de Leão

A criança de Leão é uma felicidade só. Alegre e calma, esta criança parece ter nascido com o bumbum virado para a Lua. Já chegam ao mundo prontas para ficar no centro do palco, e vão fazer por onde. A criança de Leão é adorável, divertida e encantadora.

Todos os pais consideram o filho especial, mas nesse caso os demais concordarão. Mesmo desde bem pequenos, os leoninos já brilham e são capazes de atrair as pessoas para sua órbita. Seu magnetismo cativa quem lhes cerca, e seu jeito vitorioso lhes levará longe na vida.

As crianças de Leão possuem modos dignos e régios desde muito cedo. A maioria dos bebês não liga se os dedos estão melados, mas conheci um bebê de Leão, uma menina, que ficava balançando as mãozinhas quando estavam sujas, como se fosse uma princesinha esperando que alguém as limpasse. Este mesmo bebê custou a aprender a engatinhar; era como se a mera tentativa ferisse sua dignidade. Acabou aprendendo a caminhar direto, pulando a etapa anterior.

Pular a fase de engatinhar não é raro entre bebês de Leão. Eles não têm pressa de se locomover e ficam felizes de se sentar e esperar que as pessoas façam as coisas para eles, o que costumam conseguir com facilidade. E, tão logo possam sentar-se, mantêm a postura ereta, e quando vão passear observam a tudo de seu carrinho como se estivessem supervisionando as próprias terras.

A liderança natural dos jovens leoninos é evidente, e eles logo gostam de brincadeiras do tipo "siga o líder", assumindo automaticamente tal papel. Sempre desempenham uma função central em suas atividades, podendo até dominar as outras crianças se tiverem oportunidade. Como são populares e todos se divertem com eles, conseguem fazer isso e sair ilesos. Na verdade, sentem-se compelidos a desempenhar esse papel – as pessoas simplesmente esperam isso deles.

Crianças de Leão, bem como qualquer criança de signos fixos (Touro, Escorpião e Aquário são os outros signos), são muito teimosas. Tentam, desde bem cedo, conseguir que tudo seja feito do seu jeito. Ainda bebês são capazes de ataques de fúria espetaculares quando não são atendidos. Os pais, que não entendem que bicho lhes mordeu, devem lembrar que este é um filhote de leão, já dotado de suas vontades imperiais.

Recomenda-se aos pais dos jovens leoninos que lancem mão da estratégia de combinar habilmente não-ação e capitulação quando o problema não for tão importante. Ceda quando não for fazer muita diferença e tente evitar situações que já sabe que resultariam em uma cena. É muito fácil perder o controle com uma destas crianças e acabar impondo autoridade. Os pais podem se preocupar com o futuro destas crianças quando adultas se não forem corrigidas desde cedo. Na verdade, elas ficarão bem, não há motivo para preocupação e ceder a elas não é vergonha nenhuma. Estas crianças ficam muito mais afáveis quando se sentem mais independentes e no controle de si mesmas.

É exatamente por precisarem de mais independência e autonomia que as crianças de Leão são tão dadas a ataques de fúria – elas simplesmente não conseguem se adaptar bem à condição de crianças que precisam de alguém tomando conta delas. Elas sabem que nasceram para supervisionar e comandar, e mal podem esperar para exercer esse poder. À medida que forem crescendo, aconselha-se aos pais que lhes dêem toda a liberdade possível para fazer o que querem, e, quando não for possível, negociem com estes jovens leoninos em vez de agir de modo ditatorial.

As crianças de Leão vão se revoltar, para valer, contra qualquer coisa que lhes seja imposta. Esse tipo de atitude por parte dos pais pode destruir sua auto-estima. São almas orgulhosas, de modo que para elas é uma humilhação não poder tomar suas próprias decisões. Pequenas decisões podem ser-lhes concedidas, como a roupa que usam e até a hora de ir dormir, que possivelmente viraria motivo para uma guerra. Mas é importante que eles saibam que terão de arcar com as conseqüências de sua escolha. Reagem bem a esse tipo de tratamento e se mostrarão merecedores da confiança concedida, comportando-se, em geral, de modo responsável.

Leão

Com uma criança de Leão os pais estão sempre se perguntando: isto é importante mesmo ou não? Olhando em retrospectiva, tudo se faz por convenções. Uma pequena leonina de seus três ou quatro anos costuma ir com a mãe ao supermercado vestindo todo tipo de roupa, muitas vezes até roupas inapropriadas. Funciona perfeitamente. Assim, se evitam cenas traumáticas na hora de vestir a criança, e ela ainda acaba atraindo todas as atenções que deseja para si ao sair.

A maioria das crianças deseja ser admirada, mas as de Leão com certeza precisam disso. Quando começam a crescer, sua expressão favorita é "olhe para mim". É "olhe para mim" quando estão montadas no seu ombro, "olhe para mim" quando dão um salto, "olhe para mim" quando não estão fazendo nada. Os pais podem até se preocupar se a criança não vai virar um exibicionista convencido se não for reprimida. Mas, na verdade, é o contrário.

Quanto maior a indulgência para com a criança de Leão, menos provável será que cresça sedenta por atenção. Se suas necessidades forem satisfeitas, sossegarão. Crianças que não receberam a devida atenção se transformam em adultos ávidos e dominadores. Sendo assim, curta suas travessuras e as elogie. Eles absorverão isso e se transformarão em adultos seguros e confiantes.

As crianças de Leão são especialmente criativas e imaginativas, e adoram atuar. Fantasias e trajes diversos são recomendáveis; providencie todo tipo de peça brilhante e colorida para que elas possam brincar. Fantasias de caubói, super-homem, princesa e bailarina também são bem-vindas, mas estas crianças também sabem se virar com plumas, chapéus com lantejoulas e qualquer coisa que cintile. Suas performances, seja qual for o tipo, devem merecer aplausos e apoio. Talvez se trate de um futuro astro ou estrela.

Seja qual for o talento que a criança de Leão demonstre ter, deve ser estimulado. Como são ansiosos por se destacar, os leoninos podem não perceber que tudo precisa de prática. Podem achar que devem brilhar sem se esforçar para tal, por isso, os pais devem demonstrar sua satisfação desde o começo, encorajando a prática contínua. Se não receberem atenção, acabam deixando de praticar e podem até deixar de desenvolver dons natos. Trate os talentos desta criança como um investimento no futuro.

As crianças de Leão se adaptam bem a cursos livres e atividades extracurriculares na área das artes, pois, venham a seguir carreira nesse ramo ou não, essas atividades ajudam na formação de seu caráter ao satisfazer uma profunda necessidade de expressar sua criatividade. Além disso, é também uma boa oportunidade para canalizar sua necessidade de serem o centro das atenções, pois lhes dá uma chance adequada e estimulante para atuar, cantar, dançar, pintar ou qualquer outra atividade semelhante.

É bom que os pais matriculem seus filhos de Leão em aulas de teatro e de dança, música ou canto. Claro que pode sair caro, mas caso escolham uma ou duas atividades por vez, conseguirão, com o passar dos anos, testar suas aptidões e ter uma boa noção de cada uma dessas artes. Em grandes e médias cidades, é fácil encontrar escolas de dança moderna ou balé. Mesmo que a criança não seja tão boa na atividade em questão, ao menos se diverte muito. Sim, até os garotos podem gostar de aulas de dança. Em áreas rurais as opções diminuem bastante, mas qualquer coisa já adianta, pois se pegarem o gosto por alguma dessas atividades, podem se profissionalizar quando adultos.

As crianças de Leão podem custar caro, e os pais devem mesmo fazer certos sacrifícios para lhes oferecer certas chances na vida. Todavia, elas devem ser proporcionais às necessidades da família como um todo, do contrário a criança se sentirá terrivelmente pressionada para ser bem-sucedida. Elas devem se divertir; pode ser que no futuro venham a ser ultrabem-sucedidas, mas também pode ser que não. À medida que vão crescendo, talvez algumas das aulas possam ser bancadas com o dinheiro delas mesmas.

Quando o assunto é mesada, as crianças de Leão querem e sabem lidar com grandes quantias de dinheiro. Faz parte de sua natureza generosa gastar dinheiro consigo e com os amigos. Até no ensino elementar é comum ver os pequenos leoninos levando um saco de balas para escola e sair distribuindo-as para os colegas. Gostam de causar boa impressão e de que todos saibam como são prósperos, assim se sentem mais importantes e ficam mais seguros. Dessa forma, dinheiro e auto-estima podem estar intimamente ligados. Contudo, os pais não devem se comprometer com mais do que podem bancar.

Se houver irmãos, eles podem desenvolver problemas com o popular leonino, que monopoliza as atenções, mas mesmo assim acabam se encantando com seu charme. Os irmãos dos leoninos, assim como qualquer pessoa que passe muito tempo a seu lado, precisam tomar cuidado para não virarem um satélite dele ou dela, o que no futuro acaba resultando em mágoa. Os pais devem valorizar cada um dos filhos igualmente por seus respectivos talentos e qualidades.

Seja qual for a escola que freqüentem, os leoninos tendem a se sobressair nas aulas de teatro e de línguas, e podem seguir carreira nas artes ou na área de humanas, o que não significa que se deva descartar outras áreas, caso demostrem aptidão. Disciplinas ligadas a comércio ou economia são bem aproveitadas. Um futuro diretor pode estar em formação. Até o mais jovem dos leoninos demonstra capacidade de organização e sabe delegar como ninguém. Consegue obter a ajuda espontânea das pessoas, e os pais devem tomar cuidado para não se transformarem em escravos de um filho de Leão.

Em escolas que nivelam os alunos na sala de aula por seu desempenho, os leoninos se saem melhor quando estão próximos aos melhores. Às vezes, os professores querem transferir os alunos com melhor desempenho para as classes mais avançadas, mas, a não ser que a criança de Leão esteja seriamente desestimulada, não é boa idéia passá-la para outro nível. Se na turma mais avançada ela não estiver entre os primeiros, vai perder a motivação. Pode até gostar do status de estar em um nível superior, mas, no dia-a-dia, se estiver se esforçando demais para isso, vai preferir estar entre os primeiros da classe menos adiantada.

Uma das conseqüências da popularidade dos leoninos é que eles têm muitos amigos. Cercam-se deles – alguns são verdadeiros, enquanto outros estão interessados apenas em compartilhar da popularidade. O leonino não se importa com isso, pois gosta de ter admiradores e não é tão rígido na escolha dos amigos. Mas os pais do jovem leonino podem não pensar assim.

Quando o jovem leonino já tem idade para sair sozinho e pegar o ônibus ou trem, costuma fazê-lo em grupo, onde lidera. Isso é bom para afiar sua capacidade organizacional, pois é ele que decide aonde o grupo vai se divertir na noite de sexta ou sábado e prepara tudo. Dependendo do tamanho do grupo, pode levar o dia todo ao telefone. Alguns signos, como os de água ou de terra em particular, achariam este tipo de função um verdadeiro tédio, mas não o leonino, que gosta de estar no centro e no comando. Sua vida social é objeto de grande preocupação, e investe nela muito de sua energia criativa.

Quando o adolescente de Leão chega tarde em casa, é bem capaz de trazer consigo alguns amigos para passar a noite, e acabem todos devorando toda a comida da família. Esse tipo de coisa pode ser extremamente irritante para os pais, para dizer o mínimo, especialmente quando vão dormir com a geladeira abastecida e acordam sem nada para o café-da-manhã. Seu filho leonino adora ser generoso, de modo que adora bancar anfitrião, apesar de não pagar as contas. Os pais destes adolescentes precisam definir claramente as regras em relação à conduta das visitas que trazem.

Quando o leonino atinge a idade de sair de casa, os pais podem sentir que sua vida foi obscurecida pela do filho. A vida do filho leonino pode ser colorida, vibrante e ativa, enquanto os pais se sentem velhos e ultrapassados. Esse é o impacto que causa a proximidade com um leonino que esteja vivendo a vida a todo vapor. É bom que o filho ou filha tomem o próprio rumo, para que o equilíbrio seja restabelecido em suas vidas.

Nada disso é intencional, menos ainda para os leoninos. São destinados à proeminência, e a casa dos pais é seu campo de treino. Não é por angariar tanta atenção que deixam de ser vulneráveis. Parte da razão de terem tantos amigos é que eles precisam que precisem deles.

Para observadores mais cínicos, o que o leonino quer é ter o ego afagado, mas na verdade a coisa é muito mais profunda. Ao ocuparem um papel central nas vidas das pessoas, eles acabam validando a própria existência – o que seria do Sol sem os planetas e asteróides girando ao seu redor? É uma questão de identidade para eles. E dá muito trabalho cultivar um estilo de vida que dê estrutura a seu senso ainda incipiente do "eu". É preciso lembrar que esta é uma busca eterna. O jovem de Leão é na verdade surpreendentemente frágil, e é fácil extinguir a luz que irradiam. Por mais cansativos e dominadores que pareçam, no fundo precisam de todo apoio possível.

A popularidade das crianças de Leão indica que eles muitas vezes ocupam o posto de capitão do time, ascendendo a posições de destaque na escola com muita rapidez. Essas conquistas se transformam em ótimas experiências de preparação para o futuro. Se não conseguirem esse tipo de coisa, algo estará errado, e nem todo leonino saberá lidar com a situação. É importante que os pais sempre façam com que o leonino se sinta querido e importante na família. Assim, aconteça o que for no futuro, terão consigo a certeza de que são amados e adorados, e sua capacidade de amar continuará intacta. Com essa convicção, eles poderão conquistar o mundo.

Virgem

de 23 de agosto a 22 de setembro
Signo mutável de terra, regido por Mercúrio

Conhecendo o signo de Virgem

Os nativos de Virgem são indivíduos discretos, refinados e contidos, fáceis de reconhecer por sua postura prática e prestativa. São pessoas realistas que não têm muito tempo para ilusões ou desilusões. Como todos os signos de terra, são despretensiosos e têm os pés firmemente apoiados no chão.

Humildes e modestos, os virginianos não demonstram muita autoconfiança e tendem a subestimar suas capacidades. Estabelecem padrões fora da realidade e passam a lutar pela perfeição. Estes indivíduos visualizam o ideal que passa a ser sua norma e que é impossível de manter no dia-a-dia. Para eles, perfeição significa integralidade e plenitude – um conceito derivado do símbolo deste signo – e funciona como um poderoso motivador em suas vidas; é sua força motriz. Seu idealismo é ligado a todo tipo de atividade mundana e pode se tornar uma forma de tirania, pois estão sempre buscando essa integralidade, até onde menos se espera. Contudo, suas altas aspirações e sua relação com a pureza virginal e a castidade devem ser observadas ao se tentar entender este signo, pois são pontos fundamentais de seu caráter.

Com tamanho perfeccionismo, não é de admirar que os virginianos tenham fama de serem críticos e meticulosos. Apesar de ser possível que este traço se torne negativo e, ironicamente, acabe atraindo críticas, trata-se de uma característica essencialmente neutra que pode ser usada positivamente. Os virginianos exercitam o discernimento e o julgamento em tudo que fazem, e pode-se confiar neles para reparar nos erros próprios e nos das outras pessoas, até mesmo no trabalho, onde podem exercer funções no ramo de edição, controle de qualidade e magistério. Quando os pré-requisitos são os mais rigorosos, os virginianos se destacam.

Este signo também é associado à necessidade de servir, de modo que os nativos de Virgem gostam de sentir-se úteis, freqüentemente de maneira pragmática, oferecendo conselhos, ajuda e apoio. São muito bons em arrumar soluções práticas para os problemas, especialmente os dos outros. Sua modéstia indica que gostam de ficar em segundo plano ou em cargos de subchefia, para que não tenham de se preocupar com o resultado. Dessa maneira, conseguem extrair o melhor de si mesmos em serviços que envolvam resolução de problemas.

A necessidade que o virginiano tem de ser útil é evidente em muitas áreas de sua vida. Em uma reunião, é um virginiano que pede alguns minutos para fazer um chá, o qual será servido a todos antes do que esperam. Como são seres humildes que sabem considerar todas as pequenas coisas, para eles nenhum trabalho é inferior. Na verdade, eles entendem bem a idéia de servir e, ao contrário de muitos, não confundem servir com ser servil. Há uma diferença enorme entre os dois, e o virginiano traz dignidade e respeito à noção de serviço.

Uma qualidade virginiana especialmente atraente é seu tipo de humor. Eles têm um senso de humor incisivo, inteligente e irreverente que é muito divertido. São bons mímicos e sabem fazer graça das pessoas e das coisas, zombando delas de maneira gentil – e às vezes não tão gentil assim – e com uma perspectiva inteligente. Seu senso de humor reside em sua capacidade de ver as pessoas pelo que são e as expor como tal. Trata-se de indivíduos modestos que logo enxergam as pretensões dos outros e os fazem acordar para a realidade, mas de modo jeitoso, pois seu humor raramente é cruel. O que logo se percebe por seu senso de humor é sua astúcia.

A capacidade de observação do virginiano é complementada por seu talento para ouvir as pessoas com atenção. São indivíduos cheios de compaixão, que se importam mesmo pelas pessoas e sabem como enxergar soluções práticas que fazem diferença. Seu senso analítico é de grande valia quando elas meditam sobre algo de um modo que signos mais emotivos não conseguem – os virginianos têm um cérebro que funciona muito bem e se mantém firme em situações de emergência.

Como os geminianos, os nativos de Virgem são regidos por Mercúrio, e ambos os signos são extremamente curiosos. Enquanto os interesses de Gêmeos são geralmente mais abstratos e mentais, os virginianos são mais práticos e gostam de saber como as coisas funcionam, como se encaixam. Ambos se interessam por averiguar fatos e informações, mas é mais provável que os virginianos os utilizem de modo mais tangível. Os nativos de Virgem têm mais senso de propósito.

Este é um signo mutável, o que indica uma natureza flexível e adaptável. Mas apesar de lidarem bem com mudanças e variedade, são muito ligados às suas rotinas e nelas encontram conforto. Essas rotinas, às vezes, lembram rituais, com importante função psicológica, agindo como recipientes para sua ansiedade e lhes dando segurança. Muitas vezes, essas rotinas podem se tornar arraigadas e inflexíveis, o que revela seu nível de insegurança no momento. À medida que vão se sentindo mais seguros, acabam relaxando um pouco.

Os virginianos são muito suscetíveis às idéias e opiniões dos outros, as quais levam em conta, adaptando-as quando necessário. Para eles, a vida nunca é em preto-e-branco, pois sabem enxergar todos os matizes de cinza. Alguns diriam que eles se curvam ao vento por não terem total segurança de si mesmos, mas sua habilidade de compreender e se ajustar às sutilezas e nuanças das situações é um de seus pontos fortes.

Os virginianos são extremamente sensíveis e nervosos. Podem ser terrivelmente inquietos e ansiosos, principalmente sob pressão. Descobrir uma forma de se acalmar é muito importante, de modo que atividades tranqüilizadoras como caminhadas, ioga, natação e meditação são altamente recomendáveis.

Quando o virginiano está estressado, fica suscetível a problemas digestivos e de estômago que não apresentam causa aparente e para os quais não se encontra remédio que dê jeito. Evitar as situações que causam o estresse é importante, bem como reconhecer que seu sistema digestivo é delicado e pode reagir de modo violento a pressões. Os virginianos costumam se achar capazes de resolver mais coisas do que na verdade conseguem. Dessa maneira, tornam-se os maiores inimigos de si mesmos, sobrecarregando-se de modo que o resultado é o sofrimento físico. Algo que ajudaria muito seria o virginiano passar a ver os problemas de seu sistema digestivo como uma mensagem de seu corpo dizendo que nem tudo está bem em outros níveis. Uma atitude positiva a ser adotada seria tentar fazer as pazes com o próprio corpo, em vez de sentir-se perseguido por ele, e tentar entender suas mensagens.

Como parte de sua busca por perfeição, os virginianos lutam para gerar ordem ao seu redor. Apesar de nem sempre conseguirem, muitos aspectos de sua vida serão extremamente organizados. Pode ser sua coleção de CD's arrumada em ordem alfabética, ou o mesmo seus livros. Alguns signos parecem manter casas organizadas, mas quando abrem uma gaveta ou armário se encontra a maior bagunça. Para o virginiano, porém, qualquer bagunça é visível e representa seu estado de espírito. Seus armários são bem organizados, e suas gavetas estão de acordo com um determinado sistema. Até seu material de limpeza é bem arrumado, com tudo no devido lugar.

Em termos cotidianos, os virginianos lutam contra o caos, que para eles representa uma ameaça em termos práticos e emocionais. Parte de sua necessidade de organização é uma tentativa de afastar de si a sensação de caos. Manter tudo em ordem é, na realidade, uma tentativa de criar um ambiente calmo, na esperança de que isso lhe traga tranqüilidade – os virginianos anseiam por paz interior. E esse caos interno costuma se intrometer e se manifestar de alguma maneira em suas cercanias. Mesmo aqueles que se mantêm permanentemente organizados são tomados pelo medo que sentem do caos, como se ele fosse lhes devorar. Como se pode imaginar, estes indivíduos não são companhias exatamente descontraídas. Apesar de muitos nativos de Virgem se impressionarem com a idéia de que este signo é organizado, até os que vivem em ambientes bagunçados costumam ter áreas de extrema organização.

O dilema da ordem *versus* caos é um tema constante na vida da maioria dos virginianos, mudando e evoluindo de acordo com seu estado de espírito. Talvez o que seja mais importante é perceber que não existe certo ou errado quanto a isso, que organização não é necessariamente uma virtude, que bagunça não é motivo de vergonha e que sua preocupação tem raízes bem mais profundas.

Virgem

Como todos os signos de terra, os virginianos são táteis e sensuais. O toque é importante para eles, e apesar de serem mais tímidos e reticentes que o taurino, por exemplo, também adoram contato físico. Quando estão emocionalmente envolvidos é possível perceber claramente sua sensualidade. Sua vida sexual serve de base para seu bem-estar, funcionando como âncora e pedra fundamental. Seu ar contido e refinado esconde seu lado tátil, de modo que quem começa a se relacionar com um virginiano costuma ter uma agradável surpresa – este é um de seus segredos mais bem guardados. Todavia, o envolvimento com o virginiano pode ser complicado, requerendo tempo e esforço. Um parceiro em potencial é cuidadosamente examinado e sua adequação é avaliada enquanto vão se conhecendo lentamente. Pense num cortejo demorado, no qual vários testes são realizados. Os virginianos têm critérios bastante rigorosos para decidir com quem se envolvem. Muitas opções são instantaneamente descartadas. Poder econômico, confiabilidade e status são importantes, tanto quanto perspectivas de trabalho. São pessoas que levam as relações muito a sério e, como se importam muito com o próprio conforto, querem um parceiro que incremente seu estilo de vida, e não um que o diminua. Alguns de seus parâmetros podem parecer bastante arrogantes e materialistas, mas qualquer um que tenha determinação pode corresponder a esses critérios. Trata-se apenas de uma dificuldade inicial.

Uma vez tendo passado pelos estágios iniciais e estabelecido um relacionamento, os virginianos valorizam um parceiro prestativo e útil. Esse critério vai da divisão de tarefas domésticas – quem tomar a iniciativa de jogar o lixo fora ganha um zilhão de pontos – até estar com alguém que possa lhes ajudar a subir na vida. Mas a coisa não é de natureza tão mercenária quanto pode parecer, pois este signo demonstra amor de modo tangível – é a forma que têm de comunicar seus sentimentos. Para eles ajuda é amor, e a recíproca é verdadeira. Assim, dão todo tipo de apoio à pessoa amada, na forma de chazinhos, digitação de documentos e revisão de currículos, ou qualquer coisa que seja necessária. As habilidades práticas e pragmáticas dos virginianos estão à disposição de seus parceiros.

Um parceiro é julgado mais pelo comportamento do que pelo discurso – apesar de as palavras terem seu valor. Os virginianos têm uma química esquisita, pois levam tudo que ouvem ao pé da letra e esperam que a ação seja imediata. Se não houver a concretização do que foi prometido, não haverá palavras doces que os convençam a acreditar na pessoa, pois não são suscetíveis a conversas.

Os virginianos são curiosos, alguns até diriam que enxeridos, pois gostam de saber o que se passa. Sua necessidade de saber se deve, em parte, à necessidade de aplacar sua ansiedade interna. Tendem a compartimentalizar as coisas, num processo mental de arquivamento, e ficam perturbados se algo ou algum fragmento de informação não estiver armazenado. É seu jeito de organizar seu mundo, algo essencial para sua paz de espírito. Isso pode significar que se interessam demais pelos fatos, como se isso fosse acalmá-los. Os virginianos que têm obsessão por arrumação estão basicamente sofrendo do mesmo drama, tentando organizar tudo externamente numa tentativa de controlar o caos interno.

Uma virginiana desse tipo, ao saber que um casal amigo se separou, ficou chocada com a notícia e quis saber todos os detalhes práticos de suas novas vidas, como se tais informações fossem lhe ajudar a digerir o fato. Ela mal perguntou à amiga como ela estava se sentindo, pois estava tão abalada com a notícia que teve de se esforçar para manter o equilíbrio. De certa forma, é como se ela conversasse sobre os aspectos práticos para ganhar tempo para processar o fato.

Além do desejo por ordem externa e interna, o nativo de Virgem precisa saber como as coisas funcionam. Pode ser uma curiosidade quanto a processos internos, mentais e emocionais, além da curiosidade sobre como funciona um determinado objeto. Sendo assim, virginianos ocupam algum ponto entre o detetive psicológico, o mecânico e o engenheiro. Como mecânicos, sejam qualificados ou não, gostam de lidar com maquinários e de desmontar as coisas para ver como foram construídas. Isso inclui remover a parte de trás do relógio, desmontar o motor do carro, o aparelho de DVD, a máquina de lavar e o computador. Quem se envolver com um virginiano deve estar preparado para ver coisas sendo desmontadas, e fique sabendo: nem sempre eles sabem montar de novo. Portanto, apesar de seu gosto por arrumação, podem fazer a maior bagunça ao desmontarem algo e deixarem de lado por um tempo. É comum que percam um parafuso importante ou que alguma parte tenha de ser reposta para que o aparelho volte a funcionar. Aliás, não se sabe se volta mesmo a funcionar, apesar de os virginianos lidarem bem com coisas pequenas e intrincadas. Podem ser bons eletricistas, artesãos, costureiros e carpinteiros – note que para todas essas atividades é preciso atenção aos detalhes e precisão. Os virginianos são excelentes editores e revisores, pois têm olho de lince para gramática, ortografia e pontuação, e acham a atividade relaxante.

O trabalho da escritora de romances policiais Agatha Christie, com suas tramas habilmente construídas, com planos intrincados e atenção meticulosa para detalhes, é tipicamente virginiano. Ela é metódica e tem habilidade para sintetizar idéias. Ao produzir um trabalho escrito, o virginiano sabe criar primeiro uma estrutura geral, mesmo que tenha a intenção de deixar a escrita fluir livre depois que começar. Todavia, estabelece metas tão ambiciosas para si mesmo que a escrita acaba se tornando um processo tortuoso. Como conseqüência de seu foco nos detalhes, os virginianos encontram dificuldade em apreender o todo e acabam se perdendo em minúcias.

É típico dos estudantes virginianos entregar trabalhos excelentes produzidos à custa de uma angústia infinita. Sempre subestimam sua capacidade; ficam surpresos quando se saem bem. Em vez de entregar um trabalho mal-acabado e negligente, o que não seria problema nenhum para outros signos, são capazes de passar a noite em claro para terminar (não cumprir o prazo estabelecido não é uma opção a ser considerada para o virginiano). Essa tendência persiste em outro contexto quando já não são mais estudantes. O fato de terem se saído muito bem antes não afeta sua atitude. Pode-se alegar que essa atitude é o que os faz se destacar sempre naquilo a que se propõem realizar.

Apesar do histórico impecável do virginiano, eles não costumam alcançar cargos hierarquicamente muito altos em sua carreira. Para eles, a ansiedade gerada por esses cargos os leva a preferir ser o braço direito do chefe, uma posição que exige responsabilidade, mas que não é tão visível. Isso se ajusta bem à humildade e à modéstia do virginiano. Como funcionários, os nativos deste signo atuam muito além do que se espera de sua função, trabalhando diligentemente, com cuidado e atenção.

Os virginianos se destacam em muitos campos, ainda que de modo mais discreto que outros signos. O ator Sean Connery é um virginiano muito famoso, provavelmente mais conhecido por interpretar James Bond no cinema e abandonar o papel no auge da fama, aparentemente por desejar interpretar variados personagens. Por causa de sua humildade natural, os virginianos são atores ótimos e com pouco interesse em virar celebridades.

Os virginianos precisam se sentir úteis e fazer algo de que as pessoas de fato precisem, de modo que gravitam por carreiras onde aquilo que executam realmente faça a diferença. As profissões que lidam com ajuda, o que inclui todos os ramos da medicina e do trabalho social, bem como terapias alternativas, lhes são indicados. Sentem-se confortáveis com o corpo humano e suas funções, e não são melindrosos. Se existe alguém que não liga para lavagem intestinal, esse alguém é de Virgem! Atividades de enfermaria, higiene dental e nutrição se ajustam bem a suas características inerentes.

Da mesma maneira que os virginianos são mais propensos a trabalhar como funcionários do que como chefes, também não se saem muito bem como autônomos, principalmente porque a precariedade de trabalharem por si mesmos pode gerar ansiedade demais. Eles gostam de saber quanto vão ganhar para poder fazer seus planos.

Em cargos de chefia, o virginiano carece de uma certa firmeza e acaba liderando pelo exemplo. Freqüentemente, trabalha mais que os subordinados. Trabalhando tanto assim ele comunica de maneira não-verbal o que espera dos outros. Essa relutância em ser explícito pode ser desconfortável para quem precisa lhe prestar contas, especialmente quando se espera do funcionário algo além de sua lista de atribuições. Os virginianos sempre extrapolam no esmero e precisam de alguém que lhes diga a hora de parar – mas, quando são chefes, não há ninguém para fazer isso.

Os passatempos dos nativos de Virgem podem incluir várias artes artesanais em que possam exercitar seu pendor por precisão e detalhes intrincados (e nas quais possam fazer um "dinheirinho extra"). Estes indivíduos mantêm muitas das indústrias caseiras, e independentemente de eles mesmos tecerem, bordarem ou trabalharem com madeira, saem-se bem neste tipo de negócio.

Os virginianos também têm considerável talento para os negócios, saindo-se muito bem no ramo de varejo e hotelaria, em que se serve o cliente. Com sua praticidade e bom senso, tomam decisões realistas e funcionais.

Outro ramo que pode interessar aos virginianos é a horticultura e atividades em que lidem com a natureza e o meio ambiente, tanto como carreira quanto como passatempo, pois esse tipo de atividade os recompõe. Alguns se especializam e passam a se engajar em práticas sustentáveis e a se conscientizar politicamente.

Seja qual for seu caminho na vida, e os virginianos de forma alguma se limitam aos comentados até aqui, trata-se de pessoas que contribuem muito com seu preciosismo, trabalho dedicado e humildade. Não fazem nada de qualquer jeito.

O lado negativo de Virgem

O fato de ser excessivamente crítico, tanto de si quanto dos outros, é provavelmente a característica negativa mais associada ao signo de Virgem. Seu olhar crítico pode abarcar da escolha da comida e a maneira como ela é preparada até as roupas que usa e a forma que são lavadas e passadas, incluindo também sua higiene pessoal e o modo com que se relacionam com o trabalho. Na verdade, esse senso crítico engloba tudo.

Alguns virginianos têm poucas áreas na qual se concentram e são menos exigentes quanto ao resto. No seu extremo mais negativo, estes indivíduos podem ser um verdadeiro terror com seus padrões de perfeição. E não se engane, é perfeição o que eles buscam e o que querem como norma. Quando isso se aplica apenas a eles próprios, é a vida deles que acabam transformando num inferno. O problema é que tendem a esperar dos outros o mesmo padrão de perfeição que impõem a si mesmos – especialmente dos mais próximos e queridos.

Os virginianos tendem a ficar espreitando, prontos para apontar os defeitos das pessoas amadas. O parceiro pode se sentir eternamente sob julgamento e consciente demais dos próprios erros. Os virginianos são muito mais exigentes consigo próprios do que com os outros, mas quem compartilha de sua intimidade e conhece seus padrões muitas vezes se sente julgado. Afinal, se são tão meticulosos, dificilmente apreciarão que as pessoas não sejam também. Podem ficar realmente furiosos com gente desleixada, e mesmo quando nada foi dito, as pessoas costumam sentir o olhar crítico do virginiano e sentem seus defeitos e erros ressaltados. Em geral, o foco da crítica é antes algo de natureza prática do que pessoal, apesar de poder chegar até aos trajes das pessoas. Nativos de Virgem muitas vezes são obsessivos com questões práticas.

O que muitos virginianos não percebem é que, apesar de acharem que não estão fazendo as coisas satisfatoriamente ao avaliá-las de acordo com os padrões que estabelecem para si próprios, para o padrão do resto do mundo eles estão se saindo muito bem. Ninguém espera deles tanto quanto eles mesmos.

Quando se trata de pôr a mão na massa, coisa que muitos virginianos adoram, procuram fazer o trabalho de modo profissional e se orgulham muito de suas realizações. Ao decorarem um ambiente, seguirão todas as recomendações de quem entende do assunto. Mas quem se importa? E vale a pena se angustiar tanto? Para as pessoas de Virgem, vale. São perseverantes e sempre levam uma tarefa até o fim, apesar de que a parte final é sempre a mais difícil e eles podem acabar deixando algo pequeno e insignificante por terminar. O porquê disso não está muito claro, mas pode ser uma insatisfação com o trabalho – de alguma forma, deixaram de alcançar a perfeição desejada. Essa insatisfação, então, os atazana de tal maneira que podem chegar a desfazer tudo para recomeçar do zero, para horror de seus entes queridos.

Virginianos tendem a ser fanáticos por higiene, o que não chega a soar mal, mas pode ser realmente opressivo para quem vive com ou perto deles. Preocupam-se demais com germes e, sendo assim, fazem com que todo mundo passe a ficar pensando nisso tanto quanto eles. Esse tipo de virginiano fica limpando e esterilizando tudo incansavelmente e controla os hábitos de higiene dos outros, como se as pessoas quisessem deliberadamente transmitir alguma doença infecciosa. Poucos passam no teste da louça lavada. Como resultado, os virginianos costumam tomar para si esse tipo de tarefa. Na verdade, muitos têm lava-louças exatamente por isso, por achá-las mais higiênicas, apesar de este ser um ponto polêmico, pois alguns virginianos acham exatamente o contrário.

Também se responsabilizam por outros assuntos domésticos, e as pessoas às vezes não entendem que os virginianos assumem tais tarefas por não confiarem que ninguém mais vá fazê-las direito. Essa preocupação com limpeza pode ser até um pouco engraçada, mas chega a ficar obsessiva. Ninguém pode ser contra conferir se os legumes e verduras foram bem lavados, mas os nativos de Virgem exageram de um modo que expõe sua extrema meticulosidade.

Quem vive com um virginiano obcecado por limpeza deve sempre lembrá-lo de que os germes também podem ser bons para a saúde e que limpeza não é necessariamente algo que torna uma pessoa melhor.

Mas eles podem alegar que não é só com os germes que se preocupam, mas com os pesticidas também. É uma história parecida, pois também se trata de algo invisível a olho nu. Se existe alguém que gosta de comprar produtos orgânicos e se preocupa com ecologia e meio ambiente, este alguém é um nativo de Virgem. E ele bem que pode salvar o planeta – mas o preciosismo excessivo pode ser insuportável.

O ator Jeremy Irons tem a aparência caprichada clássica deste signo. A irônica matéria a seguir saiu em 9 de agosto de 2002 no jornal britânico *The Guardian*: "O ligeiramente excêntrico senhor Irons, cujo vôo para Cork teve de ser desviado para Shannon por causa da neblina, viu-se num beco sem saída no agitado bar do aeroporto, onde teve uma crise de tédio na frente de todos... Arrumou um pano de prato e limpou algumas mesas para passar o tempo." Pobre dele, típico nativo de Virgem!

O *pop star* Michael Jackson é um virginiano famoso que demonstra várias das características negativas do signo. Além de sua música, ele é famoso por suas várias cirurgias plásticas, tentativas de alcançar sua idéia de perfeição física. Sobram rumores sobre seu estilo de vida bizarro, incluindo o de que todo dia ele passa um tempo numa câmara de oxigênio, ou que usa equipamentos especiais de respiração. Seja isso tudo verdade ou não, a preocupação obsessiva com a saúde é típica do lado negativo de Virgem. E Michael Jackson aparece freqüentemente em público usando uma máscara sobre o rosto, provavelmente por questões de saúde. Ele exemplifica bem as preocupações mais excêntricas com a saúde que um virginiano possa ter.

Outro problema que os virginianos podem ter, paradoxalmente, é sua capacidade única de fazer bagunça. Eles dão uma geral no quarto e tudo fica um brinco, mas em dois tempos o local fica cheio de coisas espalhadas. Às vezes, isso ocorre porque eles não arrumam os objetos depois de usar, outras vezes porque a arrumação que eles procuram está fora da realidade. Não conseguem manter a ordem imaculada que almejam.

Isso ilustra a dinâmica interna entre caos e ordem com a qual os virginianos lutam constantemente. Para alguns, o caos interno é tão grande que a mera idéia de algo fora do lugar se torna insuportável. Para criar uma calma interna, precisam aparentar ordem no plano externo. Pessoas deste signo costumam ser tensas e apreensivas, pois estão sempre tentando manter-se calmas. Uma das formas pelas quais fazem isso é mantendo a máxima calma possível a seu redor. Assim, pode-se dizer que o virginiano que não se sente asfixiado por um ambiente desorganizado já não está mais sendo asfixiado pelos próprios sentimentos.

Outro ponto fraco dos virginianos é que estão sempre fazendo negócios. Tem a ver com o fato de não serem muito intuitivos, de modo que talvez se sintam sempre perdendo alguma oportunidade. Isso não quer dizer necessariamente que ele ou ela vá vender a avó – não com essa consciência sensível –, apesar de terem um lado explorador de sua natureza que pode ser chocante quando aparece. Geralmente, seu materialismo não ultrapassa o limite do bom senso, e os virginianos só passam a ficar de olho em qualquer oportunidade de lucro quando a coisa já passou do razoável. Encontra-se esse tipo de característica mais facilmente em homens de Virgem, talvez porque se sintam mais pressionados a fazer dinheiro. Já as mulheres, em geral, são mais compassivas e se ligam mais nos sentimentos das pessoas, pois é mais difícil explorar uma pessoa com a qual você tem uma ligação de amizade ou amor; seria preciso, além de crueldade, não ter muita relação com a pessoa.

Um virginiano, amigo de um amigo meu, que era de um país mais pobre e estava visitando a Inglaterra pela primeira vez, encarava tudo do ponto de vista financeiro. Para ele, tudo era oportunidade de fazer dinheiro – o preço das coisas, o preço pelo qual poderiam ser vendidas, quanto dinheiro havia em diferentes transações. Ele trabalhava no ramo de turismo em seu país e acabou vítima de uma característica particularmente desagradável deste signo – seu pensamento não era diferente do de um vigarista qualquer.

A "mentalidade de vigarista" também pode ser vista como defesa, para que eles mesmos não sejam vítimas de exploração. É a postura do "cada um por si". Os virginianos são sujeitos sensíveis e humildes, vulneráveis a serem usados. São prestativos por natureza, sentem necessidade de servir aos outros, o que pode acabar expondo-os à exploração alheia. É preciso encontrar o equilíbrio perfeito entre não explorar nem ser explorado.

Essa dinâmica fica evidente no trabalho e em casa, onde os virginianos mostram seu afeto ao realizar tarefas práticas para quem os cerca. É fácil para as pessoas contar com essa postura e não reconhecer a boa vontade com que fazem as coisas. Se, por exemplo, eles preparam o café na imensa maioria das vezes, talvez seja importante para quem se relaciona com os virginianos se oferecer mais vezes para essa tarefa, ou, no mínimo, declarar que sabem que aquela situação não é democrática. Os virginianos simplesmente vêem o que precisa ser feito e o fazem.

Alguns virginianos oferecem ajuda como política de garantia. Para eles, é um acordo sutil que fazem, de modo que no futuro podem cobrar o favor. Eles têm na cabeça uma lista de tudo que fizeram, e como conseqüência se sentem credores e esperam reciprocidade. Se por um lado isso lhes dá a segurança de pedir o retorno de um favor no futuro, por outro lado o verdadeiro sentido da ajuda se perdeu, que seria a generosidade de espírito.

Virginianos com baixa auto-estima podem se tornar compulsivamente prestativos. Eles caem no erro de acreditar que ficarão em melhor conta se forem úteis. Mas o contrário costuma acontecer, pois acabam virando uma espécie de serviçal de todos, e ninguém dá valor a isso.

Os virginianos que sentirem uma tendência a essa direção deveriam questionar seus impulsos altruísticos e analisar seus motivos subliminares. Se for para ganhar aprovação e ser aceito, é de se questionar a validade de conseguir as coisas dessa forma. O primeiro passo seria reconhecer o desejo de aceitação e o sofrimento emocional de não se sentir aceito. Daí fica mais fácil decidir quanto se deve ser prestativo. Em comitês, principalmente de trabalho voluntário, são os virginianos que dão mais duro. É comum que eles carreguem tudo nas costas enquanto outros levam o mérito. Apesar de os outros membros do comitê provavelmente saberem avaliar a contribuição fundamental dos virginianos, o restante do mundo não fica sabendo disso. Este virginiano ou virginiana faria bem em se perguntar sempre se está realmente contente com a situação.

Esse dilema é capcioso, pois é possível alegar que o mundo é um lugar melhor com a atitude dos virginianos, e que o mundo é que está fora do ritmo e precisa mudar. Contanto que estejam felizes e não se sintam usados, tudo bem, mas é muito comum que sofram em silêncio. O aprendizado de uma certa assertividade seria deveras revelador.

Os nativos de Virgem podem ser excessivamente sensíveis e tendem a reclamar de pressões e estresse. O estresse é sempre um indicador de que passaram dos limites. Só porque alguém consegue executar X, Y ou Z não quer dizer que eles possam ou devam tentar o mesmo. Mesmo se não são capazes de reclamar verbalmente quando se sentem sobrecarregados, seu sistema digestivo geralmente acaba se manifestando. Se ficarem tempo demais sem ir ao médico, podem desenvolver algum tipo de desordem gastrintestinal, como a síndrome do cólon irritável, que não tem causa conhecida nem cura absoluta, mas tudo indica que seja causada por estresse e alguns fatores da alimentação. O problema envolve digestão e assimilação. Talvez o virginiano, com seu sistema digestivo delicado, precise de mais tempo de digestão e assimilação que os demais para processar não só a comida, mas questões psicológicas também.

Outro traço negativo de Virgem é a síndrome de não ver a floresta por causa das árvores, ou seja, exceder-se nos detalhes e não conseguir ver o conjunto. Concentram-se tanto nos pormenores que podem acabar até invertendo prioridades. Isso ocorre em projetos nos quais se esquece do objetivo geral e se dá atenção exagerada a miríades de subdivisões. Pode acontecer com relatórios escritos e ensaios, em que acabam se perdendo no meio do excesso de informações – o virginiano argumenta bem, mas lhe falta ênfase e impacto, e a argumentação acaba morrendo na praia. Os nativos deste signo em geral consideram a escrita uma forma de tortura, por serem tão perfeccionistas. É comum que seu uso de gramática, pontuação e ortografia seja digno de um revisor de texto (o que muitos virginianos são mesmo), mas o problema costuma ser traduzir em palavras exatamente o que estão tentando comunicar. Eles se atrapalham com as especificidades.

Uma coisa comum a todos os signos de terra é o medo que têm de serem chatos. Isso se dá por serem muito pragmáticos e, portanto, não tanto excitantes quanto os outros signos. Todavia, alguns virginianos parecem bastante maçantes. O tenista britânico Tim Henman é um desses casos. Não importa se ele joga tênis bem ou mal, o fato é que ele não tem carisma. Ele tem a boa aparência típica dos virginianos, mas carece daquele algo a mais que torna a pessoa atraente.

O comediante virginiano Peter Sellers, já falecido, se achava chato e sem personalidade, e, em parte, foi isso que inspirou seu humorismo. Ele considerava que se escondia por trás dos personagens que criava para ofuscar o fato de ele próprio ser desinteressante. Seu medo de ser chato o motivava. E dava certo, pois muita gente o considerava um homem extremamente engraçado. Nem todos os virginianos são capazes de ir tão fundo na busca de encobrir um defeito do qual se conscientizaram.

Finalmente, há outra característica bastante desestimulante de alguns virginianos que deve ser comentada. Eles podem ser bisbilhoteiros, principalmente quando estão inquietos ou angustiados. Podem reunir informações sobre uma determinada pessoa ou situação, como forma de se sentirem mais seguros e sossegados. Ao colocarem as coisas em algum tipo de categoria, o mundo deles parece menos caótico – portanto, menos ameaçador. Contudo, o modo como lidam com isso pode ser grosseiro e insensível, e nos casos mais graves ficam conhecidos como indivíduos intrometidos e inoportunos. A intenção destes virginianos é calar sua turbulência interna, mas não se pode exigir que as pessoas que escutam deles todo o tipo de perguntas percebam isso.

Do ponto de vista da maioria das pessoas, os virginianos às vezes processam questões emocionais por vias complicadas e enroladas. Assim, por exemplo, tentar marcar um encontro com um nativo de Virgem pode se tornar algo frustrante por conta de complicações aparentemente de ordem prática. E não adianta tentar apresentar soluções, pois serão todas recusadas. Uma questão emocional já se enraizou e está sendo promulgada daquela maneira específica. O virginiano em questão pode não fazer idéia da razão de estar colocando tantos impedimentos, mas gradualmente começa a perceber que está sabotando o encontro. Assim como podem sentir um nó no estômago quando estressados, também acabam aparecendo alguns nós externos impossíveis de desfazer. É melhor dar espaço ao virginiano que está gerando esse tipo de problema, e assim eles acabarão se resolvendo sozinhos.

Nunca é demais enfatizar como os virginianos são sensíveis e tensos, e que sempre causam muito mais sofrimento a si mesmos que aos outros. Seus traços negativos são certamente moderados em comparação com outros signos e prejudicam muito mais a seu próprio sistema nervoso que aos dos outros.

Um aviso para o parceiro de uma pessoa de Virgem que esteja agindo de modo desequilibrado: enfatize suas qualidades, tente ajudar a pessoa a se acalmar e não omita nada, não porque seja errado omitir, mas porque a omissão as distrai. Releve seus pontos fracos e aparentes trivialidades, pois para ela tem importância. Talvez um dia, quem sabe, o virginiano ou virginiana supere essas coisas...

O homem de Virgem

É possível reconhecer o homem de Virgem por seus modos contidos, modestos e discretos. Ele não se manifesta, a não ser que possa contribuir com algo de real valor. Por mais que as pessoas fiquem se estapeando, competindo por posição, este homem fica mais feliz longe dos holofotes, o que também significa que é mais difícil localizá-lo.

Talvez o destaque do homem de Virgem seja sua sincera humildade. Ele demonstra o tipo de deferência e cortesia que anda em falta nos dias de hoje. Às vezes, isso é reflexo de sua falta de confiança em si mesmo, mas também faz parte de sua natureza. Até o mais confiante dos virginianos é sempre educado e discreto.

Um dos pontos simultaneamente positivos e negativos do virginiano é sua natureza extremamente crítica. É dotado de rara capacidade analítica e dificilmente alimenta ilusões; é capaz de ver a si mesmo, às pessoas e às situações como de fato são. Isso nem sempre o faz muito popular, mas sempre se pode contar com ele para uma opinião sincera e respeitosa.

O homem de Virgem costuma revestir comentários cáusticos com bom humor. Ele enfatiza o lado irônico das coisas, pois faz parte de seu estilo acompanhar suas observações com comentários que muitos ouvidos menos afiados acabam nem percebendo. Além disso, tem uma verve sagaz que usa para dizer aquilo que em geral teria dificuldade de expressar. É extremamente perceptivo, observa as minúcias da vida e tece comentários contidos e secos sobre o que vê, com os quais toca diretamente na motivação das outras pessoas. Seja como for, este homem costuma guardar seus comentários sagazes para os mais próximos. Não costuma se dispor a entreter grupos de pessoas, para ele esse tipo de comunicação é íntimo e pessoal. Aqueles em quem ele confia têm o privilégio de conhecer seu pensamento.

Virgem

No que tange a relacionamentos amorosos, o virginiano não fica correndo atrás disso. Ele age no seu ritmo, buscando conhecer bem uma possível namorada antes de qualquer passo, estando com ela em situações que nem poderiam ser chamadas de encontros românticos. É assim que ele consegue decidir se quer ou não começar um relacionamento. Apesar de seus modos reticentes, está no comando da situação: é ele quem escolhe. Ele não revela suas intenções até estar razoavelmente decidido, afinal, não é do tipo de cara que expõe seus sentimentos a troco de nada. O virginiano é seletivo ao escolher a pessoa com quem manterá um relacionamento, por isto pode passar períodos sozinho, e talvez mantendo o celibato.

Esses períodos de celibato não são particularmente difíceis para o virginiano. Ele é exigente na hora de escolher com quem vai para a cama, portanto, quando não está num relacionamento, prefere ficar assim – não sai dormindo com as pessoas por aí. Mas isso não quer dizer que ele tenha baixa libido. O homem de Virgem é extremamente sensual e seu apetite sexual desperta quando está envolvido emocionalmente. E ele apenas tem a capacidade de fazer seu desejo adormecer quando não há ninguém especial a quem direcionar esse desejo.

O homem de Virgem se apaixona lentamente; ele antes confere bem as credenciais de um possível parceiro ou parceira à medida que vai conhecendo a pessoa. Seus critérios de escolha para um relacionamento estável são estritos e precisos, o que pode incluir considerações pragmáticas, como o quão útil a pessoa pode ser para ele. Este homem valoriza muito ajuda e apoio práticos, de modo que alguém que tenha talentos que lhe faltam pode ser bastante interessante para o virginiano.

Depois de analisar e testar a pessoa e ter finalmente entregado seu coração, o nativo de Virgem se mostra um verdadeiro romântico. Isso pode parecer meio contraditório, já que ele aborda o amor com tanta cautela, mas talvez seja simplesmente um modo de defender seu lado idealista. E ele é realmente idealista. Também tende a pôr a pessoa amada num pedestal e venerá-la. Talvez seja gratidão pelo fato de a pessoa não ter desistido enquanto ele tergiversava! Rapidamente o parceiro passa, então, de fonte de desconfiança a objeto de adoração.

Nessa fase romântica, o homem de Virgem é maravilhosamente atencioso e dedicado. Ele repara nas pequenas coisas que fazem diferença e, com sua atenção, faz a pessoa amada sentir-se valorizada. Se comprar flores, serão as favoritas da pessoa, e quando presenteia, cuida dos mínimos detalhes. Mas mais do que isso, ele se envolve com as minúcias da vida da pessoa amada, oferecendo sugestões valiosas que tornam sua vida mais fácil. Ele fará de tudo pela pessoa, como, por exemplo, pesquisar qual carro novo, ou aparelho de som, ou câmera fotográfica é a melhor opção de compra para as necessidades do parceiro, presenteando-o com a informação reunida numa pasta bem organizada.

O homem de Virgem é confiável e cumpre o que promete. Ele não cria falsas expectativas – se existe alguém que cumpre o que diz, é ele. Na verdade ele acaba até deliberadamente gerando menos expectativa sobre o que é capaz de cumprir, de modo que a pessoa que se relaciona com o virginiano pode esperar boas surpresas.

Talvez o segredo mais bem guardado do homem de Virgem seja sua sensualidade. Ele é extremamente tátil e usa do toque para expressar sua afeição, freqüentemente acarinhando a pessoa amada. Isso é muito reconfortante para ele e para a pessoa, uma forma de comunicar seu amor de maneira não-verbal. Não que ele tenha qualquer desconforto com a linguagem falada, pois sabe ser perfeitamente eloqüente quando deseja, mas a comunicação direta por meio do contato físico é seu ponto forte.

Mesmo assim, o homem de Virgem pode carecer de autoconfiança como amante. Em parte, isso se deve à sua falta de experiência, de modo que ele pode se valer da técnica para encobrir sua insegurança. Apesar de a técnica ter seu valor, ele pode acabar subestimando a importância dos sentimentos e deixar de reconhecer como o envolvimento emocional é importante para o bom sexo. Todavia, mesmo com toda sua hesitação inicial e insegurança quando se trata de sexo, à medida que sua técnica vai melhorando, também aumenta sua autoconfiança e ele vai, então, se permitindo expressar seus sentimentos mais profundos. Ele, talvez, se equivoque ao acreditar que as coisas melhoraram porque ele virou um expert, quando o que realmente aconteceu foi que ele, enfim, relaxou.

Até os homens de Virgem com considerável experiência ainda carregam consigo uma certa castidade. Este é o sinal de Virgem, e pode-se dizer que eles começam cada nova relação como se fossem virgens. Essa postura é bastante recomendável, pois cada nova relação se torna uma nova viagem de descobertas, na qual nada é tido como certo.

Quando o Sr. Virgem encontra a pessoa amada, ainda tem questões ligadas ao compromisso que levam um certo tempo para se resolverem. É difícil conseguir que ele se decida por um relacionamento; costuma rejeitar a idéia de casamento, ou algo semelhante, como se fosse uma ameaça à sua identidade. Talvez seja sua natureza mercurial – o que ele tem em comum com os nativos de Gêmeos. Há algo de eterno garotão nele que permanece um tanto evasivo e inexplicável, e ele pensa que um compromisso irá necessariamente destruir isso. Essa jovialidade não precisa ser sacrificada, e ela é uma de suas características atraentes, conferindo-lhe um certo mistério.

O ator Hugh Grant exibe muitos traços classicamente virginianos. O tipo de personagem ao qual ficou associado no cinema é o cavalheiro hesitante, meio bobo e de bons modos, como nos filmes *Quatro casamentos e um funeral* e *Um lugar chamado Notting Hill*, de modo que esses personagens se misturam à sua figura pública. Também é um famoso não-casado, já tendo namorado (e dividido o teto com) Liz Hurley por muitos anos. Alguns dizem que ele tem fobia de casamento.

A carreira de ator parece improvável para estes homens modestos, mas o virginiano tem uma capacidade mercurial de observar as pessoas com precisão e de imitá-las que é sem dúvida útil nessa profissão. Aqueles que optaram por essa carreira, como Sean Connery e Jeremy Irons, o fazem nos seus termos e sem correr atrás da fama e da celebridade como fazem alguns signos.

Apesar de parecer relutar, o homem de Virgem acaba se estabilizando, embora isso possa acontecer tarde, talvez lá pelos seus quarenta anos. O que pode acontecer é que ele de repente perceba que todos os seus contemporâneos estão casados e têm filhos, e, então, entra em pânico. Quem quer que o encontre nessa época o achará bastante disposto a se casar e pode não entender como ele ainda possa estar disponível. É que ele terá acabado de passar por uma grande reviravolta, acordando para o fato de que há coisa muito pior do que aceitar um compromisso – como, por exemplo, ser o último solteirão do planeta. Portanto, se ele for heterossexual, acabará se casando, e se for homossexual, montará uma casa com seu companheiro e se revelará surpreendentemente doméstico. Para quem está esperando que o virginiano chegue logo a esse estágio, não adianta pressioná-lo nem apressá-lo, fique firme ao lado dele que no final ele acabará se resolvendo.

Uma das motivações destes virginianos que se casam tarde é ter filhos – ele quer tudo a que tem direito. E quando houver filhos, é difícil imaginar que o virginiano um dia tenha querido algo que não a vida em família. Então, depois de um começo relutante e pouco promissor, ele se torna um pai dedicado e pronto para pôr a mão na massa. Como signo de terra, não tem frescuras com funções corporais, de modo que contribuirá muito lidando com fraldas sujas e todo tipo de sujeira típica dos bebês. Ele é dotado de uma estabilidade e tranqüilidade que o faz ser muito bom na lida com bebês, o que ajuda a estabelecer laços emocionais tão importantes desde o início.

À medida que os filhos vão crescendo, o homem de Virgem vai gostando mais de atividades práticas com eles, quando os ensina como se faz de tudo. Ele é generoso com seu tempo e dedica horas, na maior boa vontade, a tarefas que beneficiarão os filhos. Por sua vez, os filhos representam a desculpa perfeita para que o virginiano se permita apenas brincar em vez de fazer apenas tarefas produtivas. Trata-se de um homem raro, pois tem paciência e interesse em ajudar os filhos em seus projetos. Ao demonstrar-lhes como se faz as coisas, ele lhes transmite conhecimento.

Depois de ter adiado o início da vida em família, o virginiano se encontrará onde no fundo sempre quis estar. Ele não só se dá bem com os filhos como também é bom nas tarefas domésticas e está sempre ajudando em casa. Ele faz a sua parte das tarefas com boa vontade e ainda por cima gosta de cozinhar. Talvez ele soubesse o tempo todo o "bom partido" que era e por isso tenha se preservado por tantos anos – tinha medo de ser explorado. Este é um homem do lar: seu segundo segredo bem guardado.

Quando se trata de sua carreira, o homem de Virgem não é particularmente ambicioso. É extremamente consciente em tudo que faz e é de grande valor como empregado, mas subir de cargo não é sua prioridade. As responsabilidades inerentes a cada ascensão de cargo lhe pesa sobremaneira, razão pela qual ele não está necessariamente fazendo muita questão de ser promovido. Ele mede seu sucesso por critérios mais amplos que seu salário, preferindo priorizar seu bem-estar geral.

Virgem

Contudo, o homem de Virgem valoriza muito o conforto e almeja um padrão de vida razoável, de modo que tende a ser encontrado em empregos que pagam bem. Apesar de sua modéstia e humildade, seu preço não é barato. Isso pode surpreender quem espera que ele não se valorize financeiramente, algo que ele não faz.

Seja qual for a carreira escolhida pelo virginiano, e há muitas direções que combinam com seu temperamento, ele traz consigo padrões exatos e eficiência, além de se preocupar com o bem-estar dos demais. Sua contribuição em uma equipe é imensa – sempre fazendo mais do que o estritamente necessário.

A carreira do virginiano não é, necessariamente, algo que lhe entusiasme; talvez ele a tenha escolhido apenas para pagar as contas. Seus interesses e atividades de lazer são muito mais importantes para ele. Aqueles que conseguirem se interessar por algo prazeroso que renda dinheiro poderão se considerar particularmente abençoados.

Como os virginianos são bons com os detalhes, muitas vezes assumem trabalhos de contabilidade ou pesquisa, os quais não serão obrigatoriamente tão satisfatórios. As pessoas valorizam sua meticulosidade, mas o virginiano acaba se sentindo confinado. É mais provável que ele se satisfaça ao lidar com alguma ciência natural.

O virginiano no fundo é um interiorano; adora o ambiente rural, apesar de que os que optam pela vida na cidade sempre podem dar uma escapada para o interior nos fins de semana e feriados. Longo da natureza, ele se sente esquisito e desligado de um aspecto da vida que lhe nutre e lhe dá forças. Se ele tiver de viver na cidade, um jardim no qual possa arejar a cabeça é prioritário.

A natureza toca direto na qualidade terrena de Virgem, e ele fica feliz mesmo quando tem oportunidade de classificar diferentes espécies. Ele gosta de atividades como acampar, além de caminhadas e viagens longas, muitas vezes levando junto a família toda. Adora traçar rotas e fica à vontade com um mapa e uma bússola. Quando está dirigindo sempre conhece os atalhos, pois já estudou o mapa. É um expert em planejamento de viagens e não deixa nada ao acaso: está preparado para qualquer eventualidade.

O homem de Virgem adora máquinas e quinquilharias, desde um canivete suíço supermoderno à última novidade tecnológica. Ele gosta de equipamentos bem desenhados e aprende logo a utilizá-los. Ao contrário de alguns, que logo perdem o interesse por essas coisas, o virginiano passa a dominar os detalhes e continua gostando dos aparelhos. Portanto, quem não estiver certo do que comprar para o virginiano agora não tem mais desculpa!

Talvez uma das características mais cativantes do homem de Virgem seja o fato de ele investir tanto em sua vida pessoal, de modo que as pessoas mais próximas e queridas sempre aproveitam a melhor parte de seu ser. Trata-se de um homem essencialmente reservado, de modo que tem sorte a pessoa que o conhecer de fato e for intimamente ligada a ele.

A mulher de Virgem

Pode-se identificar a mulher de Virgem por seu jeito modesto e contido. Elas são calmas e controladas, não se destacam na multidão. Tendem a relaxar e observar e, quando fazem algum comentário, são palavras ponderadas, argutas e astutas. Seus poderes de observação imbatíveis, combinados com a precisão de sua análise de pessoas e situações, tornam sua abordagem das coisas bastante impressionante. Elas percebem todo tipo de detalhe que as demais deixam passar, os quais juntam como peças de um quebra-cabeça, criando uma figura que forma a base de seu entendimento. Como são seres práticos e pragmáticos, tudo ocorre dentro das premissas do bom senso, sem um pingo de extravagância. Portanto, apesar de estas mulheres talvez não chamarem a atenção por serem chamativas ou expressivas, são respeitadas e sua opinião é muito considerada.

Existe algo na mulher de Virgem que atrai as pessoas para si. Este é o signo da Virgem, e antes da interpretação cristã do termo virgindade, o significado era "que não pertence a ninguém". Sendo assim, as prostitutas pagãs que trabalhavam nos templos pré-cristãos eram consideradas virgens, pois pertenciam "a si mesmas" e não a um marido, como a maioria das mulheres. Isso lança nova luz e possibilita um novo entendimento acerca da mulher de Virgem.

Primeiramente, a idéia de pertencerem a si mesmas em vez de pertencerem a um parceiro explica a atitude difícil de definir – mas inconfundível – das virginianas. Independentemente de estarem ou não num relacionamento amoroso, elas têm muita personalidade e respondem apenas por si mesmas.

Por exemplo, quando lhes pedem para fazer algo, raramente pensam no parceiro na hora de aceitar ou negar. Nem se escondem atrás de um parceiro, nem pedem sua permissão. Agem de modo autônomo.

Twiggy, modelo que foi considerada o rosto dos anos 1960, e Claudia Schiffer, top model dos anos 1990, são virginianas. Elas têm um refinamento e uma certa modéstia que muitas virginianas emanam, e cujas origens remontam às serviçais virgens dos templos pagãos que representam este signo e que lhes confere parte de seu mistério e aura.

Sophia Loren e as finadas Greta Garbo e Ingrid Bergman são ícones do cinema que tinham esse alheamento palpável tão típico de Virgem. Poucas dentre elas seguem o exemplo de Garbo, que se retirou da vida pública, mas a maioria opta por um nível razoável de privacidade. Como se trata de pessoas essencialmente reservadas, as virginianas continuam enigmáticas e provocantes. Elas crêem piamente que, ao não se revelarem por inteiro, mantêm-se mais interessantes. Isso opera em vários níveis, então, por exemplo, a virginiana dificilmente usará roupas que exponham o corpo ou fará *topless* na praia. Para começar, não se sentiria confortável (e conforto, para ela, é tudo), além do quê, ela é naturalmente sutil e discreta.

Seja qual for o talento intelectual da virginiana, ela é dotada de mente astuta e alerta. Como os demais signos de terra, entende as coisas de maneira lógica. Ela gosta de ir direto ao ponto e não se deixa impressionar por excesso de intelectualismo. Tende a encarar isso como forma de mascarar algo, pois sabe muito bem que qualquer coisa pode ser expressa de modo claro e simples, que é como ela se comunica. Isso não significa que ela não assimile idéias mais complexas, pelo contrário, ela é muito boa nisso, mas não é por essa razão que vê motivo para tornar as coisas mais complicadas.

A capacidade da virginiana de pensar de modo claro e lógico é um de seus pontos fortes. Ela é uma analista nata, capaz de isolar e examinar os componentes de uma situação ou indivíduo e sintetizá-los em conclusão. Esse talento, aliado a seus instintos femininos, a torna uma força a ser considerada. Todavia, ela não é de desafiar as pessoas – não sai falando o que pensa. Não porque lhe falte coragem; ela é simplesmente modesta e discreta demais para isso. O que ela faz é confidenciar seus pensamentos àqueles que lhe são próximos. Nesse sentido, é uma confidente e tanto.

A capacidade analítica é um talento que a mulher de Virgem aplica em todas as áreas de sua vida, especialmente em si mesma. Se existe alguém que faz uma lista de prós e contras para tomar uma decisão importante, é a virginiana. Ela pode ir além e dissecar os prós e contras. Não deixa pedra sobre pedra em sua busca por respostas.

A mulher de Virgem tem um senso de humor espirituoso e original, estruturado em suas observações precisas. Ela é dotada de um lado brincalhão, irreverente e leve que gosta de respostas rápidas e um pouco de sarcasmo, no que é muito boa. Pode ser extremamente engraçada em suas imitações de pessoas e situações, e ousam dizer o indizível. Ela repara nas pequenas inconsistências das pessoas e joga luz sobre elas, mas sem serem cruéis – apenas precisas. Ela mostra por meio de seu humor que não é nenhuma boba.

O que pode ser um tanto assombroso para um parceiro em potencial é perceber que a primeira coisa que a virginiana fez foi avaliá-lo, nos mínimos detalhes. E que antes que ele possa se aproximar dela, terá de se adequar a uma série de padrões e critérios determinados por ela. Esses padrões são revisados e atualizados constantemente e tomam por base sua experiência de vida até o momento. Quando conhece um novo pretendente, terá em mente, se não tiver também no papel, uma lista de prós e contras de compatibilidade. E apesar de não ser, de modo algum, o tipo de mulher que dá o golpe do baú, ela considera bastante a situação financeira do parceiro, pois não quer perder tempo com gente que nunca vai chegar a lugar nenhum.

A mulher de Virgem é muito pragmática em vários níveis quando se trata de escolher um parceiro. Ela sabe que a fase romântica não dura para sempre e busca uma relação que sobreviva ao primeiro fluxo do amor. Por isso, procura um companheiro com quem tenha muito em comum, boa comunicação e interesses semelhantes. O encontro das mentes é extremamente importante para ela, e confere estrutura à relação. Ela quer que o parceiro seja seu melhor amigo e confidente, não apenas seu amante.

Isso não significa que falte paixão à mulher de Virgem. Trata-se de uma mulher sensual que libera seu lado passional ao se ver emocionalmente envolvida. Ela se sente à vontade com o próprio corpo e sabe o que quer em termos de sexo – já não banca a acanhada neste ponto do relacionamento. Ela espera que o companheiro a satisfaça e, se necessário, ela mostrará ao parceiro ou parceira como fazer. O jeito tão direto talvez amedronte um pouco os pretendentes, que talvez não estejam a fim de receber instruções técnicas.

Tudo isso pode não se encaixar com a timidez que a virginiana aparenta de início. Essa timidez é, na verdade, sua reticência nata quando se trata de envolvimento amoroso até estar realmente certa de querer se envolver. Ao contrário de alguns signos, ela é bem capaz de ficar sozinha e ser feliz assim. Ela não precisa de um parceiro para sentir-se completa; sente-se completa em si mesma. Essa auto-suficiência lhe dá poder de barganha – ela não se deixa dominar por suas necessidades. E mesmo depois de comprometida, mantém essa postura. Não é que seja altiva; não faz seu estilo. Ela incorpora a crença de que seu relacionamento possa ser do seu jeito.

Se a mulher de Virgem decidir ter filhos, também será do seu jeito. Ela é bastante realista quanto às implicações de ter um filho e só o faz se estiver em posição de oferecer segurança e estabilidade à criança. O que significa que ela precisa sentir que encontrou o parceiro certo para tal, com quem possa contar durante a gravidez e os primeiros anos. Talvez ela decida voltar ao trabalho, mas não quer sentir-se forçada a fazê-lo por necessidade financeira. Ela não gosta de ser uma supermulher, seu nível de ansiedade é alto demais para isso, e ela não liga para ser politicamente correta; pode ser que ela goste tanto de ser mãe que resolva continuar e ter mais alguns filhos, ocupando-se da maternidade em tempo integral. A vida doméstica pode se tornar sua carreira.

Ao contrário de Câncer, que é extremamente maternal, a mulher de Virgem gosta mesmo é da vida doméstica, da qual os filhos fazem parte. Ela está em seu elemento ao ser útil e prestativa. É eficiente, capaz e pode comandar uma casa ao mesmo tempo organizada e acolhedora. Muito já foi dito sobre o capricho e a organização de Virgem; talvez sua casa nem seja tão arrumada assim, mas terá uma certa ordem, com tudo em seu lugar.

Se a virginiana for heterossexual, sai-se muito bem como a esposa tradicional. Não que ela incorpore esse papel de maneira convencional, pois tem um senso forte de personalidade. Todavia, a confiabilidade e a firmeza que transmite ao tomar conta de tudo no dia-a-dia são boas para seu marido. Trabalhando fora ou não, a casa está sempre com tudo funcionando bem. Ela espera que o marido ajude também, pois ela não é nenhum capacho, apenas supervisiona os afazeres domésticos com muita competência. Num relacionamento homossexual, ela pode desempenhar papel semelhante, mas não haverá uma divisão de tarefas tão clara, a não ser que haja filhos e ela fique responsável pela maior parte do trabalho doméstico.

Em termos de carreira, o desejo da mulher de Virgem de ajudar acaba afetando suas escolhas. Ela pode se atrair por profissões de assistência, como enfermaria, assistência social e terapias alternativas. Também pode querer trabalhar como secretária, e nesse caso desempenhará a função com brilhantismo. Sua tendência a subestimar as próprias capacidades pode levá-la a trabalhar em algo que não exija muito de si. Quando está trabalhando abaixo de sua capacidade não fica necessariamente entediada, pois gosta de se sentir a melhor no que faz. Mas não permanecerá nessa atividade por muito tempo; acabará buscando algo mais estimulante. Depois até fica se perguntando por que demorou tanto a mudar.

Seja qual for a carreira escolhida pela mulher de Virgem, ela a segue com profissionalismo e impressionante competência. Não tem medo de pegar no pesado e cumpre sua função com eficiência e graciosidade. É prestativa e agradável como colega de trabalho. Ela pode trabalhar igualmente bem sozinha ou em equipe. O único senão, se é que se pode chamar assim, é que ela sofre com a ineficiência dos outros, o que lhe causa diversos problemas, entre eles o estresse.

Se a virginiana tiver oportunidade e puder, seria bom trabalhar em meio expediente, tendo filhos ou não. As que não tiverem filhos podem arrumar ocupações facilmente e aproveitar a vida sem se submeter a pressões excessivas. Adoram ser donas de seu tempo e fazer o que lhes der na telha em vez de ter de ficar se adaptando aos horários dos outros. Isso é a antítese de toda a sua "supereficiência", o que cria um equilíbrio que lhe acalma, afastando o estresse. A mulher de Virgem que tiver de trabalhar o dia inteiro precisa ter um tempo para se dedicar a si: isso é essencial para seu bem-estar e saúde. Ela precisa ter os fins de semana livres de qualquer compromisso – até eventos sociais podem ser sufocantes.

As mulheres de Virgem têm uma compreensão nata da interação e influência mútua entre o corpo e a psique, e procuram cuidar de ambos. Caso se sintam fisicamente mal, pensam automaticamente em termos de qualquer estresse psicológico que tenha afetado seu bem-estar e contribuído para o problema. Elas se mantém informadas sobre as últimas descobertas nas áreas da saúde e da nutrição, e muitas delas seguem uma dieta especial. É provável que tomem suplementos de vitaminas, minerais e plantas medicinais para aumentar a saúde e a vitalidade. Investem em terapias alternativas e sempre visitam o homeopata, acupunturista ou outro profissional do tipo. Não se trata necessariamente de algo para que se voltam quando estão doentes, e sim algo que vêem como um dinheiro bem empregado em prevenção. Talvez elas mesmas sejam profissionais desse tipo, e saibam, então, do que estão falando. E ninguém precisa lhes ensinar a abordagem holística, pois elas já nascem sabendo.

Isso significa que a virginiana nunca julga as coisas pela aparência; sempre se informam bem e encontram ligações e significados mais profundos. Às vezes, algumas se enrolam com as próprias pressuposições, mas são mulheres interessantes, com sua postura única, e que muito têm a contribuir. É por isso que a mulher de Virgem angaria respeito e atenção daqueles que lhes são próximos: eles sabem de seu valor, mesmo que ela própria não saiba.

A criança de Virgem

A criança de Virgem é sensível, gosta de ajudar e é de fácil convívio. São crianças contidas e pensativas, parecem tímidas e de fato não esbanjam autoconfiança. Elas vão se sentindo mais seguras à medida que vão ganhando experiência e maestria em diferentes tarefas, e sua segurança vai aumentando ao longo de suas vidas. Podem não nascer com autoconfiança, mas quando levadas com jeitinho, acabam adquirindo-a.

A modéstia das crianças de Virgem as impede de exagerar, de modo que autopromoção não é seu forte. No mínimo, deixam de reconhecer seu valor e fazem pouco de seus méritos. A maioria dos pais pergunta a seus filhos como foram na escola e como foi seu dia, e precisam aprender a interpretar a resposta que ouvem de seu pequeno virginiano. É mais provável que falem de suas falhas e dificuldades que de seu sucesso.

Para ter uma visão realista de como a criança de Virgem está se saindo, fale com seus professores, mantendo em mente a versão da criança, pela qual se pode perceber como ela vê a vida. Os pais precisam encontrar um ponto de equilíbrio no qual reconheçam sua realidade e não subestimem suas ansiedades, mas também sem levá-las a sério demais. Os pequenos virginianos podem lidar com isso muito bem. São crianças humildes e modestas, qualidades raras e não especialmente em voga no mundo de hoje, mas valiosas.

Como as crianças de Virgem são altamente sensíveis, tendem a desenvolver preocupações e ansiedades, com as quais se deve lidar de modo pragmático. É importante que lhes dêem tempo e espaço para desabafar, pois sem isso não conseguem atingir suas preocupações mais profundas, as quais precisam ser abordadas. O ideal é que tenham pais calmos e serenos para que possam se sentir seguras de confiar seus problemas. Se os pais forem ansiosos, o pequeno virginiano não terá para onde recorrer para abrandar seus medos. Dê a estas crianças um tempo diário para que fiquem consigo mesmas e reflitam. Elas não se adaptam a atividades em excesso, e uma agenda cheia de compromissos sobrecarrega seu sistema nervoso.

Como é um signo regido por Mercúrio, não há muitas diferenças entre meninos e meninas de Virgem. Mercúrio é um planeta assexuado, de modo que ambos os sexos podem expressar suas características igualmente bem. Contudo, a forma com que a sociedade reage às diferenças de gênero faz com que as meninas tendam a ser mais exploradas em sua natureza prestativa. Mesmo quando crianças, os virginianos gostam de sentir-se úteis. A melhor maneira de proteger uma filha virginiana é não deixar que se aproveitem dela dentro da própria família, que é seu campo de treinamento. Quando se valoriza a criança e o que ela tem a oferecer ela acaba assimilando corretamente o valor que tem, o qual tende a subvalorizar ao longo da vida. Isso também vale para os meninos. E mais, há expectativas culturais para que os meninos se comportem de maneira mais masculina que os meninos de Virgem geralmente são, de forma que é mais fácil para as meninas nesse sentido, e é necessário que os meninos de Virgem sejam valorizados e reconhecidos por sua natureza mais gentil.

Todas as crianças gostam de perguntar o porquê das coisas, mas as de Virgem o fazem mais que a maioria e não se contentam com respostas incompletas. Gostam de explicações completas e continuam fazendo perguntas até ficarem satisfeitas. São sofisticadas em sua capacidade de entender idéias e conceitos complexos, e como são naturalmente muito curiosas, nenhuma explicação é demais. E mais, quando são levadas a sério, sentem-se respeitadas, e isso faz muito por sua autoconfiança.

O interesse que as crianças de Virgem manifestam nas coisas é uma característica que têm em comum com Gêmeos, também regido por Mercúrio. Como os geminianos, os pequenos nativos de Virgem reparam em coisas que passariam despercebidas por crianças menos atentas. São observadores afiados que se atêm aos menores detalhes, de modo que podem ser crianças bastante contestadoras.

Sendo nativas de um signo de terra, as crianças de Virgem vêem o mundo de forma prática e pragmática e gostam de entendê-lo sob esse prisma. Precisam entender como funcionam as coisas. Quando bebês, elas gostam de brinquedos de encaixar que possam ser montados e desmontados. À medida que forem crescendo, dê a estas crianças brinquedos mais complicados, como Lego. Contanto que sua segurança esteja garantida, deixe que brinquem com utensílios domésticos fora de uso, para que possam investigar como funcionam. Elas vão adorar remover os fundos de um relógio ou rádio velho. Talvez até virem engenheiros no futuro.

A imaginação de uma criança de Virgem funciona melhor quando expressada por meios tangíveis e concretos. Conheci um garoto deste signo que fazia túneis e estradas complexas na areia, nos quais acrescentava água, pequenos carros, soldados e animais que formavam um ambiente rico e elaborado. Ele fazia a maior bagunça, mas mantinha-se completamente absorvido por muito tempo.

A argila oferece um tipo de experiência sensorial distinta, em geral apreciada pelos virginianos. Apesar de haver muitos materiais de modelagem mais modernos no mercado nos dias de hoje, nada é mais prazeroso para um signo de terra do que a argila. A bagunça, que enlouquece alguns pais, é na verdade perfeitamente administrável, e é em parte o que torna tão agradável a lida com esse material.

Além de mexer com argila, as crianças de Virgem também gostam de atividades artísticas mais convencionais. A maioria das crianças brinca com tintas e giz de cera, e os virginianos apreciam também colagens e mosaicos. Têm um pendor para fazer coisas e sabem lidar com miudezas e pequenas peças. Alguns pintam ou desenham com perspectiva panorâmica, um pouco como os artistas aborígines, muitas vezes incluindo projetos de edifícios. É possível que venham a ser arquitetos no futuro.

A paciência é uma das virtudes das crianças de Virgem, bem como o interesse nos detalhes. Se existe alguém que consegue construir coisas com palitinhos, é um virginiano, apesar de que só costumam fazer isso quando estão mais crescidos. Enquanto isso, aeromodelismo é algo que pode lhes entreter e ocupar.

É comum que as crianças de Virgem desenvolvam um interesse quase precoce pela natureza. Quando são pequenas, gostam de colecionar frutinhas e sementes, e quando crescem já buscam coisas mais incomuns. Identificar fósseis, pedras, árvores, pássaros e animais selvagens são atividades de grande apelo para a curiosidade nata dos virginianos. Ademais, têm prazer em classificar as coisas. Não se importam tanto em possuir os objetos; querem mesmo é conhecê-los. Assim, um par de binóculos seria certamente um bom investimento.

Um jardim é sempre bom para a maioria das crianças, mas as crianças de Virgem gostam especialmente de brincar no jardim e se deixam absorver completamente pelo crescimento de plantas, frutas e flores. Se for possível reservar um pedacinho do jardim exclusivamente para elas, passarão muito tempo cavando, construindo e criando coisas nesse cantinho. Pode contar com buracos fundos e até com o aparecimento de um pequeno lago. No final estarão com as unhas cheias de terra, mas felizes da vida. Para quem não tiver acesso a esse tipo de coisa, cultivar feijão no algodão e outros brotos já serve. Classificar as plantas e entender como se propagam é de interesse para estas crianças, que querem saber dos fatos e guardar as informações para si.

São crianças adaptáveis. Os virginianos se ajustam a novas situações com relativa facilidade e, apesar de gostarem de sua rotina, não fazem objeção a novas programações. Isso pode querer dizer, por exemplo, que viajam bem quando pequenos, se necessário.

Farão objeção, contudo, a mudanças na alimentação. Até os bebês de Virgem são exigentes e melindrosos a esse respeito. Mostram o que preferem comer desde cedo, e isso deve se respeitado. À medida que crescem, vão ampliando seu paladar a uma alimentação mais variada. Seu sistema digestivo é muito delicado, de modo que é preciso cuidado na hora de desmamar. Se possível, devem mamar até quando quiserem, e seria bom considerar a idéia de dar-lhes alimentos sólidos apenas depois dos seis meses. Assim, seu organismo pode começar a funcionar da melhor maneira, minimizando sua suscetibilidade a problemas digestivos.

As crianças deste signo precisam de apoio e encorajamento desde bem cedo. Tenha muito cuidado ao criticá-las, pois cada crítica as toca profundamente. São autocríticas o suficiente por si mesmas, e qualquer crítica extra é excessiva. Se tiverem de ser repreendidas, faça-o com a maior delicadeza possível, deixando claro que é seu comportamento que está sendo censurado, e não elas em si.

Também é importante não forçar a criança de Virgem a fazer coisas para as quais não estão preparadas ainda. É melhor fazer até o contrário, procurando suavizar a expectativa que têm de si mesmos. Mais que tudo, os virginianos precisam ser aceitos, o que lhes dá embasamento para sua auto-aceitação no futuro. Ajude-os a serem menos críticos de si mesmos. Os pais fariam bem em se concentrar nos acertos desta criança e minimizar seus erros.

A tendência ao perfeccionismo da criança de Virgem pode levá-la a sofrer na hora de fazer o dever de casa. Enquanto outras crianças menos detalhistas podem entregar um trabalho regular, os virginianos lutam para alcançar um padrão do qual possam se orgulhar, a despeito de conseguirem manter ou não este padrão. Seu julgamento é preciso. Para bem ou mal, sabem quando seu trabalho não alcança esse padrão, e se importam com isso.

O nível de excelência que a criança de Virgem luta para obter pode iludi-la e ficar fora de seu alcance. Apesar de darem tudo de si para apresentar um trabalho, isso pode não ficar evidente para os professores, pois o trabalho pode estar na verdade bastante bagunçado, com muitas alterações e correções. Apesar de terem trabalhado longa e duramente, seu esforço supremo pode não ser reconhecido como tal, o que só aumenta sua frustração. Enquanto isso, é importante que os pais elogiem seus esforços e reconheçam o esforço do filho.

As crianças de Virgem podem ser um pouco tímidas. Elas carecem da confiança de outros signos mais instintivos e exaltados, requerendo mais sensibilidade no trato. São prestativas por natureza e adoram se sentir úteis. Tomam de bom grado a iniciativa de ajudar nas tarefas de casa. Estas crianças já nascem imbuídas com a moral protestante do trabalho como fonte de crescimento pessoal, são laboriosas e ficam felizes da vida quando ocupadas com alguma tarefa. Adoram trabalhar para receber mesada, o que talvez não seja a melhor coisa a se fazer com este signo em particular, pois não se pode deixar que a criança de Virgem se sinta explorada. Os pais devem procurar reafirmar sempre que estas crianças são queridas e valorizadas pelo que são – não precisam lutar para obter amor – e na verdade não podem ganhar amor como se ganha dinheiro. É importante que percebam que nem tudo na vida tem um preço, que certas coisas não podem ser compradas. Por isso, é melhor não estabelecer relação entre a mesada que recebem e a ajuda que prestam em casa.

Deixe que esta criança tenha um bichinho de estimação, se possível. Não precisa ser um animal que requeira muitos cuidados; algo como um camundongo, hamster, coelho ou porquinho-da-índia são ideais, mas um gato ou cachorro também podem ser uma opção, dependendo do que se adapte melhor ao resto da família. Estas crianças se apegam muito ao animal e satisfazem sua curiosidade de aprender sobre a natureza do bicho. Elas gostam especialmente de fazer carinho e de tratar de seu animal de estimação, e seu temperamento sem frescuras faz com que lidem bem com as tarefas menos agradáveis inerentes. Há também os benefícios psicológicos de cuidar de um animal menor que eles, o que ajuda a desenvolver autoconfiança e autodomínio.

Muito já se disse sobre a luta dos virginianos para manter a ordem e da falácia que é sua reputação de superorganizados. As crianças de Virgem não são exceção e adoram uma casa bem arrumada. São malucos por classificação e gostam de manter suas coisas de um modo que as deixe acessíveis. Armazenamentos devem ter rótulos claros para que funcionem de fato. A atitude deles é mais pragmática que estética. Quando seus quartos ficam bagunçados, estas crianças se sentem sufocadas e precisam de ajuda para reorganizar tudo.

Na adolescência, os modos contidos dos virginianos os levam a passar por essa fase razoavelmente bem, ao menos externamente. Não demonstram mau humor nem agressividade. Mais uma vez, provavelmente o problema é sua insegurança. Este é um período difícil, na melhor das hipóteses, com arroubos súbitos de crescimento e desenvolvimento físico que levam os adolescentes a se sentirem esquisitos e inibidos. Atividades como dança e esporte são recomendáveis, pois ajudam a deixá-los mais à vontade com os próprios corpos – deixe que estes jovens façam qualquer atividade que suavize a transição para a vida adulta. Não são jovens irresponsáveis e rebeldes, de modo que os pais podem ter segurança em encorajá-los e conceder a liberdade de que precisam para ganhar autoconfiança.

Na época em que o virginiano tiver de escolher a faculdade que vai fazer, seus interesses deverão estar aparentes. Até então, farão bem em manter suas opções em aberto, pois poderão, facilmente, seguir diferentes direções. Sem dúvida terão talentos técnicos, mas talvez não queiram se tornar técnicos nem designers. Podem escolher tanto artes, quanto a área humana ou mesmo a área científica. É possível que façam bom uso de matérias como biologia, geografia e geologia na profissão escolhida. Apesar de serem bons em rotular, têm dificuldades em definir a si mesmos.

As crianças de Virgem tendem a subestimar as próprias qualidades, o que limita suas opções de vida. Se por um lado não se recomenda que os pais sejam exageradamente ambiciosos, nem que sugiram que a criança poderia fazer mais – o que não ajudaria em nada –, por outro lado seria ótimo sondar do que ele ou ela gostaria mais – quais são seus sonhos. Como pais, é bom ter em mente que estas crianças são modestas e humildes e que é bem provável que sejam bem melhores do que pensam naquilo que fazem. Quando se trata das provas da escola, tendem a ganhar notas melhores que o esperado.

Estas crianças não são das mais exibidas nem tentam ficar chamando a atenção para si. Se tiverem irmãos, não deixe que sejam obscurecidas pelos mais falantes. Não é por serem mais contidas que deixam de precisar do mesmo amor e cuidado que as outras crianças, e podem se sentir rejeitadas se as necessidades de irmãos mais novos forem sempre priorizadas. Seria bom que os pais reservassem sempre um período só para o pequeno virginiano, sem que precisem lutar por atenção. Pode ser uma surpresa o que vem à tona nesses momentos mais íntimos. E mesmo que não seja verbalizado nada de maior importância, as crianças de Virgem sempre vão precisar desse tipo de calma intimidade. É nesses momentos que elas se revelam de verdade. Seria trágico para um pai ou uma mãe perder momentos assim.

Libra

de 23 de setembro a 22 de outubro
Signo cardinal de ar, regido por Vênus

Conhecendo o signo de Libra

Muitos dizem que Libra talvez seja o mais atraente, charmoso e agradável dos signos do zodíaco. É possível reconhecer seus nativos facilmente por sua boa aparência e modos amáveis. Mesmo quando não são dotados de beleza clássica, e muitos são, têm uma aura de graça e elegância que os torna atraentes.

Este signo é regido por Vênus, o planeta associado ao amor e à atração, e, para os nativos de Libra, é o amor que faz o mundo girar. São indivíduos que nasceram para ter um relacionamento; gostam de interagir com os outros, são gregários e sociáveis, mas ter uma pessoa para si é sua prioridade. São românticos e idealistas e vivem à procura do "... e viveram felizes para sempre" dos contos de fada. Um tanto fora da realidade e visionários, os librianos mantêm altas aspirações sobre como a vida deveria ser e sua intenção é fazer do mundo um lugar melhor e mais feliz. Eles realmente procuram e extraem o melhor das pessoas.

Diplomatas e educados, os librianos têm um jeito sensível de dizer até as coisas mais difíceis, o que significa que eles raramente ofendem as pessoas. Como se ofendem com facilidade, formulam suas palavras como se estivessem falando para si mesmos. Por causa de sua discrição, evitam comentários deselegantes, mantendo distância de qualquer coisa que possa aborrecer ou causar controvérsia.

O símbolo deste signo é a balança, e os librianos buscam estabelecer equilíbrio e harmonia. Esse é um ponto importante que se deve ter em mente ao tentar entender estes indivíduos, pois essa busca é o ponto central de todos os aspectos de sua vida. Seus modos agradáveis e elegantes emanam de seus esforços pela manutenção do equilíbrio, tanto interno quanto externo.

Isso se aplica, mais obviamente, à aparência do libriano, daí o cuidado que tomam ao se apresentarem da melhor maneira possível. É bem provável que seu armário seja repleto de roupas de grife em cores de bom gosto. Gostam de tons sutis, ao mesmo tempo notáveis e discretos, e tecidos naturais, como seda, algodão, linho e lã. Guardam e organizam suas roupas com todo cuidado e atenção – pode contar que suas roupas estejam envolvidas por capas protetoras, com contas caras de lavanderia penduradas nelas. Compram tudo da melhor qualidade, de acordo com seu poder aquisitivo, e depois cuidam bem de seu investimento. Como sempre escolhem cortes e desenhos clássicos, suas roupas não ficam fora de moda. Algumas peças podem estar na última moda, mas a maioria não segue esse padrão.

O lar do libriano tende a ser esteticamente prazeroso; assim como suas roupas, as cores que escolhem se harmonizam e a atmosfera que criam é de tranqüilidade. Optam por tons neutros, pois sabem que não ficarão datados cedo, ao contrário de tons e estilos mais arrojados. As cores são introduzidas de maneira a possibilitar sua remoção sem maiores dificuldades, nas almofadas e flores, por exemplo. Seu gosto tende a ser clássico, moderno e minimalista, em vez de antigo: para eles, antigüidades são excessivamente repletas de detalhes. Conforto também é fundamental, por isso, seu minimalismo nunca será extremo; um recinto entulhado demais acaba impedindo que criem no ambiente a calma desejada.

Algumas pessoas podem se perguntar se isso se aplica também aos homens de Libra, e a resposta é sim. Tanto o libriano quanto a libriana se vestem muito bem, têm gosto impecável e investem muito tempo e energia em sua aparência e na decoração de casa.

Uma forma mais cerebral pela qual os librianos manifestam sua busca por equilíbrio e harmonia é sua consciência política. Não se envolvem necessariamente com a política como é praticada convencionalmente, mas o conceito de justiça significa muito para eles. Podem perder o sono com questões de justiça e lutam contra aquilo que consideram injusto. São indivíduos de princípios firmes, e, muitas vezes, podem ser encontrados trabalhando com leis e em prol dos direitos comuns. O conceito de que a vida simplesmente não é justa é algo que nunca conseguem resolver dentro de si.

Bob Geldof, organizador do festival beneficente Live Aid, que arrecadou milhões de libras para pessoas que não tinham o que comer na África, é um bom exemplo desta característica de Libra. Ele se sensibiliza com a injustiça das desigualdades do mundo e usa sua posição de *pop star* para agir. É como se ele tivesse entrado numa cruzada, sempre divulgando conceitos como o cancelamento da dívida dos países subdesenvolvidos. Foi reconhecido com o título de cavaleiro honorário na Inglaterra por seu trabalho de caridade.

É típico do libriano ser pacifista, e quando ele se engaja numa luta, usa métodos de resistência e persuasão. Os nativos deste signo costumam ter muita dificuldade com sentimentos como a raiva, pelo descontrole que lhe causam. Trata-se de indivíduos plácidos, amantes da paz, e até mesmo uma troca relativamente insignificante de palavras ásperas lhes aborrece muito, e leva um tempo considerável para que recuperem a harmonia interna ao ouvir tais palavras. Por isso, desenvolveram talentos verbais impressionantes e sofisticados com o objetivo de evitar o confronto direto.

Como são pessoas essencialmente prestativas e fáceis de lidar, muitas vezes os librianos podem ser passados para trás. Quando lhes pedem para fazer algo, os librianos têm dificuldade em responder "não". Parte do problema é que eles querem agradar às pessoas e, por causa de sua tendência a se colocar no lugar delas, ficam pensando como o outro se sentiria ao ouvir uma recusa. Logo, o libriano precisa aprender que tem o direito de dizer "não". Uma vez tendo reconhecido a existência do problema, pode desenvolver estratégias. Uma delas é escrever um lembrete ao lado do telefone, dizendo "tenho o direito de dizer não". Escrever na agenda "manter tempo livre para mim" é outra. Para aqueles que não conseguirem dizer um "não" com todas as letras, ganhar tempo pode ser uma saída. Ao responderem "talvez" ou "vou pensar no assunto", eles podem refletir melhor e encontrar uma forma educada de recusar – alguma forma pela qual eles não se sintam tão mal.

Parte da dificuldade dos librianos é o fato de serem sujeitos genuinamente gentis e agradáveis que não suportam a idéia de as pessoas não gostarem deles. Mais que qualquer outro signo, eles se importam com o que as pessoas pensam sobre eles e podem se enrolar bastante na tentativa de agradar a todo mundo. Não são apenas as opiniões das pessoas próximas que lhes interessam; os librianos querem agradar também ao motorista do ônibus, ao garçom e ao vendedor. Precisam que os outros lhes devolvam como reflexo uma imagem agradável de si próprios.

Os librianos são famosos por sua indecisão; para eles é quase impossível se decidir. Isso porque eles levam qualquer tomada de decisão extremamente a sério, considerando bem suas opções. É típico que fiquem indo e vindo, mudando de opinião. É como se ficassem literalmente pendurados na balança – faço ou não faço? – até enfim decidirem. E, mesmo depois da decisão tomada, é bem possível que retrocedam e mudem de idéia.

Aos amigos e colegas que têm de lidar com isso – ou seja, aqueles que têm de esperar pela decisão do libriano – aconselha-se programar as coisas com bastante antecedência, pois o libriano não pode ser apressado. Confira de vez em quando se ele ou ela já se resolveu, mas talvez seja melhor evitar explicações detalhadas. Envolver-se em seu processo de tomada de decisão consome tempo e envolve discussões infindáveis e repetitivas sobre os prós e os contras. Deixe essa função para as pessoas mais íntimas e próximas do libriano em questão, já que estes não têm mesmo muita opção.

A tendência do libriano de pôr os outros em primeiro lugar e de querer ver todos felizes é parcialmente responsável por sua dificuldade de decidir. Isso quer dizer que leva certo tempo para que os nativos deste signo resolvam o que querem e que para eles é particularmente difícil decidirem sozinhos. Eles precisam do feedback das pessoas. As pessoas de relacionamento próximo já devem estar prontas para essa interação. Algumas decisões levam dias, semanas ou mesmo meses, mas na melhor das hipóteses deve-se esperar que o libriano vá dormir pensando no assunto para ver os esclarecimentos que o inconsciente pode trazer.

Apesar de às vezes os librianos esperarem muito das pessoas, não esperam nada que não estejam dispostos a oferecer. São indivíduos sociáveis que gostam de interagir com os outros. Têm amigos dos tipos mais variados e têm prazer em conhecer gente nova. Vivazes e gregários, adoram quando sua agenda está cheia de compromissos sociais e festas.

Todavia, nem todos os librianos são extrovertidos. Os de tipo mais introvertido também tomam parte em muitos eventos sociais, mas para eles é um pouco mais difícil. Os convites não param de chegar, pois, como se saem bem nessas situações, as pessoas não imaginam que tenham qualquer dificuldade em comparecer. Estes librianos gostam mesmo é de estar com pessoas mais próximas, geralmente a dois, e, quando houver mais pessoas, ou em festas, ficarão a maior parte do tempo conversando mais com uma ou duas pessoas com quem tenham mais intimidade.

Sejam introvertidos ou extrovertidos, os relacionamentos *tête-à-tête* são o que importa para a maioria dos librianos, pois é por meio dessa interação mais próxima que eles conseguem conhecer melhor a si mesmos. Precisam do retorno do outro, sem o qual se sentem perdidos, como se não tivessem identidade. Sentem-se como se apenas existissem ao verem seu reflexo no espelho, sendo que as pessoas são este espelho. Eles investem uma quantidade enorme de energia nos relacionamentos e acham difícil entender que nem todo mundo quer fazer parte de um par, como eles próprios. Mesmo quando passam períodos sozinhos, os librianos estão repensando relacionamentos que acabaram, enquanto se deixam obcecar pela busca de um novo par. Alguns passam muito tempo solteiros, aparentemente com um estilo de vida solitário, mas bem resolvido. Na verdade, isso raramente acontece. Com ou sem parceiro, os librianos sempre estarão querendo um relacionamento.

Se considerarmos como os librianos dependem de um relacionamento, veremos que estão longe de serem pragmáticos. Pode-se dizer que eles vivem apaixonados pela idéia de estar apaixonados; deixam-se envolver pelo romantismo. Adoram jantares à luz de velas, enviar e receber flores, poesia e caminhadas por praias enluaradas. Perceba que nada disso inclui as atividades do dia-a-dia. A maioria das pessoas fica encantada com essas coisas em momentos especiais, mas os librianos querem que sua vida como um todo seja um conto de fadas. Portanto, apesar de os relacionamentos serem algo vital para eles, sua atitude fora da realidade indica que eles estão longe de serem imunes a problemas.

Uma vez comprometidos, os librianos têm de encarar as questões mais prosaicas e cotidianas de dividir a vida com outra pessoa. Nada mais de sonhos ou fantasias, agora eles têm alguém cuja presença física pode se revelar um tanto chocante. Trata-se de um signo cerebral, e os librianos de fato vivem muito dentro da própria cabeça, sendo muitas vezes até considerados uns "cabeças-de-vento". Não são pessoas muito práticas e não se sentem especialmente à vontade com o próprio corpo nem com a realidade física, de modo que podem ser distraídos e bagunceiros. Sua sensibilidade estética não reage necessariamente mal a uma bagunça superficial, se a bagunça for produzida pelo próprio libriano, que a considera parte de seu processo criativo. Portanto, por mais prestativos e amoldáveis que sejam, a vida ao seu lado não deixa de ter suas dificuldades.

Ao lado disso, os librianos também não são muitos bons em lidar com seus sentimentos, podendo ser surpreendentemente evasivos e distantes, o que deixa a pessoa amada mais abalada que a bagunça que fazem. É difícil combinar seu desapego com suas fortes tendências românticas, mas seu romantismo não é garantia de saber lidar com emoções mais profundas. Para eles, emoções muito fortes são de mau gosto, além de ameaçar sua bem estabelecida sensibilidade estética. Qualquer coisa mais intensa os desestabiliza, devendo, portanto, ser evitada, e uma maneira pela qual os librianos tentam fazer isso é com uma atitude de fria desaprovação para qualquer pessoa que expresse suas emoções perto deles.

Os nativos de Libra têm uma forte percepção de comportamento e modos adequados, e isto sempre se aplica à sua vida íntima. Por exemplo, mudanças emocionais intensas podem ser reprimidas, pois ultrapassam os limites do que é considerado civilizado e bem-educado. E podem acabar esperando que seus entes queridos mantenham sempre todo tipo de gentileza e bons modos, abstendo-se de qualquer comportamento menos educado. Seus padrões sociais se intrometem em sua vida pessoal, e as pessoas que se relacionam com o libriano ou a libriana podem concluir, ao viverem com ele ou ela, que há regras em excesso. Trata-se de um truque dos nativos deste signo para manter a distância, pois a intimidade é uma coisa ameaçadora, mesmo que seja algo que eles desejem muito.

Os librianos são complicados, pois agem de modo contraditório com os entes queridos. Para quem vê isso como uma forma de controlar o outro, talvez fique mais fácil entender se considerarmos essa atitude como oriunda da necessidade que têm de manter o equilíbrio, o que leva as pessoas a entrar no jogo. Imagine uma gangorra com uma pessoa só: é claro que é preciso que alguém sente do outro lado para a brincadeira começar. É parecido com o modo como os librianos precisam de pessoas que os complementem, para que se forme o equilíbrio. Todavia, eles são consideravelmente ambivalentes, pois nunca têm certeza se o equilíbrio que buscam será realmente encontrado naquele companheiro – ou companheira – em questão. Eles hesitam e ficam imaginando que com outra pessoa mais próxima de seu ideal o equilíbrio será automaticamente estabelecido. Já outras vezes eles acabam reconhecendo que, a despeito de com quem estejam, precisam estabelecer seu equilíbrio interno por si mesmos.

Os librianos são tão sedutores em vários sentidos que as pessoas acabam se envolvendo com eles, para, então, descobrir que há "zonas proibidas" – como a zona das emoções negativas, por exemplo. E quando não se pode expressar os sentimentos mais íntimos, não pode haver real intimidade. Isso também faz o nativo de Libra sofrer, pois quando o relacionamento deixa de corresponder às expectativas, eles ficam com uma sensação de perda.

A forma como o libriano lida com essa questão é fundamental e vai depender de seu grau de maturidade e talvez também de quantas vezes já se encontraram na mesma situação antes. É mais do que comum que consigam se convencer de que a culpa é do parceiro, e não que se trata de uma questão interna que precisa ser trabalhada. Ainda assim, sua tendência é continuar e procurar outra pessoa, para que a fase de "estar apaixonado" possa ser revivida. Apesar de ser inebriante e deliciosa, essa fase inicial de um relacionamento não pode ser chamada de intimidade de fato, a qual nasce ao se conhecer uma pessoa de verdade e amá-la pelo que ela é.

Alguns librianos tentarão evitar encarar suas dificuldades de estabelecer um relacionamento mais íntimo, pois isso requer abdicar das expectativas irreais de contos de fadas. Uma vez prontos para reconhecer sua parte de responsabilidade no funcionamento de uma relação, poderão, enfim, encontrar alguém com quem possam viver uma felicidade mais sólida na vida amorosa.

A despeito de seus próprios problemas, ou talvez por causa deles, os librianos se saem muito bem ajudando aos outros com suas dificuldades de relacionamento. Sua dificuldade em ficar do lado de alguém num conflito tem seu lado positivo. Seu desprendimento e sua perspectiva são exatamente o que mais se precisa nesses casos, e sua rara habilidade em entender ambos os pontos de vista, valorizando-os, faz dos librianos excelentes mediadores. Apesar de amigos e familiares sempre o chamarem para desempenharem esse papel, talvez seja melhor investir neste talento de modo mais neutro. Algumas atividades profissionais recomendadas para os nativos de Libra são aconselhamento de casais, trabalho de mediação, relações públicas, atendimento ao cliente, entre outras do tipo.

Os librianos também se saem bem como gerentes, pois lidam com o público muito bem, tratando a todos com muita delicadeza, de forma que os subordinados nem percebem que receberam ordens. São bons chefes; muito justos e fiéis a seus princípios, além de levarem o bem-estar e as condições de trabalho dos funcionários muito a sério. São bons ouvintes, capazes de considerar as necessidades da equipe de trabalho e de reconhecer e valorizar sua contribuição para o sucesso da empresa. Com um libriano na cadeira de chefe, o moral da equipe está sempre alto e consegue-se manter uma atmosfera feliz e descontraída.

Mas isso não quer dizer que o chefe libriano seja manipulável. Pode ser justo, mas não é bobo. Qualquer um que se aproveite de sua boa-fé vai ter uma surpresa. Quando sente que alguém passou dos limites, este chefe de Libra reage de maneira brutal, demitindo sumariamente o funcionário. Todos os seus conceitos de igualdade vão para o espaço quando eles se acham numa posição de exercer um direito incontestável. É como se de repente eles tivessem permissão para explodir de raiva, e explodem mesmo. Isso se aplica a todas as áreas da vida, não só quando na posição de chefes.

Como funcionários, os librianos contribuem muito com a equipe de trabalho. Gostam de trabalhar em grupo, são prestativos e gostam de cooperar. E não é só isso, eles conseguem extrair o melhor de cada colega, pois harmonizam o ambiente e sabem como estimular o lado criativo de cada um. Sua postura moderada ajuda nos conflitos e torna as relações sociais mais azeitadas e fluentes, de modo que todos se dão melhor uns com os outros. Se houver conflito, eles têm o dom de resolver a questão sem serem invasivos. Seja qual for o padrão de seu trabalho – e este padrão tende a ser bom –, eles são muito úteis no ambiente de trabalho por facilitarem o clima de camaradagem.

Os librianos gostam de se envolver na área intelectual. Trata-se de um signo de ar, portanto estes indivíduos gostam de usar a mente e são bons para criar idéias, especialmente em colaboração com outras pessoas. Brincar com conceitos, testá-los e receber o retorno destes é moleza para eles.

Apesar de se darem bem nas referidas carreiras, os librianos não encontram nelas, necessariamente, um canal para sua criatividade. Este é um dos signos mais artísticos do zodíaco; precisam se expressar criativamente para que se sintam realizados, seja na própria carreira ou em atividades recreativas. Muitos adoram música, especialmente do tipo mais melodioso e refinado, e gostam de cantar, seja profissionalmente ou amadoristicamente, talvez num coro. Muitos cursam a faculdade de belas-artes e acabam trabalhando com arte ou design. Alguns se estabelecem sem qualquer treino formal, ao passo que outros adoram pintar com tinta a óleo, aquarela ou pastéis, sem ambições profissionais. Há muitas carreiras diferentes na área de design, desde moda até desenho gráfico, passando por decoração de interiores e design de jóias. Mesmo quando não se dedicam a essas atividades profissionalmente, os amigos e familiares sempre os procuram para pedir conselhos e copiar suas idéias.

Cinema e fotografia também são boas opções para os librianos. Seu talento em lidar com as pessoas é de grande valia em ambas as atividades, pois conseguem extrair das pessoas exatamente aquilo que querem.

Por outro lado, não é nada recomendável para os librianos o trabalho como *free-lancer*, sem emprego fixo. Eles precisam de interação social e do estímulo de trabalhar ao lado de outras pessoas, de modo que trabalhar sozinho pode fazer com que se sintam excessivamente isolados. Mas se forem autônomos trabalhando em lugares compartilhados, como artistas e designers que dividem o estúdio, já melhora bastante.

Seja qual for o trabalho dos librianos, eles sempre contribuem com sua preocupação com o equilíbrio e a harmonia, além de sua desenvolvida sensibilidade estética. São indivíduos cultos, educados e de gosto sofisticado que ajudam e influenciam positivamente aqueles que os cercam.

O lado negativo de Libra

Muitas das características já apresentadas dos librianos podem se tornar negativas. Principalmente quando estão estressados, estes indivíduos podem "perder a cabeça", perder a pose e o bom senso todos de uma vez. Muitos descobrem que só conseguem o equilíbrio que buscam de maneira fugaz e que acabam perdendo muito tempo oscilando entre os extremos, como uma gangorra desgovernada. De modo geral, isso é mais estressante para eles mesmos do que para os outros, que muitas vezes nem percebem o que está se passando por dentro do libriano em questão.

Os librianos não se consideram egoístas e sempre comentam sobre o egoísmo dos outros. Mas passam por cima do fato de que, freqüentemente, quando acusam alguém de egoísmo, é na verdade por não estarem conseguindo extrair da pessoa em questão aquilo que desejam. Com efeito, exercem pressão moral sobre os outros. E ainda, como abnegação é para eles parte de sua identidade, acusá-los de egoísmo – ou seja, o oposto do que pensam de si – é o ultraje máximo, algo profundamente ofensivo e ameaçador, e que os librianos não reconhecem e negam, indignados. Essa reação pode ser extremamente frustrante para as pessoas próximas.

Como os librianos têm um código moral bastante estrito, acreditam que a vida deve correr de acordo com esse código. Apesar de eles terem um bom argumento aqui, acabam passando por cima do fato de que isso fere o direito de cada pessoa viver de acordo com aquilo em que acredita. Os nativos deste signo levam os protocolos e as boas maneiras a sério demais, chegando perto da tirania em sua postura quanto ao que é aceitável e o que não é. Isso vai dos cartões de agradecimento obrigatórios, não só ao se ganhar um presente, mas para agradecer ao anfitrião ou anfitriã por uma festa ou evento, até o ponto de tomar o uso errado dos talheres como ofensa grave, além de outras faltas relativas a códigos de comportamento social não-escritos.

Se isso parece um pouco de esnobismo e preconceito de classes é porque, sim, os librianos podem ter uma pronunciada consciência de classes e temem pisar fora da linha. Daí o fato de condenarem os outros por ultrapassar fronteiras invisíveis. Eles fazem questão de ser afiados naquilo que se espera deles. O livro *Etiquette*, de John Debrett, é uma publicação que todos os librianos ingleses conhecem de cor, mesmo que não o tenham lido. Para eles, quem não conhece seu conteúdo ou não segue suas normas de boa educação é grosseiro e ameaçador. Do ponto de vista de Libra, a sociedade civilizada chegaria ao fim se todos se comportassem assim.

Com todo o refinamento de Libra, pode haver também um elitismo que faz pouco de quem não compartilha de suas preferências. É claro que há librianos de todas as classes sociais, mas muitos adotam um esnobismo muito bem-educado e intelectualizado que independe de sua situação social. Essa postura indica insegurança, mas ao assumi-la eles fazem com que os outros se sintam inseguros e inferiores, em vez de eles mesmos. Lamentavelmente, isso pode fazer com que as pessoas se afastem destes indivíduos ultra-sociáveis.

Àqueles que têm sido alvo desse tipo de comportamento por parte de um libriano, é bom lembrar que o problema na verdade é deles. Evite entrar nesse tipo de competição esquisita no que se refere a questões culturais e históricas. Eles têm um jeito de dizer "é claro que você sabe que..." com o qual induzem as pessoas ao erro, pois há uma implicação que toda e qualquer pessoa sabe da informação em questão e que existe algo seriamente errado com você e sua educação se você não souber. A não ser que você saiba de fato tal coisa, a única forma de escapar disso é dizendo "não sei, não". Quem finge para disfarçar os próprios sentimentos de inferioridade acaba alimentando um jogo de esnobismo intelectual.

Todo esse elitismo contradiz a postura igualitária adotada pelos nativos de Libra, portanto não é algo de que se orgulhem, ou mesmo de que tenham consciência. É uma zona sombria de sua personalidade, na qual seus interesses legítimos se misturam com uma verve competitiva que eles negam ter. Para eles, competitividade "não é legal", ficando então relegada ao inconsciente, de onde escapa de maneiras bem menos agradáveis. Em vez de aparecer de modo claro, esse tipo de sentimento acaba se tornando mais complicado, dissimulado e muito mais nocivo. Quando os librianos puderem aceitar que têm um lado competitivo em suas personalidades, assim como o resto da humanidade, poderão expressá-lo de forma mais honesta.

Os librianos se consideram atenciosos, especialmente no que tange aos sentimentos dos outros. Colocam-se no lugar das pessoas, mas nem sempre reconhecem que essa forma de lidar com as coisas pode ser um pouco distorcida e resultar em ainda mais confusão. Assim, deixam de perceber que, na verdade, não sabem como as pessoas se sentem realmente: é a fantasia deles – na verdade, o que fazem é pensar como eles mesmos reagiriam em determinada situação, o que pode não ser nem de longe o tipo de reação que a pessoa teria. Deve-se lembrar sempre de que este é um signo de ar, portanto não tem a mesma empatia dos signos de água, por exemplo. Há um quê de tirania nisso tudo, pois os librianos se acham os mais abnegados dos seres, enquanto, na verdade, estão travando um complicado diálogo interno.

Aqui está um exemplo de uma conversa frustrante com uma libriana sobre o filme a assistir numa certa tarde. Quando lhe perguntaram o que gostaria de assistir, no lugar de dizer os nomes de uns dois ou três filmes a que ela queria assistir, ela responde perguntando ao amigo qual filme ele quer ver. Tentar arrancar dela uma resposta é quase impossível. Ela acredita, erroneamente, que, ao expor sua preferência, o amigo se sentirá obrigado a assistir ao que ela quer. Ela insistirá em saber o que o amigo quer assistir e escolherá tomando essa informação por base para se decidir. Ela se recusa a pôr as cartas na mesa. Como é de se esperar, se o amigo disser o nome de dois ou três filmes que ele queira ver e a libriana escolher um destes, estes poderão conter ou não uma de suas próprias escolhas. Ela se acha muito desprendida e não percebe como ela faz com que o amigo se distraia. Ele só quer uma resposta direta e não consegue entender por que é tão difícil consegui-la.

Esse tipo de cenário se origina da dificuldade que os librianos têm de decidir. São notoriamente indecisos e, diriam alguns, descomprometidos. Cada escolha que têm de fazer é tortuosa, pois parece trazer em si a necessidade de se pensar e considerar longamente. Enquanto outros signos não assimilam esse tipo de implicação, para os librianos é algo muito aparente e que deve ser devidamente explorado. Eles protelam, vão e voltam, até finalmente chegarem lá. Por isso, dizer que eles são descomprometidos não é justo, apesar de poderem esgotar as pessoas próximas ao demorarem tanto para se decidir, fazendo-as esperar longamente. E para um signo que se orgulha de não ser egoísta, eles podem acabar sendo extremamente inconvenientes ao hesitarem tanto, o que, no final das contas, acaba priorizando suas próprias necessidades.

Portanto, há ocasiões em que os librianos podem parecer bastante hipócritas. Colocar suas necessidades em primeiro lugar é evidentemente direito deles, o problema é que não corresponde ao seu discurso. Eles se colocam em uma posição paradoxal. De certa forma, os librianos precisam que as pessoas queiram fazer o que eles querem que elas façam. Isso significa que a pessoa que está ansiosa esperando que o libriano tome sua decisão sobre algo que afeta diretamente a pessoa em questão acaba tranqüilizando o libriano para que ele se decida no seu tempo.

Trata-se de um signo regido por Vênus e, como tal, os librianos são considerados pessoas "legais", o que significa que costumam ter problemas com a raiva – pessoas legais não ficam com raiva. Isso tem seu lado bom e seu lado mau, e é por isso que eles desenvolveram seu talento para lidar com as pessoas sem ficar com raiva delas. Contudo, há momentos em que a raiva é algo legítimo e necessário, e é aí que eles se perdem. A não ser que creiam que esta raiva seja totalmente justificada, tentam ao máximo não se permitirem sentir tal emoção. Mas nós não temos controle total sobre nossos sentimentos. O que podemos fazer é controlar a maneira como nos comportamos ao sentirmos determinado sentimento. Para os librianos é difícil diferenciar aquilo que eles sentem, que é algo pessoal e particular, e a expressão do que sentem, a qual para eles se torna compulsória depois de reconhecida. Isso não lhes permite escolher como se comportar, de modo que a única forma que têm de seguir em frente é suprimindo o sentimento por completo, a não ser que estejam numa posição em que queiram se mostrar. Só se permitem sentir raiva quando acham que é legítima, e, então, agem sem demora.

Com isso os librianos acabam se colocando num pedestal moral quando se julgam certos, pois encontraram um canal legítimo para despejar toda a raiva reprimida e o fazem com mão pesada, enquanto posam de corretos e humildes. Mas deixam de perceber que a razão pela qual ficam tão alterados é por estarem reagindo a muito mais do que o erro que estão apontando.

A vida do libriano é pontilhada por "tenho que fazer isto" e "não posso deixar de fazer aquilo". São hipersensíveis ao que as pessoas pensam deles e podem se impor um rigoroso código ético que talvez seja bastante assustador e distante da realidade. O que, às vezes, deixam de reconhecer é que eles também abrigam no íntimo opiniões bastante severas e que são capazes de julgar as pessoas de modo mordaz, e mesmo assim ninguém se preocupa mais com o vizinho do que o nativo de Libra. Mais uma vez, isso é um pensamento distorcido dos librianos que nasce de um mecanismo conhecido na psicologia como projeção, no qual aspectos não reconhecidos de uma pessoa são por ela atribuídos aos outros. É um mecanismo comum e natural, mas o interessante é observar o que é projetado. Sua preocupação sobre o que os outros pensam pode ser algo que eles pensam em segredo, mas não reconhecem. Afinal, está tudo apenas no campo da imaginação.

Isso pode complicar as coisas em termos interpessoais, especialmente quando o libriano consegue – como de hábito – dar um jeito de encontrar pessoas que pensam e sentem do jeito que ele imagina. Sempre haverá alguém para materializar suas projeções, as quais, no entanto, continuam sendo uma parte não reconhecida pelo nativo de Libra, a qual deveria ser observada, sobretudo no caso daqueles que se sentem desnecessariamente reprimidos pelo que os outros podem pensar. A maioria das pessoas de vez em quando luta para definir onde começa seu espaço e onde ele termina, especialmente em relacionamentos íntimos, mas para os librianos isso é particularmente difícil.

Os librianos precisam que as pessoas lhes dêem retorno, interajam com elas, e sabem do quanto dependem das pessoas e de como a sociedade se baseia em interdependência. Mas só quando a balança cai demais na direção da dependência que as opiniões dos outros ganham importância exagerada e os librianos deixam de reconhecer sua própria independência e autonomia.

O desejo do nativo de Libra de ser visto como uma pessoa legal pode fazer com que às vezes resultem numa mistura esquisita de caretice com doçura enjoativa. A atriz libriana Julie Andrews sofreu com essa associação, baseada em seus papéis em filmes como *Mary Poppins* e *A Noviça Rebelde*. É possível alegar que os papéis pediam isso e que ela foi escolhida para eles por seu talento em representar tais características, mas é igualmente verdade que, por ser libriana, ela traz esses atributos em si. É interessante notar que ela continuou associada a essas características, apesar de ter interpretado vários outros papéis posteriormente.

Os adjetivos excessivamente dóceis costumam ser mais usados em mulheres, e o equivalente masculino é provavelmente mais ordinário ou superficial. Seja como for, há um custo para que mantenham sua imagem de "gente boa". É possível também que, na tentativa de ser tudo para todos, adaptando-se a qualquer pessoa com quem estejam, acabem perdendo a noção de quem são na verdade. Adaptar-se demais para ser apreciado por todos tem seu preço, de modo que este indivíduo precisa de ajuda para poder suportar o fato de que nem sempre será apreciado e para aprender a se valorizar.

Esse traço em particular dos librianos pode resultar no tipo "bonzinho", aquele que parece ter um halo sobre a cabeça e que precisa convencer todo mundo de como ele é agradável, legal e gentil. Esta pessoa acaba interferindo nos assuntos dos outros com sua postura de guardiã da virtude, dizendo às pessoas como devem conduzir seus assuntos pessoais. Quando o lado julgador de Libra aflora, os nativos deste signo podem parecer condescendentes ao saírem espalhando suas boas ações por toda parte.

Não é de surpreender que estes librianos que se viram do avesso para que gostem deles na verdade não gostem tanto assim de si mesmos. É por isso que perdem tanto tempo provando como são pessoas legais e valorosas, e é por isso também que é insuportável saber que alguém não gosta deles. Eles precisam arrumar um jeito de se importar menos com o que as pessoas pensam, de acreditar que eles fazem diferença e recuperar o poder que eles concederam tão indiscriminadamente aos outros.

Alguns librianos desenvolvem uma posição oposta, pesando a balança para o outro lado, ficando mais parecidos com os arianos – seu signo oposto. Se o ariano consegue angariar mais tolerância para com seu comportamento egoísta e direto por causa de uma certa inocência e ingenuidade, os librianos não podem alegar o mesmo e acabam sendo tidos como egocêntricos e grosseiros.

A ex-primeira ministra britânica Margaret Thatcher é um bom exemplo desse tipo de libriano. Muito se falou do medo que as pessoas tinham dela durante seu governo e de como ela era superdisciplinada e autoritária. Sua voz, com sua tonalidade artificialmente modulada, era freqüentemente considerada insincera, outro traço negativo que alguns librianos desenvolvem quando tentam ser convincentes demais. Em muitos sentidos, ela se tornou uma paródia dos traços tipicamente associados aos librianos, talvez uma indicação da pressão que suportava em seu cargo.

Tanto Áries quanto Libra vivem um dilema entre abnegação e egoísmo, mas talvez Libra precise encontrar uma forma de ser saudavelmente egoísta. Fazer-se de mais importantes que os outros não vai funcionar mais do que se fazer de menos importante. Precisam se ver como igualmente importantes. A questão tem a ver com honrar e respeitar suas próprias necessidades, tanto quanto as dos outros.

Alguns librianos passam por crises de identidade quando estão vivendo relações estáveis. Sua percepção de si mesmos se estabelece por meio de miríades de reflexos que recebem de todos os que estão à sua volta, de modo que, quando estão num relacionamento fixo com uma pessoa, começam a se sentir vazios por dentro. Seu dilema de olhar para dentro de si e descobrir quem são, em contraste com serem definidos pelos outros, é que no final eles não sabem mais quem são e o que querem. Estão tão acostumados a se adaptarem ao que os outros esperam deles que perdem contato com uma parte essencial de si próprios. Precisam redescobrir como serem autênticos e verdadeiros para consigo mesmos e como satisfazerem as próprias necessidades.

Para um signo tão amante da paz, os librianos podem ser surpreendentemente brigões. Ironicamente, isso se deve à sua necessidade de equilíbrio, assim, quando alguém expressa um ponto de vista, os librianos sentem necessidade de apresentar uma proposta alternativa. Há uma certa racionalidade perversa nisso, uma espécie de busca de equilíbrio. Seja como for, pode ser extremamente irritante para as pessoas que talvez não gostem de encontrar oposição e confronto numa mera conversa casual. Outras pessoas podem não estar dispostas a um debate acalorado, o qual os librianos, às vezes, parecem provocar e apreciar.

Esse lado adverso de Libra parece contradizer sua necessidade de concordância, apesar de ser na verdade exacerbado por esse traço de sua personalidade, pois eles não apenas apresentam um argumento como também persistem em tentar fazer com que os outros concordem com eles. As pessoas podem se sentir levadas a entrar numa discussão na qual não estão interessadas e na qual nem sabem como entraram. Tudo porque o libriano, com sua necessidade de manter o equilíbrio, apareceu com um ponto de vista oposto.

Os librianos são comunicadores talentosos e podem, se quiserem, dar um tom altamente convincente a tudo que dizem. Não têm tendência à falsidade deslavada, mas podem polir e distorcer a verdade. Dependendo de seu campo de trabalho, estes indivíduos podem ser excelentes relações-públicas e porta-vozes, pois conseguem ser bem persuasivos. Quando os librianos resolvem ser econômicos com a verdade, todo cuidado é pouco. Esteja avisado!

No frigir dos ovos, nenhuma das características negativas de Libra é tão terrível assim. Na verdade, os librianos se esforçam mais que qualquer um dos outros signos para se darem bem com as pessoas, serem justos e se responsabilizarem por si mesmos. Tudo isso e muito charme – dá até para agüentar umas discussões de vez em quando, não dá?

O homem de Libra

É possível reconhecer o homem de Libra por sua beleza clássica, seu charme e magnetismo. Geralmente suas feições são simétricas e é provável que ele tenha consciência de seus atrativos. De fato, ele pode ser um pouco vaidoso. Isso se deve à atenção extra que recebe por sua boa aparência, o que no final das contas acaba lhe cansando. Para impressioná-lo, finja não notar que ele é estonteantemente atraente. Preste atenção em outros atributos, principalmente suas idéias e opiniões.

Isso pode ser difícil, pois o homem de Libra investe claramente muito dinheiro, tempo e atenção para ter boa aparência. É provável que ele esteja entre os poucos homens que vão à manicure e usam hidratantes. Sua aparência é impecável e suas roupas, imaculadas. Ele tem bom gosto e compra as melhores roupas que pode pagar, apreciando genuinamente o corte e a qualidade. Tudo isso provoca um impacto e tanto quando se encontra o homem de Libra pela primeira vez, e pode causar um quê de intimidação. É difícil prestar atenção em sua mente quando é tão óbvio que ele se concentra tanto em sua aparência.

Sim, o libriano também é muito bom de papo. Ele logo deixa as pessoas à vontade com sua verve divertida. Ele é aberto e receptivo ao que as pessoas têm a dizer, o que faz dele um bom ouvinte. Tirando o fato de ser adepto de jogar conversa fora, ele tem um lado sério e se preocupa muito com as injustiças do mundo, podendo ser membro da Anistia Internacional ou do Greenpeace.

No fundo, o homem de Libra é um pacifista; não gosta de palavras pesadas, que dirá de guerra. Pode se engajar, porém, em lutas bastante impressionantes, mas a seu modo. Pode ser extremamente persuasivo, conseguindo fazer as pessoas passarem para o seu lado. Lança mão de argumentos habilidosos e muita convicção para fazer valer seu ponto de vista, podendo planejar uma cruzada. Mahatma Gandhi é um exemplo brilhante dessas características de Libra.

Uma das maiores vulnerabilidades do libriano é sua necessidade de aprovação. Ele quer que gostem dele, quer ser tido em alta conta, e a conseqüência disso é que ele nunca é indiferente ao que pensam dele. As opiniões que tocam mais fundo são aquelas que ecoam suas próprias inseguranças e incertezas, de modo que o libriano está sempre lutando para se tornar uma pessoa melhor. Ele mantém um constante diálogo com seus próprios julgamentos internos, e são julgamentos duros, o que faz com que suas tentativas de ser impecável nunca sejam suficientes para o nível de exigência que o libriano estabelece para si próprio.

Por levar muito em conta a visão que os outros têm de si, o homem de Libra é suscetível a bajulações. Ele não sabe discernir se as pessoas estão sendo sinceras ou não, principalmente se elas estiverem dizendo o que ele quer ouvir. Este homem é uma mistura esquisita de autoconfiança com total insegurança, o que deixa o caminho aberto para que certas pessoas o manipulem por um tempo. Ele perceberá, cedo ou tarde, que está sendo enrolado e se libertará da manipulação, mas é fato que ele, às vezes, acredita nas pessoas erradas num primeiro momento.

À parte o fato de ser excepcionalmente belo, o homem de Libra tem modos impecáveis e uma sofisticação suave. Ele é o arquétipo do cavalheiro, o tipo de sujeito dado a velhas cortesias como abrir portas para as mulheres ou ceder-lhes o lugar, e costuma ser muito atencioso. Em parte, ele está obedecendo a um código não-escrito de boa educação, e em parte está sendo realmente gentil e atencioso. Às vezes, pode ser complicado saber qual desses dois lados está agindo no momento, e quem for objeto dessas gentilezas pode querer saber se está recebendo tratamento especial ou se aquilo é mera formalidade.

O homem de Libra está longe de ir direto ao ponto, portanto não é de surpreender que as pessoas tenham dificuldade em entendê-lo. Ele fica tão preocupado em se comportar corretamente que acaba sendo difícil discernir o que ele está sentindo no fundo. Ele diz e faz a coisa certa, mas pode não estar totalmente presente. O libriano pode tentar agradar às pessoas de modo compulsivo, como se fosse muito importante angariar seu amor e aceitação.

Só que elas descobrem, depois que começam a amá-lo, que ele nunca amou tais pessoas. E ele mesmo pode ficar bastante chocado ao descobrir isso.

Essa dinâmica angariou ao homem de Libra a fama de "Casanova" – incluindo os homossexuais –, de flertar e fazer as pessoas pensarem que ele está interessado e disponível quando na verdade não está. Por isso, pode ser considerado superficial e acusado de brincar com os sentimentos dos outros, o que não é sua intenção. Ele é levado por sua necessidade de ser aceito, a despeito de querer ou não um relacionamento. Sua dificuldade é não conhecer sua própria mente.

O homem de Libra é o mais romântico do mundo quando está cortejando alguém por quem tenha se interessado. Ele entende a essência do romance de forma única, e se deleita com atitudes românticas. Gosta de enviar flores, cartões, chocolate e champanhe, e adora jantares românticos à luz de velas. Cortejar é o que faz de melhor. Trata-se de um signo regido por Vênus, e o amor é o seu elemento.

Apesar de este homem ser de um signo regido por um planeta feminino, isso não quer dizer que ele seja afeminado – o homem de Libra pode ser bem masculino na aparência, mas tem um lado feminino desenvolvido e uma concepção poética e idealista do amor e da vida. Seja heterossexual ou não, o libriano se dá bem com as mulheres e gosta de sua companhia e de seu papo. Suas amizades mais próximas são, em geral, com mulheres, o que pode causar problemas de insegurança em sua namorada ou esposa. Na verdade, é provável que não haja motivo para ciúme. Apesar de ele não ser exemplo de fidelidade, não é dado a comprometer amizades dessa forma. Isso pode não representar grande consolo para sua companheira, mas ao menos ela pode estar certa de que quando ele estiver saindo com uma amiga próxima, é pouco provável que algo demais ocorra.

Quando o libriano se apaixona, ele é pego de surpresa. Até então, tudo é uma dança elaborada que ele saboreia sem se preocupar com suas implicações. Ele dança só por dançar, até que descobre que está apaixonado. Ele se sai melhor com uma parceira que não vá atrás dele, que lhe dê espaço. No momento em que ele se sente perseguido, foge. A parceira tem de recuar e permitir que ele aprofunde seus sentimentos por ela, ou não, dependendo do caso. Não é algo que se possa forçar.

O homem de Libra tem horror a emoções mais sombrias e difíceis, como ciúme e posse. Simplesmente não consegue lidar com elas; nega que elas existam dentro de si e se afasta de uma pessoa amada que expresse esses sentimentos na sua presença. Tais sentimentos tocam num ponto que o libriano considera perigoso, mas sua reação a eles é que pode ser bem desagradável. Nesses momentos, ele pode fazer pouco ou desconsiderar os sentimentos da pessoa amada, fazendo brincadeira ou mudando de assunto com o maior charme, ou até saindo discretamente do recinto. Não é de surpreender que a parceira se sinta emocionalmente abandonada, o que piora bastante a situação. Ele só consegue lidar com boas emoções, eliminando sumariamente aquelas que ele considera desagradáveis ou não-civilizadas.

O homem de Libra pode se sentir atraído por uma parceira que tenha livre acesso a esses sentimentos mais difíceis, simplesmente porque ele tem fascínio por aquilo que teme. Isso pode parecer problemático, mas, na verdade, é uma opção muito boa para ele, pois por meio da parceira ele começa a estabelecer uma relação com esse tipo de sentimento tabu. A parceira em questão precisa ser capaz de manter-se firme ao deparar com a desaprovação do libriano para com suas explosões emocionais – sabendo que na verdade ele precisa exatamente disso.

A outra opção para o homem de Libra seria ficar com um homem ou uma mulher que seja tão desapaixonado(a) quanto ele. A vida a dois pode ser harmoniosa, mas carecerá de dinamismo e, possivelmente, de profundidade sexual. Ele pode vagar a esmo nesse cenário, procurando a intensidade emocional que nega querer. Então, a situação fica bem mais destrutiva, e ele cria sentimentos justificáveis de ciúme e posse numa pessoa que lida tão bem com esse tipo de sentimento quanto ele.

Assim, quando se trata de prever a probabilidade de o homem de Libra permanecer fiel, é preciso cautela. Ele pode dizer o quanto odeia discussões, como elas ferem sua sensibilidade, o que é provavelmente verdade, mas elas lhe permitem acessar partes de si mesmo que ele não sabia que existiam e que são vitais para seu bem-estar. E as brigas lhe mantém energeticamente ligado à pessoa amada. Do contrário, ele se isola numa espécie de apatia indiferente, de acordo com a qual infidelidade não é nada demais. Uma pessoa mais passional pelo menos o fará lembrar sempre que infidelidade é problema, sim.

Libra

O homem de Libra sempre será paquerador, é parte da forma com que ele conversa, e a pessoa que estiver com ele precisa aceitar isso. Quem não o entende, o acusa de superficialidade e inconstância, o que é um erro. Quando ele está emocionalmente envolvido age com nobreza, mesmo que esteja bancando o galanteador e não percebe que pode estar magoando as pessoas. Quem gosta do libriano deve definir sua postura com firmeza.

Uma vez comprometido, o libriano leva tudo muito a sério. Se ele mantiver algum caso extraconjugal, pagará um alto preço em tensão e angústia por fazê-lo. Seu código moral é estrito e para ele é difícil mentir, pois vai contra seus princípios. Portanto, se o relacionamento se mantiver vibrante e interessante, há boas chances de o libriano permanecer fiel.

O homem de Libra não costuma ter uma posição muito definida quanto a ter ou não ter filhos, mas quando os tem, gosta muito – principalmente das filhas, as quais ele mima até não poder mais. Como pai, é dos mais indulgentes, pois é relaxado demais para se preocupar com a disciplina, a qual geralmente é deixada mais a cargo do pai que da mãe. Também não se sai muito bem com a fase dos dedos sujos e da sujeira na hora das refeições. Afinal, precisa se preocupar com suas roupas de grife. À medida que seus filhos vão amadurecendo, ele passa a ter mais prazer em sua companhia, pois pode então compartilhar de alguns de seus interesses. Isso significa muita atividade cultural, já que o libriano costuma gostar de artes plásticas, música e teatro. Talvez ele tenha algum envolvimento profissional com uma dessas áreas; às vezes, pode ser só por prazer, mas ele costuma ser bem informado e espera manter conversas decentes com os filhos. Apresentará o cinema aos filhos e lhes estimulará a discorrer sobre os diretores e suas obras.

O homem de Libra tem interesse na vida escolar dos filhos e apóia sua educação, pagando cursos extracurriculares com a maior boa vontade. Ele reconhece a importância de conversar sobre vocações, de modo que os filhos não precisam seguir uma carreira acadêmica para despertar sua admiração e orgulho.

Sua própria carreira, talvez, não siga uma rota convencional, pois o libriano joga pesado quando jovem e freqüentemente pula algumas fases essenciais para a carreira, como a universidade ou escolas de arte ou teatro. É mais provável que ele encontre seu próprio caminho artístico por si mesmo. Na lista de músicos de Libra estão John Lennon, Will Smith, Sting, Chuck Berry, Bruce Springsteen e Bob Geldof. Vários deles se associaram a causas idealistas (John Lennon com a paz mundial, Sting com a preservação das florestas tropicais e Geldof com o problema da fome no mundo). A natureza romântica de Lennon era evidenciada também em seu amor por Yoko Ono.

Os librianos que lidam com atividades criativas usam muito seu lado feminino. Costumam gravitar em carreiras que lhes permitam ter um envolvimento mais íntimo e privilegiado com um grupo de clientes que seja majoritariamente feminino, como as ligadas a moda ou estética. Nessas funções eles estão próximos das inseguranças femininas e sabem lidar com elas muito bem, usando seu talento para se colocar no lugar das pessoas e seu julgamento estético para extrair o melhor delas. Quando se trata de um relacionamento profissional e não pessoal, os librianos não se sentem tão ameaçados (sua dificuldade é lidar com suas próprias emoções), podendo, então, lidar muito bem com os sentimentos das clientes.

Outros librianos se engajam em carreiras ligadas a artes e design, usando seu talento para criar equilíbrio e harmonia no trabalho que executam. Nem todos têm o talento ou a oportunidade de seguir essa carreira, mas ter algum tipo de canal para extravasar sua criatividade é muito importante para que sejam felizes.

Os librianos que escolhem carreiras mais acadêmicas se atraem especialmente por aquelas que requeiram diplomacia e imparcialidade. Direito, diplomacia e relações públicas são boas pedidas. Seja qual for a atividade deste homem, ele sempre contribui com sua criatividade e seus pontos de vista equilibrados.

Trata-se de um sujeito essencialmente razoável que gosta de se relacionar bem com as pessoas, é muito habilidoso no trato social e sabe se comportar em todo tipo de ambiente. Sua boa aparência pode ser uma bênção dúbia, pois ele quer ser ouvido e levado a sério, mas é freqüentemente tomado como nada além de um garotão bonito. Quem se envolver com ele deve ter em mente que ele também é frágil e, a despeito de sua natureza eventualmente "do contra", tem grande dificuldade em bate-bocas de verdade. É um homem culto e refinado, idealista e cheio de princípios, e certamente precisa e quer ter uma pessoa ao seu lado. Talvez pareça um pouco volúvel, mas é muito mais sério do que aparenta. Este é seu segredo mais bem guardado.

A mulher de Libra

É possível reconhecer a mulher de Libra por sua beleza, graça e charme. Ela é elegante e refinada, dona de gosto impecável e bons modos. É o tipo de mulher que pode ir a qualquer lugar, estando sempre com boa aparência e parecendo estar à vontade. Seus movimentos são graciosos, seu porte é o de uma modelo ou dançarina, com uma segurança tranqüila. Tudo isso contribui para seu ar de sofisticação e autoconfiança.

A libriana é atraente não só por sua aparência e seus modos; ela tem habilidades sociais que contribuem para sua popularidade. Ela gosta de ocasiões sociais e consegue se dar bem com as pessoas sem fazer muitos esforços. Como todos os signos de ar – Gêmeos e Aquário são os outros –, se interessa pelo mundo das idéias e tem suas próprias opiniões sobre os mais variados tópicos. Conversa com muita vivacidade e intensidade, e sabe ouvir com atenção o que as pessoas têm a dizer. Costuma responder com apoio e interesse, ainda que conseguindo incluir seus próprios pensamentos, lançando uma luz diferente sobre determinado ponto de vista. Pode ser ao mesmo tempo simpática e desafiadora, dependendo de como se sinta e com quem esteja conversando. A libriana tem o raro dom de ser sensível ao domínio tátil-sensorial, ao mesmo tempo em que é imparcial e vê as coisas com perspectiva.

Por causa disso tudo, a mulher de Libra é benquista. As pessoas gostam de sua companhia, entre outras razões, por ela sempre ter o cuidado de não ofender as pessoas. Ela é a epítome do tato e da discrição, e tem um jeito impressionante com as palavras. É capaz de manobrar verbalmente no campo mais minado e sair sem um arranhão. Este é um talento que ela usa bem em muitas áreas de sua vida.

Uma das razões pelas quais as mulheres de Libra são tão queridas é por buscarem um denominador comum entre elas e as demais pessoas. Até em conversas casuais, conseguem estabelecer um interesse comum e tornar a conversa mais agradável para todos. Se não conseguirem encontrar um tópico comum, ainda assim dedicam um tipo especial de atenção que lisonjeia as pessoas, as quais se sentem acolhidas. São especialmente boas em conversas leves, algo que, por mais menosprezado que seja, é de fato um dom em sociedade. Isso também indica que quando a libriana assume uma posição contrária à dos demais, estes recuam, conferindo vantagem imediata à nativa de Libra.

A libriana se considera um paradigma de desprendimento, o que pode ser verdade ou não, mas é importante saber que é daí que ela parte. Ela sabe ver as coisas do ponto de vista dos outros, é gentil e atenciosa, mas, como vimos, as librianas têm um jeito um tanto distorcido de lidar com as coisas. A questão aqui não é ser desprendida mesmo ou não, mas o fato de querer ser vista como tal, bem como de se importar muito com a opinião que as pessoas têm a seu respeito. Qualquer um que a vir de outro modo deve ter consciência de que a estará insultando.

A mulher de Libra não suporta não ser querida. Sua necessidade de ser vista de modo favorável é a razão de ser tão agradável. Distribuir favores do jeito que ela faz pode ser bastante cansativo, pois ela investe muita energia na manutenção de sua posição de benquista. Às vezes, o tiro pode sair pela culatra e alguém pode se desentender com ela, em geral por ela ser tão agradável e inofensiva que acaba levantando suspeitas. Duvidam de sua sinceridade. Isso é difícil para ela, pois não tem muito como se defender, já que quer desesperadamente ser benquista – ademais, sinceridade é um elemento forte na imagem que faz de si mesma, por se considerar uma pessoa de princípios. Signos mais robustos, como Áries, que têm uma atitude mais do tipo "pegar ou largar", simplesmente não entendem o que a libriana quer. Na verdade, seu tato e diplomacia são desperdiçados com boa parte da população, que não faz a menor idéia de como ela está sendo atenciosa para com eles.

Todavia, a libriana certamente não é fraca e tem um jeito próprio de se adaptar. Sua estratégia é evitar o confronto e usar seus talentos de persuasão para facilitar sua passagem pela vida. Ela tem uma persistência que alguns podem achar surpreendente, como quando é aparentemente derrotada em uma discussão e volta ao embate verbal repetidas vezes. Ela apresenta nuanças sutis que jogam nova luz sobre o assunto, embora o que ela esteja fazendo de fato é tentar cansar o oponente, e com muita destreza.

Vênus, seu planeta regente, está associado ao amor e à atração física, mas já foi considerado antes um planeta de guerra. É o outro lado da moeda; amor e ódio nunca estão tão separados quanto se imagina. A mulher de Libra tem problemas em reconhecer os sentimentos fortemente negativos que nutre: este assunto é tabu para ela, e ser "do contra" é o mais próximo que ela chega de brigar. Adora defender princípios, como reciclagem ou energia renovável, e argumenta apaixonadamente sobre o estado do planeta, mas quando se trata de algo pessoal e que tenha a ver com seus verdadeiros sentimentos, fica complicado para ela.

No que diz respeito a relacionamentos, a mulher de Libra é extremamente idealista. Gosta de ser cortejada romanticamente e espera que o pretendente tente conquistá-la à moda antiga, como um verdadeiro cavalheiro. A libriana se retrai com movimentos bruscos e apressados. Ir aos poucos é de fundamental importância, pois na verdade ela não quer que o cortejo acabe, já que é dessa fase que ela gosta mais: se dependesse dela, sua vida inteira seria um longo e interminável começo de romance. A fase seguinte da relação, seja casar ou morar juntos, pode ser ordinária e mundana demais para ela.

Mesmo assim, a maioria das librianas gosta de viver com a pessoa amada, de modo que consegue chegar ao próximo estágio da relação, mas continua relembrando os primeiros tempos com nostalgia. A melhor maneira de o parceiro lidar com isso é mantendo o romance vivo ao fazer gestos românticos regularmente. Nunca se acomode. Esta mulher adora flores e presentes tipicamente femininos – perfumes e qualquer coisa cheirosa vão bem, assim como *lingerie*, champanhe e chocolates, todos caros e de primeira qualidade, claro. E jóias também são uma boa pedida! Não precisam custar uma fortuna nem ser de ouro maciço, contanto que tenham classe e estilo, como certas jóias de grife.

Em muitos sentidos, a libriana não quer viver uma vida normal. Ela quer viver num mundo de fantasia no qual está sempre feliz, onde não existe nada de feio. Apesar de não haver nada errado em querer ser feliz, seu nível de negação de outras situações pode ser problemático, até para ela mesma. Para o parceiro, por sua vez, pode ser realmente difícil tentar se aprofundar mais na relação com ela. Ao mostrar seu desdém pelas explosões de temperamento do parceiro, ela efetivamente as reprime. É especialista em bloquear interações que venha a considerar perigosas. Existe um quê de hippie dos anos 1960 na libriana, e ela não quer acordar para encarar a realidade dura da vida.

Uma vez envolvida afetivamente e vivendo uma relação estável com regras já definidas, a libriana tende a crises de insatisfação. Por mais que seu parceiro tente, seus padrões idealistas e românticos jamais serão alcançados.

Enquanto alguns signos relaxam e aceitam seu parceiro como são, aproveitando a sensação de segurança que obtêm na relação, a mulher de Libra obstrui esse tipo de postura. Ela quer jantares à luz de vela, quer sair para dançar – adora oportunidades para se vestir bem. Essas coisas são parte essencial de sua vida, da qual não abre mão sem muita luta. Naturalmente, idas à ópera, cursos de dança e outras coisas agradáveis podem segurar as pontas da situação, mas não substituem um cortejo eterno.

Por todas essas razões, a monogamia pode não servir muito para a mulher de Libra. Quando ela está numa relação estável, é suscetível à infidelidade à medida que busca romance com um novo amor. Ela pode ter um rol de romances extraconjugais, que podem nem mesmo passar de flertes, mas também podem se transformar em verdadeiros casos de amor. Ao contrário de muitas mulheres, ela é capaz de ter mais de um relacionamento por vez e achar que está sendo justa com todos eles. Um amante discreto, ou dois, ou uma relação platônica intensa, pode ser o que ela precisa para ser feliz, e o parceiro de uma relação de longo prazo pode achar melhor fazer de conta que não sabe de seus casos para não perdê-la.

A libriana pode demonstrar o mais completo desinteresse nos casos extraconjugais do parceiro, contanto que não lhe atinja diretamente. Ela não tolera humilhações públicas, mas se a outra relação for discreta e se mantiver dentro de determinados parâmetros, ela pode até não gostar, mas acaba suportando bem. O que lhe permite ter esse nível de liberdade é sua racionalidade, que a impede de fazer cenas.

A tolerância da mulher de Libra pode não fazer muito pelo seu bem-estar psicológico. Se o caso extraconjugal afetar sua relação ou seu estilo de vida, então, é o suficiente para que ela dê um ultimato. As pessoas podem achar que ela não fez por onde, e quem paga o preço é ela mesma. Os casos de seu parceiro afetam muito sua autoconfiança e auto-estima, e sua aparente indiferença pode fazê-la perder algo de muita importância.

Ter filhos não é prioridade para a mulher de Libra, e ela não é do tipo de mulher que tem filhos para preencher algum vazio. Normalmente, ela deixa a vinda de filhos a cargo do destino e se permite engravidar "acidentalmente" ao invés de decidir conscientemente. Isso pode protegê-la de decepções se não conseguir conceber, ou pode se dever à sua ambivalência e dificuldade de decidir. Seja como for, aquelas que continuarem sem filhos raramente se arrependem, na verdade, acabam aproveitando os benefícios de não tê-los, como mais dinheiro e liberdade, e arrumam outras formas de ter uma vida interessante e criativa.

Talvez a verdadeira razão para a opção da mulher de Libra de não ter filhos seja o fato de seus relacionamentos amorosos serem mais importantes para ela. Ela não pode viver sem um parceiro, ao passo que ter filhos é mais uma questão de opção.

As librianas que resolvem ter filhos, e muitas os têm, abordam a maternidade de modo mais cerebral que instintivo. Ela acha difícil confiar em seus instintos, de modo que vai se familiarizando com todas as teorias sobre a criação de filhos, para formar uma opinião sobre elas. No final das contas, ela é guiada pelos instintos mesmo, mas gosta de tê-los confirmados por uma autoridade pedagógica.

A crença firme que a mulher de Libra tem em igualdade é posta em prática na vida doméstica e ela espera que seu parceiro faça sua parte e respeite muito os filhos, principalmente no que diz respeito à sua autonomia. É uma mãe verdadeiramente liberal que quer muito que os filhos cresçam logo para que possam conversar com ela, trocando idéias e levando suas opiniões a sério. Com ela, tudo é negociável. Ela não age de modo autoritário, e como o que seus filhos pensam e sentem é levado em conta na hora de tomar decisões, eles crescem se sentindo fortes e poderosos.

Todavia, a mulher de Libra pode, quando necessário, estabelecer limites muito definidos para os filhos. Ela não permite que eles percam as estribeiras. Seus princípios a respeito do que é justo e do que não é a levam a ensinar os filhos a considerar os sentimentos dos outros, incluindo os dela. Eles vão se comportar de modo educado e cortês, pois é isso que ela espera. Grosseria é algo que a ofende profundamente, o que pode resultar em problemas com adolescentes mais relaxados, mas, contanto que as linhas de comunicação continuem abertas, os jovens apreciam o senso de igualdade e justiça da libriana e não deixam de gostar dela, mesmo que se aborreçam temporariamente com os limites que ela tem de impor. A libriana pode também se tornar muito manipuladora e controladora quando os filhos precisam de mais liberdade. Após investir tanto num relacionamento de igual para igual com cada um de seus filhos, ela tem dificuldade em largar mãos deles.

Tendo filhos ou não, a mulher de Libra provavelmente vai querer ter uma carreira. Ela precisa da variedade e do estímulo de um trabalho, e se puder ela vai contratar ajuda doméstica que a permita continuar trabalhando enquanto cria os filhos. Ela não é nenhuma supermulher, mas não quer abrir mão de nada. É claro que isso vai depender, primeiramente, de ela encontrar uma carreira que a satisfaça em termos de criatividade. Ela acha que foi feita para trabalhar mais com o cérebro do que com as mãos – com exceção do artesanato – e tende a achar qualquer trabalho manual degradante.

Muitas mulheres de Libra são artistas, escritoras, musicistas, atrizes, diretoras de cinema e fotógrafas. Já outras se encontram em áreas correlatas, nas quais a apreciação dessas artes é essencial, tais como crítica e história da arte, ou o mundo do design, bem como dar aulas em universidade e trabalhar como curadora em uma galeria. Seja qual for o ramo das artes que venham a escolher, seu gosto tende para o refinado e harmonioso.

Aquelas que não trabalharem com arte podem se concentrar em seus talentos diplomáticos e sociais. Seja em que área for, esta mulher sabe como angariar a cooperação de quem trabalha com ela. Além disso, ela melhora o local de trabalho – traz flores, canecos ou retratos, de modo a tornar o ambiente de trabalho mais agradável para todos.

A mulher de Libra não é necessariamente politizada com "P" maiúsculo, mas se interessa por questões de justiça. Ela volta e meia se envolve com questões relativas à discriminação, tanto no trabalho quanto na vida pessoal. Possui alto padrão moral e espera o mesmo dos outros, além de se aborrecer profundamente com injustiças flagrantes.

Se for uma desportista, jogará de modo justo e vai querer vencer por sua atuação. A tenista libriana Serena Williams deve ter ficado profundamente ofendida pela acusação de que ela e a irmã trapacearam no jogo. Seu senso de ética jamais permitiria que ela o fizesse, e sua vontade de vencer, menos ainda. Este signo se dá bem com esportes como tênis, no qual existe uma troca direta, mas são igualmente capazes de atuar em jogos de equipe, nos quais seja preciso espírito cooperativo. Seja como for, podem muito bem preferir atividades menos competitivas e mais estéticas, como dança, ioga ou pilates, que trabalham com a criação de paz interna, equilíbrio e harmonia.

Entre as librianas famosas estão as atrizes Kate Winslet, cuja beleza a la Botticelli representa bem o seu signo. A despeito de seu sucesso profissional, a imprensa publica quase tantas matérias sobre seus relacionamentos amorosos quanto sobre seus filmes. Gwyneth Paltrow é outra famosa atriz de Libra cuja vida amorosa também costuma ser motivo de interesse das revistas de fofoca. Considerando-se a capacidade que este signo tem de se deixar obcecar pelos relacionamentos, é interessante que o público também sinta curiosidade por esse aspecto de suas vidas pessoais.

Brigitte Bardot foi um ícone do século XX por conta de sua sensualidade e também veio a demonstrar outras qualidades de Libra por meio de sua luta por um tratamento justo aos animais. Ela é quase tão famosa por sua defesa dos animais quanto por sua beleza quando jovem.

Nem todas as librianas são abençoadas com uma beleza estonteante, mas, mesmo assim, sempre são notadas por sua imagem arquetípica de feminilidade. Trata-se de uma mulher equilibrada, razoável, justa, que sabe pensar por si mesma, formular suas opiniões e mesmo assim se relacionar bem com os demais. É fácil atingi-la, pois é muito evidente o quanto ela se importa com o que as pessoas pensam dela, mas se formos considerar o estado do mundo de hoje, talvez este não seja um traço ruim, afinal – na verdade, é algo a ser copiado.

A criança de Libra

É possível reconhecer a criança de Libra por sua beleza e bons modos. São realmente lindas; em geral seus traços são simétricos e clássicos, e, às vezes, com covinhas. Contudo, os pais destas crianças não devem dar importância exagerada à sua aparência, pois elas precisam ser amadas e adoradas pelo que são. Se a aparência delas for enfatizada demais, elas podem acabar achando que a beleza é sua única qualidade, o que é péssimo para sua auto-estima.

Assim, apesar de muitas destas crianças terem potencial para se dar bem como modelos, os pais devem considerar muito cuidadosamente se este seria o melhor caminho a seguir, e se na verdade não estão alimentando o próprio ego com os elogios recebidos pelo filho ou filha. Talvez seja melhor esperar que a criança decida por si mesma, pois é uma opção que terá grande impacto em seu desenvolvimento.

As crianças de Libra são sociáveis e simpáticas e, portanto, populares e requisitadas. Fazem amigos com facilidade e não têm medo de interagir com as outras crianças no parquinho ou na escola. Apesar de não serem tímidas, estas crianças também não são impositivas nem excessivamente autoconfiantes; simplesmente conseguem se misturar bem aos demais, sabem se inserir num determinado grupo ou situação. De fato, são um verdadeiro presente para qualquer grupo, pois ajudam a fazer os outros se soltarem e incluem as crianças mais tímidas e menos sociáveis nas brincadeiras.

As crianças de Libra buscam o equilíbrio e a harmonia, tanto dentro de si mesmas quanto no ambiente ao seu redor, de modo que mantêm seus quartos arrumados, pela simples razão de se sentirem melhor assim. Não se importam de compartilhar o quarto ou os brinquedos, desde que considerem a disposição justa. Se o irmão ou irmã estiver levando vantagem, a criança de Libra se opõe prontamente. Se dividirem o mesmo quarto, não tolerará bagunça. Para elas, é uma questão de respeito mútuo manter os objetos de cada um devidamente guardados, pois o espaço compartilhado pertence igualmente a ambos. Na verdade, elas estão impondo seu próprio padrão, mas são capazes de fazê-lo com muita sutileza.

Desde cedo, as crianças de Libra mostram interesse em roupas e querem escolher o que vão vestir. Têm preferências definidas e se recusam a usar determinados tipos de roupa, o que deve ser respeitado, dentro do possível. Deixe-as opinarem ao comprar suas roupas e decorar seu quarto, pois isso evitará desperdício com peças não usadas.

É intrínseco a este signo o conceito de "jogo limpo", portanto, a criança de Libra se opõe a qualquer injustiça. Seja em casa, na escola ou no playground, é freqüente ouvi-las dizer "não é justo". Estas crianças acreditam firmemente que a vida deve ser justa e usam esse argumento para conseguirem o que querem. Principalmente quando tem a ver com os irmãos, esperam ser tratadas com equanimidade e vão criar um tumulto sempre que acharem que estão sendo menosprezadas. Os pais devem explicar, pacientemente, que nem tudo é igual para todos, e que um irmão ou irmã mais velho ou mais novo tem certos direitos que elas não têm.

As crianças de Libra reagem bem a argumentos fundamentados. Elas próprias adotam essa postura desde cedo e querem saber claramente quais são as regras, de modo que possam avaliá-las por si mesmas. Sentem-se ofendidas e chateadas ao serem simplesmente mandadas; precisam saber o porquê das regras e sentir que elas também têm voz na hora de decidir. Não fazem nada direito quando recebem ordens e imposições, mas são prestativas quando convencidas a realizar determinada tarefa por bem. Ao usar seu poder de persuasão, o pai ou mãe desta criança pode estabelecer uma base para discutir o assunto e assim alcançar um acordo que será respeitado e cumprido. No começo, dá mais trabalho, mas assim se constrói uma pedra fundamental que permanecerá firme e forte. Principalmente na adolescência, quando certos limites devem ser impostos por questões de segurança do próprio jovem, os pais poderão estar certos de que esses limites serão respeitados se houver uma base previamente estabelecida entre as partes.

A criança de Libra faz de tudo para agradar e precisa ser benquista, o que tem seus prós e contras. Isso quer dizer que são crianças gentis, atenciosas e que têm consideração pelas pessoas. Sabem prestar favores e ajudar em casa, e tentam se adaptar a qualquer situação na qual se encontrem. Contudo, podem pagar um preço por isso, já que não são intrinsecamente adaptáveis, simplesmente querem que gostem delas e sempre evitam conflitos. Podem gostar de discutir quando não é nada muito polêmico, mas transtornos emocionais afetam profundamente sua refinada sensibilidade.

Lares muito tumultuados costumam oprimir profundamente a criança de Libra, chegando ao nível do intolerável. Estas crianças precisam de um ambiente que seja essencialmente pacífico para que cresçam sadias. Se houver hostilidade entre os pais, elas se sentirão diaceradas na tentativa de manter-se fiéis a ambos, pois conseguem entender os dois lados e sofrem profundamente quando não há uma reconciliação. Muitas destas crianças tentam mediar o conflito, o que no final exacerba ainda mais seu sofrimento. Não cabe à criança consertar o relacionamento dos pais, e, por mais que ela tente, não dependerá dela, o que frustra a criança ainda mais. As crianças de Libra se ressentem mais que as de outros signos com as brigas dos pais, o que lhes causam conflitos internos incomensuráveis. Se houver maus sentimentos entre o casal, é melhor deixar seu filho ou filha de Libra o mais longe possível do problema, e se o divórcio for inevitável, que seja dos mais amigáveis, principalmente em relação à guarda da criança e às visitas.

A criança de Libra tem dificuldade com a agressão em si mesma. Quando os outros expressam raiva, ela se sente ameaçada. Tende a fazer julgamentos ácidos e condena esse tipo de sentimento em si mesma, o que leva à repressão e à negação. Quanto mais instável a família de origem, mais medo a criança terá de sentimentos como a raiva. Mas se a família for basicamente harmoniosa e suas próprias manifestações de raiva tiverem sido bem resolvidas, a criança poderá aprender a lidar melhor com esse tipo de sentimento, sem se sentir ameaçada.

As crianças de Libra têm um senso inato de como devem se comportar, do que é apropriado e de bom-tom, o que pode acabar representando uma limitação, especialmente se essa característica for muito enfatizada. A maioria dos pais tenta cultivar os bons modos de seus filhos, de modo que é compreensível que fiquem empolgados com o ótimo comportamento de seu filho ou filha de Libra. Mas que isso não se dê à custa da auto-expressão da criança, pois nada teria efeito pior. Assim, apesar de estas crianças serem, em geral, naturalmente agradáveis, razoáveis e cordatas, é importante que não pensem que têm de ser assim para serem aceitas, nem que se deixarem de se comportar assim estarão arrumando problemas. Estas crianças precisam de ajuda para aprender a lidar com a raiva de modo saudável e aceitável. Essa superação, somada ao seu jeito amigável, lhes permitirá abrir muitas portas na vida.

Sem essa conscientização, a criança de Libra pode se tornar passiva. Como a vontade de agradar é um instinto natural que estas crianças têm, podem acabar concordando com qualquer coisa que lhes peçam e ter dificuldade em recusar pedidos inadequados. Sua educação e seu respeito pelos adultos as tornam vulneráveis à exploração. Não é necessariamente algo terrível, mas pode ser, e elas precisam da proteção adequada e saber que é permitido e até desejável que saibam dizer "não". Com boa auto-estima e senso de identidade, os quais vêm de serem amadas e aceitas pelo que são – e não apenas por serem boazinhas –, elas se sentem mais fortes e no direito de recusar qualquer coisa que lhes pareça desagradável.

Libra

A criança de Libra adora ser exposta à cultura. São crianças de verve artística e musical. Estimule seus talentos, mantenha sempre tintas e giz de cera disponíveis, bem como instrumentos musicais. Apresente-as às artes plásticas, levando-as a galerias desde bem pequenas – isso estimulará sua imaginação. Exponha estas crianças a músicas de diferentes tipos e leve-as a concertos. Encare isso como parte de sua educação; a tendência é que se transforme em um interesse e um prazer para a vida inteira.

Isso também se aplica à dança, especialmente ao balé. Muitas crianças pequenas gostam de aulas de balé, e mesmo aquelas que não demonstram vocação para a dança ganham muito com as aulas. Sem dúvida, a dança ajuda a criança a melhorar sua conduta e aumentar sua autoconfiança. As crianças de Libra, com sua graça natural, podem, além de tudo, ter talento e optar por continuar com a dança por muitos anos, às vezes até seguindo carreira na área. E isso se aplica tanto aos garotos quanto às garotas.

As crianças de Libra gostam de ir à escola e costumam ter boas notas, pois gostam do mundo das idéias e são boas em debates e discussões. Desenvolvem suas opiniões logo cedo e se sentem melhor em ambientes nos quais possam expressá-las livremente. Na verdade, se elas não gostarem da escola, deve haver algo errado com o estabelecimento, o que deve ser verificado. A razão pode variar de pouco estímulo mental a maus-tratos por parte de colegas, mas, seja qual for o problema, precisa ser resolvido, pois o normal é que estas crianças adorem o ambiente escolar.

No que diz respeito à escolha profissional, as crianças de Libra se dão melhor nas áreas de artes e humanas do que em ciências. Alguns podem seguir sua vocação ao crescer, enquanto outras podem trabalhar com arte em posições acadêmicas. À medida que vão crescendo, outras oportunidades vão se abrindo por meio de sua grande capacidade de se relacionar com as pessoas, o que pode conduzir a diversas direções, de modo que é melhor não descartar nenhuma opção. Seu senso nato de justiça e sua capacidade intelectual podem conduzir a uma carreira na área jurídica, por isso, apesar de geralmente não gostarem de ciências, os nativos de Libra podem se dar bem em sociologia, por exemplo. É claro que sempre há exceções e alguns podem ser cientistas, engenheiros, químicos, e viverem perfeitamente felizes, de modo que nunca se deve limitar sua capacidade de escolha profissional.

Libra não é um signo dos mais fáceis para os meninos. Com tudo que se espera deles, os garotos podem acabar achando que seu tipo de masculinidade não agrada muito. A sociedade não tende a valorizar garotos com senso de estética, arte e criatividade, meninos atenciosos e justos. Quando se tornam adultos e se estabelecem no mundo os problemas costumam acabar, mas quando jovens podem se sentir fora da cultura típica dos rapazes. Isso pode incitar sua busca por sucesso, e no futuro eles acabam se sentindo vingados. Todavia, é importante que a família os aceite como são desde cedo. Talvez estes meninos não sejam do tipo esportivo – embora possam ser –, podem não ser muito exaltados nem assertivos, preferindo resolver diferenças com calma e cabeça fria, mas não são menos garotos por isso – são apenas garotos com beleza, graça e charme.

As crianças de Libra podem ter gostos caros e não ligar para o valor do dinheiro; elas têm uma tendência decadente nata que vem de Vênus, seu planeta-regente. Sempre serão gastadores e podem gastar muito dinheiro sem perceber no quê. Têm um jeito próprio de gastar aos pouquinhos, apesar de também gostarem de fazer compras de peças espetacularmente caras de vez em quando. Esperam que sua mesada seja igual a de qualquer criança de sua idade, caso contrário usam seu argumento: "não é justo". É melhor que os pais sejam generosos, dentro do possível, pois estas crianças odeiam não ter dinheiro.

No final, a criança de Libra começa a fazer algum dinheiro, o qual continua a gastar livremente e sem se preocupar muito com o amanhã. Simplesmente gosta de itens de boa qualidade, que costumam ser mais caros, principalmente em se tratando de roupas.

A adolescência dos librianos não tende a ser tão problemática, especialmente se certas regras básicas já estiverem sido estabelecidas. São jovens razoáveis que não farão objeção a nada que considerem justo. Sua maior angústia é lidar com as mudanças hormonais que lhes deixa com uma aparência estranha – espinhas e cabelos oleosos não têm a menor graça, principalmente para quem já angariou tanta admiração por sua beleza. O fato de ser uma fase passageira não ajuda muito. Talvez por serem tão atraentes, essa fase costuma ser um tormento para os nativos de Libra. Nem todos sofrem tanto por causa dos hormônios, alguns simplesmente desabrocham e a transição se dá suavemente.

Libra

Todo adolescente quer mais independência, principalmente em relação aos pais, razão pela qual muitos deles reagem contra eles e os rejeitam. Para o adolescente de Libra, o foco estará em seus pensamentos e em suas roupas. Os pais devem estar prontos para declarações de impacto e algumas discussões como prova de que estão crescendo. Pode ser um período de descoberta, quando começam a prestar atenção em política e na situação do mundo. E, com a arrogância e a inocência da juventude, podem não perceber que outras pessoas já tiveram as mesmas idéias antes. Não é incomum que assumam uma postura política diametralmente oposta à dos pais, a qual, mesmo que se originando na vontade de provocar, tende a durar bastante.

No que diz respeito à aparência, o adolescente de Libra quer se vestir como os amigos ou qualquer outro jovem que se preze e rejeita os conceitos dos pais sobre o assunto. Tudo isso é sua maneira de se estabelecer como indivíduo, diferente da geração dos pais e semelhante ao jeito dos colegas. Apesar de muitas vezes a moda juvenil ser radical, os adolescentes de Libra tendem a ter bom gosto, o que geralmente não custa barato. Roupas de marca causam grande impacto em grupos de adolescentes, e os librianos são os mais suscetíveis. Usar roupas de marca se torna uma necessidade para eles durante a adolescência.

A criança de Libra é, no geral, amante da paz, prestativa, cooperativa, fácil de lidar, gentil e agradável. Contanto que não se abuse de sua natureza cordata e não se enfatize demais sua beleza, costumam se tornar indivíduos bem resolvidos e extremamente agradáveis ao crescer.

Escorpião

De 23 de outubro a 21 de novembro
Signo fixo de água, regido por Marte e Plutão

Conhecendo o signo de Escorpião

Os escorpianos têm muito carisma pessoal e são fáceis de reconhecer por sua intensidade emocional e seu temperamento passional. Os nativos deste signo são guiados por suas emoções – apesar de não demonstrarem muito com a expressão do rosto. Inescrutabilidade é uma de suas características principais. Estes indivíduos levam as coisas a sério, não são nada superficiais e entendem a dor da condição humana. As pessoas contam com eles para desabafar seus sentimentos, e, ao contrário de determinados signos, não são amigos só para as boas horas. Nos momentos difíceis, eles tiram tudo de letra. Usam sua insígnia "sei como é, já passei por isso" com honradez e podem, como todos os exploradores de terrenos tortuosos, ajudar os menos experientes.

O terreno tortuoso em questão é o mundo interior, que contém o inconsciente e todo o seu mistério. Eles têm consciência de suas sedes e motivações psicológicas mais primitivas, que podem ser bastante sinistras e desagradáveis para as pessoas mais próximas. Como se trata de seu domínio, eles não se afastam das pessoas quando elas manifestam sentimentos sombrios ou difíceis, nem quando estão sofrendo ou no meio de uma crise. É um território conhecido e do qual não têm medo, ao menos não necessariamente. Os escorpianos respeitam esse território mais que os outros, principalmente porque têm consciência profunda de sua existência neles mesmos. Pessoas sem essa consciência tropeçam ocasionalmente em territórios de vulnerabilidade emocional, ao passo que para os escorpianos trata-se de uma realidade constante.

Compreensivelmente, os escorpianos são muito defensivos. Eles sabem bem demais dos perigos emocionais que correm, portanto, não entram em nada cegamente, como muitos fazem. Eles têm uma visão realista da dor imbuída em todo tipo de circunstância e tomam suas decisões a partir dessa visão. Por isso, quando se aventuram, sabem muito bem o que pode dar errado.

Escorpião é um signo fixo de água, e água fixa é o mesmo que gelo. Quando contrariados, os nativos deste signo sabem dar um gelo na pessoa, e seu olhar pode ser de congelar. Ao pensar na natureza do gelo, podemos entender muito sobre este signo. Só se vê a ponta do *iceberg*, a maior parte está debaixo da água, e o mesmo se dá com os escorpianos, pois muita coisa se passa por debaixo de seu plácido exterior. Como resultado, é difícil conhecê-los de verdade.

Os escorpianos têm profundidades turbulentas das quais as pessoas, geralmente, fazem apenas uma vaga idéia. Podem apresentar uma calma exterior mesmo quando estão sendo provocados. Em momentos de extrema dor, às vezes ficam sem ação. É uma espécie de reação de choque pela da qual buscam conseguir espaço para explorar as experiências mais profundas que estão vivenciando. Às vezes, seu olhar fica vazio e imperscrutável por estarem com sua atenção completamente focalizada em suas emoções turbulentas. Todavia, se forem pressionados demais, são capazes de explosões emocionais dignas de um vulcão. Essa atitude nunca é fácil para eles, por conta da exposição inerente, mas mesmo assim é o que acabam fazendo de tempos em tempos, e isso deixa-os exaustos e depauperados. Trata-se de indivíduos extremamente reservados que preferem guardar seus pensamentos para si mesmos e só revelam seu lado mais profundo para pessoas escolhidas a dedo, em quem eles sabem que podem confiar. A confiança se estabelece lentamente, com o tempo, depois de vários testes e provas de amizade.

Uma das primeiras condições é que os amigos não podem fazer fofoca. Tudo que conversam é implicitamente confidencial para os escorpianos, seja qual for o assunto, e não deve ser repetido. Dificilmente um nativo deste signo vai querer que sua vida seja divulgada por aí, afinal eles fazem de tudo para manter a própria privacidade. Além disso, os amigos precisam estar emocionalmente disponíveis, pois precisam de pessoas com quem possam conversar em um nível satisfatório – e muitas vezes é difícil achar alguém assim. Mas quando encontram afinidade em uma pessoa, são amigos leais e dedicados.

Os escorpianos são capazes de oferecer um nível profundo de empatia e compreensão aos outros. Eles prontamente se compadecem da angústia das pessoas e reconhecem sua dor e seu sofrimento, e esperam o mesmo em retorno. Infelizmente, a não ser quando o amigo em questão é outro escorpiano, são poucos os que conseguem retribuir no mesmo nível. Isso significa que eles costumam se sentir solitários e incompreendidos. Esse isolamento não é voluntário, mas algo que sentem como uma imposição da vida.

Todavia, os escorpianos não são apenas profundos. Estes indivíduos invariavelmente apresentam grande força pessoal adquirida com perseverança e energia. São extremamente magnéticos e carismáticos, e sabem enfeitiçar as pessoas. Sua natureza passional exala uma intensidade que fascina e deixa os outros curiosos para saber o que está por trás de seu comportamento. Quanto mais recluso o escorpiano, mais fundo em seu universo as pessoas querem ir. Imagine uma caixa onde está escrito "não abra de jeito nenhum – contém segredos". Essa é a dificuldade que o escorpiano tem de encarar. Enquanto eles forem um livro ostensivamente fechado, as pessoas vão continuar sendo invasivas e intrometidas. Os escorpianos precisam descobrir um jeito de se revelar para as pessoas ao menos o suficiente para saciar sua curiosidade básica e ao mesmo tempo proteger seu direito à privacidade.

Para um escorpiano, todo tipo de questão cotidiana é pessoal e não deve ser divulgada. Os amigos podem, inadvertidamente, revelar algo que mais tarde o escorpiano vai tomar por ofensa e traição. Conceitos como lealdade e verdade tocam no fundo do coração do escorpiano; por isso, ele ou ela é extremamente sensível a traições de qualquer tipo, enxergando traição onde a maioria das pessoas não vê nada demais – como comentar algo irrelevante com terceiros. Talvez o mais importante numa situação dessas seja reconhecer que nenhuma das partes está certa nem errada. Quando o escorpiano se sente traído, não adianta racionalizar, de modo que as pessoas precisam aceitar esse lado da natureza de Escorpião e lidar com ele da melhor maneira possível.

Os escorpianos se sentem traídos ao descobrirem algo importante sobre um amigo por terceiros. Não é que eles sejam curiosos por natureza, como os nativos de Gêmeos e Virgem, pois sempre respeitam a intimidade alheia e nunca se intrometem. Mas podem questionar por que não foram dignos da confiança do amigo, e é compreensível que se sintam excluídos. Isso pode levá-los a reavaliar toda a amizade, e mesmo que tenha sido apenas um descuido da pessoa, ou algo realmente irrelevante, o escorpiano fica magoado. Se tudo isso ocorrer na frente dos outros, tanto pior, pois o escorpiano se sente humilhado em público. É difícil para o escorpiano superar o episódio e restabelecer a confiança perdida.

Além da metáfora do *iceberg*, também é válido observar o escorpião, animal-símbolo deste signo, para compreendê-lo. Os escorpiões são criaturas primitivas e instintivas, dotadas de ferroada potencialmente letal no rabo. Usam o ferrão para paralisar ou matar a presa da qual se alimentarão, para se defender quando ameaçados, ou ainda, surpreendentemente, no acasalamento. Em algumas espécies, o macho ferroa a fêmea durante o ritual de acasalamento, apesar de não se saber bem o porquê desse procedimento.

Isso reflete o modo pelo qual sexo e violência se conectam para alguns escorpianos por meio de práticas como submissão e sadomasoquismo – estas podem ser algumas das maneiras pelas quais tentam encontrar a paixão e a intensidade que tanto buscam. Pode haver um certo amor pela crueldade, por causa da emoção crua que produz. Assim como no caso do escorpião macho, em algumas circunstâncias o chamado "motivo passional" é aceito como atenuante em um processo criminal quando os homens são violentos com suas amantes.

Mas, de maneira geral, os escorpiões só atacam quando se sentem ameaçados de morte e inspiram mais medo do que seria justificável; apesar de ocasionalmente matarem seres humanos, sua picada venenosa é, na verdade, um pouco pior que a de uma abelha. Tudo isso pode ser equiparado à psique do escorpiano.

Os nativos deste signo são muito ligados a qualquer tipo de ameaça. Apesar de tudo se originar na sobrevivência física, no final acaba se tratando mesmo de sobrevivência psicológica. Contudo, os mesmos mecanismos de retaliação estão presentes, e os escorpianos são conhecidos por seus comentários espinhosos e suas recriminações incisivas. Por conta de seus *insights* psicológicos e de seu nível de percepção, os comentários dos escorpianos têm

Escorpião

a capacidade de atingir os pontos onde o estrago é maior. Mas o que as pessoas precisam entender enquanto lambem suas feridas é quanto o escorpiano se sentiu ameaçado em primeiro lugar. Eles só atacam quando sentem necessidade de se defender e se proteger.

Outro fato interessante em relação aos escorpiões é que, se eles se virem encurralados e sem saída, acabam ferroando a si mesmos, suicidando-se, mas não se entregam ao inimigo. Isso se reflete no orgulho dos escorpianos, em sua incapacidade de voltar atrás e em suas tendências depressivas. Certas pessoas acham que a depressão é raiva acumulada que acaba se voltando contra a própria pessoa, e muitos escorpianos acabam caindo nesta armadilha e se entregando a períodos de depressão. Os nativos deste signo tendem a reprimir os sentimentos quando as coisas vão mal, e quando estão deprimidos carregam consigo uma nuvem negra quase tangível – demorou muito tempo para que eu percebesse que uma escorpiana muito deprimida que conheço era loura, pois seu jeito sombrio parecia torná-la toda "escura". Até quando estão deprimidos, os nativos deste signo emanam intensidade. É claro que nem todos os escorpianos sofrem dessa condição debilitante.

Considerando-se suas características, fica claro que não se trata do tipo de indivíduo com quem se deva brincar. Eles levam suas emoções e a si próprios muito a sério e não gostam de perder tempo com quem fica lhes embromando. Dito isso, os escorpianos são guiados pelo coração, não pela cabeça, de modo que se envolvem com as pessoas muito rapidamente. Têm um lado impulsivo e compulsivo que não tem nada de precavido, de modo que podem se ver em águas profundas num piscar de olhos. E as pessoas, fascinadas e intrigadas, podem também descer fundo e ficar se perguntando o que está havendo.

O que os escorpianos mais esperam de um amante é paixão. Precisam sentir que há uma profunda ligação emocional entre os dois. Acreditam em alma gêmea e estão à procura dela: querem uma pessoa com quem se comuniquem por telepatia, alguém que os entenda só de olhar, sem precisar verbalizar nada. Confiam mais na comunicação sem palavras do que em qualquer coisa que seja dita, assim, por mais lindas que sejam as palavras usadas, os escorpianos não confiarão em alguém se os sinais não-verbais não demonstrarem o que eles esperam.

Sexo é de fundamental importância para os escorpianos. Para eles, o sexo é um encontro e uma troca no nível mais profundo. Eles querem sentir tudo o que puderem de mais intenso, sentir seu mundo chacoalhar, sentir que foram tocados no âmago de seu ser. Adoram viver intensamente e, por meio do sexo esperam morrer, renascer e reafirmar que estão vivos. Isso só pode acontecer com uma total rendição do ego, e para isso é importante haver confiança. O escorpiano precisa crer que a pessoa amada realmente entende em profundidade quem ele é. Para eles, a confiança é baseada na conexão emocional, a qual existe normalmente ou não existe em absoluto, não se pode fabricar. E o tipo de sexo que gostam de fazer com a pessoa amada é prova disso.

Os atos contam muito e gestos são de grande importância para os escorpianos, não necessariamente nada muito exagerado, o importante é ser caprichado e pessoal. Lembrar-se de datas importantes, preferências, atitudes protetoras e atenciosas são sempre bem-vindas. São pessoas atentas a qualquer discrepância entre o que se promete e o que se faz; esperam coerência.

Uma vez comprometido, o nativo de Escorpião é extremamente possessivo com a pessoa amada e é dado a cenas de ciúme; por isso, é importante que nada seja feito para provocar esse tipo de sentimento. São hipersensíveis a qualquer tipo de ameaça e precisam de uma pessoa que lhes valorize e não fique fazendo joguinhos. Qualquer flerte sem importância despertará suspeitas, e o resultado será uma briga das boas ou um gelo completo. Apesar de ser possível dar um jeito depois numa situação dessas, uma infidelidade de verdade seria imperdoável. É muito improvável que uma relação se recupere de uma traição, pois o escorpiano simplesmente não consegue perdoar e esquecer. Portanto, quem se envolver com o escorpiano deve saber que pular a cerca é definitivamente proibido. O escorpiano sempre acaba descobrindo.

Todavia, os escorpianos muitas vezes adotam padrões dúbios e nem sempre são fiéis. Faz parte de seu estilo enigmático sempre manter algum segredo, e muitas vezes esse segredo é algo que pode devastar a pessoa amada. Um caso extraconjugal não é algo que eles fiquem buscando ou planejando, mas a combinação de determinadas circunstâncias pode fazê-los sucumbir. Apesar de negarem, a verdade é que gostam de crises, pois com elas se sentem vivos. Preferem, sem dúvida, dor e sofrimento a tédio e apatia. Os escorpianos não toleram sexo ruim. Precisam que a terra se mova debaixo de seus pés regularmente, pois é um de seus principais instrumentos de auto-afirmação, e se por alguma razão isso não acontecer em seu relacionamento principal, é quase certo que procurem por isso em outros territórios. Um escorpiano sem satisfação sexual é um perigo, pois não consegue suportar a situação por muito tempo.

Isso não significa que os escorpianos não possam se comprometer e ser fiéis; a maioria deles o é. Significa, sim, que a pessoa que se envolve com o nativo de Escorpião deve saber que negligenciar o aspecto físico da relação é muito arriscado, pois o escorpiano se sentirá castigado e abandonado, e buscará consolo em outra parte. Para eles, sexo é a base de uma relação, sem o qual nada tem sentido. Se o sexo continuar apaixonado e constante eles serão capazes de oferecer lealdade, principalmente por levarem os sentimentos das pessoas a sério.

Surpreendentemente, se considerarmos a tendência ao ciúme dos escorpianos, este signo não faz necessariamente o tipo casadoiro. Não acreditam em papéis, querem que a lealdade venha do coração, não de um contrato. Alguns se casarão, mas muitos preferirão continuar solteiros. Para os escorpianos homossexuais, isso não conta muito, pois provavelmente não iriam querer exercer esse direito, mesmo que pudessem.

Muitos caminhos estão abertos para o escorpiano em termos profissionais, mas uma área na qual costumam se sair muito bem é a medicina. Eles têm todos os pré-requisitos para serem excelentes médicos ou enfermeiros: empatia, compaixão, compreensão, sangue frio em situações de emergência, além de não serem normalmente melindrosos. Gostam do trabalho investigativo de diagnosticar e, principalmente, precisam estar envolvidos em algo que seja realmente importante e relevante. Numa profissão dessas, eles têm um poder verdadeiro a ser utilizado em benefício dos demais. A medicina é um vasto campo com muitas especialidades, e o escorpiano se adapta a todas elas, mas seu temperamento se dá bem mesmo é na cirurgia, em que eles podem entrar em contato direto com o mistério do corpo humano, e na obstetrícia, que lhes dá a oportunidade de se envolver intimamente com o processo do nascimento.

Há muitas outras áreas nas quais os escorpiões se destacam. Têm um pendor para desencavar coisas escondidas ou enterradas, sejam verdades psicológicas no papel de psicólogo, ou fatos, no papel de pesquisador ou detetive; ou ainda trabalhos arqueológicos, mineração ou perfuração. Portanto, apesar de esses campos soarem um tanto díspares, cada um satisfaz a seu modo a necessidade que o escorpiano tem de se aprofundar.

Por causa de seu grande autocontrole, sagacidade e capacidade de guardar segredo, os escorpianos também se revelam ótimos espiões e diplomatas. E, por sua coragem de correr riscos em negócios de grande vulto, costumam gostar de se envolver com ações de grandes empresas, nas quais as apostas são altas.

Como chefe, os Escorpianos exercem o poder de modo calmo e discreto, como é o caso de Bill Gates, da Microsoft. Ele é um dos homens mais ricos e bem-sucedidos de todos os tempos, mas mesmo assim não é nada ostentador. Os chefes de escorpião não ficam dando demonstrações de poder, o que não significa que devam ser subestimados. Podem ser brutais se acharem necessário. Esperam lealdade absoluta e não toleram falta de apoio ou de compromisso, o que para eles consiste em traição.

O chefe de escorpião assimila as mensagens subliminares do comportamento de seus funcionários, de modo que atrasos – mesmo quando a desculpa é sempre a mesma – podem causar reações diferentes, dependendo do dia. Portanto, se a culpa pelo atraso do funcionário for o transporte, mas se além disso o funcionário em questão estiver dando sinais de falta de motivação no trabalho, o chefe de Escorpião vai enfatizar o desinteresse e considerar a desculpa irrelevante. As regras não são claras, e a desculpa que funciona num dia pode não funcionar no outro, o que pode deixar os funcionários inseguros e pisando em ovos. O que permanece claro em qualquer circunstância é que o escorpiano espera honestidade e lealdade de seus funcionários.

E mais, o chefe de Escorpião, às vezes, espera que sua equipe leia seus pensamentos e adivinhe o que ele quer que seja feito – o que é, no mínimo, fora da realidade. Na verdade, a maioria de suas decisões se dá de acordo com seus instintos, que podem ser bastante confiáveis para eles, mas acabam sendo um problema para quem está por perto. Portanto, esse tipo de chefe pode ser complicado; trata-se de uma relação emocional complexa na qual os funcionários acabam tendo pouco poder e poucos direitos. O chefe escorpiano é bom mesmo em estabelecer entendimento e conexões leais, não só entre os

Escorpião

funcionários, mas também com seus colegas e companheiros de trabalho, que sempre o têm em alta conta.

Como funcionários, os escorpianos precisam sentir que o que fazem é de real valor. São dedicados, têm senso de compromisso e trabalham muito para estabelecer uma atmosfera agradável para si mesmos. Contudo, se houver uma deterioração do convívio profissional e o ambiente ficar hostil, todas as regras de boas maneiras vão para o espaço. Seu mau humor contaminará a todos, que talvez não façam idéia do que está acontecendo de verdade, mas acabam se sentindo extremamente desconfortáveis.

Os funcionários de Escorpião também precisam de uma dose de poder de verdade, precisam ter autoridade na sua área, pois não se sentem bem em terem de reportar cada pequena ação a um superior. A pessoa que ocupar um cargo mais alto que o do escorpiano deve ser bastante sensível no exercício da hierarquia, pois ordens mesquinhas e restrições desnecessárias estabelecerão uma dinâmica complicada, e o funcionário não renderá no trabalho. Na verdade, é provável até que ele peça demissão. Então, para conseguir o melhor do funcionário de Escorpião, basta que seu superior o trate com respeito, estabeleça uma conexão efetiva e lhe dê autonomia em certas áreas do trabalho.

Os escorpianos projetam sua integridade emocional e sua paixão em tudo que fazem. Seja como funcionário ou patrão, eles se dedicam de corpo e alma ao trabalho e esperam a mesma dedicação dos demais. Nunca são indiferentes em relação a nada, e seu comprometimento emocional está intimamente relacionado ao seu vigor físico e ao esmero de sua abordagem. O que eles fazem é importante e faz diferença – este é o sentido que estabelecem para si mesmos, bem como para seu mundo interno e externo. Em todas as áreas da vida, os escorpianos são inflexíveis e mantêm-se fiéis aos seus sentimentos e aos comichões de suas almas.

O lado negativo de Escorpião

Escorpião é um signo tão famoso por suas características negativas que maiores apresentações são desnecessárias. Ciúme, suspeitas, paranóia, vingança, retaliação e questões de poder e de controle são apenas alguns dos atributos menos felizes dos quais os escorpianos são regularmente acusados. E, com certeza, os nativos deste signo fazem por justificar sua fama. Essas falhas humanas serão examinadas a seguir, mas antes é importante enfatizar que os escorpianos são vítimas de uma projeção exagerada de negatividade.

Eles têm uma habilidade única de deixar as pessoas desconfortáveis ao evocar nelas sentimentos que são, no mínimo, delicados. Os escorpianos são acusados e punidos por isso, como se fosse realmente culpa deles que as pessoas tenham tais sentimentos. Os nativos deste signo costumam se aventurar por aquilo que para muitos é território emocional proibido, mas não é culpa deles se as pessoas resolvem acompanhá-los e depois não gostam. Os escorpianos se tornam bodes expiatórios, pois as pessoas acham que foram desencaminhadas por eles. E como os escorpianos não são adeptos de argumentação racional, não conseguem apontar com exatidão a injustiça que sofrem.

Nesse ponto, é preciso defender este signo tão espinafrado de alguns equívocos recorrentes. Por outro lado, o dito popular "onde há fumaça, há fogo" também se aplica a eles: é necessária uma investigação mais profunda para se entender de onde vem esta má fama. Ficar atribuindo culpas nunca ajuda muito, mas procurar uma compreensão mais profunda sempre é válido.

É verdade que a maioria dos escorpianos sofre de ciúme, desconfiança e paranóia, em algum nível. Qualquer pessoa que realmente ame outra provavelmente sentirá ciúme de vez em quando. É uma questão de território. Quanto mais intenso o amor (e pouco se reclama desse atributo dos escorpianos), mais terrível se torna a idéia de perder a pessoa e mais suscetível se fica a sentir ciúme. O ciúme é uma resposta a uma ameaça percebida, e ninguém tem mais consciência disso que o escorpiano.

Além do que, como os escorpianos têm uma percepção excepcional da energia que vibra entre as pessoas, ao sentirem-se vulneráveis, podem acabar confundindo tudo na cabeça, inventando significados que não passam de representações de seus maiores medos. Estes indivíduos precisam do tipo certo de sinal e mensagem não-verbal – um sorriso, ou um gesto – para se sentirem tranqüilizados, do contrário acabam saindo pela tangente. Quem convive com eles deve sempre se lembrar disso, principalmente em ocasiões sociais, nas quais eles costumam se sentir mais inseguros em relação ao parceiro. Os próprios escorpianos precisam ficar lembrando a si mesmos para conferir os fatos antes de começarem a imaginar coisas que nada têm a ver com a realidade.

Isto leva à paranóia, algo que acomete os nativos deste signo de vez em quando. Enquanto a maioria das pessoas não se permite reconhecer os próprios medos, os escorpianos vivem com uma consciência aguda dos seus temores. São capazes de pensar naquilo que, para a maioria, é impensável. Ligados a um nível mais sombrio da existência humana, eles reconhecem os elementos básicos de todos nós que podem levar algumas pessoas a se comportarem mal. Tendo isso como parte de sua realidade diária, é fácil ver como e por que eles acabam tendo medo dos outros.

Na pior das hipóteses, os escorpianos podem atribuir todo tipo de motivo escuso aos outros. Eles continuam em contato com seus próprios impulsos sombrios, de modo que, quando alguém se apresenta como "bonzinho", eles logo pensam que a pessoa está escondendo alguma coisa. Para quem acabou de emergir da escuridão, em que os olhos estavam ajustados e enxergando muito bem, a luz do dia pode ser ofuscante. Os escorpianos têm um radar nato para enxergar no escuro, e quanto mais brilhante e luminosa for a pessoa, menos eles confiarão nela. Apesar de ser perfeitamente normal alguém se comportar de modo mais efusivo em situações sociais, os escorpianos desprezam este tipo de coisa. Tendem a desconsiderar os adeptos de filigranas sociais, acusando-os de superficialidade emocional e de falta de contato com seu mundo interior. O escorpiano quer algo mais rascante, mais real para seus padrões, e gostam quando as pessoas expressam sentimentos negativos em público. Pode ser até um tipo de voyeurismo, pois eles mesmo nunca fazem estas cenas, mas adoram presenciá-las.

Os escorpianos costumam acusar as pessoas de alienação emocional, o que para eles é quase um crime contra a humanidade. Parte do problema vem de sua fascinação compulsiva por pessoas que são o seu oposto – intelectuais e pensadores racionais. Eles podem ter fascínio, mas também se sentem ameaçados por suas idéias "perfeitas" e fazem de tudo para desacreditá-los e descartá-los. Em vez de desafiá-los a um debate no qual provavelmente se veriam fora de suas profundidades emocionais, os escorpianos tentam minar estas pessoas ao procurarem por suas fraquezas em outras áreas. Isso é algo em que os escorpianos se destacam. Eles conseguem enxergar as vulnerabilidades dos outros a distância e se aproveitam delas, pois este é um domínio no qual são fortes. Apesar de não ser nada simpático, é preciso lembrar que os escorpianos vivem por um triz no mundo das idéias e fazem qualquer coisa para sobreviver.

Para a maioria dos escorpianos, a vida pode se tratar, basicamente, de amor e guerra. Eles têm um forte senso de justiça e tendem a reações emocionais extremas ao se ofenderem com incidentes que passariam despercebidos para a maioria das pessoas, como algum "clima" ou energia diferente vindo de determinada pessoa. Onde quase todo mundo veria um simples "oi, tudo bem?", o escorpiano pode sentir uma certa frieza ou insinceridade.

À medida que incidentes como esses forem se acumulando, a guerra pode ser declarada ou não, e as pessoas talvez nunca percebam que foi ali que o problema todo começou, pois o escorpiano é bem capaz de travar uma vendeta solitária. Se existe alguém capaz de odiar um vizinho por anos e anos sem jamais conseguir resolver o assunto de vez, é o nativo de Escorpião.

Dito isso, para fazer justiça aos escorpianos, eles também se lembram de favores prestados quando todo mundo já esqueceu. Têm memória de elefante e nunca esquecem; o problema é que algumas memórias são problemáticas. Parte da dificuldade se encontra em sua sede de vingança, e até que a tenham saciado o que consideram suficiente, perdoar ou esquecer não é uma opção, e sim mera irrelevância. Eles só conseguem seguir em frente após darem o troco, o que evidentemente costuma ser complicado.

Quando se sente ameaçado, o escorpião enche a cauda de veneno antes de atacar e envenenar. Algo semelhante ocorre com os escorpianos, e se eles não conseguirem acertar as contas (e a maioria não aceita reconhecer quando não consegue), os pensamentos de injustiça e vingança ficam na cabeça, podendo resultar num comportamento autodestrutivo e depressivo.

Os escorpianos só se dão por satisfeitos quando a pessoa que os fez sofrer tiver sofrido tanto quanto eles. Eles precisam que a pessoa saiba como dói. E é claro que a pessoa em questão pode nem saber de nada. O que os escorpianos deixam de reconhecer nessas horas é que eles podem ser responsáveis pelo que sentem. Nem quando percebem que um determinado indivíduo não lhes fez sofrer deliberadamente os escorpianos desistem de fazê-lo passar pelo mesmo. Só sossegam quando vêem a pessoa sofrendo tanto quanto eles.

É raro o escorpiano ter sucesso nessa seqüência de eventos, de modo que muita coisa costuma ficar pendente. Alguns podem reconhecer que o que querem mesmo é resolver a questão, pôr um ponto final, e que isto pode ser conseguido com comunicação, e não vingança. Se forem capazes de compreender e aceitar completamente seu aborrecimento, talvez não precisem se vingar.

Entretanto, tudo isso requer um alto nível de sofisticação, e freqüentemente os escorpianos vivem presos a um padrão de comportamento mais reativo e instintivo. Quando não conseguem mesmo se vingar, começam um processo de autodestruição, que pode implicar abuso de drogas e autoflagelação, apesar de ser mais comum que se manifeste de outras formas, como baixa auto-estima. Isso pode se tornar uma espiral de decadência, pois quanto menor sua auto-estima, mais dificuldade encontram em se recompor e provocar mudanças positivas. Quanto mais tempo passam guardando mágoa, mais amargos ficam os escorpianos. É o tipo de mágoa que apodrece e se transforma numa pústula, imobilizando o escorpiano, que precisa, antes de qualquer coisa, aprender a não deixar as coisas tomarem esse rumo. É como entrar num estreito beco sem saída: a não ser que seja fácil dar meia-volta, é melhor não entrar nele. Os nativos deste signo precisam encontrar formas de lidar com incidentes, a comunicar o que sentem imediatamente ou pelo menos o quanto antes, o que funciona como uma desintoxicação diária de sentimentos ruins.

Se os escorpianos acharem que determinada situação terminou mal, automaticamente se transformam em fracassados. Para eles, não vencer é extremamente difícil, até porque eles não conseguem conceber uma situação em que os dois lados possam sair vencendo e manter a dignidade. É comum que queiram vencer e massacrar o inimigo, e se não conseguirem fazer isso, sentem-se automaticamente humilhados e derrotados. Isso se dá basicamente porque os escorpianos são tão ligados a questões de sobrevivência que tudo se reduz a "matar ou ser morto". Aprender a gerenciar conflitos de modo menos agressivo os ajuda a obter melhores resultados à medida que transcendem a idéia de "vencer ou perder".

Outro ponto fraco dos escorpianos está na lida com questões de poder e controle. Os nativos deste signo gravitam em posições de poder sem transparecer que estão atrás delas, exercitando seu poder de uma forma estranha e passiva. Pode haver um quê de herói invisível no escorpiano que é difícil de definir, pois seu poder parece emanar de sua extrema passividade. Eles conseguem atrair energia para si mesmos, assim como os buracos negros do espaço sideral que tragam objetos para dentro de seu intenso vácuo. Alguns escorpianos têm uma espécie de energia semelhante ao buraco negro que afeta as pessoas que os cercam, as quais misteriosamente acabam lhe conferindo poder. Os escorpianos aceitam a capa de poderosos como se não a merecessem, e talvez não tenham consciência de que seu desejo por ela é que a atraiu para si.

Na melhor das hipóteses, os escorpianos são propensos ao poder e farejam gente autoritária de longe. Na pior das hipóteses, são tão culpados quanto os que acusam. Eles entendem o funcionamento do poder e como ele pode ser corrompido, ainda que possam ser apanhados. Uma das coisas que eles têm de aprender é a usar o poder com sabedoria. Se for usado em benefício próprio, eles se tornarão corrompidos e vulneráveis a ataques. Muitas carreiras políticas foram destruídas desse jeito. Os escorpianos mais espertos percebem que seu poder só pode ser usado para o bem dos outros. Descobrir onde fica exatamente a linha divisória entre interesse próprio e altruísmo é um trabalho para a vida inteira dos nativos deste signo.

Assim como ocorre com os capricornianos, a necessidade de controle dos escorpianos estrutura-se sobre o medo; é seu jeito de estarem emocionalmente prontos para tudo. Uma situação nova é observada de cada ângulo possível para lidar com qualquer coisa que possa acontecer. Isso é fundamental para que se sintam seguros antes de entrarem na batalha.

Os escorpianos não gostam de surpresas, portanto nunca lhes prepare uma festa-surpresa – eles vão odiar, pois precisam de tempo para se preparar psicologicamente para um evento desses. Também não gostam de ser excluídos de segredos – eles precisam saber de qualquer segredo relativo a pessoas próximas e detestam a mera idéia de que as pessoas estejam tramando pelas suas costas.

Todos os signos fixos (Touro, Leão e Aquário são outros) têm algum tipo de problema com controle, de modo que é importante ressaltar a diferença entre eles e os escorpianos, que querem manter o controle de si mesmos e das próprias emoções. Qualquer um que tente desestabilizá-los será rejeitado e afastado. Eles podem enervar a maioria das pessoas com sua intensidade emocional e suas exigências de intimidade, mas não deixam que façam isso com eles de jeito nenhum – os escorpianos gostam de determinar o ritmo das coisas.

Os nativos de Escorpião têm um lado cruel que pode surpreender as pessoas que nutrem expectativas de que eles sejam mais sentimentais e sensíveis do que são na verdade. Os escorpianos estão voltados para como eles próprios estão se sentindo, e não com a impressão que vão causar, podendo subestimar o impacto que causam nas pessoas. E apesar de terem muita compaixão, se estiverem se sentindo ameaçados, usarão essa expectativa mais para obter informações sobre as pessoas do que para oferecer apoio. Eles só oferecem compaixão de graça quando não lhes custa nada, como quando um amigo se abre sobre temas totalmente sem relação com o escorpiano. Entender esse mecanismo é fundamental para entender este signo.

Escorpião é associado a comportamentos compulsivos e obsessivos, e apesar de outros signos também terem essas características, os escorpianos podem viver realmente atormentados por suas obsessões. Tem algo a ver com sua falta de desapego e de perspectiva, o que pode significar que, quando têm uma idéia na cabeça, não conseguem parar de pensar nela. Além disso, podem arrumar desculpas para justificarem para si mesmos os comportamentos mais extremos, portanto, se existe alguém capaz de perseguir, investigar e espiar um ou uma ex-amante, este alguém é de Escorpião. Apesar de preservarem sua privacidade tão furiosamente, são capazes de desconsiderar e desprezar os direitos dos outros. E se acabarem descobrindo algo desagradável, acreditam de verdade que a descoberta justifica sua pavorosa atitude.

Os escorpianos podem se deixar consumir por seus sentimentos, e quando isso acontece, vale tudo. Isso remete às questões de sobrevivência já mencionadas e à sua crença de que no amor e na guerra não há regras. Todavia, independentemente de serem capazes de manter um comportamento civilizado ou não (e eles costumam crer que reprimir os sentimentos e não revidar imediatamente é a coisa mais favorável a se fazer), não há dúvida de que os nativos deste signo sofrem e têm uma vontade terrível de pagar na mesma moeda. É provável que aqueles que conseguem se comportar de modo correto sofram ainda mais, pois eles não desabafam. Mas, ao se conterem, eles deixam de se expor e não passam a vergonha que passariam ao perceber o quanto se expuseram.

Algumas pessoas podem enrolar os escorpianos e explorar suas vulnerabilidades emocionais, especialmente com as pessoas mais desconectadas de suas próprias emoções. Para melhor ou pior, os escorpianos costumam se atrair pelos signos de ar, pois sua racionalidade e lógica os fascina e excita. Talvez de vez em quando esse tipo de pessoa use o parceiro escorpiano deliberadamente como uma espécie de caixa de ressonância emocional, sugerindo possibilidades como se fossem para valer ao saber que o escorpiano vai reagir, e ao reagir demonstrará a integridade emocional de suas escolhas. Normalmente, o escorpiano sabe disso, e pode-se alegar que esteja brincando com fogo ao se envolver com esses tipos. Talvez o que determine a atração seja o fato de esse tipo de pessoa mais racional não invadir sua privacidade, e os escorpianos são muito sensíveis a isso: sentem-se invadidos com facilidade, de modo que é possível, na tentativa de proteger o próprio espaço, que escolham alguém que não se encontra emocionalmente disponível para eles. Não é uma boa solução!

Descobrir uma forma de defender seu território e preservar seu espaço é essencial para os escorpianos, principalmente em situações sociais, nas quais não sabem manter conversas fúteis e podem se sentir invadidos por qualquer pergunta, tomando-a como pessoal e inconveniente. Eles não aceitam esse tipo de pergunta por não gostarem de meio-termo e por terem dificuldade em lidar graciosamente com o que pode não passar de curiosidade indiscreta. Os escorpianos, muitas vezes, reagem a isso de modo deveras estranho: ou deixam de responder e se encolhem de constrangimento, lançando seu típico olhar gelado para o indiscreto em questão, ou então botam para quebrar, bem ao estilo escorpiano, ofendendo e agredindo a pessoa, mas também se expondo a si mesmos. Para o escorpiano, perder a cabeça é sempre motivo de trauma. Eles precisam decorar algumas respostas inofensivas e evasivas para perguntas que não querem responder, pois assim evitam atrair atenção para si mesmos e para sua pele fina e sensível.

Uma das qualidades dos escorpianos que pode parecer força ou fraqueza, dependendo da situação, é que eles levam tudo para o lado pessoal. Eles têm pouquíssima capacidade de se desligar dos comentários e atitudes das pessoas, de modo que tudo lhes penetra e afeta profundamente. Assim, as pessoas mais próximas são constantemente postas contra a parede para examinar o que estaria por trás de comentários superficiais e não conseguem fazer nenhuma piadinha impunemente. O monitoramento psicológico é um processo exaustivo da psique escorpiana.

Talvez a coisa mais importante a se lembrar sobre os escorpianos é que eles usam qualquer recurso para se defender e se proteger, pois são governados por determinados instintos primitivos que nem sempre são bonitos nem agradáveis. O escorpião (o animal) é de uma resistência impressionante. Os fósseis mais antigos de escorpiões datam de mais de 420 milhões de anos atrás, o que atesta o sucesso de suas táticas instintivas de sobrevivência.

Quando não estão sendo ameaçados, os escorpianos são leais e constantes, e são guiados pelos mais elevados princípios que tomam por base a valorização dos sentimentos. Não há melhor amigo ou amante para compartilhar os bons e maus momentos. Há de se elogiar alguém que já encarou o lado mais escuro da vida e se manteve firme. Este é o nativo de Escorpião.

O homem de Escorpião

Pode-se reconhecer o homem de Escorpião pela aura de mistério e penumbra que o cerca. Ele é enigmático, extremamente carismático e atrai as pessoas para si, como a luz atrai as traças, apesar de não necessariamente com as mesmas conseqüências destrutivas – isso vai depender do escorpiano. Os outros ficam fascinados, e talvez um pouco assustados também, ao perceberem sua profundidade emocional e imaginarem as mentiras que ele esconde.

O homem de Escorpião é tentador; normalmente dotado de uma beleza enigmática e de um olhar profundamente penetrante. Ele tem um jeito de sustentar o olhar que pode irritar algumas pessoas. Seu olhar pode sugerir uma grande intimidade, o que deixa a pessoa imaginando se aquilo é uma cantada ou se ele é assim mesmo. Em geral, é a segunda opção, mas as pessoas freqüentemente concluem que é a primeira, gerando todo tipo de confusão. O escorpiano não consegue entender como provoca essa reação nas pessoas e a dificuldade que podem ter em interpretar esses sinais não-verbais. Para ele, isso é algo inconsciente e não-intencional e ele fica perplexo pelas reações que causa. Do seu ponto de vista, é ele quem está recebendo cantadas não solicitadas de pessoas pelas quais, em geral, não está interessado. Ele pode concluir erroneamente que isso acontece com todo mundo, e nunca percebe que ele, na verdade, tem parte nisso, mesmo que não tenha intenção.

Dizem que todos os homens são obcecados por sexo e pensam nisso em intervalos de minutos, e apesar de essa estatística poder ser verdadeira ou não, o homem de Escorpião com certeza está entre aqueles que pensam bastante em sexo. Ele consegue considerar praticamente tudo em termos de sexo, reduzindo-o aos seus componentes primitivos. O psicanalista Sigmund Freud, que inaugurou o conceito do sexo como força primordial da vida, tinha Escorpião como signo ascendente. Toda a abordagem de Freud na psiquiatria, baseada na exploração e análise do subconsciente, é típica de Escorpião.

Para o homem de Escorpião que está numa relação, ter feito sexo recentemente ou não faz uma diferença enorme no seu humor. Se não tiver feito, estará irritado e de mau humor; do contrário, estará discretamente animado e quem sabe até assoviando de felicidade. E é provável que ele precise de sexo com freqüência, de modo que sua felicidade depende muito da intensidade do desejo da pessoa que está com ele. Não só o sexo é uma de suas maiores preocupações, como ele costuma culpar tudo de ruim que lhe acontece ao estado de sua vida sexual. Portanto, qualquer dificuldade por que ele esteja passando acabará sendo reduzida a uma questão de ter tido bom sexo recentemente ou não. É sua panacéia. É compreensível que isso pareça opressivo para a pessoa amada, que pode se sentir usada, como se ela ou ele fosse um veículo pelo qual ele resolve e processa todas as suas dificuldades. É um nó difícil de desatar, pois seu bem-estar depois de fazer amor é visível.

Quem estiver pensando em se envolver com ele deve prestar atenção em alguns pontos essenciais. Este homem é uma estranha mistura de paixão, intensidade e calculismo – sua paixão não lhe torna necessariamente caloroso, e ele pode ser chocantemente frio ao mostrar seu lado mais brutal e sangue-frio. Trata-se de um homem extremamente determinado, discretamente poderoso e que corre atrás do que quer de modo instintivo.

No que diz respeito às conquistas românticas, o homem de Escorpião pode ser surpreendentemente predatório. Quando se aproxima de alguém que lhe interessa, ele pode planejar uma estratégia nos mínimos detalhes e segui-la passo a passo. Para alguns, isso é extremamente lisonjeiro, enquanto outros se sentem um pouco assombrados com o fato de ele guardar tanta coisa para si mesmo. Ele nunca põe todas as cartas na mesa, e ninguém sabe realmente quais são suas intenções, e é exatamente isso que o torna tão interessante – ninguém consegue decifrá-lo de fato. Uma das razões para isso é que ele nunca declara de verdade o que pensa. Ele é guiado por alguns instintos primitivos dos quais nem mesmo ele tem plena consciência, de modo que fica tão impressionado consigo mesmo quanto os outros. Isso também o torna perigoso – ele pode ser um tanto imprevisível. Quem busca segurança deve saber que ele não é a melhor pedida.

O homem de Escorpião pode não oferecer muita segurança no sentido tradicional do termo, mas é de um fascínio interminável, além de ser uma companhia bastante estimulante. Ele é complexo e profundo, dotado de uma compreensão da qual poucos se aproximam. Ele vive rodeado de mulheres, em parte por ele identificar e entender os sentimentos delas, que se sentem reconhecidas, o que conta muito. Os problemas das mulheres jamais o sobrecarregam; ele realmente gosta de ouvi-las, principalmente se forem problemas confidenciais e delicados, e, com certeza, ele saberá respeitar a situação. Ele adora que lhe confiem segredos, os quais jamais revelaria a terceiros, por mais explosivos que fossem. Uma das razões para gostar dessa posição é o poder que ela lhe confere. Não que ele vá exercer esse poder, é apenas seu jeito peculiar de estar por dentro dos acontecimentos.

Na verdade, o homem de Escorpião odeia ser excluído de segredos e sabe farejar informações pessoais e privadas sobre os outros. Munido disso, ele se sente mais seguro. Ele também sempre dá um jeito de estar perto de gente poderosa. Não que o faça deliberadamente; talvez os poderosos estejam igualmente à sua procura, numa espécie de atração mútua. Numa situação social ele acaba batendo papo num canto com algum figurão, lançando mensagens subliminares de que aquilo que estão conversando é confidencial e importante, mesmo que não seja. Mas é bem possível que seja. Talvez estejam formando um grupo político dentro de sua organização ou planejando algo importante.

A despeito de seu forte desejo sexual, ou talvez por causa dele, o homem de Escorpião se sai razoavelmente bem em manter a fidelidade sexual. É um amante atencioso e reconhece a importância da ligação emocional para uma boa vida sexual. Quanto mais íntimo ele for da pessoa amada, melhor se sairá na cama. Não é que ele seja contra a excitação de estar com alguém recém-conhecido, mas ele sabe que não dá para comparar com a profundidade que pode alcançar com alguém familiar, cujo ritmo ele já conhece. Como amante, ele nunca se apóia em técnicas, o que não significa que não tenha nenhuma, e sim que ela vem em segundo lugar.

O escorpiano sofre de um ciúme extremo, pode ser obsessivamente possessivo, o que talvez explique por que ele se mantém fiel. Ele tem total consciência da dor e da devastação que um caso pode causar. O que ele pode ter de ameaçador ao relacionamento com alguém que ama são amizades muito íntimas que ultrapassam os limites normais, mas em termos técnicos não são casos extraconjugais. Alguns amigos cuidadosamente escolhidos podem saber mais dele do que sua parceira ou parceiro, e ele pode, muitas vezes, parecer culpado, mesmo sem ter feito nada de errado, por causa dessa atitude de conspiração.

A capacidade do homem de Escorpião de confiar costuma ser bastante limitada. Ele pode chegar à tirania com sua mania de posse, talvez porque tenha consciência demais do lado escuro da natureza humana. Mesmo se tudo estiver indo muito bem, ele pode testar o comprometimento da pessoa amada para com ele. Se ele estiver suspeitando da pessoa, por mais que não tenha razão para tal, pode fazer interrogatórios para saber cada um de seus passos, chegando mesmo a montar armadilhas para tentar extrair alguma contradição. A pessoa certamente ficará magoada com isso, e pode começar a se preocupar com o efeito de cada mínima ação do dia-a-dia. Este homem é propenso a fantasias paranóicas e sabe como incuti-las nos outros.

O homem de Escorpião pode ser bastante destrutivo, principalmente quando seu bem-estar e segurança estão sendo ameaçados. Quando ele tem seus ataques de raiva, pode se achar no direito de culpar os outros por sua dor. Uma situação apavorante pode nascer da combinação deste homem com uma pessoa dada a provocações, com ambos trocando acusações sobre a culpa de tudo.

O ator Richard Burton é um bom exemplo de escorpiano com sua personalidade taciturna e intensa. Ele e a esposa pisciana, Elizabeth Taylor, tiveram um relacionamento cheio de paixão e destruição no filme *Quem tem medo de Virginia Woolf*. Especulou-se que o filme refletia o casamento deles na época. Com certeza, eles não sabiam viver um com o outro, mas também não podiam ficar separados, e se casaram e se divorciaram duas vezes. Burton era extremamente autodestrutivo, especialmente em relação ao uso do álcool, e tinha crises de depressão. Dizia-se que ele morria de culpa por ter largado sua primeira esposa, apesar de parecer evidente que Elizabeth Taylor era o grande amor de sua vida. Os escorpianos lutam com questões relacionadas à sua integridade emocional, e Burton era uma alma torturada, incapaz de encontrar redenção, até que finalmente se separou de Elizabeth.

Os escorpianos não admitem o fim de um relacionamento com facilidade. Eles perseveram e realmente crêem que podem resolver quase tudo, mesmo que os outros duvidem da possibilidade. Estes homens são de uma enorme perseverança e, ao contrário de muitos, não ficam com alguém por conveniência, nem por causa das crianças, e sim por valorizarem a ligação que existe entre ele e a pessoa amada. O relacionamento é algo que custou para ser construído e foi alvo de grande investimento de tempo, lágrimas e esforço, e ele não quer ver escorrer pelo ralo. Portanto, o que pode parecer um relacionamento muito difícil para quem está de fora pode ser, na verdade, um relacionamento no qual se combatem questões reais e dolorosas que muitos negam ou evitam. É impossível julgar o relacionamento de alguém, mas o que pode ser dito é que o homem de Escorpião tem um alto nível de tolerância para dores de amores e não desiste facilmente.

O homem de Escorpião não busca, necessariamente, ter filhos. Ele sabe muito bem como, para usar as palavras de Philip Larkin, "os pais são capazes de f***r com a cabeça dos filhos", talvez temendo não se sair muito melhor com os filhos do que os próprios pais se saíram com ele. Todavia, ele pode ser persuadido a tê-los se sua parceira quiser, e fará um bom trabalho. A consciência que ele tem do mal que os pais podem involuntariamente causar aos filhos é tamanha que ele realmente se dedica à sua prole. É um pai presente, carinhoso e emocionalmente aberto.

Até o escorpiano que decide não ter filhos entende muito bem a responsabilidade de tê-los e criá-los. Seja qual for o tipo de experiência que teve na infância, ele ainda se lembra da vulnerabilidade e da impotência inerentes à condição infantil. Mesmo tendo decidido não ser pai, ele pode acabar se relacionando com alguém que já tenha um filho. Quando é o caso, ele sempre acaba dando muito de si. Já que abdicou da responsabilidade de trazer uma criança ao mundo, ele, então, faz o que pode para facilitar as coisas para esta criança. Torna-se um padrasto emocionalmente presente e carinhoso e não hesita em ajudar a criar um filho que não é seu.

Talvez por ser uma pessoa tão reservada, o escorpiano dá muito valor à sua vida pessoal. Ele não é de negligenciar emocionalmente a pessoa que está com ele, nem as demais pessoas que ama. O trabalho é importante para ele também, mas nunca se torna o centro de sua vida, como ocorre com determinados homens. É improvável que ele se torne um *workaholic*.

Entre os homens famosos de Escorpião está Leonardo DiCaprio, um ator contemporâneo elogiado por seu carisma evasivo. Bill Gates, dono da Microsoft, é um exemplo da persistência e da discrição deste signo. O comediante John Cleese, que também é psicólogo, se concentra no lado desagradável da vida para arrancar gargalhadas do público. Robert Kennedy teve poder político, mas morreu por causa do ímpeto destrutivo de outrem. E, por último, mas não menos importante, o príncipe Charles, que aguarda sua vez de subir ao trono do Reino Unido e sofre pela impotência de sua situação atual, pois talvez nunca chegue de fato a ocupar o trono. Como se trata de um homem emotivo e sensível, sua criação formal não valorizou seu lado mais forte. É evidente que ele sofreu e passou pela indignidade de ter sua vida pessoal exposta na imprensa marrom, algo que para ele deve ter sido insuportável.

Seja qual for o status que o homem de Escorpião venha a alcançar na vida, ele é sempre um jogador poderoso em seus domínios. Ele tem de sobra aquilo que agora chamam de "inteligência emocional", o que permite que ele seja alguém na vida e ganhe a confiança e o respeito de quem o cerca. Ele reconhece a importância do toque pessoal e, apesar de ser extremamente reservado, tem um jeito de se conectar àqueles que ama que faz a pessoa se sentir especial e privilegiada. Nesses momentos, não existe ninguém mais no mundo. Essa é a magia do homem de Escorpião.

A mulher de Escorpião

A mulher de Escorpião é enigmática e misteriosamente deslumbrante. Carismática e cativante, ela tem um brilho que emana de sua rica vida interior, como o brilho de uma vela em uma janela à noite. Na verdade, ela é a princesa da noite. Ela é entusiasmada, seus olhos cintilam muito, e, apesar de a maioria não saber o que ela sente, está claro que ela tem intensidade emocional e sentimentos fortes.

A mulher de Escorpião tem uma qualidade mágica que enfeitiça a todos que a cercam. As pessoas imaginam que ela tenha uma sexualidade vibrante e forte, uma vida sexual excitante e ativa – haja ou não fundamento nessas suposições. Contudo, como ela é a última pessoa no mundo que falaria dessas coisas, cria-se uma aura oriunda da imaginação alheia. Só assim as pessoas conseguem entender seu jeito ardente. A vida sexual é importante para ela, mas provavelmente não tão importante quanto as pessoas pensam. O que mais importa para ela são seus valores, que tomam por base suas emoções e fundamentam sua conduta em vários assuntos. Ela tem um código moral e ético individualista, que tem como base sua própria avaliação das pessoas e das situações. Partindo desse conceito subjetivo, nunca há conflito. Ela não tem dúvida do que sente e estrutura sua vida sobre isso.

A mulher de Escorpião é fonte de grande fascínio para as pessoas que, ao vislumbrarem sua profundidade emocional, querem conhecê-la e descobrir o que se passa além do seu exterior impassível. Ao mesmo tempo, ela faz questão de manter as pessoas angustiadas, revelando-se intimamente para muito poucos, em quem confia de forma implícita. Tudo isso a torna mais intrigante e faz dela alvo de fofocas e especulações, pois quando as pessoas não sabem com certeza, acabam inventando.

Por ser tão reservada, a mulher de Escorpião seduz as pessoas; não é sua intenção – ela realmente valoriza sua privacidade, a qual encara como um direito. A diretora e atriz Jodie Foster é um bom exemplo disso, pois se recusa a revelar a identidade do pai de seus filhos. É claro que se trata de um assunto pessoal, mas sem dúvida causou muita especulação na mídia. É fácil ver como ela se sente invadida pelo interesse despertado por sua vida pessoal – uma postura tipicamente escorpiana.

Qualquer um que conheça os pensamentos mais íntimos de uma mulher de Escorpião deve ter consciência da honra que ela lhe concede e tomar muito cuidado para não traí-la, mesmo que sem querer. As pessoas deste signo nunca fazem fofoca. Uma mulher de Escorpião disse que as pessoas pararam de lhe contar segredos, porque ela não os espalhava. Ela não havia se dado conta de que parte do que esperavam dela era que ela desse com a língua nos dentes e acabasse transmitindo "recados", o que não acontecia. Portanto, para quem espera que um segredo seja levado ao túmulo, a escorpiana é perfeita. É bom lembrar, porém, que ela espera o mesmo de volta. E ela agüenta ouvir qualquer coisa, é como se fosse à prova de choque, o que a torna uma confidente inestimável.

Ao manter discrição quanto aos fatos aparentemente mais triviais da vida dos outros, a escorpiana dissemina a idéia de ser guardiã de segredos, os quais mantém aos montes e muito bem. Isso aumenta seu fascínio e sua aura de quem está "por dentro": ela é vista como íntima de gente famosa e desejada e costuma atrair um tipo de inveja não-específica por conta do seu estilo de vida, o que se dá em parte pelo fato de que quem a inveja não sabe de nada do que acontece nos bastidores.

A inveja é algo que a mulher de Escorpião sente intensamente, e atrai tanto quanto. É um estado bastante desconfortável, mas por meio do qual ela é informada sobre seus desejos e ambições, que são sólidos. Mais do que a maioria das mulheres, ela precisa de uma carreira e de uma chance para ser alguém na vida. É uma mulher extremamente capaz, dotada de um apetite voraz para o sucesso. Para ela, o sucesso é definido pelo poder que ela exerce, pelo dinheiro que ela ganha e pelo respeito que ela inspira, e ela quer todos os três. Não é o status em si que ela busca, principalmente se não tiver poder nenhum.

Hillary Clinton é um bom exemplo da escorpiana muito bem-sucedida. Apesar de suas conquistas pessoais, ela apoiou o marido, Bill Clinton, quando estava na presidência. Algumas pessoas achavam que ela exercia poder demais por debaixo dos panos, mas ela prosseguiu na busca por poder próprio. Ela ficou do lado do marido com calma e dignidade durante os escândalos que balançaram a Casa Branca, e ninguém a viu como vítima. Seja lá o que ela sentiu por dentro, manteve dentro de si, mas não pareceu estar bancando a durona nem atraiu piedade. Recentemente ela publicou suas memórias e pretende ser a primeira presidente mulher dos Estados Unidos.

Nem mesmo uma escorpiana muito bem-sucedida soa ameaçadora – ela se mantém contida e controlada, e conduz suas conquistas com leveza. Alguns até se perguntam se ela realmente se importa com suas conquistas, tamanho o pouco-caso que faz delas. Suas maiores preocupações são de natureza mais pessoal, mas suas conquistas são o pano de fundo de sua vida. Essa relação com suas conquistas define quem ela é, mostrando que ela não está para brincadeiras. De modo que ela as valoriza sim, apesar de nunca demonstrar claramente. Outras pessoas que têm menos fazem um estardalhaço que, comparado à postura dela, se revela constrangedor quando se sabe quem ela é e o que faz.

Assim, a mulher de Escorpião se destaca bastante na profissão escolhida, apesar de sua vida pessoal ser a prioridade. Amizades e relacionamentos amorosos são objeto de grande investimento por parte dela. A pessoa amada sempre vem primeiro, mas ela se compromete mais com os amigos do que a maioria das mulheres de outros signos. Ela dificilmente rompe uma amizade, por pior que seja, e se dispõe a extremos para preservá-la.

Dito isso, se a mulher de Escorpião resolver dar um fim a uma amizade ou relacionamento, não há retorno. Se ela resolveu, está resolvido e ponto final. De modo que quem tiver abusado da sorte com ela deve ter em mente que ela vai perdoar e deixar para lá muitas vezes, até o ponto em que não perdoar mais. Quando isso acontece, ela pode ser de uma brutalidade impressionante. Contudo, é preciso que ela tenha sido muito magoada para chegar a esse ponto – que, para muitos, já era para ter sido atingido tempos atrás.

Quando se trata de um relacionamento, a mulher de Escorpião sempre está à procura de uma relação duradoura, mas, enquanto isso não acontece, ela sai flertando por aí. Ela é capaz de relações duradouras quando existe amor, mas se não houver ninguém adequado à mão, ela se arranja com a melhor alternativa disponível. Isso pode soar explorador, mas ela não consegue ficar sozinha. Como ela dá muito de si, mesmo que o relacionamento não dure muito, seu ou sua amante dificilmente se sentirá usado ou usada, apesar de reclamar quando acaba, sem perceber que a escorpiana jamais esperou que durasse mesmo.

A mulher de Escorpião traz uma mistura interessante. Ela precisa do envolvimento emocional de um relacionamento, mas também precisa de espaço e tempo para si. Na verdade, ela precisa ficar consigo mesma com freqüência, pois é fácil que se sinta sufocada pelas pessoas ao seu redor, e, em geral, ela só se sente verdadeiramente em paz ao ficar sozinha. Ainda assim, ela precisa de intimidade e de paixão, de modo que precisa de alguém ao seu lado, mas é com certeza bem menos dependente da pessoa do que esta imagina. E se ela decidir terminar o relacionamento, pode partir de modo impiedoso. Para ela, ficar numa relação que já acabou seria a morte em vida, algo totalmente insuportável.

À parte sua evidente sensibilidade, a mulher de Escorpião é bastante resistente e consegue agüentar muitos problemas e dificuldades. Ela não suporta acomodação – trata-se de uma mulher do tipo "tudo ou nada". Sua integridade é baseada em seus valores emocionais e ela pode ser inabalável quanto a isso. É por isso que, se ela estiver apaixonada, sua lealdade será total. Ela escuta e responde ao seu coração.

Ao contrário de sua contrapartida masculina, a escorpiana costuma visualizar seu futuro com filhos – o escorpiano já não tem tanta certeza. Mesmo quando ela tem uma carreira brilhante, está sempre procurando um parceiro para construir uma família, apesar de que, às vezes, ela se equivoca e deixa o momento passar. Essa falta de *timing* é uma tragédia pessoal, pois sem filhos ela se sente incompleta. Se ela for muito apaixonada pelo parceiro em uma relação heterossexual, será muito importante ter um filho desse homem – esta será uma das experiências mais profundas de sua vida. Nesse caso, suas emoções intensas podem estimular a ovulação nos momentos mais inesperados, de modo que ela deve ter cuidado especial para não engravidar se não quiser.

O par ideal da escorpiana – possivelmente um signo de terra – é aquele que a influencia de modo a torná-la mais estável emocionalmente, apesar de também excitá-la e interessá-la. Qualquer pessoa tranqüila ou previsível demais a deixa entediada – ela precisa de alguém com imaginação e instinto. Ela também precisa de um parceiro que se sinta confortável com suas emoções fortes e que valorize sua postura instintiva. Apesar de sua resistência, ela pode ser seriamente enfraquecida por um parceiro que não esteja sintonizado com seus valores, o que resulta em danos silenciosos para sua auto-estima.

A mulher de Escorpião pode ser excessivamente sensível e levar as coisas a sério demais, pois algo que lhe falta é desapego e perspectiva. Ela avalia as pessoas e as situações por meio de seus sentimentos, usando suas respostas e reações internas como parâmetro. Para melhor ou pior, é assim que ela é, o que pode ser exaustivo para si mesma em termos emocionais, mas é seu ponto de referência. Isso também deixa as pessoas que a cercam furiosas, principalmente aquelas que contam com um processo mais racional. O da escorpiana parece ilógico e até assustador para pessoas que preferem uma abordagem mais coerente. E, em geral, é com esse tipo de pessoa que ela acaba se relacionando. Mas quando existe respeito mútuo e reconhecimento das qualidades fortes de ambos, eles têm, cada um com sua forma de abordar a vida, muito a aprender um com o outro, e ambos saem ganhando.

Não adianta ficar jogando com a mulher de Escorpião. Ela desfaz quase qualquer jogo, pois vai logo ao cerne da questão. Tudo que se pode conseguir é um empate. Na hora de cortejá-la, uma declaração honesta funciona muito bem. Recíproco ou não, isto é algo a que ela sempre responde positivamente. Ela gosta quando as pessoas mostram suas fraquezas, e age sempre com delicadeza nessas situações. Como tem interesse na vida emocional e no bem-estar das pessoas com quem convive, não é incomum que as pessoas interpretem seus gestos de maneira equivocada, achando que significam algo mais. Todos tendem a ficar lisonjeados com sua atenção, mas isso não costuma ser nada de especial – considerando-se sua empatia natural, pode ser apenas seu jeito normal do dia-a-dia. E, a não ser que ela realmente tenha alguma segunda intenção, não passará disso mesmo, pois ela não tem o menor interesse em ficar fingindo e sabe de imediato quais são seus sentimentos.

Quem conseguir conquistar uma escorpiana e estiver numa relação com ela, não deve cometer o erro de fazer pouco dela. Essa é a maneira mais rápida de perdê-la – ou ela acabará arrumando um amante ou sumindo. Apesar de uma infidelidade por parte do parceiro ser considerada imperdoável e razão suficiente para mandá-lo embora, se ela estiver infeliz na relação será bem capaz de ser infiel sem maiores problemas. Ela se mantém no controle e o parceiro ou parceira só vai descobrir sua infidelidade se a escorpiana quiser que descubra – mas ela sempre descobre se for ela a vítima da infidelidade. Ela tem um sexto sentido quase infalível.

A mulher de Escorpião precisa saber que a pessoa amada pensa nela quando está longe. Telefonemas, mensagens, perguntas pertinentes sobre como foi seu dia e, especialmente, relembrar e demonstrar atenção para com quaisquer preocupações ou ansiedades que ela tenha confidenciado; tudo isso é parte essencial da relação para ela. Ela prefere gestos atenciosos e pessoais a gestos grandiosos, pois aqueles só são possíveis para quem a conhece intimamente, como um presente com significado especial e que a toque de maneira única. Um presente caro, mas impessoal não funcionará com ela – ela não pode ser comprada (o que não significa que ela não custe caro, pois presentes pessoais podem ser caros também).

Nunca tente enganar uma escorpiana, pois ela sempre acaba descobrindo e o resultado será bem pior do que lhe dizer a verdade logo de cara. Ela pode se recusar a pôr as cartas na mesa, mas isso não significa que o outro possa fazer o mesmo. A escorpiana não aceita ser mantida à parte de nada – para ela, isso é o mesmo que trair sua confiança.

O sexo é a base sobre a qual ela estabelece a relação; é um ingrediente vital para manter o relacionamento. Se o sexo se tornar chato ou rotineiro, ela passará a questionar a relação como um todo. Para ela, fazer amor é a forma mais importante de comunicação não-verbal, e lhe proporciona enorme segurança e a confirmação de seus sentimentos. Ela é capaz de tolerar brigas, mas não tolera apatia. Também odeia ser excluída – ser tratada friamente –, apesar de ela mesma usar dessa tática para punir os outros.

A mulher de Escorpião é considerada "alta manutenção", pois ela é um tanto exigente emocionalmente. Ela não pede nada em termos financeiros – na verdade, é até bastante independente a esse respeito –, mas precisa de um determinado nível permanente de intimidade que para alguns pode ser exaustivo. Ela marca presença nos detalhes da vida da pessoa amada e espera reciprocidade. Os signos de ar, em especial, consideram claustrofóbico tal nível de envolvimento.

Na verdade, a Sra. Escorpião busca um encontro de almas – um tipo de união mística – que para certas pessoas pode ser algo que remete à relação de mãe e filha dos dois primeiros anos de idade, ainda pré-verbal. Ela se prende ao que percebe como sinais da pessoa amada e os interpreta de acordo com o estado em que se encontra, sem perceber como está sendo subjetiva. É essencial que ela expresse seus sentimentos, dúvidas e inseguranças para a pessoa, mantendo-a informada sobre o que acontece no seu íntimo, do contrário a relação vai acabar se enrolando com todo tipo de mal-entendido.

Como mãe, a mulher de Escorpião protege ferozmente suas crias. Ela sabe muito bem que a vida pode ser dolorosa e faz o máximo para livrar os filhos de dificuldades. Ela é ótima em perceber quando algo está errado e logo toma atitudes preventivas – ela tem enorme sexto sentido, mesmo que seja mais para coisas sinistras. A idéia de que coisas ruins não vão acontecer com os filhos ou que algumas dificuldades ajudam a fortalecer o caráter não funcionam com ela. Seus filhos vão continuar sendo protegidos e estarão o mais longe possível da "sabedoria das ruas". Esta mãe sempre os leva para cima e para baixo na maior boa vontade, bem depois da época em que eles já podem usar o transporte público, e, em geral, os trata sempre como bebês. Seu parceiro deve ser tolerante com isso, do contrário ela ficará ansiosa demais. Sua imaginação vívida é um problema nesse sentido.

Ela pode passar por dificuldades à medida que os filhos forem crescendo e solicitando mais independência. Nunca será fácil para ela se desprender deles e abdicar do controle de suas vidas, o que ela sem dúvida tem de fazer. O ideal é ter um trabalho absorvente que alivie essa fase de transição, com o qual ela se envolva a ponto de não pensar tanto na vida dos filhos. Se ela tiver liberdade de escolha, é improvável que trabalhe fora quando os filhos forem pequenos, mas é melhor que o faça mais tarde, para seu próprio bem.

Se a mulher de Escorpião tiver uma carreira muito bem-sucedida antes de ser mãe, talvez vá querer retomar a carreira no futuro. Se não tiver, pode querer começar uma mais tarde, mas se não conseguir, qualquer tipo de trabalho interessante lhe dará o estímulo necessário. Como ela nunca faz nada pela metade, se dedicará a qualquer trabalho que pegue. Mesmo que seja uma atividade bastante trivial, ela se sai bem em trabalhos nos quais lide com as pessoas e nos quais possa sentir que contribui para fazer diferença em sua qualidade de vida.

A mulher de Escorpião também é muito hábil em se reinventar. Kim Wilde, uma cantora pop dos anos 1980, é uma mulher que passou por uma transformação em público e hoje é uma verdadeira diva da jardinagem no Reino Unido. Lulu, outra cantora pop que agora tem seus cinqüenta e tantos anos, está na vida pública desde a adolescência e consegue se manter sempre atualizada, mudando a imagem de acordo com a moda do momento. Ela tem demonstrado uma resistência tipicamente escorpiana por mais de quatro décadas e mantém o espírito e a vitalidade da juventude, agora combinados com a maturidade da passagem dos anos.

A mulher de Escorpião é, muitas vezes, considerada complicada, mas na verdade não é para quem entende seus motivos. Por mais mudanças que ocorram na superfície de sua vida, sua profunda conexão com seu mundo interior permanece a mesma. Seja ultra-ambiciosa ou não, sua prioridade na vida é aqueles que ama, e eles sempre vêm primeiro: ela é uma amiga leal e constante nas horas boas e ruins, e compreende as coisas com uma profundidade equiparada por poucos. Ela é realmente muito especial.

A criança de Escorpião

É possível reconhecer a criança de Escorpião por sua intensidade e seu jeito passional, além de seu olhar, que costuma ser fulminante, brilhante e firme. Os escorpianos costumam ter olhos excepcionalmente escuros, quase azul-marinho, mesmo desde bebês, e são capazes de focar o olhar mais cedo que o normal. Pode ser um pouco irritante ficar sendo sondado por um bebê tão pequeno. Eles costumam exercer esse talento pela vida toda. Desde o nascimento, esta criança parece madura demais para sua idade e consegue intimidar levemente as pessoas com olhares dignos de quem sabe muita coisa.

As crianças de Escorpião têm opinião forte e não têm dúvida do que gostam e não gostam, do que querem e não querem, e deixam bem claro para quem estiver por perto. São dadas a manias e crises de loucura que não duram muito, mas podem ser radicais. Têm voz ativa desde muito cedo, e com eles não adianta argumentar. Para estas crianças, o conceito de justiça é estranhíssimo – elas querem o que querem, e pronto. São crianças teimosas, mas também muito sensíveis, uma combinação complicada de se lidar. Quando não conseguem o que querem, pela razão que for, sentem-se feridas e podem até se sentir perseguidas, de modo que nunca é fácil negar-lhes algo.

Um bom começo na vida ajuda a criança de Escorpião a crescer com confiança de que seus caminhos estarão abertos; então, suas emoções mais difíceis, como seu complexo de perseguição, perdem força. Os pais devem tentar aliviar seu estresse natural relativo a coisas básicas, como a fome, ao mínimo, alimentando estas crianças nos horários em que estão acostumadas e não deixando que elas se cansem em excesso. Elas não precisam necessariamente da estabilidade de uma rotina, mas é melhor que tenham suas necessidades atendidas antes que se tornem urgentes, pois os escorpianos têm baixa tolerância à frustração. Estas crianças entram em desespero rapidamente, e é melhor que isso seja evitado ao máximo, pois assim elas podem absorver a idéia de que talvez o mundo seja até um lugar bom, acreditando enfim que estarão bem nele.

Se o nascimento do escorpiano foi traumático, fazer o possível para mitigar os efeitos colaterais desse processo seria recomendável. Após um parto difícil, a mãe pode ter problemas em se relacionar com o bebê e pode estar lutando para lidar com a situação, de modo que é de vital importância que ela tenha o apoio necessário. Fazer massagem no bebê é uma forma excelente de fortalecer os laços, estabelecendo uma maior intimidade entre ambos. A osteopatia craniana também é recomendada para bebês, especialmente os que tiveram uma chegada difícil ao mundo. Essas técnicas ajudam a liberar todos os traumas, evitando assim que eles repercutam mais tarde na vida.

De acordo com determinadas linhas de pensamento, todo mundo tem algum tipo de trauma de nascimento a resolver, e o tipo de nascimento estabelece um padrão que será repetido ao longo da vida, principalmente em momentos de transição. Por exemplo, um bebê que tenha nascido a fórceps pode ter, quando adulto, dificuldade com mudanças, mesmo em casos indiscutivelmente necessários. Já vi casos de gente deste signo que teve de sair de um imóvel à força – uma reprodução da maneira pela qual vieram ao mundo. Um nascimento repentino – seja por cesariana ou não – pode criar um padrão de mudanças chocantemente súbitas. Em um minuto a vida segue em determinada direção, em outro tudo muda de modo irreversível. O futuro está marcado, para o bem ou para o mal, pela maneira como todos chegamos ao mundo, mas o escorpiano, que é muito sensível, registra esse momento e reage bem a qualquer tipo de intervenção de cura na infância. Este signo tem propensão a desconfiar das pessoas; portanto, recomenda-se aos pais que façam tudo que puderem para mitigar esta tendência. Facilitar sua passagem pela infância renderá dividendos no futuro, de modo que vale a pena um esforço extra.

Existe um quê de paradoxal nos escorpianos, pois num minuto parecem se deixar afetar por qualquer coisa e no outro demonstram inabalável resistência. Todavia, sua resistência tem por base os golpes que já sofreram, e, sendo extremamente sensíveis, eles sentem esses golpes de forma intensa. Por mais que tenham se transformado em sobreviventes, os escorpianos continuam a se deixar afetar profundamente e a nutrir fortes sentimentos. Talvez por causa da própria sensibilidade, são crianças muito gentis, compassivas e generosas, especialmente com as pessoas queridas.

 Dependendo do quão seguras se sintam, as crianças de Escorpião se dão bem com irmãos mais novos, pois gostam de fazer o papel de protetores. Mas o ciúme pode destruir suas boas intenções, fazendo com que, muitas vezes, os irmãos mais novos não conheçam o melhor lado do escorpiano. É essencial que os pais tomem cuidado com a forma com que introduzem um novo membro à família, reafirmando à criança de Escorpião sua importância e se certificando de que ela não seja muito incomodada com a chegada do bebê. Se possível, seria bom que os pais oferecessem ao jovem escorpiano algum tipo de privilégio extra nessa ocasião, de modo a associar a chegada do irmão ou irmã com algum tipo de benefício para o nativo deste signo, ao invés de associar o evento a uma perda.

 Dito isso, é inevitável contar com um certo ciúme, mas é importante não fazer a criança de Escorpião se sentir mal por isso. Não criticá-la por seus momentos de ciúme e reconhecer que tais sentimentos são normais é a melhor maneira de os pais contornarem a situação, além de também ajudar a distinguir entre sentir coisas ruins e fazer coisas ruins de propósito, o que é evidentemente inaceitável.

 Se o ciúme não estragar o relacionamento dos irmãos, o mais novo pode se transformar num bom aliado e confidente quando estiver crescido. Caso não haja um irmão mais novo (e nem todas as coisas podem ser arranjadas para sua conveniência), um animal de estimação que seja do escorpiano pode ser um bom substituto. Pode ser qualquer animal que os pais achem conveniente, mas o ideal seria algum animal peludo e caloroso, apesar de que se existe uma criança que gosta de répteis é a criança de Escorpião. Existe algo na natureza primitiva e instintiva desses animais que lhe parece familiar, principalmente os répteis que trocam de pele. (A metáfora de trocar de pele é muito usada para ilustrar a habilidade do escorpiano de mudar e se reinventar). Essas criaturas podem ser de um fascínio infinito e o escorpiano talvez também goste da notoriedade que um bichinho de estimação desses lhe traz.

Escorpião

À medida que crescem, as crianças de Escorpião podem desenvolver uma tendência a engolir as próprias emoções até não agüentar mais, e depois acabar explodindo como um vulcão. Estimulá-las a desabafar regularmente ajuda a brecar esse processo. A maioria dos pais pergunta aos filhos como foi seu dia na escola, mas com esta criança é importante não aceitar qualquer resposta e insistir numa resposta mais adequada se for preciso. Uma vez que percebam que estão lhes escutando com atenção e que a pergunta não foi feita por mera formalidade, acabam falando de maneira desenfreada. Todos os pequenos aborrecimentos do dia são mencionados e precisam ser enterrados. Até mesmo no final de um dia bom terão alguma coisinha para resolver, e se não houver ninguém por perto para ajudar, essa coisinha pode supurar dentro do escorpiano. Ao encorajá-los a purgar as toxinas emocionais diariamente, é estabelecido um bom padrão a ser mantido pelo resto da vida.

Ao mesmo tempo, os pais podem estimular o filho ou a filha de Escorpião a ser mais assertivo, a começar pelos aborrecimentos dentro de casa. Afinal, se a criança tiver mais liberdade de falar na hora, o problema não começará a se acumular. Parte da dificuldade desta criança reside no fato de ter de lidar com a exposição que ocorre quando assume uma mágoa para alguém. Contudo, se souber lidar bem com isso, pode-se vislumbrar um futuro promissor.

As crianças de Escorpião se sentem incompreendidas muito facilmente, e talvez sejam mesmo. O que elas mais precisam é ter suas emoções aceitas e reconhecidas de modo inequívoco. Não querem saber de respostas racionais nem querem tentar se comportar de modo correto. Querem ouvir uma mensagem de apoio, e só depois disso começam a superar a mágoa. Sem isso elas ficam ainda mais aborrecidas, como se estivessem sendo obrigadas a "deixar para lá", quando na verdade estão longe de se sentirem melhor. Podem agir como se algo precioso – seus sentimentos – lhes tivesse sido roubado. Quando seus sentimentos são negados, ficam ainda mais intensos, enquanto que se aquietam e se encolhem ao serem reconhecidos. O que estas crianças nos ensinam é que os sentimentos não são certos nem errados, eles simplesmente existem. Negar seus sentimentos equivale a negar a esta criança o direito de existir.

Por outro lado, os pais também devem levar em conta que seu filho de Escorpião é muito reservado e pode não querer lhes revelar seus pensamentos e sentimentos mais íntimos. Se for este o caso, os pais devem sugerir que a criança trabalhe seus sentimentos ao escrever sobre eles num diário ou carta para si mesma. Mas é essencial que sua necessidade de privacidade seja respeitada e que os pais não fiquem bisbilhotando. Jamais leia seus diários ou correspondências, pois isso é um pecado imperdoável que destruirá para sempre a confiança que eles possam ter nos pais, que devem arrumar um jeito de estarem presentes e disponíveis para a criança, mas também se afastar quando necessário.

Uma criança de Escorpião facilmente se sente invadida. Talvez por terem uma vida interna tão ostensivamente rica, as pessoas de fora – incluindo os pais – ficam querendo participar dela, e sem querer acabam sendo intrometidos. Os pais podem se sentir excluídos e até com inveja por não terem uma vida interna tão intensa e querer compartilhar dessa magia que vêem no filho ou filha. Trata-se de um cenário complicado e difícil, e o resultado vai depender da consciência dos pais.

Essa dinâmica é ligada ao gênero também, de modo que é mais comum que as mães sejam consideradas invasivas e invejosas por suas filhas escorpianas, ao passo que haverá competitividade entre um filho escorpiano e o pai. Pode-se alegar que esses sentimentos venham dos filhos, mas os pais deveriam ter consciência de que a criança de Escorpião é propensa a esse tipo de sentimento e procurar não exacerbar essa tendência, evitando agir de maneira excessivamente sensível quando houver uma situação assim.

As crianças de Escorpião devem ter um quarto só para si, se possível, pois ao dividirem o quarto perdem a privacidade de que precisam. Se não for possível, devem ser estabelecidos limites definidos de território, e privacidade é essencial. Estas crianças não gostam de compartilhar seus brinquedos, roupas e pertences em geral, e podem não querer sequer que roupas que já não lhes sirvam mais sejam doadas. Na cabeça destas crianças, suas coisas são suas, ninguém pode mexer nelas e só elas podem fazer o que quiserem com suas coisas. Seu espaço é território proibido, e se alguém duvidar estas crianças acabam se trancando no quarto. Se não puderem se trancar, vão gostar de ter um baú com tranca. O importante é que a família respeite sua privacidade.

Os pais podem se preocupar em socializar a criança de Escorpião. A maioria dos pais acha que as crianças precisam aprender a compartilhar, principalmente com os irmãos. Seja como for, esta criança precisa ser ouvida e levada a sério. Para ela, é terrível não ter controle algum sobre a própria vida, portanto é melhor deixar que ela tenha controle sobre algumas coisas.

Como se permite culturalmente que as meninas sejam emotivas, enquanto os meninos são estimulados a reprimir suas emoções, os meninos de Escorpião tendem a ter mais dificuldades com esse aspecto de sua natureza. Podem canalizar sua frustração e suas emoções reprimidas por meio de atividades competitivas, quando ganhar se torna de fundamental importância, pois muita coisa está em jogo numa vitória. Este se torna o fio condutor para quitar velhas dívidas, vingar-se de quem já lhes fez mal e triunfar de modo geral sobre os adversários.

É claro que as meninas de Escorpião também podem fazer tudo isso, mas elas têm outras maneiras de se vingar, como por meio de comentários maldosos. Seja como for e leve o tempo que for, os escorpianos sempre querem se vingar quando agredidos. Não conseguem prosseguir enquanto não derem o troco – é um tipo de justiça emocional que precisa ser estabelecida, e eles regozijam inequivocamente com isso. Os pais podem ficar impressionados de ver como estas crianças podem ser primitivas e implacáveis, mas essa é sua natureza e não há bajulação que possa mudá-los. O máximo que se pode conseguir com essa atitude seria impedir que a criança conheça a si mesma.

A maioria dos pais lê historinhas para os filhos pequenos, mas para os escorpianos isso é de especial importância, pois eles extraem inspiração e satisfação dos contos de fadas. Estas crianças têm imaginação vívida e podem rapidamente entrar no mundo do faz-de-conta. Quanto mais gótico e sombrio for o conto, melhor, pois monstros e gigantes acabam dando nome e forma a alguns de seus medos desconhecidos, de modo que eles podem pô-los para fora e lidar melhor com eles, principalmente porque nos contos de fadas sempre há um final feliz. Quando crescem, tendem a se interessar por livros e filmes de suspense, ficção científica ou terror que lhes deixem com medo. Estes jovens têm um amplo leque de emoções e gostam de ser levados a estados extremos – é o que os excita e faz sentir vivos. É claro que os pais devem monitorar isso de acordo com a idade.

Para grande preocupação dos pais, os garotos de Escorpião podem ser bem ligados em violência e querer armas de brinquedo. Isso é porque eles estão experimentando e aprendendo sobre o uso do poder e precisam ser capazes de fazer isso dentro dos devidos limites. As meninas de Escorpião tendem a usar suas habilidades verbais para exercitar sua violência.

Na escola, a criança de Escorpião tende a se voltar para as artes, especialmente a literatura e o teatro, áreas nas quais encontra ressonância para sua imaginação. A música também pode gerar muito prazer. Seja tocando um instrumento ou não, esta criança apreciará a forma direta com que a música desperta e mexe com as emoções. Seria boa idéia os pais apresentarem diferentes tipos de música desde cedo para a criança, além de levá-la ao teatro.

A adolescência não é uma transição das mais fáceis, pois este é um signo de muita teimosia, e os jovens escorpianos precisam deixar sua marca em tudo. Também podem manifestar um interesse precoce pelo sexo. Talvez esta seja outra manifestação de seu interesse por estados emocionais extremos. Hormônios em ebulição e amor juvenil já são uma combinação estonteante, e quando a experimentação sexual entra no coquetel é de se esperar erupções vulcânicas.

Apesar de talvez não ser possível para os pais impedir que isso aconteça, é importante informar a criança de Escorpião sobre sexo e relações amorosas antes que quebrem a cara sozinha. Informação demais, cedo demais, pode ser entendida como uma forma de invasão, mas é necessário dar acesso à informação antes de os vários estágios da puberdade começarem. Independentemente de os pais quererem conversar ou não, é importante que não deixem de fornecer bons livros sobre o assunto, que expliquem os fatos da vida, com suas devidas análises psicológicas. É claro que a criança de Escorpião vai querer ler esses livros sozinha.

Aos pais de um escorpiano é bom lembrar que ninguém jamais disse que criar filhos era fácil, e este filho ou filha em questão é um desafio e tanto. A criança de Escorpião causa impacto na família toda e ensina a todos a importância dos sentimentos. Se levada com jeitinho, respeito e sensibilidade, chega à vida adulta com sua natureza passional intacta. É afetiva e leal aos membros da família e mantém ligação com eles pelo resto da vida. Os pais recebem em dobro do filho escorpiano aquilo que lhe deram – são amplamente recompensados e têm toda razão de sentirem orgulho dele.

Sagitário

de 22 de novembro a 20 de dezembro
Signo mutável de fogo, regido por Júpiter

Conhecendo o signo de Sagitário

É possível reconhecer os sagitarianos por sua disposição calorosa, simpática e gregária. Os nativos deste signo encaram o mundo de peito aberto e têm um enorme entusiasmo pela vida. São dotados de um profundo otimismo, acreditam que as coisas vão dar certo de um jeito ou de outro e têm grande interesse pelas pessoas e pelo mundo ao seu redor. São indivíduos excepcionalmente generosos e magnânimos, e têm uma atitude liberal para com seu tempo, dinheiro e opiniões. Eles se dão sem reservas e têm o dom de extrair o melhor das pessoas.

Os sagitarianos são conhecidos por seu senso de humor, são francos, desconcertantes e não fazem rodeios. Seus comentários diretos têm um brilho de malícia implícita, mas sem nenhuma maldade. Sua verve de inteligência se origina em sua orientação pessoal de vida, sempre com uma perspectiva grandiosa que faz pouco de alguns conceitos mesquinhos e ridículos de meros mortais flagrados na existência cotidiana.

Júpiter, planeta de crescimento e expansão, é o regente deste signo, com sua visão de vida inclusiva e ampla. Muitos sagitarianos são altos e olham para as pessoas do alto, como se espreitassem de longe. É como se o que eles espreitassem de longe fosse mais interessante do que o que está perto. Apesar de isso poder ser um tanto irritante para quem está perto do sagitariano, é uma característica inerente deste signo ver o potencial do que está mais à frente, e eles podem capitalizar em cima disso. Esta é apenas uma das formas pelas quais se manifesta sua habilidade.

Sagitário é o signo do arqueiro que atira suas flechas de esperança e possibilidades infinitas para o céu, sem nunca saber onde vão aterrisar. Da mesma forma, estes indivíduos se inspiram ao vislumbrarem as muitas possibilidades da vida, e talvez não prestem muita atenção aos resultados. Gostam de ter várias opções à mão e podem não saber bem qual delas vão seguir. Eles conseguem lidar com um nível razoável de incerteza e adoram fazer experiências e testar as coisas. Ajustam-se às mudanças com habilidade nata e preferem situações fluidas a estáticas demais. O que não agüentam é ver seu futuro programado e fechado. Para eles, isso é o beijo da morte, pois precisam viver com a sensação de que qualquer coisa pode acontecer.

Os sagitarianos são verdadeiros aventureiros numa jornada em que a viagem é mais importante que o destino final. Pode ser que tenham um objetivo específico em mente ou não, o que muda de acordo com as circunstâncias, mas o mais importante para eles é viver por inteiro cada minuto da jornada. Suas vidas são uma busca, na qual o objetivo final é ganhar sabedoria.

É comum que o sagitariano viaje fisicamente desde cedo, e então quando ficam mais velhos a viagem começa a se dar mais em termos intelectuais e espirituais. Eles precisam continuar aprendendo pelo resto da vida e sempre buscam expandir seus horizontes e sua consciência. Os sagitarianos procuram respostas profundas. Muitos ficam indo e vindo, trocando o tipo da procura, mas as perguntas são sempre voltadas para a compreensão da natureza do universo. Trata-se de filósofos natos; ficam dissertando sobre o sentido da vida, sempre prontos e dispostos a compartilhar seus pensamentos.

As leis do homem não são de interesse fundamental para os sagitarianos – apesar de alguns acabarem seguindo carreiras na área de Direito –, pois o que lhes interessa são as *leis naturais* do universo. Podem se atrair por ciências abstratas, como a física, a astronomia e a matemática, e os que não tiverem inclinação para ciências podem enveredar pela filosofia e pela religião, que oferecem pontos de vista diferentes sobre a vida. Mesmo que nem todos sigam essas disciplinas profissionalmente, costumam demonstrar um interesse constante por elas.

Sagitário

No geral, os sagitarianos são extrovertidos, vivazes, e seu entusiasmo é contagiante. Adoram socializar e saúdam cada pessoa que conhecem com interesse e simpatia genuínos. Eles têm tanta disposição para novas experiências e para conhecer gente nova que podem deixar pessoas menos animadas sem fôlego. Eles levam a vida num ritmo tão veloz que muitos podem ter dificuldade em acompanhá-los.

Os sagitarianos são indivíduos rápidos e intuitivos que povoam sua vida de diversas atividades estimulantes para satisfazer sua natureza inquieta. Eles processam experiências e informações na velocidade da luz, portanto não ficam sobrecarregados. Este é o terceiro signo de fogo (os outros dois são Áries e Leão), mas a natureza ígnea de Sagitário é dispersa, mais parecendo pequenos focos de brasa espalhados no chão e procurando pelo galho mais próximo para consumi-lo rapidamente e seguir em frente, em busca de outro. Sua curiosidade e sua fome de vida são vorazes; por isso, eles estão sempre procurando por experiências e situações para saciá-los.

Os sagitarianos são certamente sociáveis e sabem como acender uma vela para Deus e outra para o Diabo sem se queimarem. Recebem muitos convites em parte por fazerem de tudo para recebê-los. Odeiam ficar de fora de situações sociais e têm um jeito próprio para farejá-las com discrição. Além disso, é tão bom tê-los por perto que são sempre bem-vindos. Eles são o sonho de qualquer anfitrião, que pode contar com um nativo de Sagitário para animar qualquer reunião e criar uma atmosfera amigável. Nenhuma festa pode prescindir de um sagitariano.

Como todos os nativos de signos de fogo, os sagitarianos são honestos e diretos, e muitos os consideram um tanto rispidos. Podem carecer de tato e da sofisticação inerente ao tato, mas sua espontaneidade inocente, em geral, não ofende as pessoas. Raramente fazem um comentário franco para ferir, pois não são maliciosos.

A desenvolvida intuição dos sagitarianos permite que eles percebam coisas que vão logo dizendo, pois são muito abertos. Aparentemente do nada, um sagitariano pode se virar para um amigo e dizer "parece que você não gosta mesmo de Fulano" (um conhecido em comum), antes mesmo de o amigo ter consciência do que ele percebeu. Também podem se sair com coisas como "quer dizer que você vai sair do país/terminar o namoro/trocar de emprego" sem fazerem a menor idéia de onde tiraram algo que ainda nem está definido na cabeça do amigo. O sagitariano fica tão assombrado com o que diz quanto seus amigos, o que é parte de seu encanto. Apesar de não saberem de onde tiraram o que disseram, normalmente acertam bem no alvo.

Este signo é associado à religião, e apesar de nem todos os sagitarianos pertencerem a uma religião estabelecida, costumam adotar o que se chama de uma atitude religiosa. Alguns trilham um caminho espiritual ou uma prática espiritual, enquanto outros são menos engajados. A busca por um sentido da vida e a crença em algo mais elevado ou maior que si mesmos, que alguns chamam de Deus, traspassa a vida da maioria dos sagitarianos. Seja sua busca mais interna ou mais externa, o objetivo em si permanece o mesmo.

Isso leva o sagitariano a lutar com unhas e dentes por assuntos ligados à ética e à moral. São pessoas de fortes princípios, os quais precisam experimentar e testar para definirem sua própria postura. Alguns poderão ser ativistas políticos, normalmente assumindo uma atitude radical e se desligando da opinião majoritária. Estes indivíduos podem ser extremamente passionais na defesa de suas crenças, pondo em risco até mesmo a própria vida por uma questão de princípios.

O escritor e diretor sagitariano Woody Allen ilustra bem esse traço em muitos de seus filmes, cujas tramas sempre se baseiam num dilema ético. E nos últimos anos ele criou uma situação moral delicada para si na vida real, sempre parecendo não se importar com o que as pessoas iriam pensar ou como interpretariam a situação. Isso é típico dos sagitarianos mais introvertidos, que podem ser muito reclusos ao próprio mundo e vistos como excêntricos. Woody Allen também é famoso por ter feito psicanálise por quase toda a vida, ilustrando uma jornada interior para o passado e para o inconsciente.

Os sagitarianos têm uma fé instintiva, mesmo se acreditam em algo não muito bem definido. Para alguns é uma fé em algo nebuloso e vago, mas mesmo assim esta fé ajuda a se sentirem mais confiantes e a terem coragem para lutar contra adversidades. Transformam qualquer desdita que lhes ocorra em uma lição positiva, e com a maior jovialidade. Nunca ficam abatidos por muito tempo.

Os sagitarianos costumam se considerar sortudos e abençoados, mas sua boa sorte na verdade se origina em sua atitude otimista. Como todos os signos de fogo, os sagitarianos podem criar a própria sorte ao verem possibilidades inerentes em cada situação. É a sua intuição e a sua capacidade de ver longe que os faz perceber oportunidades que passariam despercebidas para a maioria.

Sua atitude, às vezes incansavelmente positiva, pode dar nos nervos de certas pessoas, mas o sagitariano não se importa com isso. Não é que não tenham presciência, pois têm, mas não do tipo sombria como geralmente é a de Escorpião e Capricórnio. Eles visualizam o melhor resultado possível e conseguem colher os frutos de sua visualização.

Este signo é voltado para todo tipo de liberdade, e autonomia de movimento e independência de pensamento são de particular importância para os nativos de Sagitário. Faz parte da espontaneidade do sagitariano não aceitar restrições. Não gostam de dar satisfações aos outros, isso os sufoca e oprime terrivelmente. Tal atitude pode provocar, compreensivelmente, um pouco de insegurança no parceiro, que, mesmo quando um entendimento já tiver sido estabelecido, vai perceber que haverá ocasiões nas quais será impossível localizar seu sagitariano. Todavia, é muito improvável que haja motivo para se preocupar, pois seu desaparecimento se dá quase sempre por alguma razão inocente.

Além de autoconfiança e de fé que a vida lhes sustentará, um dos dons dos sagitarianos é seu entusiástico apoio às pessoas. Sabem inspirar os outros e extrair o melhor de cada pessoa. Isto, associado ao seu amplo interesse na busca do conhecimento, faz deles excelentes professores. Muitos se atraem por essa profissão e podem ser encontrados dando aulas para alunos de todas as idades e nas mais variadas matérias, incluindo esportes.

A maneira entusiasmada e abrangente com que o sagitariano aborda a vida pode levá-lo a gostar de esportes, e os que tiverem talento para esse ramo podem desenvolver carreiras como atletas. Paula Radcliffe é um exemplo recente de uma mulher de Sagitário que está alcançando um sucesso enorme como atleta. Há pouco tempo ela bateu o próprio recorde de maratona e estabeleceu um novo recorde mundial.

O que falta em disciplina aos sagitarianos sobra em entusiasmo, e se forem devidamente treinados podem se destacar na especialidade escolhida. Quando eles passam do auge, naturalmente passam a se dedicar a treinar outras pessoas, fazendo uso de tudo que aprenderam pelo caminho.

Compartilhar suas experiências, mesmo as mais triviais e sem importância, é algo que os sagitarianos sempre estão prontos a fazer. Adoram ser aqueles que entendem das coisas e que dizem aos outros como se faz. Isso pode ser irritante, pois eles tendem a presumir que sua experiência tem implicações universais, quando, na verdade, pode ter relevância apenas para eles mesmos. Como conseqüência, a despeito do quanto queiram facilitar as coisas para os outros com suas descobertas, eles têm um tom imperativo que diz "faça do meu jeito". Só os sagitarianos mais maduros podem se conter e dar aos seus alunos espaço para que aprendam por si mesmos. Seu desejo impositivo de obter respostas e comunicar as próprias realizações pode atrapalhar ao invés de facilitar a vida dos alunos ou funcionários em treinamento no sentido de descobrirem suas próprias respostas.

Os sagitarianos têm talentos verbais consideráveis e podem dissertar sobre diferentes assuntos. Nunca têm vergonha de dar voz às suas opiniões, são extremamente eloqüentes e, quando começam, mal param para respirar até sentirem que fizeram justiça ao assunto em questão. Sua eloqüência é impressionante e, qual fosse um pássaro majestoso em pleno vôo, as pessoas podem ficar imaginando como eles vão conseguir concluir o assunto sem cair das alturas – mas eles conseguem. Seu dom da palavra fica claro também em qualquer trabalho escrito, em que tendem à prolixidade. Eles usam e abusam das palavras, e em qualquer trabalho acadêmico que façam têm de lutar muito para manterem-se dentro do limite de palavras estabelecido.

Educação é algo extremamente importante para os sagitarianos. Se tiverem intelecto e oportunidade, cursarão uma universidade, possivelmente graduando-se mais de uma vez. Se existe alguém que troca de curso no meio, ou se gradua novamente mesmo não sendo necessário para sua carreira, é um sagitariano. Também podem fazer mestrado e doutorado, passando a integrar o outro lado do ambiente acadêmico.

Para sagitarianos sem potencial ou desejo de freqüentar universidades, a "universidade da vida" é uma boa substituição. Seria totalmente falso afirmar que as pessoas que fazem essa opção não têm capacidade de estudar. Os sagitarianos optam por uma educação de nível superior menos formal por várias razões, incluindo a liberdade de estudar o que quiserem, quando quiserem, e de combinar esse estudo com a vida que desejam levar. É como ler

Sagitário

Platão numa praia grega – perfeito para ter acesso fácil às ruínas que trazem de volta os tempos do filósofo.

Viajar é uma das coisas que os sagitarianos mais gostam, e muitos acabam viajando por profissão ao trabalharem como pilotos, comissários de bordo, escritores de livros de turismo e diários de viagem e correspondentes internacionais. Alguns também podem trabalhar com turismo, seja como agentes de viagem ou guias turísticos. Radialismo, televisão e produção editorial também são áreas que atraem os nativos de Sagitário, pois por intermédio delas podem educar e informar as pessoas, divulgando mensagens em nível global.

Os sagitarianos são vendedores brilhantes, pois têm a combinação certa de simpatia e segurança, e podem ser extremamente persuasivos. Como já são propensos a exagerar para melhor, costumam ter discursos publicitários na ponta da língua. Quando o trabalho em vendas requer uma dose considerável de autonomia, além de um carro e disposição para viajar, fica fácil satisfazer o desejo de aventura do sagitariano.

A única dificuldade que os sagitarianos podem enfrentar ao trabalharem com vendas é de natureza ética, pois, para serem convincentes, eles precisam ser convencidos primeiro, de modo que não seriam capazes de vender um produto de qualidade duvidosa, por exemplo. Este signo é muito escrupuloso e precisa terminar o dia com a consciência limpa.

Como empregadores, os sagitarianos sabem enxergar o potencial de cada pessoa e facilitar seu desenvolvimento. Encorajam e estimulam seus funcionários, e esperam que tenham iniciativa. Seu ponto fraco é a tendência a deixar as coisas um pouco soltas demais, ignorar limites e hierarquias e se ofender com quem quer que reclame disso. Para eles, como estão com a consciência tranqüila, as pessoas deveriam dar-lhes um desconto. Assim, eles podem omitir informações importantes e deixar de explicar a um funcionário novo maiores detalhes de sua função e do ambiente de trabalho, pois esperam que aprendam por si mesmos. Pior, ficam profundamente incomodados de serem julgados, pois só aceitam julgamentos de si mesmos, ou de Deus. E se for Deus o juiz, será sinal de que os sagitarianos terão moral elevada, deixando os demais em situação desprivilegiada. Todo sagitariano pode ser um pouco autoritário, mas ao ocupar o cargo de chefe, pior para o funcionário que discordar dele ou dela, que sempre achará estar com a razão.

Como funcionários, os sagitarianos precisam de autonomia e liberdade para fazer seu trabalho no horário e do jeito que quiserem. Ficam furiosos se tiverem de bater ponto, algo que pode levá-los ao desespero. Devem procurar um trabalho que permita uma agenda flexível, custe o que custar. Eles se saem bem em trabalhos nos quais passem momentos sem fazer nada e que lhes dê um espaço vital, pois um ambiente como um escritório pode lhes deixar claustrofóbicos e loucos para fugir. Gostam de trabalhar em ambientes abertos, e apesar de não serem necessariamente bons em horticultura, o fato de estarem ao ar livre pode ser suficiente para que eles aprendam o básico para trabalhar nessa área.

Muitos nativos de Sagitário têm grande afinidade com cavalos. Adoram a sensação de alegria e liberdade em cavalgar grandes distâncias em um espaço aberto – algo que ressoa com certos desejos do fundo de sua alma. O arqueiro que representa o signo é metade homem e metade cavalo, sendo que este representa os instintos, em geral não desenvolvidos e problemáticos para eles. É típico dos sagitarianos tentar viver num plano mais "elevado", freqüentemente negligenciando o próprio corpo e suas necessidades básicas, como sono e alimentação. Eles rejeitam o físico em favor do espiritual. A ligação que podem estabelecer com um cavalo, seja como jóqueis, trabalhando num estábulo ou como donos de cavalos de corrida, costuma ser bastante recompensadora e estabilizadora para estes indivíduos visionários e intuitivos, ajudando-os a manter o bem-estar físico.

Seja qual for o trabalho do sagitariano, ele ou ela contribui com sua visão e seu otimismo. Nunca são mesquinhos e abominam quem seja, e sua perspectiva é sempre ampla. Seu entusiasmo é contagiante e eles extraem o melhor das pessoas ao seu redor com sua atitude animada e seu alto astral. Crêem firmemente que tudo é possível se a pessoa tiver determinação, e com um sagitariano por perto, certamente o será.

O lado negativo de Sagitário

A maioria das características negativas dos sagitarianos tem a ver com ser e fazer demais. Seu entusiasmo costuma não ter limites; eles podem extrapolar e agir de forma dominadora, maníaca e opressiva. Seu otimismo pode ficar tão fora da realidade que eles acabam não conseguindo cumprir o que prometem. Fazem promessas tranqüilamente, sem se preocuparem com as conseqüências para os outros caso não consigam honrá-las. Eles querem fazer tudo ao mesmo tempo e com isso se sobrecarregam e perdem a noção dos próprios limites e capacidade.

Essa tendência a exceder os próprios limites vem de fato de os sagitarianos realmente acreditarem que poderão fazer justiça a todos os seus múltiplos interesses. Descobrem então, dolorosa e lentamente, que se sobrecarregaram. Os amigos, muitas vezes, reclamam, se sentem negligenciados e vão procurar amizades mais consistentes e profundas em outra freguesia. Mas, como continuam populares e benquistos, têm um jeito todo sagitariano de deixar essas rejeições para lá, encarando-as como problema dos outros. Apesar de ser verdade que eles sempre arrumam amigos, podem ser rotulados de superficiais. Costumam atrair pessoas que apreciam seu estilo de vida animado e extrovertido e que se ligam a eles para fazer parte disso – uma espécie de parasita.

Os próprios sagitarianos podem se tornar parasitas. Em sua busca por estarem "onde as coisas acontecem", eles deixam de perceber que as coisas podem "acontecer" por dentro e não só externamente. Então, eles tentam se ligar a pessoas que consideram terem algo de especial. É como se eles vissem um elixir da vida nas pessoas a quem procuram. Assim, eles conseguem os convites para festas onde todo mundo que é importante deve estar. Podem se deixar envolver pelo redemoinho das celebridades, sem verem que sua busca se tornou algo vazio e sem sentido. Esse é um tipo de presunção: as pessoas ficam freneticamente desesperadas para estar nos lugares "onde as coisas acontecem". Isso evidentemente não resolve nenhum dos medos mais profundos que são o combustível destes indivíduos. Esses medos podem resultar numa ansiedade por não se acharem tão interessantes, medo de despertarem falso interesse das pessoas e fixação na idéia de serem excluídos, pela razão que for. Os sagitarianos costumam ser extremamente inclusivos, de modo que se sentirem excluídos dói demais neles, é algo que deve ser evitado a todo preço; mas pode vir como resultado da mais completa distorção.

Uma das qualidades mais prazerosas de Sagitário é sua espontaneidade, mas ela pode se tornar negativa quando se transforma em descuido e afobação. Por causa da necessidade que têm de trazer estímulo e novidade para suas vidas, eles acabam correndo riscos e pagando um alto preço em termos financeiros, de energia e de sentimentos para si mesmos e para quem os cerca. Às vezes, vivem perigosamente – dirigem rápido, praticam esportes radicais, caminhadas arriscadas –, sem muita consideração pela própria segurança, nem pela de pessoas próximas. Apesar de os sagitarianos serem admirados por seu espírito aventureiro, as coisas podem ficar tão exageradas que eles ficam pulando de aventura em aventura, sem nenhuma estabilidade na vida.

Os sagitarianos podem ficar viciados em adrenalina. Como se sentem plenos ao fazer coisas interessantes e incomuns, podem desenvolver uma incapacidade de lidar com períodos de calma e quietude nos quais deveriam processar todas as suas atividades. É uma forma extrema de extroversão, na qual ficar sozinho mesmo que por curtos períodos de tempo é considerado chato e temível. Esse desequilíbrio fortalece sua crença de que se descobre a vida do lado de fora, e não no interior de si mesmos.

Mas há sagitarianos que se encontram num pólo oposto; são extremamente introvertidos, podem ter uma mente brilhante, Q.I. altíssimo, mas praticamente nenhuma habilidade social. É típico destes indivíduos evitar olhar nos olhos ao conversar e não valorizar muito as relações humanas. Eles vivem em suas mentes, de modo que seu principal foco se volta para questões intelectuais, e, com sua intuição visionária, eles podem se revelar talentosos inovadores, lembrando um professor maluco ou excêntrico no jeito e no estilo. Contudo, seu desenvolvimento costuma ser desequilibrado, privilegiando o intelecto e negligenciando as emoções. Pode haver falta de empatia e incapacidade de reconhecer os sentimentos dos outros, razão pela qual eles têm dificuldade em manter amizades e relacionamentos mais próximos. Apesar de muitos manterem relacionamentos, é comum que sejam relações problemáticas e insustentáveis, pois o parceiro precisa estar preparado para tomar conta de tudo que disser respeito à parte emocional.

Os sagitarianos Jimi Hendrix, Jim Morrison e Maurice e Robin Gibb são famosos por suas músicas e pelo estilo de vida radical, apesar de os irmãos Gibb terem mudado de vida nos últimos anos. Três deles morreram, seguindo, enfim, para a viagem final rumo ao desconhecido. Os dois primeiros morreram por problemas com drogas, o que indica que os riscos extremos a que se submeteram vieram na forma de "viagens" com alucinógenos para

Sagitário

buscar estados mais elevados de consciência. O problema com essas viagens induzidas artificialmente é que, ao contrário das viagens de natureza espiritual, elas trazem uma depressão inevitável ao perderem o efeito. Além do que elas nunca levam realmente os sagitarianos aonde eles querem chegar, portanto, estão fadadas ao fracasso – um beco sem saída decepcionante. É em parte por isso que os 12 passos dos Alcoólicos e Narcóticos Anônimos funcionam tão bem. É tão comum que os viciados busquem experiências espirituais ou religiosas pelo uso de drogas que esse programa, entre outras coisas, os ajuda a descobrir uma rota mais direta para Deus.

Alguns sagitarianos têm um jeito arrogantemente fanático, como se estivessem acima de tudo e de todos. Sua conexão com Deus e com a divindade pode lhes causar a ilusão de que Deus está "do lado deles" e que eles sempre estão certos. Ao se considerarem imbuídos de alta moral, sentem-se legitimados a se comportarem de modo assombroso em nome de sua religião. Muitas guerras e atrocidades na vida são cometidas em nome de uma religião, e esse tipo de fanatismo pode ser uma expressão extrema e distorcida de um traço nobre da personalidade de Sagitário.

Se existe alguém propenso a virar um pregador religioso, daqueles que ficam fazendo proselitismo nas ruas, é o nativo de Sagitário. Sua convicção é tamanha que chegam a tratar as pessoas com arrogância, pois acreditam piamente que conhecem "o caminho", e que só existe um único caminho. Essa atitude, às vezes, fica aparente em outras questões também, de modo que, se o desvario não for de caráter religioso, se dará por qualquer outro tópico que lhes inflame. O parque Hyde, em Londres, vive cheio de indivíduos assim, e, apesar de nem todos serem sagitarianos, eles tipificam a convicção apaixonada de estar com a razão que é tão típica deste signo.

Muitos sagitarianos também são politicamente engajados, pois essa é uma arena natural para eles. Apesar de nada haver de intrinsecamente negativo nisso, alguns deles se iludem e acham que os fins justificam os meios. Eles querem consertar o mundo, mas não vêem que sua opinião não é necessariamente o que todos querem. Os movimentos sindicais também atraem os nativos deste signo, pois funcionam como um canal para seu fervor político.

De qualquer maneira, quando são ativos na política e nos sindicatos, os sagitarianos em questão são eleitos e recebem mandatos, mesmo se fizerem coisas que ultrapassem suas funções. Mais problemáticos são os sagitarianos que se acham tão especiais e dotados que não precisam reportar nada a ninguém. Seu pecado é excesso de segurança, e muitos caem do cavalo em algum momento da vida. As outras pessoas se sentirão ofendidas pelos sagitarianos e tentarão desqualificá-los, ao mesmo tempo em que eles se ofendem com qualquer questionamento ou julgamento.

Em nível pessoal, não é difícil ver os sagitarianos desconsiderarem as leis nos mínimos detalhes, talvez achando que elas não se apliquem a eles. Quando lhes convém, fazem coisas como estacionar em local proibido, correr acima da velocidade permitida, fazer manobras ilegais – dirigir na contramão, furar sinais de trânsito. Além disso, reclamam de modo bastante convincente da estupidez de tais restrições e defendem o que fizeram como sendo o mais seguro no momento da ação. São extremamente persuasivos e, se conseguirem se safar uma vez, usarão o mesmo discurso para saírem sempre impunes.

Os sagitarianos descumprem regras sem pensar duas vezes. Como nutrem os mais elevados princípios éticos e morais, acreditam realmente que só devem respostas a si mesmos e a Deus, que na cabeça deles está sempre do seu lado. Ficam arrasados ao serem desafiados, como se jamais tivessem intenção de tirar vantagem dos outros ou de se beneficiar.

Parte da razão pela qual alguns sagitarianos se comportam assim é sua profunda arrogância, que vem a ser uma de suas características mais desagradáveis. Nem todos sofrem disso, que é algo que se desenvolve em níveis variados para compensar a própria insegurança, mas, ao contrário de outras formas de defesa mais simpáticas, essa poucas vezes encontra apoio. Sua atitude desdenhosa afasta as pessoas e funciona em parte, pois assim as pessoas param de atacar, o que vem a ser parte de sua função. Ou as pessoas se enganam e se deixam levar por suas demonstrações de segurança e temem estes indivíduos, ou então os confrontam e hostilizam.

Os sagitarianos arrogantes são chamados de "metidos a superiores" pelas pessoas que querem colocá-los no que consideram seus devidos lugares. Costumam ser detestados por se colocarem acima dos outros, menosprezando-os. Ninguém gosta de ser alvo de sua condescendência.

Como certos leoninos, esse tipo de sagitariano também é bastante grandioso, fora da realidade e exagera o alcance de suas capacidades e o escopo do que conseguiu até então. Isso se encontra bem além da edição seletiva e do toque de exagero comum ao se escrever um currículo. Eles agem como se fossem muito mais bem-sucedidos, talentosos, experientes e qualificados do que são na verdade. Podem inventar todo tipo de coisa – desde um emprego fantástico em Paris, apesar de não falarem francês o suficiente para o cargo em questão. Mas mesmo que consigam impressionar as pessoas, eles mesmos ficam com uma sensação de fraude, com medo de serem descobertos e ganharem fama de inconvenientes. Assim, manter a mentira se torna cada vez mais difícil e desesperador.

Ou ainda, esse tipo extremado de sagitariano pode se convencer plenamente de que é mesmo especial e excepcionalmente dotado, e nesse caso não terá medo de ser descoberto. Trata-se de pessoas que perderam o contato com a realidade. Isso não significa que muitos deles não sejam realmente muito talentosos, pois são, mas tome cuidado se eles forem muito exibicionistas quanto a esses talentos.

A magnificência é um tipo específico de mecanismo defensivo para compensar sentimentos não assumidos de insegurança e inferioridade. Enquanto alguns signos, como Virgem, podem se tornar humildes e modestos, os sagitarianos fazem o contrário. Eles não agüentam esse tipo de sentimento, então, fazem o possível para evitá-lo. O único problema é que, agindo com grandiosidade, eles se programam para errar, então, têm de encarar o próprio erro ou então inventar outro esquema grandioso para manter a imagem que nutrem de si próprios. Sua propensão a uma atitude arrogante ou a uma opinião supervalorizada de si mesmos faz parte desse padrão.

Os sagitarianos podem ter problemas com sua inquietude. Sofrem da síndrome "o quintal do vizinho tem sempre a grama mais verde" e podem passar pela vida com insatisfação, sempre buscando aquele "algo mais" tão impalpável. Como crêem que o encontrarão fora de si mesmos e não dentro, eles se desarraigam e buscam diferentes cenários na esperança de encontrar o que precisam. O fato de este "algo" mágico ser indefinido poderia ser uma pista, mas normalmente não é. Sua vida é uma eterna busca, e apesar de vagar pelo mundo ser ótimo para os jovens, costuma ser um tanto triste que uma pessoa de meia-idade ainda não tenha estabelecido uma casa adequada e viva com a mochila nas costas. Alguns vêem isso como uma forma de fuga, o que torna seu desejo de viajar menos atraente.

Para esse ponto de vista mais materialista, o sagitariano pode alegar que "busca mais da vida do que a escravidão a uma hipoteca". Quando conseguem seguir uma carreira profissional que implique viagens constantes, podem estabelecer uma casa e uma família estáveis, mas esta jamais será sua prioridade.

Estes sagitarianos que mais sofrem do desassossego descrito anteriormente tendem a deixar um rastro de corações partidos atrás de si. Se direcionarem sua busca por um parceiro que seja uma espécie de redentor, estarão investindo suas expectativas espirituais em um mero ser mortal, e estarão fadados ao fracasso. Então, sentem que têm razão de buscar outra pessoa, entendendo que o problema do relacionamento anterior foi causado pelo parceiro e não por esperarem algo fora da realidade. Com base nisso, eles justificam todo tipo de comportamento moralmente reprovável.

Este signo tende a não ser muito fiel em seus relacionamentos. Apesar de serem geralmente honestos, quando se trata de fidelidade podem trair e mentir mesmo. Não se dão ao trabalho de arrumar desculpas elaboradas, mas fazem o que podem para apagar rastros e conseguir o que querem. A isso podem se acrescentar omissões, como deixar de dizer coisas cruciais à pessoa com quem estão se relacionando, como com quem foram para cama naquela tarde, por exemplo.

Os flertes dos sagitarianos são apenas mais uma manifestação de sua tendência ao excesso. Têm enorme apetite pela vida, sendo o sexo parte importante disso. Talvez custe um pouco para descobrirem que mais sexo nem sempre é melhor, e especialmente que mais parceiros não significa necessariamente mais experiência. Esse tipo de comportamento pode se estender bem além da juventude e ser usado como uma forma de evitar maiores intimidades, as quais eles consideram ameaçadoras.

Os sagitarianos têm seu próprio código moral, o que significa que eles podem se convencer de que algo que as demais pessoas questionariam é, na verdade, perfeitamente aceitável e correto. Eles não têm vergonha disso, pois acreditam mesmo na correção de sua postura, e isso é o que importa. Os parceiros de nativos deste signo devem ter consciência disto e discutir sua posição de modo claro e inequívoco.

Para os sagitarianos, o processo de envelhecimento pode ser mais difícil que para a maioria. Sinais evidentes da idade são um desafio para todos nós, mas para o sagitariano inerentemente jovial e otimista é um baque perceberem que não são imortais. Muito antes de a velhice chegar eles já têm dificuldade para se ajustar à realidade e ao lado prático da vida, especialmente as responsabilidades que a maioria dos adultos assume. Para eles uma hipoteca é como uma bola de ferro no pé, e, se a ela sucumbirem, acabarão vendendo o imóvel na primeira oportunidade e usando qualquer direito de propriedade acumulado para financiar uma viagem dos sonhos. Só que não é uma viagem apenas, e sim seu estilo de vida, o qual não se ajusta muito a crianças e compromisso.

Isso não significa que os sagitarianos não assumam compromisso. Só que eles gostam de alçar vôo e esperam que a pessoa que está com eles as acompanhem, ou aceitem ficar para trás. Quem resolver viver com um destes itinerantes deve entender que ele talvez jamais se estabilize e, se o fizer, haverá um preço. Sua sede de viajar vem do fundo da alma, e férias de verão não dão nem para o gasto para os sagitarianos. Enquanto seus parceiros aceitarem isso, tudo estará bem. Não vale a pena esperar que em alguns anos um sagitariano se transforme, miraculosamente, num tipo caseiro.

O mesmo se aplica àqueles cuja viagem for mais mental do que física. Eles também vão querer continuar com sua exploração mental, e quem viver com eles terá de estar ciente de que o término de um determinado estudo não representa o fim de todos os seus estudos. Isso é, mais que tudo, um estilo de vida, e talvez nunca traga a grande renda que um cônjuge pode esperar. É sempre um erro se envolver com uma pessoa esperando que ela venha a mudar, e isso é especialmente verdadeiro em se tratando de sagitarianos, que vivem a maturidade de modo leviano.

A franqueza sem rodeios dos sagitarianos pode se tornar pura grosseria e acarretar problemas em sua vida social e pessoal. São verdadeiros demais e as pessoas não suportam, principalmente quando isso acontece na frente de amigos, fazendo com que se sintam expostos e humilhados. Tato não é o forte de Sagitário, de modo que eles podem deixar amigos e pessoas amadas envergonhadas. Mesmo quando são de uma grosseria chocante, geralmente não têm noção do impacto que causam. Alguns comediantes sagitarianos, como Billy Connolly e Bette Midler, fizeram do ultraje sua especialidade, e apesar de ser hilário no palco, na vida pessoal costuma não ter graça alguma.

As falhas e erros de Sagitário estão aí, à vista de todos. Não se trata de sujeitos sutis, e, por mais rudes, arrogantes e condescendentes que eles possam ser eventualmente, são invariavelmente dotados de um coração de ouro. São bem-intencionados e aceitam bem as críticas. Quem estiver pensando em se envolver com alguém de Sagitário pode ter certeza de que não haverá surpresas inesperadas em seu caráter. As crises dos sagitarianos ficam bem evidentes desde o primeiro encontro, e, contanto que você consiga se manter firme e retribuir o bem que recebe dele ou dela, pode valer a pena agüentar as explosões eventuais pelo caminho e talvez as brigas deixem poucas cicatrizes.

O homem de Sagitário

O homem de Sagitário é dinâmico, excitante e divertido, com um grande senso de humor e propensões filosóficas. É possível reconhecê-lo por seu espírito de aventura e seu vivo interesse nos outros e no mundo ao redor de si. Geralmente extrovertidos, são homens joviais e sociáveis, de mente aberta, falantes e francos. São cheios de opiniões, o que pode deixar as pessoas se perguntando o que pensam de verdade.

O sagitariano vive de acordo com seus princípios e emana integridade moral. Ele é leal àquilo em que acredita, seja qual for sua crença, e nunca trai seus princípios. Pode ser que sua crença seja de natureza política ou se volte para uma religião organizada, ou pode ainda se tratar de algo mais pessoal. Caso faça parte de alguma religião estabelecida, o nativo de Sagitário questionará vigorosamente os dogmas que a sustentam, pois não se trata de um devoto ou seguidor, mas sim de um buscador da verdade. Ele não vai engolir todo um sistema de crenças que não se coadune à própria consciência.

Essa postura ética e moral permeia tudo que o homem de Sagitário faz. Essencialmente, ele é um homem de Deus, a despeito de seguir uma religião ou não. Pode-se contar com sua sinceridade, o que independe do efeito positivo ou negativo que isso possa ter em sua popularidade. Em geral, o efeito é positivo. As pessoas tendem a gostar dele porque ele é direto, e assim fica fácil saber o que esperar dele.

Sagitário

No fundo, o homem de Sagitário é um aventureiro e um desbravador. Suas aventuras e explorações podem ser em terreno interno ou externo, e no final todas as rotas parecem convergir em essência, de modo que aqueles que se transformam em viajantes de fato passam por transformações internas profundas, ao passo que os que entram numa viagem religiosa ou intelectual acabam tendo experiências mundanas e terrenas também.

Se existe alguém com potencial para astronauta, é o homem de Sagitário. Ele é levado por seu espírito naturalmente inquieto a buscar os limites mais extremos de qualquer coisa possível. Mesmo que não chegue à Lua, a idéia reverbera fundo em sua alma, sendo mais que provável que ele chegue ao topo do Everest, à Amazônia ou à Antártida.

Steven Spielberg mostra-se tipicamente sagitariano nos filmes que escolhe dirigir, sempre fábulas épicas. Alguns, como *Contatos imediatos do terceiro grau* e *E.T. – O extraterrestre*, tratam do distante espaço sideral, especulando com graça e humor sobre sua natureza, ao passo que outros, como *A cor púrpura*, *A lista de Schindler* e *O resgate do soldado Ryan*, têm maior dimensão ética e moral. Ele também é um empreendedor, e logo no início da carreira montou sua produtora, que hoje vale milhões.

O espírito de aventura do homem de Sagitário é uma de suas qualidades mais atraentes. Ele tem um impulso natural para conquistar novos territórios, e é impressionante quanto a isso. Um ambiente rural lhe favorece mais, mas quando está na cidade ele pode ser visto para cima e para baixo numa motocicleta e trabalhando em atividades de alto risco, como no ramo de construção, pois adora a altura e os perigos inerentes. Dispõe-se a se expor a riscos de natureza física, adentrando zonas perigosas sem se preocupar muito com a própria segurança, forçando ao máximo seus limites e depois ainda mais. Em tudo isso, ele reflete seu bom humor e sua cordialidade.

A despeito de tudo isso, o homem de Sagitário não é particularmente competitivo, embora possa despertar esse tipo de sentimento nas pessoas com os exemplos que dá. Ele simplesmente se sente compelido a romper qualquer limitação, esteja ela dentro de si ou nos recordes estabelecidos por outras pessoas, forçando-se ao máximo. Sua sede de liberdade o impulsiona, de modo que ele não está competindo com ninguém, mas com os limites do possível.

Outra característica muito atraente do homem de Sagitário é seu senso de humor. Ele é extremamente engraçado, dono de uma comicidade inteligente. Não costuma contar piadas, mas tem uma visão sagaz sobre as coisas e as pessoas, a qual compartilha de modo inesperado e espontâneo. Seu talento verbal é considerável e ele é capaz de ficar falando sem parar por algum tempo enquanto transmite sua mensagem cômica. Nada é sagrado na hora de ver as coisas sob seu prisma hilário e chamar a atenção de todos para a graça contida em algo ou alguém. Ele é capaz de ficar nessa brincadeira por horas, sem nunca se cansar, e é realmente muito engraçado. O comediante Billy Connolly é um bom exemplo desse traço do signo.

Entretanto, quem sair à noite com um homem de Sagitário na expectativa de momentos mais íntimos pode acabar se decepcionando. Suas respostas engenhosas podem ser uma técnica de distanciamento que bloqueia qualquer contato físico mais íntimo de modo muito esperto. Pode ser difícil falar sério com ele, pois mudar de tom pode fazer a pessoa parecer "pesada" e sem senso de humor. Seu evidente desconforto deixa claro que se trata de zona proibida. Tentar alcançar sua intimidade pode parecer impossível, pois qualquer tentativa de conhecer o homem real por trás da conversa acaba sendo afastada com mais comentários charmosos e sagazes. As pessoas podem se sentir manipuladas para agir de um modo contido que não tem a ver com o que são. Se for esse o caso, considere os prós e os contras de desafiá-lo. Ele pode ser escorregadio, mas responde bem a perguntas diretas, pois aprecia a atenção inerente. Se ele não for posto contra a parede para assumir um compromisso, acabará enrolando a pessoa, que se magoa ao se basear apenas em suposições e hipóteses.

Júpiter, regente de Sagitário, é um planeta associado à jovialidade excessiva, e o sagitariano tende a chegar a extremos em muito do que faz. Pode ter fama de namorador, geralmente merecida. Sua mentalidade incansável e itinerante também se aplica ao amor e, principalmente na juventude, ele tende a equacionar o número de amantes com sua experiência, sem perceber como isso denota sua superficialidade. Após deter-se um tempo nesse tipo de experiência, ele acaba dando pela falta de algo que não pode conseguir em mais uma experiência amorosa. Quem quer que o conheça nesse ponto terá a chance de ir mais fundo com ele e ajudá-lo a explorar um terreno que ele rejeitou por tanto tempo.

Sagitário

O homem de Sagitário não declara seus sentimentos de bom grado, apenas quando forçado a fazê-lo. Ele gosta de flertar o tempo todo e manter suas opções disponíveis, portanto não faz alarde quando está interessado em alguém. O objeto de sua afeição é a última pessoa a saber disso, mas, como ele não sabe ficar calado, acaba contando a seus amigos. Apesar de ser, no geral, um homem extremamente generoso, se existe alguém que segue a filosofia do "seja durão e dê rédea curta", é ele. Sua falta de generosidade quando se trata de suas emoções tem mais a ver com a fragilidade da relação que tem com elas e a ameaça implícita que o sagitariano vê nelas. Ele teme, particularmente, a dependência emocional e a intimidade. Para ele, essas coisas soam como ameaças à sua autonomia e liberdade, e, portanto, devem ser evitadas.

Liberdade é de importância fundamental para o homem de Sagitário, mas, a despeito de suas tendências filosóficas, ele falha em analisar exatamente o que isso significa. Ele pode discutir o termo casualmente, como se houvesse um consenso quanto à sua definição, sem questionar. Apesar de sua inteligência, costuma não ser muito sofisticado emocionalmente e não faz a ligação entre seu medo de intimidade e seu desejo do que ele chama de liberdade; ele desencaminha a discussão. Parte do trabalho de sua vida é definir o que é liberdade para ele – libertar-se de quê, para fazer o quê – e separar isso de alguns de seus medos mais primitivos e definidos relacionados à dependência emocional.

O homem de Sagitário valoriza suas amizades e, se for para falar de seus sentimentos, confia nos amigos. A pessoa que estiver num relacionamento com o sagitariano faria bem em conhecer os amigos dele, pois seu apoio será vital. Os amigos podem ajudar a explicar o jeito dele, como ele funciona. Não que ele seja complicado, pois em vários sentidos é bastante direto: é só que, às vezes, o sagitariano pode parecer tão desligado de suas emoções que é bom a pessoa amada obter certo discernimento e conforto com as pessoas que o conhecem de longa data.

No final, um caso de amor com um homem de Sagitário se transforma em uma amizade profunda e duradoura. Ele quer alguém que lhe faça companhia em sua jornada de vida inteira; uma pessoa que viva com desapego, que não tenha idéias preconcebidas de para onde ir e que esteja aberta ao que a vida apresentar. Ele adora mudanças e se ajusta facilmente a novas circunstâncias; então, quem quiser correr o risco deve saber que tudo é possível com este aventureiro.

O homem de Sagitário pode não ser forte no campo emocional, mas sabe perceber as intenções das pessoas com precisão infalível, graças à sua intuição. Sua atitude na vida se origina em sua antena invisível, sintonizada para lhe beneficiar. É por ela que ele vislumbra muitas das oportunidades que lhe aparecem. Sua autoconfiança nata o leva a buscar oportunidades que outros, menos seguros, descartariam por temer os riscos implícitos. Nesse sentido, ele é quem faz a própria boa sorte.

A pessoa que estiver com ele precisa saber que o homem de Sagitário sempre vai correr riscos e não tem o menor interesse em segurança e estabilidade financeiras. Na verdade, o foco excessivo no dinheiro pode ser bastante assustador e limitante para ele. Ele pode ficar muito rico, do jeito que às vezes ficam aqueles que seguem seus sonhos, mas, então, a riqueza vem como um subproduto, um derivado, não o objetivo principal. Ele nunca é motivado por ganhos financeiros e considera que o dinheiro pode ser uma armadilha para a alma de um homem. Ele não se vende.

É bem difícil saber quando ou se o sagitariano está comprometido a uma relação, pois, mesmo que ele seja heterossexual, não é do tipo casadoiro. É bem mais provável que ele sugira à sua companheira que morem juntos, geralmente por razões pouco românticas – pode-se economizar bastante morando junto –, de modo que é difícil saber como interpretar seu gesto. Contudo, isso para ele costuma ser mais que o bastante. Ele tem fobia de compromisso, e ter de esclarecer as coisas faz parte dessa fobia. Ele precisa da ambigüidade, de uma premissa de liberdade, mas se ele sugerir morar com a pessoa, seja pela razão que for, o fato deve ser encarado como um passo e tanto para ele.

Se o homem de Sagitário conseguir chegar a esse ponto, acabará entrando na relação sem se dar conta do que está se passando. Também fica feliz de ter filhos nessa base, apesar de que sua parceira deve estar pronta para vê-lo fazer algo incrivelmente irresponsável na época do nascimento da criança – como aceitar um trabalho bem longe de casa. Ele pode até tentar fazer parecer que está sendo "o" responsável, "o" provedor, quando, na verdade, está fugindo. Ele pode fazer algo assim ou não, mas logo se adaptará à nova situação e gostará de ser pai.

A paternidade faz emergir algumas das melhores qualidades do homem de Sagitário. Durante a fase pré-verbal, ele pode não ficar tão à vontade, mas logo que as crianças aprendem a se comunicar ele se encontra. É um pai brincalhão, gosta de ensinar as coisas, é um grande amigo e instrutor dos filhos, sabendo transformar o aprendizado em aventura. Envolve-se apaixonadamente com a educação das crianças, interessando-se bastante por seu desempenho na escola e certificando-se de que eles tenham bastante atividades extra-curriculares também. Ele estimula os filhos a praticar esportes e participa com a maior boa vontade, jogando bola com eles e os ensinando a andar de bicicleta. Sempre um menino por dentro, ele adora brincar e tornar a vida mais divertida.

Como pai, o homem de Sagitário estimula e apóia a busca dos filhos por um caminho próprio no mundo. Ele é adoravelmente não-autoritário e não impõe regras, comunicando-se com os filhos respeitosamente e procurando entrar em acordo quanto a certas coisas. Ele é fácil de levar e sabe ser flexível para acomodar as necessidades dos filhos. Não é um pai ansioso, de modo que os filhos entendem que o mundo é um lugar seguro. O pai sagitariano estimula os filhos a voar, correr riscos e aceitar desafios. Esse é o exemplo que ele dá, agindo como fonte de considerável inspiração para sua prole.

O homem de Sagitário quer o melhor para os filhos e também ouve o que eles querem. Ele não vai a eles com idéias preconcebidas do que devam ser, e este é seu maior dom para com as crianças. Ele dá espaço para que os filhos sejam autênticos e não lhes impõe um modelo. Por ter lutado muito para ser ele mesmo e fazer o que queria fazer, ele valoriza isso mais que tudo.

A parceira pode reclamar que o homem de Sagitário é muito folgado, mas na verdade seu problema é dar apoio suficiente para ela, especialmente no começo. Ele ainda está sentindo o terreno e lutando contra os próprios demônios, de modo que logo no começo ela passará por um teste de nervos para prosseguir e ter um filho com ele. Todavia, mesmo que ele não pareça nada promissor no começo, pode superar essa fase, e normalmente é o que faz, apesar de não haver garantias nesse sentido. Ele pode desaparecer e ficar vários anos na Mongólia, por exemplo.

O homem de Sagitário não é para corações fracos. Trata-se de um aventureiro que precisa de um par que tenha tanta ousadia quanto ele, que não se limite ou restrinja, e que seja bastante autoconfiante e flexível. Numa parceria dessas, ele tem o espaço vital de que precisa sem que lhe façam muitas exigências assustadoras.

O homem de Sagitário pode não seguir uma carreira convencional, que pode ser limitada demais para ele. Qualquer estudo a que ele tenha se dedicado pode ter sido abandonado em favor de viagens para lugares distantes ou de alguma mudança, é claro, pois sua opção inicial não levava em consideração as possibilidades que ele viria a conhecer depois. A história de sua vida se desenrola bem dessa maneira. Podem achar que ele vive à deriva, mas, na verdade, está ganhando uma ampla experiência de vida. Como sua carreira não é linear, ele pode não ser dos mais experientes em determinada função, e colegas mais jovens podem ter graduações mais altas que as dele – o que não o incomoda em nada.

O tipo mais introvertido de sagitariano tem mais tendência a empreender uma busca interior, talvez de natureza intelectual; ele se dá bem no meio acadêmico, no magistério ou no sacerdócio. Sua busca não é necessariamente ligada à mudança geográfica, pois tudo pode se dar por meio do estudo e da introspecção. Seu objetivo, então, é se tornar um homem sábio. Ele gosta de transmitir o conhecimento que acumula, e seria perfeito ser pago para isto.

Se o trabalho do sagitariano lhe der tempo para pensar e não lhe restringir demais, ele pode se adaptar em quase qualquer função. Faça o que fizer, ele contribui com seu espírito de aventura, sua abordagem otimista, entusiasmada, idealista e intuitiva. É uma combinação de qualidades nada má e que pode levá-lo longe. Este é um homem que vive uma vida extraordinária.

A mulher de Sagitário

A mulher de Sagitário é fácil de reconhecer por sua maneira sincera e expansiva de abordar a vida, e por suas opiniões francas e claras. Ela é dona de um entusiasmo e de um otimismo bons de se ver, e tem uma maneira de sempre

Sagitário

ver o lado luminoso da vida, dando um jeito de extrair o melhor que pode de cada situação. Sua presença animada é contagiante e ela levanta o astral das pessoas sendo apenas ela mesma.

A mulher de Sagitário tem um humor borbulhante e nem sempre evidente, de modo que é comum pegá-la rindo baixinho consigo mesma de algo que achou engraçado. Ela ri de si própria e conta casos cômicos de seu dia para as pessoas próximas. Interessa-se bastante pelas pessoas e consegue estabelecer afinidades com os tipos mais variados. Sua habilidade para desmascarar afetações e fazer contato verdadeiro e desarmado é um de seus maiores talentos. Como seu equivalente masculino, o humor da sagitariana é imediato e circunstancial, mas, ao contrário dele, ela consegue estabelecer uma intimidade. Ela não usa sua sagacidade para afastar as pessoas, talvez porque, por ser mulher, não tenha tanto medo de intimidade.

A mulher de Sagitário é espontânea e inquieta, e precisa de liberdade para se expressar, do contrário perderá sua centelha de encanto. Contatos e conversas casuais são importantes para ela, pois oferecem a liberdade de ser ela mesma de modo particularmente leve e descomprometido. Isso de forma alguma ameaça qualquer compromisso previamente assumido, é só uma brincadeirinha para dar um tempero diferente ao seu dia.

Inquietude é uma característica-chave da mulher de Sagitário, para o bem ou para o mal. Ela precisa de movimento, tanto físico quanto mental. Seu corpo rejeita restrições muito prolongadas e ela acaba andando de um lado para o outro como um animal engaiolado. Como precisa sair de casa, ela acaba inventando alguma missão ou tarefa para poder fazer isso. Tem baixa resistência ao tédio e não consegue lidar com falta de estímulo mental. Dependendo das circunstâncias, ela lança mão de seu senso de humor ou inventa algo para contestar e, assim, animar uma situação maçante. O que ela não aceita é sofrer de tédio.

Passional em relação a todo tipo de questão ética e moral, a mulher de Sagitário tem opiniões e princípios fortes. Ela pode ser engajada politicamente ou não, mas, de um jeito ou de outro, sempre tem opiniões definidas e as expressa eloqüentemente. Tem posições claras sobre questões como crime, aborto, eutanásia, guerra, direitos dos animais e sobre como as comunidades agem e se comportam entre si. Talvez seja membro de alguma organização do tipo Anistia Internacional, Greenpeace ou Amigos da Terra, e é provável que já tenha participado diretamente de protestos.

Radical por natureza, a mulher de Sagitário não aceita análises simplistas e não tolera preconceito. Como se trata de uma pessoa dada a profundos pensamentos e convicções, ela vai além do consenso popular, atingindo implicações mais complexas de questões atuais. Sua articulação é impressionante, e ela é capaz de agir como porta-voz para uma causa na qual acredite. Em geral, ela assume essa função no trabalho, envolvendo-se em atividades sindicais ou atuando como representante em um comitê que sirva ao bem comum.

No que tange aos relacionamentos amorosos, a mulher de Sagitário sente atração por aquele companheiro de viagem que lhe oferece aventura, excitação e espaço, ou que ao menos não a restrinja. Seu parceiro pode não compartilhar dos mesmos princípios que ela, mas mesmo assim a sagitariana espera que ele tenha seus próprios princípios muito bem definidos – que deverão estar em sintonia com ela – e que, como ela, esteja pronto para lutar pelo que acredita. Ela não se importa com segurança, e a renda de um parceiro em potencial não lhe interessa em nada: sua prioridade é o tipo de oportunidade que eles, como casal, podem criar. Ela é voltada para o futuro e se atrai por pessoas que tenham visão das possibilidades da vida.

Se existe alguém que se envolve com aquele tipo de pessoa que só tem sonhos a oferecer e que já foi descartada por muitos como perda de tempo, este alguém é a mulher de Sagitário. E juntos eles podem provar que todos estão errados e criar coisas impressionantes. Este é seu dom; sua fé inerente em si mesma e nos outros a faz extrair o melhor da pessoa. O que ela não tolera é uma relação que não vai a lugar nenhum, sem esperança no futuro. Para ela, isso é totalmente claustrofóbico, e ela não demora em sair da relação.

O dinheiro só é importante para a mulher de Sagitário no sentido de oferecer liberdade. Ela dá valor a ter meios para viajar, estudar, ter tempo para si mesma e visitar lugares interessantes. Não é materialista; portanto, ter uma tenda e uma mochila ou uns livros é mais importante para ela do que roupas chiques e jóias. Ela não gosta de dedicar tempo demais ao trabalho, por mais que goste do serviço, pois sempre tem muitas coisas para fazer – seu tempo é precioso e ela odeia desperdiçá-lo. Com toda certeza, ela não nasceu para empregos de oito horas por dia, embora possa fazê-lo por períodos restritos se necessário.

Praticidade nunca é o forte da mulher de Sagitário. Ela acha um horror quando tem de fazer algo de natureza prática, pois considera opressivo, não faz seu estilo. Não é que seja incapaz de fazer esse tipo de coisa, é só que o faz de modo desordenado e não-metódico. Ela é inspirada e intuitiva e lida com assuntos mundanos de modo irregular. Se ela tiver um companheiro de signo de terra, o que é comum, seu jeito de fazer as coisas poderá parecer caótico e um tanto assustador. A despeito do que pareça por fora, ela tem consciência de sua agenda e lida perfeitamente bem com seus compromissos. Quando as pessoas acham que ela vai afundar debaixo de uma montanha de tarefas, ela emerge, sorrindo. Os signos de terra podem achar seu otimismo perene irritante e ficar furiosos com o modo milagroso com que ela fica pronta para outra num instante.

A mulher de Sagitário se deixa envolver rapidamente e acredita em seus pressentimentos quando se trata de amor. Ela sabe julgar muito bem o potencial inerente das pessoas, sabe escolher bem a pessoa certa para si. Não tem medo de quebrar convenções, de modo que as pessoas podem se surpreender com suas escolhas, esquecendo que esta mulher não está interessada numa vida convencional. Contudo, ela não é necessariamente proativa quanto parece, é mais provável que ela esteja fazendo jus às expectativas de outrem, curiosa de ver onde a coisa vai dar.

Quando emocionalmente envolvida, a sagitariana pode ser um desafio e tanto para o tipo de parceiro ou parceira que espera que ela deixe de lado os amigos e a vida de solteira, dedicando-lhe a maior parte do tempo. Isso ela não faz mesmo. Os amigos continuam importantes para ela, assim como as atividades nas quais está envolvida, e, apesar de estar disposta a diminuir um pouco o ritmo e tentar demonstrar ao máximo o quanto está envolvida na relação, ela pode mesmo assim passar várias noites por semana fazendo suas coisas. Ela não é das mais domesticáveis e não tem a menor intenção de passar a ser. O máximo que ela consegue é contornar a situação, e não está interessada em ir além. E, com certeza, não é do tipo que vai ficar passando as camisas de ninguém!

Por outro lado, a mulher de Sagitário é honesta e direta quanto ao que sente, portanto é improvável que tenha um caso extraconjugal, pois para isso precisaria enganar. Ou ela fica mesmo com alguém ou cai fora. Sua integridade emocional é de extrema importância para ela, de modo que quando ela se compromete, é para valer. Mas não se submete a controle algum. Se ela quiser conversar com alguém sem ser interrompida pelo parceiro ou parceira querendo saber onde ela está e que horas chega em casa, simplesmente desliga o celular.

Alguns alegariam que a mulher de Sagitário provoca o ciúme e a insegurança na pessoa amada, mas não é por aí. Ela é espontânea e quer proteger sua autonomia e sua liberdade, que são sua fonte de vida. Se ela tiver de dar satisfação o tempo todo, acaba morrendo por dentro. Certamente, ela não tem intenção de prejudicar a pessoa amada, ela só espera que acredite nela e lhe dê espaço. Também se pode argumentar: se ela demonstra que confia na pessoa, por que não o contrário também?

Isso não nega o fato de que a mulher de Sagitário tenha problemas com sentimentos de dependência, pois ela os tem e pode se sentir sufocada com qualquer necessidade do parceiro. Ela tem medo de ficar presa emocionalmente e é o tipo de mulher que tem sempre um "plano B", só para garantir. Apesar de se assustar com as necessidades dos outros, são as necessidades dela mesma que mais a assustam. Assim, a sagitariana tende a não reconhecer essas necessidades e nem aqueles que as satisfazem. Ao fingir que não tem necessidades, ela não se sente dependente.

Isso obviamente cria dificuldades nos relacionamentos da mulher de Sagitário, para não falar do parceiro, que tem de ser seguro o bastante para entender que o problema é dela e que é pouco provável que ela venha a mudar. Uma brincadeirinha aqui e outra ali não cairão mal, pois ela vai entender o que está fazendo quando for apontado. Ela literalmente corre de intimidade emocional excessiva e tem vários truques para evitar esse tipo de coisa – como convidar amigos em ocasiões que eram para ser do casal. Ela costuma preferir um grupo a um *tête-à-tête*. Também pode ter medo de ficar entediada, e convida outras pessoas para animar a noite. Contudo, nenhuma dessas justificativas resistem a uma análise mais profunda; ela está mentindo para si mesma e precisa de um parceiro ou parceira que tenha os pés bem firmes no chão e não se deixe afetar por seu jeito arisco.

Sagitário

Apesar de sua necessidade de independência, a mulher de Sagitário pode querer ter filhos e não os encara como um fardo. Costuma ser daquele tipo notável de mãe que viaja para bem longe com seu bebê pendurado nas costas, e seus filhos costumam já ser bastante viajados antes de entrar na escola. Para ela, a educação se dá tanto no contato com outras culturas quanto freqüentando aulas na escola.

A mãe de Sagitário dá liberdade de escolha aos filhos em muitas áreas consideradas normalmente como domínio dos pais. Ela é tão liberal que alguns podem achar que lhe falta responsabilidade, mas na verdade ela ocupa uma posição filosófica. Ela acredita firmemente em entregar às crianças a responsabilidade por suas vidas e experimentar na prática as conseqüências de suas decisões. A sagitariana pode não ser uma mãe das mais convencionais, mas ela prepara os filhos para o mundo lá fora, faz com que vejam as oportunidades que a vida traz e lhes instila a idéia de que tudo é possível.

Alguns exemplos da liberdade oferecida pela mãe sagitariana incluem dar ao filho ou filha a chave de casa desde cedo; deixar que viajem sozinhos muito antes que os colegas; permitir que a criança organize as próprias atividades e até que escolha a escola que deseja freqüentar e os móveis e decoração do próprio quarto – sendo que a criança será também responsável pela manutenção do cômodo.

Muitas sagitarianas gostam de ensinar e, mesmo na função de mãe, elas são professoras, sempre transmitindo informação, encorajando o desenvolvimento da criança e se certificando de que ela esteja dando tudo de si. É entusiasmada e dá todo apoio aos filhos, e a fase que mais costuma gostar é a da adolescência, quando ela pode ser mais amiga que mãe. É, então, que sua falta de autoritarismo rende mais dividendos, pois os adolescentes reagem especialmente bem quando lhes dão autonomia e independência.

Se a mulher de Sagitário tiver filhos, é quase certo que não queira parar de trabalhar. Tenha uma carreira estabelecida ou não, ela precisará manter contato com o mundo externo regularmente. É possível que ela tenha mudado de rumo e gastado tempo demais viajando para longe ou estudando para ter uma carreira definida. Mesmo assim, seja qual for seu trabalho, ela preferirá continuar com ele ou ter alguma válvula de escape fora de casa, pois ficar tomando conta de criança o dia inteiro deixa a sagitariana se sentindo engaiolada e frustrada. Ela não se importa de bancar a motorista quando os filhos crescem, sendo capaz de se adequar a qualquer tipo de pequena missão ou atividade para transportá-los.

A mulher de Sagitário gosta de trabalhar junto dos outros e se envolver em projetos inspiradores. Como é uma pessoa voltada para o futuro, pode tolerar um pouquinho de tédio e rotina em curto prazo se houver a perspectiva de um futuro promissor e cheio de possibilidades. O que ela não agüenta é seguir uma rota preestabelecida – seu trabalho precisa acomodar o fato de ela ser um espírito livre.

Apesar de a sagitariana gostar de descobrir e assumir seu lugar no mundo, ela não é ambiciosa nem se preocupa com dinheiro ou status. Esses tipos de incentivo não funcionam com ela. Ser autônoma lhe dá a independência que busca e lhe permite trabalhar do seu jeito, dentro de seus padrões éticos, mas talvez não lhe ofereça o contato com os colegas que é igualmente importante para ela. Até entre as sagitarianas mais introvertidas é difícil encontrar uma que seja solitária, pois elas gostam de interagir com os outros ao longo do dia de trabalho. Trabalhar numa cooperativa ou com colegas com os quais possa decidir junto e compartilhar o poder seria o ideal. Assim, ela pode manter sua autonomia e, ao mesmo tempo, ter companhia. Seja qual for o trabalho que escolha, ela contribui com bom humor, simpatia e presteza.

Quem estiver pensando em se envolver com uma mulher de Sagitário deve saber que ela é das mulheres menos pretensiosas e mais afáveis que existem. Seus defeitos esmaecem em comparação com tudo de bom que ela tem a oferecer. É um prazer estar perto dela, pois ela ilumina o mundo de todos que estiverem ao seu redor.

A criança de Sagitário

As crianças de Sagitário podem ser reconhecidas por sua notável disposição e por sua atitude confiante. São simpáticas, calorosas e fáceis de lidar, com uma atitude despreocupada que as torna populares e queridas. Com uma franqueza desconcertante que conservam ao longo da vida, elas dizem

Sagitário

o que pensam e, apesar de não serem propositalmente grosseiras, tampouco se preocupam muito em ser bem-educadas. Sociáveis e espirituosas, estas crianças fazem amigos com facilidade e gostam de atividades físicas nas quais gastem energia.

Ousadas, aventureiras e confiantes, as crianças de Sagitário gostam de correr riscos desde bem cedo, para grande consternação de seus pais. Quando bebês, estas crianças se esticam para pegar aquele brinquedo fora do alcance de suas mãozinhas, e acabam caindo como conseqüência. Elas vão se locomover bem cedo, talvez de modo bastante inventivo – se tem uma criança que sai arrastando o traseiro pelo chão, é a criança de Sagitário. Tendo adquirido certo grau de mobilidade, talvez não comecem a caminhar tão cedo, pois se já têm como se locomover a contento podem inicialmente rejeitar um novo método que ainda levará certo tempo para dominarem.

Quando a criança de Sagitário começa a crescer, acaba extrapolando os limites do que pode fazer e do que os pais permitem. Saem se aventurando desde bem novas, testando os limites dos nervos dos pais. Apesar de não terem medo, a ansiedade dos pais pode ser extrema. Contudo, apesar de acidentes acontecerem, elas costumam ter muita sorte e um anjo da guarda sempre presente. Aquilo que perdem acaba aparecendo de novo como por milagre, e situações perigosas acabam sendo contornadas tranqüilamente o tempo todo. Sua inocência e abertura parecem lhes proteger e atrair o melhor de quem lhes cruza o caminho.

Como são crianças muito abertas, não tendem a esconder qualquer dificuldade por que estejam passando. Sempre botam para fora tudo que as esteja incomodando e logo seguem em frente. Com tamanha transparência, os pais sempre sabem, quando algo não vai bem, se o problema é com eles mesmos, com outros membros da família ou na escola. Estas crianças não mentem nem mascaram a verdade, apesar de talvez exagerarem, principalmente ao se sentirem inseguras ou quererem enfatizar algo. É importante que os pais acreditem logo no que elas dizem e as levem a sério, o que minimizaria seu desejo de exagerar.

A criança de Sagitário é generosa e tem bom coração. Se alguém precisar de algo, ela dá tudo que tem, a despeito de vir a precisar depois. Isso se deve, em parte, à sua natureza otimista. Sabe que tudo vai dar certo, mesmo que abra mão do dinheiro para a passagem de ônibus de volta para casa – e é provável que tudo dê certo mesmo. Apesar de louvável, é algo com que terão de lutar pela vida afora. E mesmo não havendo certo ou errado nessas questões, os pais podem ficar preocupados de o filho ou filha ser tão desapegado. Explicar o bê-á-bá de questões práticas ajuda muito, mas não pode haver pressão para que ela se conforme a um ideal de praticidade.

As crianças de Sagitário são tempestuosas, vivazes e gostam e de se movimentar, e de dança, de esportes e de atletismo. Tenham elas disciplina ou não para se tornar grandes dançarinos ou dançarinas, a dança é sempre uma bênção na infância, funcionando como uma ótima válvula de escape. Danças e movimentos livres devem se adaptar melhor a seu temperamento, especialmente quando houver bastante espaço para se movimentarem e se espalharem ao máximo. Alguns jovens sagitarianos se saem grandes ginastas, pois sua flexibilidade nata pode ser mental ou física, sendo geralmente ambas.

Todo tipo de esporte é recomendável, pois a criança de Sagitário tem muita energia para gastar. Gostam – e costumam ser boas – de correr, pular, saltar e jogam bem em times. Um envolvimento ativo em qualquer esporte extracurricular na escola é altamente aconselhável, pois a criança se beneficiará socialmente, além de chegar em casa sem muita energia para gastar.

As crianças de Sagitário muitas vezes gostam de cavalgar pôneis e de arco-e-flecha. São esportes bastante exclusivos, mas não é esse o atrativo para estes jovens. O que elas gostam é da sensação de liberdade ao cavalgar. A bicicleta é a segunda em preferência, pois lhes dá mobilidade e liberdade também, mas o relacionamento especial que existe entre estes jovens e um pônei é sem igual. Por causa do custo alto ou da vida urbana, nem sempre isso é possível. Mas, se for, ter um pônei seria um prazer imenso para esta criança. Tratar do bicho, alimentá-lo, limpar a sela e a lama do estábulo e todas as atividades de manutenção proporcionam um inestimável aprendizado que a criança de Sagitário guardará para sempre. Mesmo na cidade é possível cavalgar, em fazendas urbanas onde haja pôneis e cavalos, por exemplo. Estimule estas crianças a tomar parte nos cuidados diários do animal.

Este é o signo do arqueiro, de modo que a arte do arco-e-flecha é uma atividade natural para eles e que toca em algo profundo nas almas destas crianças por meio da liberdade intrínseca da flecha. Elas ficam muito satis-

Sagitário

feitas em desenvolver esse talento, até mesmo pelo valor simbólico de eterna esperança contido na atividade.

As meninas de Sagitário podem ser bem levadas, pois têm tanta energia quanto os garotos e adoram exercícios físicos, principalmente esportes, nos quais se saem muito bem. E também adoram ter liberdade – são como capetinhas procurando aprontar algo novo. Pode esperar que elas, ainda pequeninas, subam em árvores e tentem chegar bem no alto, além de ficarem balançando perigosamente nos galhos.

Uma das coisas de que as crianças de Sagitário mais gostam é que os amigos venham passar a noite com elas, e volta e meia vão pedir isso aos pais, prometendo se comportar e dormir na hora combinada, promessas que vão por água abaixo assim que os amigos chegam. Estas crianças prometem coisas que não conseguem cumprir, mesmo que tenham essa intenção na hora em que prometem. Quando adolescentes, os pais devem esperar que a casa fique cheia de amigos – uma das conseqüências de serem populares e gregários. Aconselha-se aos pais que comprem beliches e outras opções para o pernoite de convidados o quanto antes.

As crianças de Sagitário são boas comunicadoras, muitas vezes dotadas de um vocabulário avançado para sua idade, usando linguagem sofisticada e formulando idéias complexas em comparação com seus colegas. Estas crianças se saem bem numa escola que extraia o máximo deles, oferecendo estímulo intelectual de alto nível. Se não se destacarem na escola, há de se conferir se o currículo da escola é satisfatório ou se a escola tem profissionais competentes. Estas crianças têm sede de aprender e podem se comportar de modo agressivo quando pouco estimuladas.

As crianças de Sagitário são essencialmente caçadoras da verdade, querem descobrir as respostas para grandes questões da vida, como a origem do universo, o que ele é de fato e o sentido da vida. Quanto à profissão, podem optar por artes ou por ciências, pois é possível buscar a verdade por meio de ambas. Seria bom dar-lhes bastante tempo para que decidam, permitindo que mudem de idéia na última hora se quiserem.

Em geral, intelectualmente precoces, as crianças de Sagitário gostam de discutir sobre questões de princípios e são boas de debate. Ficam inflamadas por questões de natureza moral e logo cedo desenvolvem uma postura ética.

Podem se engajar em política e sabem agitar as pessoas para lutar por aquilo que podem mudar. Numa família apolítica, estes jovens acabam levando os familiares a pensar sobre questões globais.

Na escola, a matéria favorita do sagitariano pode ser filosofia, por lhe permitir ampliar a mente e pensar sobre questões intelectuais complicadas. Geografia também atrai estes jovens, por informar sobre o mundo em que vivem, apesar de que um estudo sobre as culturas do mundo lhes interessaria ainda mais que simples fatos. Eles gostam de saber como vivem as pessoas. Alguns podem mais tarde se interessar por Direito e por temas como astronomia e astrologia, que investigam o mecanismo e o significado do universo. O estudo das leis naturais também é de grande apelo para os jovens sagitarianos.

Religião costuma ser algo de fundamental importância para a criança de Sagitário. Tanto o estudo de religiões comparadas quanto a prática de uma religião lhes fortalecem muito e ajudam no desenvolvimento de seu caráter. Os que nascerem em família religiosa tendem a questionar a crença, seja ela qual for. Faz parte de seu crescimento e é algo que deve lhes acompanhar pelo resto da vida. Estas crianças buscam um sistema religioso que possam ao mesmo tempo seguir e questionar vigorosamente. Alguns podem rejeitar a religião dos pais, enquanto outros permanecerão nela, mas o que importa é o processo pelo qual chegam a uma ou outra atitude. A cantora irlandesa sagitariana Sinead O'Connor é um bom exemplo disso. Criada no catolicismo, tornou-se sacerdotisa de outra religião aos vinte e tantos anos.

Em outros casos, nos quais a religião não faz parte da vida da família, os sagitarianos podem vir a adotar uma religião que surpreenda os parentes. Provavelmente aquele que se converte ao islã ou se torna budista é um sagitariano, e, mesmo quando bem pequenos, essa necessidade de Deus é claramente observada. Quanto mais educação religiosa os pais puderem oferecer, melhor, pois isso satisfaz uma necessidade profunda da psique destas crianças.

Os pais devem estar preparados para oferecer uma educação longa e cara ao seu filho ou filha de Sagitário. É claro que após a conclusão da educação formal obrigatória vai depender dos pais continuar contribuindo para a educação dos filhos ou não, apesar de alguma ajuda financeira sempre ser necessária. A criança de Sagitário se interessa por todo tipo de atividade extracurricular e provavelmente continuará estudando depois de formada; e mesmo se não o fizer imediatamente, é provável que o faça mais tarde. Muitos optam por dar uma parada de um ano, mas outros param por dez anos, e, então, é claro que os pais podem decidir que os filhos é que devem pagar as próprias contas. Contudo, para os pais que quiserem contribuir, é bom fazer uma poupança, pois faculdade e cursos adicionais são caros.

Uma parte importante da educação da criança de Sagitário é viajar. Expor-se a outras culturas e modos de fazer as coisas lhes faz abrir a mente e expandir seus horizontes, ajudando a criança a formular as perguntas para as quais passam a vida inteira buscando respostas. Providencie para que estas crianças façam intercâmbio no exterior, permita que viajem sempre que tiverem oportunidade. Elas colherão enormes benefícios – é como um alimento para a alma. Estimule-as a aprender várias línguas; os sagitarianos têm dom para línguas e, mesmo que não tenham, vão adorar poder se comunicar em suas viagens.

Qualquer adolescente pode ser um pouco grosseiro e difícil de lidar, mas os sagitarianos especialmente, pois só falam o que pensam. Discutem incansavelmente e exaurem o oponente. Às vezes, com a ignorância da juventude, podem ser arrogantes e pretensiosos. Apesar do otimismo destes jovens ser cativante, também pode ser irritante quando os leva a fazer pouco da experiência dos mais velhos. Os pais podem achar que estão fazendo algo errado, como se estivessem sendo egoístas na lida com a articulada hostilidade do adolescente.

Na verdade, quanto mais insegura a criança de Sagitário estiver, mais cabeça-dura e aparentemente confiante ela será. Apesar de os pais serem tentados a deixar que aprendam da maneira mais dura, o que elas precisam é que as acalmem e lhes dêem segurança. Isso pode indicar que estão esperando demais delas e que elas não acham que vão dar conta da expectativa. Uma das defesas menos agradáveis de Sagitário é a arrogância, que sempre indica insegurança interna. Contudo, um toque de atrevimento não faz mal a ninguém, podendo contribuir para o seu charme.

A criança de Sagitário costuma não conhecer os próprios limites e precisa de uma grande dose de contenção por parte dos pais, pois sem isso elas acabam esperando demais de si mesmas. Elas se sentem reconfortadas quando lhes dão limites claros. Quando escutam que não têm idade ainda para fazer algo, sua ânsia sobre o que está fora de alcance desaparece. Melhor que elas fiquem irritadas do que sobrecarregadas. Apesar de que, dito isso, elas sempre se reerguem dos tombos e retomam a confiança muito rapidamente. É preciso muito para lhes tirar a confiança em longo prazo.

Apesar de a criança de Sagitário ser muito alegre e adaptável, é essencial que seus pais se lembrem de que ela é tão vulnerável quanto qualquer criança. Sua abertura e animação podem ser destruídas, e não se deve contar com elas sempre. É um dom que elas têm, o qual deve ser protegido como um tesouro.

Capricórnio

de 21 de dezembro a 19 de janeiro
Signo cardinal de terra, regido por Saturno

Conhecendo o signo de Capricórnio

Podemos reconhecer o capricorniano por sua autoridade evidente, bem como por seu ar distinto. Reservados, dotados de uma segurança calma e moderada que é forjada sobre suas conquistas, eles têm um ponto de vista lúcido sobre si mesmos e sobre os demais. Assumem responsabilidades de forma automática e apreendem rápida e pragmaticamente o que está se passando. Sua atitude na vida costuma ser solene, séria e um tanto pessimista – apesar de alegarem que são na verdade realistas –, e são indivíduos perspicazes, práticos, sensíveis, confiáveis, prosaicos e pés-no-chão, donos de um senso de humor irônico.

Os capricornianos nunca são chamativos nem escandalosos; não gostam de atrair atenção por meio de ostentações, mas ganham reconhecimento pelo trabalho que fazem, seja voluntário ou pago. São admirados e respeitados por seus colegas e, mesmo que não sejam famosos – e fama não é algo que lhes desperta minimamente –, têm boa reputação no meio a que pertencem.

O bode simboliza Capricórnio, um alpinista seguro e experiente que sempre chega ao topo da montanha. De modo similar, os nativos deste signo chegam ao topo de qualquer montanha que escalem e são muito bons em percorrer terrenos acidentados e difíceis. Também são ótimos em tomar a iniciativa e abrir caminho; eles vêem o que precisa ser feito e fazem. Não têm medo de trabalho pesado – talvez seja este o signo mais trabalhador do zodíaco –, além de reconhecerem em que devem investir para obter o máximo de retorno. São conhecidos por sua ambição e gostam de se destacar no que quer que façam. Seu progresso resulta de seu constante empenho e eles sabem perseverar até alcançar o que querem. Ao contrário de alguns, estes indivíduos não buscam gratificações instantâneas nem recompensas, e sabem que o que realmente vale a pena leva tempo.

Nascidos com o dom da estratégia, os capricornianos não desperdiçam sua energia com atividades improdutivas. Apesar de aparentemente terem um plano, pode ser que na verdade não tenham, mesmo que o resultado final seja tão surpreendente que as pessoas pensem que foi tudo orquestrado nos mínimos detalhes. Os nativos de Capricórnio seguem instintivamente o princípio adotado pelos jogadores de xadrez: "Antes de cada passo, avalie a posição das peças no tabuleiro e então faça o melhor movimento possível." Assim, em cada ponto da jornada, os capricornianos reconsideram suas opções à luz do que aconteceu antes, em vez de avançarem por impulso. Dessa forma, eles ajustam sua rota sem jamais perder de vista seus objetivos.

Os capricornianos têm um senso nato de obrigação moral que se estende a todas as coisas das quais estes indivíduos se sentem incumbidos. Eles não só se sentem responsáveis pelos outros como também adotam uma postura de responsabilidade global, partindo desse ponto em tudo que fazem. Os nativos deste signo estabelecem exemplos do "bem viver". Quando jovens, tais sentimentos podem lhes pesar nos ombros, de modo que acabam sendo excessivamente sérios e circunspectos. Os jovens podem parecer bem mais velhos do que são, carregando o peso do mundo nas costas, mas quando ficam mais velhos tornam-se joviais e vivazes, e, pela força e experiência adquiridas, sabem levar as responsabilidades com mais leveza. A maioria costuma estar na flor da juventude ao chegar aos cinqüenta anos de idade, e com um currículo de sucesso. Capricornianos costumam envelhecer graciosamente.

Por causa de sua tendência natural a comandar, os capricornianos se saem melhor na liderança. Exercem autoridade com modéstia e discrição e raramente são pegos agindo de modo autocrático. Os capricornianos, mais que os nativos de outros signos, sabem reconhecer bem a diferença entre autoridade e autoritarismo. Autoridade é algo que vem do respeito, ao passo que o autoritarismo usa de imposição e intimidação.

As pessoas sentem confiança no capricorniano e tendem a enchê-lo de tarefas e deveres, e como os nativos deste signo sempre dão conta de modo cuidadoso, o ciclo se renova. Isso significa que as pessoas passam a depender dos capricornianos, apesar de eles acabarem aprendendo a proteger seus interesses e declinar pedidos indesejáveis.

Apesar de inovadores, os capricornianos não gostam de se arriscar e calculam suas investidas meticulosamente. Perder não é uma opção para eles, portanto só aceitam riscos calculados, que tenham retorno garantido (algumas pessoas argumentam que isso não é correr risco de verdade). Isso quer dizer que eles vão colecionando sucessos ao longo da vida. Tornam-se verdadeiras lendas no que diz respeito a dar conta de compromissos, o que se dá em parte por sua postura responsável e em parte por sua necessidade imperativa de ter sucesso. Capricornianos têm um medo terrível de fracassar e fazem de tudo para não terem de passar por isso. Em muitos sentidos, já se sentem tão inadaptados por dentro (não que o sejam de fato) que qualquer derrota externa se torna insuportável.

Os capricornianos provavelmente trazem dentro de si os críticos mais ferozes dentre todos os signos do zodíaco. São eles mesmos seus piores inimigos, sempre julgando a si próprios com severidade e exigindo mais. O que eles esperam é nada menos que excelência, e se punem quando não alcançam tal padrão. Ninguém é mais duro com eles do que eles mesmos. Nunca estão totalmente satisfeitos, sempre buscam formas de melhorar e avaliam seus esforços de modo estritamente objetivo.

Essa atitude crítica também é voltada para os outros. Os capricornianos logo identificam falhas e defeitos das pessoas, ainda que educadamente. O que quer que façam, gostam de fazer "direito" e acreditam firmemente que há um jeito certo de fazer cada coisa. Para eles as pessoas costumam parecer descuidadas e negligentes. Como estabelecem padrões elevadíssimos para si mesmos, ficam embasbacados ao ver que os demais não fazem o mesmo e acabam apresentando trabalhos malfeitos. Sentem-se pessoalmente afrontados com isso – até mesmo agredidos –, o que consideram uma ousadia por parte dessas pessoas.

Não é de surpreender que, considerando-se os padrões aos quais esperam corresponder, os capricornianos tenham tendência a sofrer de ansiedade. Isso costuma ser algo endêmico em suas vidas, afetando a tudo, e não só às coisas mais importantes, em que é de se esperar um certo nível de ansiedade. Pegar um avião ou um trem pode se tornar uma atividade extremamente estressante, na qual qualquer eventualidade possível é considerada para que sejam tomadas as devidas precauções. Estão sempre tão adiantados para os compromissos que acabam perdendo horas à toa em rodoviárias ou aeroportos. Essa atitude do tipo "melhor prevenir que remediar" pode enlouquecer aos pouquinhos qualquer um que conviva com o nativo de Capricórnio, que não vê que não é dessa maneira que as pessoas em geral querem viver e que, para alguns, perder um ônibus ou avião é preferível ao estresse de ter de chegar com tanta antecedência.

Enquanto para um sagitariano um copo pela metade está meio cheio, para o capricorniano, está meio vazio. Os capricornianos não contam com nada como garantido. Sua imaginação é extremamente ativa para tudo que é soturno e taciturno, e sempre têm um plano B para qualquer eventualidade, de um jeito que jamais passaria pela cabeça de pessoas menos ansiosas. São especialistas em considerar "e se...". Em suas mentes, eles podem então se proteger de todo tipo de cilada possível ao agirem de forma preventiva. Ao imaginarem o que pode dar errado, eles sentem que têm um certo controle que pode impedir que o problema ocorra. Apesar de isso certamente funcionar para os capricornianos, o preço a pagar é sempre sua paz de espírito, podendo gerar ansiedade em quem convive com eles – pessoas felizes por ignorarem que tantos acidentes e imprevistos possam acontecer.

A natureza interior dos capricornianos é repleta de sentimentos de dever e obrigação. Seu afiado crítico interno tem idéias bem definidas sobre o que é correto e sobre como se comportar. Até numa situação descontraída, como um jantar entre amigos, eles se preocupam em manter cheios os copos dos convidados, se a comida vai ficar pronta a tempo, se os talheres usados estão certos e se tudo mais está a contento. Para eles, o mínimo contratempo é um desastre, o que pode fazer com que a situação não seja nada descontraída para os convidados e um verdadeiro inferno para si mesmos. Os detalhes mudam de capricorniano para capricorniano, mas em essência todos sofrem desse mal. Isso sem dúvida os limita e restringe, fazendo com que vivam uma vida preestabelecida. Na cabeça deles, a vida seria bem mais agradável se todos obedecessem a essas regras – consideram isso uma questão de cortesia e adequação. Estes indivíduos são dotados de uma aguda consciência de classe, convenções sociais e hierarquias, e em geral as aceitam como úteis e necessárias. Não são de desafiar o sistema, e assumem seu lugar na sociedade estabelecida. Para eles, qualquer ímpeto de rebeldia que venham a sentir deverá ser processado por meio de tentativas de mudança de dentro do próprio sistema, e não à margem dele.

Com sua forte consciência social, os capricornianos crêem que se todos se comportassem como eles o mundo seria um lugar melhor. Podem ter mesmo razão, mas deixam escapar conceitos importantes, como liberdade individual. Em seu pior aspecto, o mundo que eles imaginam pode parecer uma delegacia em que o mais importante de tudo é viver dentro da lei.

Como todos os signos de terra, Capricórnio muitas vezes tende ao materialismo, pois valoriza muito o conforto físico e a segurança material. Costumam perceber antes da maioria que nada vem de graça e estão entre os primeiros de sua geração a comprar uma casa própria, lutando para pagar o financiamento o mais rápido possível, pois odeiam qualquer tipo de dívida. Ao longo da vida, tomam decisões judiciosas no campo financeiro, e apesar de nem todos serem ricos, costumam ter dinheiro guardado ou alguma poupança. A possível exceção vem na forma daqueles que aguardam herdar somas vultosas, o que de certa forma distorce sua relação com o dinheiro, transferindo seu senso de responsabilidade para os bens da família, em vez de vincular esse ganho a si mesmos.

O gosto dos capricornianos, seja no vestuário, na decoração ou em carros, tende sempre ao clássico e tradicional, que demonstra bem sua postura e seu status. Gostam do que é de qualidade e estão preparados para pagar por coisas que durem, se forem de valor. Em termos de decoração, sua preferência muitas vezes se volta para antigüidades, cujo valor tende a aumentar com o tempo. Assim, as peças que compram são práticas, além de serem investimentos. Quanto aos carros, talvez gostem dos modelos clássicos antigos, o que pode não ser muito prático – a não ser que o dono ou dona entenda de mecânica ou seja algum entusiasta de carros antigos. Se puderem bancar, comprarão carros novos de primeira linha, com design discreto e cores de bom gosto.

No vestuário, se o capricorniano tiver dinheiro, comprará roupas de estilistas tradicionais ou mandará fazer roupas por encomenda, mas pode se sair bem com roupas de corte clássico de lojas mais populares. Os menos abastados devem visitar liquidações e pontas de estoque, em que podem comprar duas peças pelo preço de uma, economizando tempo e dinheiro. A despeito da origem de suas roupas, os capricornianos sempre têm aparência distinta.

Quanto aos relacionamentos, os capricornianos gostam de ir devagar e não querem ser apressados. Os rituais tradicionais de cortejo antes do relacionamento são importantes para eles, pois lhes oferecem uma forma lenta, firme e estável de conhecer um futuro parceiro ou parceira antes de se deixarem envolver romanticamente. Mais que a maioria dos signos, eles gostam de conhecer os pais da pessoa, seus amigos e seu círculo social. Apesar de ter um lado encantador, isso também se dá porque eles querem avaliar a pessoa com quem estão se envolvendo de uma perspectiva mais ampla. Assim, apesar de fins de semana românticos serem parte do processo de conhecerem um ao outro, não se permitirão se apaixonar, a não ser que todas as peças do quebra-cabeça se encaixem. Querem para si uma pessoa que seja quase um bem, algo de valor para a vida toda, e só mergulham de cabeça se a pessoa se ajustar a tais requisitos.

Os capricornianos são conservadores e tradicionais por natureza, portanto, se forem heterossexuais, tão logo encontrem a pessoa certa vão querer se casar e ter filhos. Por essa razão, uma relação homossexual pode ser mais problemática para eles, por estar fora dos padrões da sociedade. Os capricornianos gostam de se encaixar na sociedade, de modo que sofrem muito – a não ser que trabalhem e socializem em um meio e cultura predominantemente gay. Seja qual for sua orientação sexual, eles querem dividir uma casa, ter segurança e estabilidade, e esperam que as finanças estejam em ordem antes de embarcar na relação, por isso levam certo tempo cortejando a pessoa.

Como pais, os nativos de Capricórnio se preocupam sobremaneira com a segurança dos filhos, sempre partindo de um ponto de vista prático e objetivo. É extremamente importante para eles dar aos filhos tudo de que preci-

Capricórnio

sam. Seus filhos têm acesso a tudo de melhor que o dinheiro possa comprar. Todavia, o alto nível de ansiedade dos capricornianos não contribui em nada para um ambiente descontraído dentro de casa, e eles podem acabar sendo bastante restritivos. Para eles educação é tudo, e, se tiverem condições, matricularão os filhos nos melhores colégios particulares, pelas vantagens sociais que podem obter. Se não for possível, atividades extracurriculares que ofereçam esse intercâmbio social são altamente recomendáveis.

Em determinados casos, os nativos de Capricórnio projetam muitas de suas ambições nos filhos, que acabam tendo de corresponder a altas expectativas. Em particular, os capricornianos têm ambições acadêmicas e expectativas de carreiras que podem ser rejeitadas abertamente por crianças mais velhas. Pode ser um processo doloroso tanto para os pais quanto para os filhos. Crianças menores, que gostam da segurança de serem levadas com mais rigidez, se saem melhor com pais controladores que os adolescentes, que estão tentando deixar sua marca no mundo e afirmar a própria identidade.

Nesse ponto, o pai ou mãe de Capricórnio pode precisar de ajuda para recuar. Eles querem desesperadamente transmitir as lições e os ensinamentos que aprenderam, de modo que ter de assistir aos filhos cometerem erros pode ser quase insuportável. E é claro que todas as crianças e adolescentes precisam passar por esse estágio sozinhas. Os capricornianos também podem ter dificuldade em lidar com a fase de rebeldia da adolescência, quando parece que os valores de ambos os lados estão diametralmente opostos. O que os nativos de Capricórnio querem mesmo é que os filhos herdem seus valores. Contudo, quanto mais realizado como pessoa e bem-sucedido for o capricorniano, mais espaço psicológico concederá aos filhos.

É típico do capricorniano ascender profissionalmente e chegar ao ápice do sucesso lá para os quarenta ou cinqüenta anos de idade. Freqüentemente são donos da própria empresa ou então trabalham em grandes corporações ou instituições, sempre com grande respeito pela hierarquia dessas organizações. Se existe alguém que vai de *office boy* a diretor da empresa, é o nativo de Capricórnio. Tem experiência ativa na empresa, o que lhe gabarita a tomar decisões que afetam os outros.

Preparo é importante para os capricornianos. Valorizam muito o treinamento no trabalho antes de assumir a função, seja qual for o cargo. Nunca fazem nada na base da tentativa nem se arriscam a aprender fazendo, e preferem estar excessivamente preparados para um trabalho a não ter preparo nenhum. Quando começam um novo trabalho, esperam ser corretamente orientados e reclamam quando não lhes dão tempo para se inteirar das tarefas que terão de fazer.

Se tiverem talento e apoio financeiro para tal, os capricornianos vão para a universidade. Não por amor ao estudo, como Sagitário e Gêmeos, mas por acharem útil e necessário. Escolhem a faculdade cuidadosamente, pensando em sua aplicação prática. Enquanto alguns signos conquistam diplomas que pouca diferença farão em suas futuras carreiras, para os capricornianos isso seria indulgência e perda de tempo. Se for ajudar na carreira, acabam fazendo mestrado e terminam com uma série de diplomas e certificados. Mesmo se estiverem estudando algo como passatempo, darão preferência a cursos que ofereçam um diploma de conclusão. Para eles isso é a prova de sua competência. Os nativos deste signo confiam mais em testes e exames para esse tipo de avaliação do que em sua auto-análise.

Provas tangíveis são importantes para os capricornianos. Este signo tende a pensar de modo bastante concreto e não tem muito tempo para aspectos menos práticos da vida. Sua realidade é sólida, não tem nada de aérea nem de nebulosa. Buscam explicações científicas para qualquer fenômeno esquisito que venham a presenciar. Impressionam-se com estatísticas, que lhes servem de confirmação de certas coisas. Crêem que medidas e fatos definem a realidade e confiam nos sentidos físicos de toque, audição, visão, paladar e olfato para identificar as coisas. Qualquer coisa que extrapole esses sentidos é descartada.

Isso quer dizer que os capricornianos são cautelosos e judiciosos. Tomam decisões lentamente, após cuidadosa consideração dos prós e contras da situação. Ponderam muito. Às vezes podem frustrar pessoas mais espontâneas, que não entendem que se elas se permitem errar à vontade, o capricorniano, não. Pelo menos, é assim que se sentem, e por causa disso e de suas cautelosas deliberações, raramente dão passos em falso. Cada um de seus movimentos é calculado, o que significa que eles não perdem tempo nem esforços com algo que não vá dar resultado.

As carreiras que se ajustam especialmente aos capricornianos são as que lidam com fatos e as que têm noções de certo e errado nitidamente definidas e demarcadas. Uma carreira ligada às leis, por exemplo, nas quais as regras são claras, e na polícia ou nas forças armadas, em que os mocinhos e os bandidos já estão teoricamente bem definidos. Os capricornianos se sentem muito seguros com essa ordem aparente, levam suas responsabilidades a sério e as cumprem meticulosamente.

As ciências também combinam bem com os nativos de Capricórnio, pois nelas é possível verificar dados e medir as coisas com precisão. Saem-se bem como farmacêuticos, matemáticos, botânicos, biólogos e zoólogos. Seu lado terreno os deixa à vontade na natureza, portanto há uma série de ciências que pode lhes despertar o interesse, e também muitos trabalhos e funções menos especializados nessas áreas.

Seja qual for seu trabalho, os capricornianos apreciam situações nas quais as regras estejam claramente definidas, para que possam saber onde estão pisando. Além de isso controlar a própria ansiedade, estrutura e ordem os fazem crer que o mundo é um lugar seguro.

Apesar de serem conservadores em termos de conceito, os capricornianos podem ser inovadores em termos de método. Após a faculdade ou a extensão, muitos acabam abrindo suas próprias empresas, preferindo crescer devagar a pegar um monte de dinheiro emprestado, com todos os riscos inclusos. Procuram por negócios de liderança, pois acreditam em criar as próprias chances em vez de esperar por elas. Sua mistura de ambição, praticidade e paciência rende frutos. Suas conquistas impressionantes e a vida que criam para si mesmos emanam do dinamismo e força internos.

Como patrão, o capricorniano espera dedicação e trabalho duro de seus funcionários. Respeito pelas regras da empresa, sejam quais forem, é fundamental. Pontualidade é essencial e fazer as coisas de acordo com as regras também. Inovação por parte dos funcionários não é particularmente desejável; se alguém tiver de mudar as coisas será o chefe, a seu tempo e do jeito dele. Espera que os funcionários fiquem muito tempo no emprego. Mas se eles não demonstrarem o tipo de respeito esperado pelo patrão ou patroa de Capricórnio, rapidamente serão levados à porta de saída. Eis um chefe que não tolera insubordinação.

Seja homem ou mulher, o chefe de Capricórnio pode ser bastante paternalista com os funcionários. Encara sua equipe como um recurso da empresa e investe neles. Treinamento de pessoal é prioritário e de alto nível. Permissão para fazer cursos extras é sempre concedida de bom grado, contanto que seja claramente favorável para a companhia. Os benefícios adicionais que o patrão de Capricórnio oferece também são bons, como plano de saúde e plano de previdência. No final das contas, os funcionários se sentem valorizados ao trabalhar para este patrão, mas precisam trabalhar duro e cumprir com sua parte.

Com capricornianos há pouca pretensão. Este é um signo que subestima seu próprio valor. São indivíduos confiáveis, sensatos, que nunca fingem ser melhores do que realmente são. Sua sede de sucesso faz com que boa parte de sua energia vá para o trabalho, mas quando estão num relacionamento são leais, comprometidos e confiáveis. Assim como tudo mais, levam os relacionamentos amorosos muito a sério.

Capricórnio exemplifica o típico esnobismo da alta classe britânica. Suas paixões e sentimentos são segredos muito bem guardados, e só quem passa no teste tem acesso a um vislumbre desses segredos. Ao admitir alguém em seu círculo íntimo, mostram enfim sua complexidade e profundidade. Apesar de a superfície ser muito correta, o que existe debaixo dela são almas vulneráveis, conscientes demais de seus calcanhares-de-aquiles, os quais querem manter escondidos de todo o mundo. Estes indivíduos esperam que aqueles que lhes são íntimos juntem-se à conspiração do silêncio e jamais revele aos outros suas inseguranças. Este é o pacto. Honre-o.

O lado negativo de Capricórnio

Os capricornianos não têm vida mole, e muita coisa já foi dita que pode ser percebida mais como negativa que positiva. Contudo, as características realmente negativas só se aplicam àqueles que não lutaram contra seus demônios.

Enquanto o capricorniano típico gasta a juventude vivendo como alguém bem mais velho e com o passar dos anos acaba ficando mais maleável, o oposto é verdade para quem não aceitar o desafio. Aqueles que tentam bloquear sua ambição e senso de responsabilidade natos podem acabar fracassando. Ao tentarem levar uma vida mais fácil, perdem as oportunidades inerentes a este signo. Ao descartarem as lições que deveriam aprender na juventude, acabam não desenvolvendo as habilidades necessárias. Um capricorniano que ainda estiver mal posicionado na vida ao chegar à meia-idade certamente se sentirá triste e vazio.

A maioria dos capricornianos sofre de ansiedade, mas para alguns ela pode ser tão aterradora que eles deixam de exercer seu potencial pleno. Diz a sabedoria popular que para vencer é necessário correr o risco de falhar. Quem não consegue lidar com a possibilidade de fracassar só vai buscar trabalhos e relacionamentos nos quais o sucesso for mais ou menos garantido. O sucesso é então limitado e definido pelos riscos que eles estão preparados a correr. Quando não acham que têm chance, não se submetem à provação da perda. Para alguns pode ser uma boa estratégia, mas quem não percorre caminhos perigosos e não testa os próprios limites nunca sabe até onde pode ir, e o problema de determinados capricornianos é não aceitar desafios e não se pôr à prova. Eles ficam numa zona confortável, espiando e vendo os riscos que os outros correm. A extensão de suas opções é simplesmente demais para contemplarem. Preferem criar parâmetros estreitos e se contentar em ter sucesso dentro deles. Se existe alguém que segue um caminho profissional tradicional, no qual vão melhorando de cargo paulatinamente, é o supercauteloso capricorniano.

Apesar de aparentemente não haver nada de errado com isso, o capricorniano em questão sabe que foi feito para coisas maiores e melhores, e sente o fracasso. Até aqueles que parecem bem-sucedidos sabem, no fundo, que se desvalorizaram. Reconhecem que foram aleijados pelos próprios medos e mais tarde podem ficar amargos por causa das oportunidades perdidas.

Não é de surpreender que o nível de ansiedade dos capricornianos cause repercussões severas em seus relacionamentos. Na tentativa de controlar a própria ansiedade, os capricornianos podem tentar controlar a pessoa amada; tentar impedi-la de fazer qualquer coisa que gere mais ansiedade para eles. Os parceiros dos capricornianos podem se sentir culpados pelo estresse de seus pares, como se fossem a causa do problema que na verdade propulsionam inadvertidamente. Apesar de qualquer relacionamento ser uma troca, os capricornianos freqüentemente esperam que a pessoa amada se ajuste a eles e a suas necessidades. Os pares dos capricornianos podem se sentir sufocados e podem rejeitar as limitações impostas à sua liberdade e autonomia.

Os capricornianos são capazes de apresentar argumentos extremamente coerentes e convincentes para justificar sua análise de uma situação e persuadir os demais a seguir o mesmo pensamento. Muitas vezes simplesmente não vêem como sua abordagem é distorcida por suas próprias ansiedades agudas. Em vez de reconhecerem que elas vêm de si mesmos, os capricornianos tendem a projetá-las nos outros, incutindo-lhes a responsabilidade pelo problema.

Por exemplo, numa situação doméstica, manter a casa impecavelmente arrumada é fundamental para alguns capricornianos, pois a arrumação os ajuda a sentir que está tudo sob controle. Se seu parceiro ou parceira eventualmente deixar a casa bagunçada, talvez até por cansaço, o nativo de Capricórnio pode entender isso como um ataque deliberado, uma provocação com o intuito único de lhe aborrecer. A pessoa é então inteiramente responsabilizada pelos sentimentos difíceis que a bagunça causa no capricorniano, apesar de que não seria nada mal um pouco de reflexão sobre o porquê de um pouco de bagunça despertar tais sentimentos. Os capricornianos podem adotar então uma postura quase tirânica, achando-se totalmente no direito de reagir assim. A pessoa amada tem de andar na pontinha dos pés ao redor deles e, acima de tudo, nunca pisar em seu calcanhar-de-aquiles. É claro que um certo nível de sensibilidade é normal num relacionamento, pois ninguém magoa a pessoa amada de propósito, mas os capricornianos podem passar bastante do limite ao não verem o lado da pessoa e acusá-la como se tivesse cometido um crime hediondo.

Os capricornianos tendem a crer que só existe uma realidade e que eles sabem como ela é. Recusam-se a reconhecer que outras realidades também podem existir e que uma não invalida necessariamente a outra. Por pensar assim, eles acabam desrespeitando os outros.

Muitas dessas dificuldades se originam no fato de os capricornianos negarem suas emoções. Muitas vezes encaram seu mundo interno de maneira exageradamente pragmática, sem aceitar que têm uma parte a desempenhar no processamento de seus sentimentos mais desagradáveis. Podem ficar confusos, sem saber como lidar com eles – lágrimas não brotam com facilidade para os nativos de Capricórnio – e então procuram uma solução mais prática e objetiva. Sentimentos mal-resolvidos podem se transformar em sintomas físicos, de modo que o corpo então vira o meio pelo qual eles têm de lidar com os próprios sentimentos enfim manifestos. Doenças e dores são mais aceitáveis – até por serem tangíveis – do que coisas vagas e sem substância como os sentimentos.

Em outros sentidos, a postura de Capricórnio é o oposto de estar sempre negando. Sua visão da realidade é freqüentemente rígida e implacável, com pouco espaço para escapismo. Ao contrário de alguns, não nutrem grandes expectativas nem esperam por golpes de sorte. São bastante pessimistas, o que atribuem às experiências da vida. Esperam ter de trabalhar duro por tudo que ganham, o que é possível dizer que se torna uma profecia auto-realizável. Pessoas próximas dos capricornianos podem achar essa atitude negativa, limitadora e frustrante.

Se existe uma frase que os capricornianos precisam aprender é: "Talvez nunca venha a acontecer." Aqueles que demonstram as características mais negativas do signo se preocupam com quase tudo, e esse medo permeia praticamente tudo que fazem. Como têm tanta consciência do que pode dar errado e carregam consigo tantas histórias de terror do que já deu errado com os outros antes, precisam negociar constantemente com esses possíveis desastres iminentes. Isso pode ser bastante mutilador, funcionando como um inibidor da própria vida e da de quem os cerca.

Esse tipo de capricorniano, no papel de pai ou mãe, acaba prevendo acidentes para os filhos o tempo todo. A criança está para bater com a cabeça na quina da mesa; vai cair do escorrega ou de algum outro brinquedo no parquinho; ou será atropelada ao atravessar a rua; ou ainda se afogará ao tentar nadar. A lista é interminável e acabará minando a autoconfiança da criança, que fica tomada pela ansiedade dos pais. Uma criança assim pode acabar se tornando um rebelde daqueles ao atingir a adolescência e, ainda assim, por causa de todo apavoramento que lhe foi incutido, não estará tão segura no mundo quanto uma pessoa criada por pais que estimularam uma atitude mais confiante.

O que existe por trás de toda essa preocupação do capricorniano pode ser encarado como uma agressão inconsciente. Talvez por serem tão rígidos consigo mesmos e por se sentirem obrigados a se comportar de modo apropriado o tempo todo, seus sentimentos agressivos acabam não tendo uma via de escape. Com certeza um psicólogo veria a tendência a ficar imaginando acidentes como um desejo inconsciente de que algo ruim aconteça. Pode ser difícil trabalhar esse problema, pois para os capricornianos nada pode estar mais longe da verdade, apesar de que, sendo sua fantasia, eles é que devem se responsabilizar por ele. Aqueles que estão lutando contra esse tipo de medo deveriam considerar a possibilidade de buscar ajuda profissional.

Os capricornianos têm tendência à melancolia. Levam a vida a sério e têm uma postura lúcida e solene, mas também podem se tornar terrivelmente rabugentos. E como vêem isso como mera reação às circunstâncias e não como uma predisposição interna, podem ficar realmente atolados no mau humor. Para que isso mude, eles precisam perceber que têm parte nisso e que ajudam a criar a própria realidade. Não é algo preto-e-branco, e sim uma visão subjetiva deles, sendo que outras pessoas podem ver as mesmas coisas de um prisma totalmente diverso. Então, por exemplo, uma doença breve pode ser vista como algo inteiramente negativo, mas também pode ser considerada uma oportunidade de passar alguns dias na cama, o que talvez fosse exatamente do que eles precisavam. A doença vem para legitimar o descanso. O sistema de crenças dos capricornianos, apesar de ser ótimo para ver os pontos fracos, é deficiente em ver o lado positivo das coisas.

O que o capricorniano sabe fazer bem é identificar os pontos falhos das oportunidades descobertas pelos outros – razão pela qual podem ser ótimos advogados. Eles examinam bem as letras miúdas e descobrem cláusulas dúbias, e sabem perceber quando as coisas não estão se encaixando direito. Só se deve tomar cuidado com a tendência que eles têm de agir como estraga-prazeres, jogando um balde de água fria no entusiasmo das pessoas.

É comum que os capricornianos sofram de baixa auto-estima, e para disfarçar isso acabam se enchendo de qualificações impressionantes. A questão se torna problemática quando eles deixam de confiar naqueles que não exibem tamanho rol de diplomas. Os nativos de Capricórnio se baseiam tanto na avaliação curricular dos outros que desconsideram quem não tem os requisitos formais, como se fossem de alguma forma inferiores. Mesmo dentre os que apresentam qualificações, sempre haverá os que apresentam os melhores certificados, os diplomas "certos" e os que não valem muito. Dividem as pessoas na mente por categorias, de acordo com

Capricórnio

uma hierarquia de conotação esnobe. Eles não percebem que dessa maneira podem ser vistos como movidos a medo e que as pessoas não são obrigadas a seguir pelo mesmo caminho.

Alguns capricornianos são realmente elitistas, o que pode vir à tona de diferentes maneiras, como em suas roupas e estilo de vida. Muito do que fazem ou compram tem por objetivo passar determinado recado e impressionar determinadas pessoas. Isso pode ser visto como mais uma manifestação de seu crítico interno, que fica metaforicamente sobre seus ombros, julgando as coisas de um ponto de vista bastante pretensioso. Apesar de normalmente não saírem por aí esbanjando dinheiro e questionarem a necessidade da alta costura, este mesmo ambiente rarefeito da moda de elite, com suas "regras", sua competitividade e com suas modelos ossudas e a negação inerente de si mesmas, acaba sendo de grande apelo para os capricornianos, os quais têm uma maneira bastante peculiar de exibir seu bom gosto.

É mais típico que os capricornianos sejam um tanto mesquinhos, tanto consigo mesmos quanto com os outros. São conhecidos por passar um tempo enorme pesquisando preços antes de comprar algo, e acham que quem não faz o mesmo é tolo e negligente. Comprar por impulso é algo que os deixa horrorizados, bem como a idéia de comprarem algo superfaturado.

Em casa, o capricorniano pode levar as coisas como se estivesse num quartel, atribuindo tarefas aos vários membros da família e esperando que elas sejam cumpridas com precisão militar. Há muita ordem e disciplina nessa família, e as condições podem ser duras. O aquecimento pode ser controlado rigidamente, e se alguém ousar reclamar vai ouvir que deve se agasalhar melhor. Mais uma vez, o medo está por trás de tudo, talvez medo da pobreza ou de ser complacente demais.

Numa família dessas, uma criança fortemente gripada que espera não ir à escola por isso vai ouvir algo como "tome um banho e se vista para ver como se sente". Um pouco depois ouvirão algo do tipo "tente ir à escola e, se piorar, volte para casa". A criança é pressionada a fazer mais do que quer, pois o capricorniano pode recear que este seja o começo de uma série de desculpas, e não pode correr o risco de ser indulgente. Eles temem as próprias fraquezas (como as consideram) e sua estratégia para lidar com isso é tentar superar essas coisas com mais afinco ainda, e esperam que os outros façam o mesmo.

Como pais de primeira viagem, os capricornianos podem esperar que as coisas corram de maneira tão fluente quanto antes, e não aceitam nenhuma desculpa. Alguns capricornianos – especialmente os homens, embora isso não seja exclusividade deles – são acusados de frieza, egoísmo, dureza e mesquinharia, e não é difícil entender por quê. Enquanto vivem voltados para o trabalho, trabalhando longas horas para subir na vida, podem parecer negligentes para com os entes queridos, e a pessoa amada pode sentir que está criando os filhos sozinha (apesar de não faltar nada em termos materiais). Mesmo quando estão em casa, os capricornianos ficam tão preocupados com o trabalho que mal se comunicam e ainda dão um jeito de fazer as pessoas sentirem que seus medos e preocupações são triviais em comparação com os deles.

Os nativos de Capricórnio tendem a ser *workaholics*. Sua vida pode ser extremamente desequilibrada, pois os relacionamentos amorosos, familiares e amizades acabam sendo todos preteridos por causa do trabalho. Trata-se de indivíduos obstinados, o que lhes traz sucesso, status e reconhecimento, os quais eles podem acabar valorizando mais que tudo. Criam apego pela posição que ocupam na profissão e dependem dela para manter o próprio senso de si mesmos. Não se trata apenas de uma ego trip, e sim de algo mais substancial e profundo. Eles transformam em virtude algo que muitos considerariam um defeito em seu desejo de preencher um vazio interno.

Se tem alguém que personifica a ética de trabalho protestante é o capricorniano: do seu ponto de vista, todo mundo é preguiçoso. Ele custa a reconhecer o desequilíbrio do seu modo de trabalhar e a ver como projeta convenientemente certos sentimentos internos de inferioridade nos outros, que por sua vez se sentem mal.

Os parceiros, em especial, acabam sendo manipulados para se encaixar no papel do ineficiente e malsucedido, para que o capricorniano se sinta no controle. Quando o capricorniano em questão é homem, sua ética de trabalho é vista como a correta, e se a pessoa amada solicitar mais atenção e envolvimento emocional, será vista como carente e exigente demais. As capricornianas podem ser tão *workaholics* quanto os capricornianos, mas o homem tende a reclamar menos de se sentir posto de lado. Mesmo assim, há um preço a pagar, e o relacionamento da capricorniana sofre com isso; talvez o parceiro não a convide a buscar um equilíbrio mais saudável em sua vida.

Capricórnio

A ambição crua dos capricornianos também pode causar desconfiança nas pessoas. Colegas de trabalho ficam imaginando, ao serem bem tratados, o que eles estão tramando, se há algum motivo escuso – e talvez estes colegas não estejam longe da verdade. Os capricornianos podem se concentrar de maneira tão enfática em crescer na vida que acabam deixando de ver como isso os influencia na hora de fazer amizades, pois pode haver uma expectativa de que os amigos lhes sejam úteis de alguma forma, e as considerações pragmáticas e os deveres podem fazer o tempo fechar. Os amigos devem se considerar avisados! É importante não compactuar com isso, do contrário a razão de ser do relacionamento estará comprometida.

O senso de dever dos capricornianos pode gerar uma abordagem preconceituosa sobre várias questões, especialmente na família. Como sabem honrar a idéia de responsabilidade familiar, presumem que os outros pensam o mesmo e cumprem seus deveres tão impecavelmente quanto. Na cabeça deles, a velhice é a hora de receber por tudo que fizeram pelos filhos e netos quando jovens, e sabem criar sentimentos de culpa relacionados a isso até nas pessoas que não pensam como eles. Não perdem tempo em acusar familiares de não cumprir seus deveres e, uma vez instalados nesse alto patamar moral, podem agir de modo implacável e impiedoso com quem pensa diferente.

Por mais que os capricornianos julguem as pessoas, não se deve esquecer que eles são dez vezes piores consigo mesmos. Estabelecem padrões tão altos para si que nunca acham que estão sendo bons o bastante. Portanto, a função das pessoas mais próximas e queridas é não se deixar intimidar por seus padrões ferozes, não se abalar ao falhar nos testes a que eles as submetem e demonstrar que existem outras realidades. O jeito deles de fazer as coisas não é o único, e o mundo não vai acabar se algo for feito de maneira diferente. Se o capricorniano conseguir vislumbrar isso, mesmo que não por muito tempo, ficarão livres da tirania de seus critérios inalcançáveis.

Pode-se dizer que todas as dificuldades dos capricornianos emanam de seu rígido crítico interno. Com o tempo esse crítico vai ficando mais complacente, mas os entes queridos podem ajudar a impulsionar o processo ao lhes oferecer amor incondicional. E é bom lembrar sempre que, assim como um bom vinho, este é um signo que invariavelmente melhora com a idade. Especialmente se tiverem obtido sucesso na vida, acabam sentindo, tempos depois, que ganharam o direito de curtir os frutos de seu trabalho. Assim, quem se envolveu com o nativo de Capricórnio, pode saber que vale a pena ficar ao seu lado.

O homem de Capricórnio

O homem de Capricórnio pode ser reconhecido pela autoridade que exala e por seus modos distintos. Seja qual for sua posição atual na vida, ele tem um ar importante que logo atrai o respeito de quem o cerca. Ele age como quem sabe o que diz (do contrário fica calado, pois não dá palpite sobre o que não sabe). É um homem de prestígio e posição evidentes, as quais transmite por meio de sua conduta.

O homem de Capricórnio tem o dom da concisão. Trata-se de um sujeito de poucas e bem escolhidas palavras que não acredita em ficar explicando demais as coisas. Não se trata de serem reticentes, só que não são dados a ficar de papo nem a perder tempo com informações desnecessárias. Desagrada-lhes, em especial, que fiquem lhe pedindo confirmações.

O homem de Capricórnio é modesto e contido. Ele chama atenção pelo que faz e pela estima de quem o conhece. Destaca-se porque as pessoas que o cercam demonstram claramente o respeito que têm por ele e porque de alguma maneira atrai as atenções só por sua presença. Quem o observa fica surpreso de ver como estranhos param para lhe perguntar como se chega em determinado lugar, presumindo que ele saiba. Também é comum que os garçons o sirvam antes dos outros.

O homem de Capricórnio se veste bem e suas roupas refletem seu sucesso e sua posição na vida sem qualquer ostentação. Suas roupas transmitem qualidade e prestígio, são bem-feitas, com acabamento perfeito. Seu gosto e estilo costumam ser mais para o conservador e tradicional. Talvez o mais impressionante seja destacar como sua aparência é impecável. Mesmo quando vestido casualmente, suas roupas estão sempre limpas e passadas, os sapatos engraxados, as unhas bem aparadas e ele sempre usa loção após barba de qualidade. Há um orgulho masculino inerente em seu visual, como quem sabe da importância disso.

Capricórnio

As pessoas procuram o homem de Capricórnio desde bem jovem para resolver problemas e cuidar das coisas, assim ele cresce pensando que deve estar sempre no comando das situações. É provável que no futuro ele venha a ser recompensado e reconhecido com uma posição de real autoridade e um salário que faça jus a isso. Seja qual for seu trabalho, é provável que administrar as pessoas seja parte dele.

As responsabilidades que o homem de Capricórnio aceita tão prontamente têm seus prós e contras no que tange aos relacionamentos afetivos. Ele é um homem muito masculino, que espera tomar as decisões e pagar as contas. Conservador, ele tem valores e expectativas familiares tradicionais que definem claramente seu papel e o de seu par.

A credibilidade e a praticidade do homem de Capricórnio o tornam atraente àqueles que procuram por alguém em quem confiar. São ótimas "âncoras" para a pessoa amada. Indubitavelmente confiáveis e leais, são sérios demais e nunca são desrespeitosos com os sentimentos alheios. Contudo, quando se trata de um relacionamento amoroso, ele procura alguém que lhe traga alguma vantagem – possivelmente financeira. Há inúmeras razões para se atrair por uma pessoa de posses. Pode não ser uma coisa consciente de sua parte, talvez nem esteja buscando isso na prática, mas se acontecer de conhecer alguém rico, seu interesse aumenta.

Se o capricorniano for heterossexual, talvez procure uma parceira que lhe convenha profissional e socialmente – uma espécie de "esposa-troféu", mas com um quê de praticidade; como, por exemplo, uma esposa que não seja apenas bela mas também uma sofisticada anfitriã. Isso não quer dizer que ele seja um mercenário, pois a coisa não se dá tão deliberadamente, é só que ele está sempre olhando para a frente e pensando no futuro. Afinal, se ele já está na metade do caminho montanha acima, e se pretende chegar ao topo, precisa ligar-se a alguém que ajude mais que atrapalhe. Assim, sua ambição influencia a escolha de seu par.

Isso se aplica menos ao homem homossexual de Capricórnio, pois é menos provável, nesse caso, que o parceiro tenha uma função social para ele. A não ser que ele se movimente exclusivamente no meio gay, passará por mais conflitos com a própria sexualidade que a maioria dos outros signos, pois Capricórnio precisa se encaixar no *status quo*. É mais difícil conseguir o tipo de respeitabilidade que busca sendo homossexual.

Assim, considerações pragmáticas influenciam o homem de Capricórnio na hora de escolher seu par. Também costuma ser bastante consciente de questões de classe e status, podendo até ser esnobe, mas sua necessidade subliminar é encontrar alguém que lhe seja conveniente. Por essas razões, ele não declara imediatamente seu interesse na pessoa. Atração sexual não é tudo. O cortejo pode se alongar enquanto ele decide se a pessoa lhe serve ou não. Ele vai devagar, não só por querer ter certeza, mas por não suportar rejeição. É preciso que ele veja um sinal verde bem claro antes de prosseguir.

Todavia, uma vez se resolvido por uma pessoa, o homem de Capricórnio age de maneira decidida. Apesar de seu medo de rejeição, ele sabe levar a pessoa para jantares de tirar o fôlego. É um homem mundano e sabe quais são os bons restaurantes, quais filmes, concertos e peças em cartaz mereceram melhores críticas e onde estão acontecendo as melhores exposições. Sempre está bem informado quanto aos eventos culturais. E quando se trata de coisas como reservar passagens aéreas, encontrar um bom hotel ou decidir itinerários, ele se mostra capaz e eficiente. Sai-se bem em qualquer tópico de natureza prática e gosta de desempenhar papéis tipicamente masculinos.

A despeito da aparência de suave sofisticação do homem de Capricórnio, ele não costuma ser dos mais experientes na cama, em geral por passar tempo demais buscando sucesso em outras áreas. Costuma ser tímido e hesitante em suas investidas sexuais. A possível parceira em questão costuma achar isso um tanto curioso, pois pouco antes – durante o jantar no restaurante, por exemplo – ele parecera tão dono da situação.

Apesar de seus intensos desejos, o homem de Capricórnio não se envolve sexualmente antes de sentir um certo grau de confiança na pessoa. Sexo não é algo que ele faça casualmente, pois ele reconhece a vulnerabilidade emocional implícita do contato sexual e as potenciais conseqüências para si e para a pessoa em questão. Tudo isso conta pontos favoráveis para ele e mostra seu respeito pela pessoa. Dependendo de sua idade, é mais provável que ele tenha tido poucos relacionamentos longos em vez de vários relacionamentos curtos. Assim, ele tem experiência em relações íntimas, o que prova que não é refratário a compromissos afetivos.

Como todos os signos de terra, sendo Touro e Virgem os outros dois, o homem de Capricórnio é extremamente sensual, confortável com o pró-

Capricórnio

prio corpo, e como tal se revela um amante surpreendentemente bom. É nessa hora que ele prova que experiência não é necessariamente o que conta, pois o que tem a oferecer é sensibilidade e consciência corporal. Quando envolvido afetivamente, age com tato e usa o toque de uma forma muito reconfortante para a pessoa amada. Ao contrário de alguns signos, para quem aconchegos e carícias são apenas parte das preliminares, o capricorniano realmente gosta do contato físico, sem necessariamente relacioná-lo ao sexo. Mas ele tem muito apetite sexual, o que vem a se tornar a estrutura do relacionamento.

Por conta de sua qualidade terrestre, o homem de Capricórnio é bastante receptivo ao corpo e não busca perfeição física na pessoa escolhida. Ele próprio talvez não seja nenhum modelo e sabe lidar com as imperfeições dos outros. Se estiverem emocionalmente envolvidos, isso pode ser maravilhosamente libertador para a pessoa, que mesmo que tenha sido escolhida de início por sua beleza, não será julgada na cama por esse critério. Nessa atmosfera, qualquer possível inibição desaparece e a pessoa pode se descontrair e relaxar.

O homem de Capricórnio busca contato físico no sentido tátil. Os nativos deste signo podem ser bastante tensos e precisam de ajuda para relaxar os músculos dos ombros e do corpo como um todo no fim do dia. Ele gosta de massagens nos ombros e nos pés – isso o ajuda a voltar para o próprio corpo após perder o contato consigo mesmo ao longo do dia, o que é freqüente. Seus altos níveis de ansiedade, somados à sua necessidade de alcançar o impossível, o tornam alvo fácil de tensão muscular. Uma possível parceira ou parceiro faria bem em sugerir que ele se submeta a uma massagem profissional semanalmente – o que vai render dividendos em todos os sentidos.

O homem de Capricórnio é possessivo e pode ser ciumento. Espera comprometimento absoluto da pessoa que está com ele e não aceita nada menos que isso. Uma vez que tenha encontrado um companheiro ou companheira, pensa logo em compromisso para toda a vida, e, se for heterossexual, isso significa casamento. Quanto a isso, não é nada moderno. Ele quer sustentar sua mulher, ter filhos e uma vida em família tradicional. Também espera tomar as decisões em tudo que se relacionar à família como um todo e talvez não veja a parceria de igual para igual. Quando chamado a discutir tudo, ficará irritado e talvez simplesmente se recuse a ceder. Não que ele queira ser deliberadamente desagradável, mas sim porque é totalmente natural para ele tomar decisões que afetem os outros. É parte intrínseca de ser quem ele é.

Apesar de alegar o contrário, o homem de Capricórnio não impõe sua vontade dentro de casa. Ele não saberia como. Simplesmente faz o que julga ser sua parte, o que não é nada perto de outros homens. Só que ele acha que está cumprindo seu papel e não aceitará bem alegações em contrário. Essencialmente, ele é melhor em supervisionar. O acordo é desigual, mas ele faz muito para compensar em outras áreas, por exemplo, sai-se muito bem organizando as tarefas das crianças quando mais velhas. Sua parceira deve se certificar desde o início de que ele esteja satisfeito com esse esquema.

Como pai, o homem de Capricórnio não é de fazer muito no começo, por considerar que cuidar do bebê faz parte do domínio materno. Mas quando as crianças começam a crescer ele se envolve mais e faz muitas atividades com elas, como brincadeiras no parque e eventos culturais, além de se interessar por seu desempenho escolar.

O pai capricorniano é rígido. Ele tem regras e espera que elas sejam cumpridas. Seus filhos sabem claramente onde estão os limites e ele é muito claro a esse respeito. Espera que sua parceira o apóie nisso o tempo todo, e, como seu sistema é bastante razoável e sensato, não é difícil obter apoio. Felizmente, ele não é dado a ataques de fúria, já que é tão controlado, e se ele achar que se faz necessária uma atitude mais incisiva, disciplinará os filhos privando-os de seus privilégios e, em casos mais extremos, privando-os de seu afeto e se comportando de maneira aparentemente fria e distante. Contudo, isso é raramente necessário, pois com sua autoridade nata costuma angariar respeito. Ele faz com que os filhos cooperem desde bem cedo.

Dependendo do quão bem-sucedido ele seja (ou não seja), o homem de Capricórnio tende a projetar algumas de suas próprias ambições nos filhos. Talvez ele tenha um interesse enorme nos resultados de suas provas, dando importância exagerada às notas alcançadas. Para ele, é difícil lidar com um filho que não seja particularmente ambicioso e passe os dias à toa. Ele espera que seus filhos se destaquem em algo, se não for academicamente, que seja nas artes, no teatro, na música ou nos esportes. Este pai amará seus filhos de um jeito ou de outro, mas sofre se eles não herdam

Capricórnio

sua vontade de vencer. Após tanto lutar para conseguir algo na vida, é terrível para o pai capricorniano ver seus valores rejeitados. Na cabeça dele, é simplesmente um desperdício. A ironia disso é que este pai terá chegado aonde chegou por causa de sua própria experiência de vida, e não por causa da ajuda de ninguém, mas mesmo assim não agüenta se ver incapaz de passar seu conhecimento adiante.

Dito isso, há quem diga que os filhos crescem melhor quando os pais criam fantasias sobre eles, e o homem de Capricórnio certamente segue essa linha. Ele tem um olho clínico para o futuro de seus filhos. Só que, talvez, o faça em termos pragmáticos, sem reconhecer a necessidade de os filhos terem suas próprias experiências.

O homem de Capricórnio sempre mantém uma abordagem do tipo empresarial, que lhe serve bem. É bem provável que ele esteja se dando bem. Suas escolhas de vida são prudentes, e, como ele tem perseverança, estará bem encaminhado para ter boas condições de vida quando vierem os filhos. Ele se vê como um provedor, papel que cumpre admiravelmente.

O homem de Capricórnio é resultado de uma mistura interessante, pois, apesar de cauteloso, também corre riscos calculados. Mas mais que tudo, ele chega aonde chega com trabalho duro. Ele tende a ser um *workaholic*, principalmente aquele que administra ou é dono de um negócio. Ele é o homem que venceu sem a ajuda de ninguém; ousado e atuante em termos de criatividade, mas ao mesmo tempo judicioso e cauteloso. Ele jamais arrisca tudo de uma vez. Não é do tipo que faz uma segunda hipoteca na casa da família por causa de uma empreitada de negócios, por exemplo. Ele resguarda a própria segurança e a de sua família.

Esse tipo de capricorniano pode enfrentar problemas na fase da aposentadoria. Talvez ele tenha se convencido de que precisa trabalhar duro para pagar as contas e proporcionar boas escolas e universidades para os filhos, apesar de que mesmo quando a hipoteca está quitada e os filhos, criados, ele tem dificuldade em parar. Sua identidade está totalmente relacionada ao trabalho, e ele pode entrar em crise ao se ver dissociado de sua atividade profissional. Alguns conseguem convencer a si mesmos que não têm condições de se aposentar. Apesar de isso muito provavelmente não ser verdade em termos financeiros, pode ser verdade em termos emocionais.

A relutância do homem de Capricórnio em se aposentar pode ser difícil para seu cônjuge, que passou tanto tempo esperando pela fase dourada na qual teriam tempo para se divertirem juntos. Dependendo do trabalho do capricorniano (em algumas empresas, a aposentadoria é obrigatória), isso talvez nunca aconteça. Sem seu trabalho ele fica perdido, e se ele tiver de fazer essa transição, sua necessidade emocional de ter status e uma posição respeitada em sua comunidade pode ser redirecionada ao exercer alguma atividade equivalente como voluntário.

Ainda assim, essa transição é difícil para o capricorniano. Talvez ele reclame que os voluntários com quem ele venha a trabalhar não o reconheçam como autoridade, como seus antigos funcionários reconheciam. A perda de status lhe dói profundamente. É importante que sua parceira lembre a ele que os tempos mudaram e ele não tem mais seis funcionários sob seu comando. Vai levar um certo tempo para ele diminuir o ritmo e se adaptar à nova realidade.

A pessoa que vive com o homem de Capricórnio pode se sentir secundária na vida dele, que prioriza tão claramente o trabalho. Isso pode ser parcialmente verdadeiro, mas ele precisa da estabilidade e do apoio de sua vida doméstica para poder sair e conquistar o mundo. Essa é sua base, é essencial para o nativo de Capricórnio. Quanto a si mesmo, ele é apenas um cara à moda antiga, fazendo as coisas como manda o figurino, e fazendo bem. Há de se valorizar um homem protetor, paternalista e confiável que leva suas responsabilidades para com a família a sério. Mel Gibson exemplifica isso, pois está casado com a mesma mulher há mais de 25 anos, com quem tem cinco filhos.

Caso o homem de Capricórnio pareça sem graça e moderado demais, uma lista de capricornianos famosos dissolverá essa impressão. Elvis Presley foi o homem mais sexy de sua época e não teve medo de usar sua sexualidade de um modo explícito e nunca visto antes para garantir seu lugar no topo de sua profissão. Ele sabia cantar também, mas não teria chamado atenção da maneira que chamou se não tivesse rebolado daquele jeito. Denzel Washington, Nicolas Cage, Ralph Fiennes e Kevin Costner são atores famosos, respeitados por seu trabalho, especialmente por seu profissionalismo. São donos de uma presença simples e têm os pés no chão, o que é bem típico deste signo.

O político Martin Luther King e o boxeador Muhammad Ali são outros exemplos de capricornianos famosos. Muhammad Ali chamava a si mesmo de "o maior" – algo que os capricornianos lutam para ser e alguns acabam realmente conseguindo. Apesar de nem todos conseguirem chegar tão longe quanto esses homens, mesmo assim os capricornianos precisam ser os melhores em sua esfera. Os cônjuges dos capricornianos devem sempre lembrar que eles são os melhores em algo. Mesmo que seja, ou especialmente se for, em fazer amor.

A mulher de Capricórnio

A mulher de Capricórnio pode ser reconhecida por sua postura prática e sua atitude objetiva. Trata-se de uma mulher eminentemente sensata e equilibrada que não se abala facilmente. Ela toma as rédeas de sua própria vida e tem uma existência ordenada, de modo que prioriza as pessoas e atividades mais importantes para ela e não perde tempo com trivialidades.

Contida e discretamente assertiva, a mulher de Capricórnio tem o ar de alguém que fala sério e que quer chegar a algum objetivo. Elas têm metas desde o começo, as quais perseguem incansavelmente. Não se deixam distrair facilmente e trabalham duro para conseguir todos os seus objetivos.

Annie Lennox, famosa inicialmente como integrante da dupla pop Eurythmics e depois seguindo carreira solo, exemplifica bem a mulher de Capricórnio. É dona de uma presença elegante e contida e costuma se vestir com roupas conservadoras e masculinas. Apesar disso, ela tem uma feminilidade que seus ternos de alguma forma acabam ressaltando. Antes de se decidir pela carreira na música pop, Annie Lennox estudou música, bem ao modo capricorniano de levar seu talento a sério e seguir, ao menos no início, um caminho mais tradicional.

Apesar de nem todas as mulheres de Capricórnio se vestirem ao modo taciturno de Annie Lennox, a maioria opta por cortes clássicos e elegantes. No geral, não são vítimas da moda nem gostam de roupas decotadas e reveladoras – para elas, são vulgares. Dolly Parton é uma exceção nesse ponto, mas ela própria reconhece a impressão que causa, e talvez essa seja uma maneira estranha que ela arrumou de chamar atenção para si e vender mais discos. O estilo da capricorniana ao se vestir é freqüentemente um tanto pudico. Elas têm um jeito próprio de usar roupas fechadas e ainda assim serem sexy, como a capricorniana Ava Gardner.

A mulher de Capricórnio prefere qualidade a quantidade e prefere roupas que não fiquem datadas e nem estraguem. Sua escolha é prática e cuidadosa. Ela encontra promoções facilmente ao sair para as compras, e aprecia muito a idéia de estar alinhada sem gastar muito. Suas roupas, como seus modos de forma geral, transmitem a idéia de que ela quer ser levada a sério.

Então, a não ser que a capricorniana tenha dinheiro de sobra para bancar roupas de grife, não fará questão delas. Todavia, também existe o tipo socialmente ambicioso que economiza para comprar uma jóia cara ou algum outro produto que traga status. É a capricorniana que se veste para impressionar.

Usando outro estratagema capricorniano, Elizabeth Arden pôs a maquiagem no mapa ao torná-la item obrigatório para toda mulher. Ela transformou a imagem da maquiagem, que era considerada na época uma coisa inadequada e vulgar, em uma necessidade básica, garantindo assim a venda de seus produtos. Uma estratégia astuta de negócio baseada em princípios essencialmente capricornianos.

A mulher de Capricórnio é serena e segura, e às vezes sua confiança e tranqüilidade podem ser um pouco intimidadoras. Essa segurança emana de suas conquistas, que são bastante impressionantes. Seu sucesso na vida é o que ela espera para si mesma; ela não dá tanta importância a ele, mas quanto mais ela conquista, maior sua estatura entre aqueles que sabem de seu sucesso. O próprio fato de ela não se importar tanto com seu sucesso a torna ainda mais formidável para alguns.

Quem a conhece bem sabe que a capricorniana se preocupa muito. Como se impõe padrões muito elevados, ela fica estressada tentando alcançá-los e mantê-los. Vive num grau agudo de ansiedade, seu medo de errar sempre presente, por mais improvável e ridículo que possa parecer para os demais. Existe um grande hiato entre sua aparência imponente e seu mundo interno repleto de dúvidas. Seus amigos sabem de suas inseguranças e ouvem falar mais delas do que de seus sucessos. Essas dúvidas e inseguranças são seu combustível – é uma luta que se estende pela vida inteira.

Capricórnio

Apesar de a mulher de Capricórnio levar a vida e a si mesma a sério, é dotada de muito senso de humor. Para ela, o humor reside nas ironias da vida, as quais ela percebe de maneira seca; às vezes, até indiferente. Muitas vezes ela faz graça das incoerências das pessoas – especialmente as disparidades entre o que dizem e o que fazem. Sua capacidade de observação é aguda e seus comentários ácidos saem nas entrelinhas, de modo que as pessoas precisam ouvir cuidadosamente para captar o que a capricorniana tem a dizer. Na verdade, a sagacidade da capricorniana é reservada para as pessoas próximas, e essas observações são apartes, pois elas não ficam entretendo grupos de pessoas. Esse tipo de função ela deixa para os signos mais exibicionistas.

A mulher de Capricórnio é extremamente capaz e, seja ela feminista ou não, sua auto-suficiência e independência a fazem uma feminista na prática. Não espera que cuidem dela. Na verdade, ela acha a própria idéia acintosa, pois se julga perfeitamente capaz de tomar conta de si. Sua abordagem pragmática e sua iniciativa criativa a levam a ter sucesso em tudo que faz. E quando isso acontece, o sucesso nunca sobe à sua cabeça. Ela continua sendo cuidadosa e a construir sobre suas conquistas.

Como todos os signos de terra, a mulher de Capricórnio tende ao materialismo. Desde cedo, ela se liga nas necessidades financeiras da vida, o que torna provável que tenha suas economias desde criança. É algo nato e automático para ela. A capricorniana tem mais consciência que a maioria das mulheres da importância do dinheiro e de sua capacidade de lhe proporcionar a estabilidade e a segurança de que precisa. Aos vinte e poucos anos já tem uma poupança e preferirá comprar sua casa a alugar uma, por fazer mais sentido para ela em termos financeiros. Ela acumula bens não por ser gananciosa, mas para sentir-se segura.

Quando se trata de relacionamentos amorosos, a mulher de Capricórnio examina um companheiro em potencial cuidadosamente, sem a menor pressa. Todavia, apesar de em geral ser bastante materialista, não o é no critério de escolha do parceiro. Ela procura alguém que possa respeitar e em que possa confiar, alguém com quem possa contar em termos emocionais e práticos, apesar de não necessariamente financeiros.

A mulher de Capricórnio espera ser adequadamente cortejada. Quer ser levada para jantar em bons restaurantes e a eventos sociais interessantes. Se não houver um esforço especial, ela não ficará impressionada. Ela definitivamente não é do tipo de mulher para se levar ao cinema do bairro ou a uma pizzaria. O programa não precisa ser dos mais caros – sem dizer que ela provavelmente se oferecerá para rachar a conta –, mas é preciso haver classe.

Se for heterossexual, inicialmente a mulher de Capricórnio prestará atenção se seu namorado é pontual, se é educado, se tem bons modos – não só com ela mas com as pessoas com quem interage de modo geral – e se ele estende a ela as cortesias típicas e tradicionais. Um parceiro em potencial faria bem em imaginar que este seja um romance à moda antiga e seguir o protocolo de antigamente – leia Jane Austin para pegar umas dicas. Mais ou menos a mesma coisa se aplica caso ela seja gay, ainda que os papéis não sejam tão claramente definidos. Seja qual for sua orientação sexual, ela busca alguém em quem possa confiar que vá se comportar adequadamente em público.

Assim, a mulher de Capricórnio dá grande importância aos modos. Para ela, o dito popular segundo o qual "os modos fazem o homem" ainda vale muito. O que os bons modos representam para ela tem a ver com sua noção de segurança; as coisas sendo como têm de ser, cada coisa em seu lugar. Tudo é muito reconfortante para ela. Uma pessoa de maus modos a assustaria, ameaçando, portanto, sua estabilidade.

Uma vez tendo passado no teste, o próximo obstáculo de um parceiro em potencial será superar a relutância crônica que a capricorniana tem quanto a se envolver emocionalmente. Ela adora seu espaço e não está com pressa de compartilhá-lo. Ela precisa ver como uma relação com este parceiro específico pode ajudar a melhorar sua vida. Isso não tem a ver necessariamente com o lado material, apesar de às vezes até ter. Pode também se relacionar à qualidade de vida que venha a ganhar, ou aos contatos sociais que obterá. Seja o que for, ela julgará o parceiro de modo bastante pragmático. A não ser que haja algo atraente em jogo, ela não vai abrir mão daquilo que já tem.

Pode parecer, então, que a mulher de Capricórnio não tem nada de romântica, que ela é totalmente calculista, o que ela, compreensivelmente, considera bastante ofensivo. E não é verdade. É só que ela leva o relacionamento extremamente a sério, e se tiver decidido entrar numa relação, será para valer. Só então se permitirá se apaixonar, e esperará que a relação seja duradoura. De certa forma, ela é muito romântica de achar que só terá um grande amor. Mesmo se acabar tendo mais de um, como a maioria das mulheres de hoje, jamais amará de modo superficial. Sua atitude pode ser entendida como sua forma de garantir que a palavra "amor" seja plantada em bom solo e possa se estabelecer e florescer.

Após fazer as coisas no seu ritmo, a mulher de Capricórnio costuma tomar seu rumo e descobrir um parceiro com quem deseje ficar. Se ela for heterossexual, vai querer se casar na igreja e em grande estilo. Mesmo se ela não for religiosa, vai querer se casar aos olhos de Deus, pois para ela isso é se casar do jeito certo. Afinal, para esta mulher as formalidades e os rituais contam muito.

Quando está numa relação estável, a mulher de Capricórnio canaliza sua energia na relação tanto quanto na carreira. A não ser que haja crianças, ou até que elas cheguem, ela continuará a trabalhar e a valorizar sua vida profissional. A despeito do fato de que ela talvez seja uma profissional poderosa, estará disposta a parar quando tiver filhos, se tiver condições financeiras para tal. Ela não se vê como nenhuma supermulher e prefere se dedicar aos filhos, ao menos por um tempo.

Afinal, de acordo com o pensamento pragmático da mulher de Capricórnio, por que ter de trabalhar para pagar alguém para desfrutar da importante função de criar os filhos? Igualmente, ela sente de modo agudo a responsabilidade de tomar conta de uma criança e não se sente bem em transferir essa função para outra pessoa.

Como tudo que a mulher de Capricórnio faz, ela leva a sério a criação dos filhos e se torna especialista no assunto, lendo todos os manuais do ramo. Ela também descobre que tem ótimos instintos e se dá melhor quando aprende a ouvi-los. Até certo ponto, ela conta com os livros sobre bebês para se assegurar de que está fazendo a coisa certa. Ela acredita em autoridades reconhecidas no assunto mais do que em si mesma e, apesar de haver livros que sustentam as mais variadas teorias sobre a criação de filhos, ela acaba escolhendo aquele que mais combina com seus instintos.

A mulher de Capricórnio é extremamente bem organizada, capaz e competente em sua maneira de gerenciar a vida doméstica. Mesmo que não esteja no comando de uma casa enorme com dezenas de empregados ela acaba trazendo para sua vida doméstica uma dinâmica fluente, como se comandasse uma estrutura maior. E, de algum jeito, como que por mágica, seus filhos se comportam. Os bebês aprendem a dormir a noite toda sem demora, e não é porque ela os force de algum modo. Existe qualquer coisa em sua postura firme e em sua capacidade de estabelecer limites consistentes que faz com que as pessoas ao seu redor se adaptem à sua rotina. Ela se sente mais segura assim, subseqüentemente influenciando os que a cercam. Sua vida doméstica é calma e organizada.

O parceiro pode se sentir dispensável em meio à impressionante organização da mulher de Capricórnio. Normalmente, a divisão de tarefas segue o estilo tradicional, de modo que a casa é o domínio dela, enquanto o jardim, se houver, fica em aberto. Também é possível que ela tome conta do jardim, apesar de que, para ela, cuidar de crianças e do jardim acaba sendo um pouco demais. Com o passar dos anos, ela tendo mais tempo livre, a jardinagem pode se tornar fonte de muito prazer e satisfação para ela. Esta mulher gosta de se manter ocupada; sempre encontrará algo que precisa fazer. Ela não é das companhias mais relaxantes nesse sentido.

Contudo, seria um desperdício a mulher de Capricórnio usar seus talentos organizacionais apenas em casa, portanto a maioria tem uma carreira aguardando para ser retomada depois que as crianças crescerem. Ela não vai querer esperar muito tempo para voltar a se dedicar ao trabalho. Toda essa energia concentrada apenas na vida familiar pode ser demais. Ela precisa dos desafios do ambiente de trabalho.

Nem todas as capricornianas decidem se casar e ter filhos. Muitas permanecem solteiras, simplesmente porque os candidatos a parceiro não são tentadores o bastante. E nem todas optam por isso por serem bem-sucedidas. O sucesso para elas tende a chegar tarde na vida.

As mulheres costumam levar mais tempo para tomar seu rumo profissional, e a mulher de Capricórnio bem que pode estar nos seus quarenta e poucos anos ao descobrir o que realmente quer fazer. Todavia, a idéia de estar seguindo em alguma direção, mesmo que ela não saiba qual, é uma força motriz, e sem um cônjuge e filhos ela pode se dedicar a essa força de maneira integral.

Para algumas capricornianas, a idéia de dar uma parada na carreira para ter um filho é um sacrifício grande demais. Ela tem uma visão realista do quanto isso lhe custará e de como sua carreira será afetada. É bem possível que ela ocupe um cargo alto e saiba que a tensão inerente ao trabalho torna difícil a maternidade. Talvez uma coisa não combine bem com a outra. Esse tipo de executiva poderosa, quando resolve ter um filho, pode não abrir mão do trabalho inicialmente, mas acaba cedendo ao ter o segundo filho, por exemplo. Nesse caso, ela dará um tempo e procurará por um trabalho que exija menos e seja mais adaptável ao esquema familiar. Ela se submeterá a treinamentos para sua nova função com a maior boa vontade.

Esse tipo de mulher de Capricórnio se adapta rapidamente na função de administradora de escola e outros trabalhos do tipo. As pessoas reconhecem seus talentos e ela não tarda em se ocupar de tarefas voluntárias. Considerando-se que ela tenha condições financeiras para tal e que possa se virar sem um salário, esse tipo de atividade lhe confere status e responsabilidade em sua comunidade, o que ela adora. Alguns podem se surpreender com a facilidade com que ela opera essa transição, por pensar que ela seja apegada à sua renda elevada, ao passo que na verdade é o prestígio e a satisfação profissional que realmente contam para ela. Se ela tiver um parceiro que a mantenha financeiramente, não terá necessidade de fazer dinheiro por si mesma.

Mesmo no papel de "mulher sustentada", a mulher de Capricórnio é valiosa para seu parceiro, pois tem uma mente voltada para os negócios e reconhece a importância do trabalho do parceiro. Ela sabe como criar uma rede de contatos e, em seus eventos de caridade, consegue fazer contatos potencialmente valiosos para a empresa do marido. Como dona de casa ela funciona como uma âncora para a família toda, desempenhando um papel que não está muito na moda ultimamente, mas no qual ela se sai particularmente bem.

A carreira da mulher de Capricórnio nunca deve ser descartada, pois mesmo após um período prolongado em casa ela pode acabar desenvolvendo seu próprio plano de trabalho e ter uma vida paralela. No final das contas, ela vai acabar precisando sempre de um serviço.

Quem se envolve com ela não deve jamais subestimar sua força de vontade e determinação. Por mais que pareça aceitar o papel de esposa, mãe e dona de casa, sua ambição aflorará mais cedo ou mais tarde. E se isso não acontecer é sinal de perigo, pois ela acaba canalizando esse seu lado para os filhos e o cônjuge, o que nunca a satisfaz e ainda os sobrecarrega. Ela precisa ter seu próprio sucesso, status e reconhecimento. Tendo isso, ela é uma amiga, amante e parceira astuta e leal.

A criança de Capricórnio

Podemos reconhecer a criança de Capricórnio por sua energia e determinação. Desde muito pequenos já sabem dizer o que querem ser quando crescer e, apesar de poderem mudar de idéia com o passar do tempo, isso já é uma demonstração de como são capazes de manter o foco. Estas crianças são ambiciosas. É provável que fiquem de pé e comecem a caminhar logo cedo, pois lutam para adquirir o domínio de seus músculos. Não se surpreenda se uma criança de Capricórnio pular a fase de engatinhar, afinal de contas, ficar de quatro não é exatamente digno, e dignidade é fundamental para eles.

A criança de Capricórnio se dá bem num lar com rotinas estabelecidas. Quanto mais estabilidade esta criança tiver, melhor. Procedimentos para ir para a cama que envolvam todo um ritual, como tomar banho, depois ouvir uma historinha, além de horários fixos para as refeições são muito reconfortantes para o pequeno capricorniano. Eles aprendem a contar com esse ritmo diário, que lhes dá a sensação de ter controle da própria vida num estágio em que não têm controle algum. Isso constrói dentro das crianças deste signo a confiança de que a vida lhes suportará e sustentará, o que lhes ajuda a ficar bem.

A criança de Capricórnio, ao menos inicialmente, não é das mais confiantes; isso é algo que vem com seu crescente domínio de si mesma e do mundo, tomando por base suas próprias experiências. Aconselha-se aos pais jamais forçar estas crianças a nada para que não estejam efetivamente prontas. Quando pequenas, ficam ansiosas facilmente. Não são ousadas; não fazem como outras crianças que sobem e se penduram em lugares altos, de onde escorregam, pelo puro prazer da diversão. Ao contrário dos filhos que aterrorizam os pais, os capricornianos calculam a altura do tombo e não se arriscam além do que podem. Portanto, o melhor que os pais podem fazer é manter o meio-termo entre encorajá-los e apoiá-los em seus esforços e reconhecer e aceitar que eventualmente tenham medo e hesitem.

A criança de Capricórnio é eminentemente prática e confiável, e é possível contar que ela se comporte de modo responsável. São crianças com a cabeça no lugar e parecem ter mais idade do que têm na verdade. Esse tema

– serem maduras para sua idade – permanece com elas a vida toda. Os pais podem, compreensivelmente, querer extrair o máximo dessa tendência, felizes de terem uma criança tão sensata, mas é melhor não explorarem tal tendência em exagero, até porque esta criança precisa de permissão e encorajamento para aproveitar a própria infância plenamente.

Os pais deviam evitar, sobretudo, acrescentar mais responsabilidades para seu pequeno capricorniano ou capricorniana. Estas crianças levam seus deveres muitíssimo a sério e podem se sentir sobrecarregadas pelos problemas do mundo. Elas têm um crítico interno tão rígido que os pais devem tomar cuidado para não torná-las ainda mais críticas. Elas estão constantemente julgando a si mesmas, de modo que os pais podem ser econômicos nas críticas e nas punições. Mencionar o assunto é mais que suficiente.

Se for uma expectativa dos pais, as crianças nativas de Capricórnio realizarão automaticamente tarefas do dia-a-dia como guardar os brinquedos, manter o quarto arrumado, fazer o dever de casa e ajudar a manter a casa em ordem. E se fizerem corpo mole terão plena consciência de sua falha, portanto castigos não vão ajudar em nada e são desnecessários. O que elas precisam é de ajuda se não estiverem dando conta. Talvez estejam sobrecarregadas e se esforçando com mais do que agüentam.

As crianças de Capricórnio esperam muito de si mesmas. Na escola elas trabalham duro e fazem de tudo para alcançar as melhores notas. Apesar de isso ser admirável, também ajuda se seus pais tentarem equilibrar essa tendência ao se concentrarem em outros aspectos de seu bem-estar. É muito comum que o capricorniano se torne um cabeça-dura. É fundamental elogiar suas notas na escola, mas também perguntar como foi seu dia, com quem brincaram e o que fizeram na hora do recreio, dando importância a essas coisas. A criança de Capricórnio precisa se sentir amada pelo que ela é, incondicionalmente, e não por suas conquistas.

Estas crianças não gostam muito de ser diferentes. Preferem se encaixar na sociedade e são muito afetadas pelas pressões de seus semelhantes. A maioria das crianças passa pela fase de ficar com vergonha dos pais, mas para a criança de Capricórnio isso pode ocorrer bem cedo e de modo agudo, ainda mais se seus pais tiverem qualquer coisa de incomum. Mesmo pais ligeiramente diferentes ou radicais, ou pais com jeito de artistas podem ser fonte de uma vergonha excruciante para esta criança. Os capricornianos querem que os pais sejam normais, convencionais e tradicionais – tudo aquilo que eles pretendem ser quando crescerem.

Assim que começam a escolher as próprias roupas, as crianças de Capricórnio mostram seu gosto conservador. Como as outras crianças, elas são influenciadas pelos amigos e querem vestir o que está na moda. Quando o visual grunge, que consiste em camisas de flanela largadas e calças jeans desleixadas, estava na moda, dificilmente seria o tipo de visual para os capricornianos. Preferem roupas casuais, tons escuros e estilo clássico. Fazem parte da minoria que gosta de usar uniforme de escola, pois sentem segurança no fato de lhe dizerem o que devem usar e gostam de se sentir ajustados. E mantêm o uniforme imaculado. Qualquer coisa que vistam estará em boas condições.

As crianças de Capricórnio mostram interesse em ter dinheiro desde cedo. Costumam perturbar os pais por causa da mesada e esperam um aumento a cada aniversário – mostrando assim sinais precoces de instinto para os negócios. Novamente, se aconselha aos pais firmeza para não acabar cedendo e dando mais dinheiro do que podem bancar. Estas crianças podem se oferecer para fazer mais tarefas em casa em troca de um dinheirinho extra e estão sempre alertas para oportunidades de ganhar mais. Talvez estejam juntando dinheiro para comprar algo específico, ou talvez simplesmente gostem de ter dinheiro no bolso. A maioria destes pequenos junta um bom dinheiro, eles não vão logo gastando o dinheiro que têm. Gostam de ter, não de gastar.

Alguns jovens capricornianos se mostram verdadeiros empreendedores e têm sempre trabalho para depois das aulas ou aos sábados, mas em geral contam com os pais para lhes dar o dinheiro de que precisam. Algumas crianças querem muito dinheiro para sentirem que têm poder. Se a criança der sinais de estar ficando obsessiva com dinheiro, então talvez seja boa idéia lhes conceder mais autonomia. Ao se sentirem mais no controle da própria vida, o dinheiro se torna menos importante.

Para crianças de Capricórnio um pouco mais velhas, reorganizar o modo como guardam seu dinheiro pode ajudar a satisfazer sua necessidade de se sentir com poder. Então, por exemplo, é possível confiar-lhes uma mesada para comprar as próprias roupas. Não se gasta mais dinheiro com isso e a criança tem a chance de participar do controle de seu orçamento geral, que

Capricórnio

pode lhe ser concedido semanalmente (e, nesse caso, terão de guardar para comprar determinadas peças), mensalmente ou mesmo trimestralmente.

Crianças de Capricórnio gostam de tarefas práticas e podem extrair muita satisfação de coisas como jardinagem, carpintaria, trabalho com metal, culinária e costura. São tarefas produtivas, de resultados concretos e requerem o domínio de determinados materiais. Algumas dessas atividades podem ser estimuladas desde bem cedo, pois estes pequenos gostam de ter permissão para ajudar aos pais e de lidar com equipamentos e materiais de "gente grande".

Brinquedos de construção são especialmente indicados para estas crianças, desde a idade mais tenra. Elas demonstram interesse precoce em construção; portanto, cubos de madeira e brinquedos de encaixar peças, como Lego, são indicados para o pequeno engenheiro ou arquiteto. Mas faça com que também tenham brinquedos ou brinquem com coisas que gerem bagunça, como areia, argila e tintas. Por mais que os pais adorem a limpeza e a organização destas crianças, o preço a pagar pode ser sua criatividade. Fazer bagunça contrabalança sua tendência à formalidade, além de corrigir e facilitar o desenvolvimento de sua imaginação.

A maioria dos adolescentes é bagunceira como parte de sua rebelião contra a ordem estabelecida. A mudança hormonal pela qual estão passando cria um caos interno considerável, o qual demonstram pelo estado de seus quartos. Contudo, os adolescentes de Capricórnio não costumam ser tão difíceis de lidar, pois estão tentando se tornar adultos, com todas as suas forças. Ficam muito orgulhosos de serem responsáveis e crescidos e, assim, apesar de poderem ser manhosos e zangados, não são totalmente rebeldes e insolentes.

A criança de Capricórnio pode se sentir muito constrangida quando começam as mudanças físicas associadas à adolescência, portanto um delicado encorajamento não fará mal. Alguns se tornam terrivelmente tímidos. Geralmente, é uma fase na qual suas dúvidas são evidentes e suas conquistas não contam muito. Se estiverem sofrendo de modo muito óbvio, os pais podem se sentir impotentes para lidar com a situação, por não poderem fazer nada e ainda terem de presenciar o sofrimento do filho ou filha. Lembrá-los da história do patinho feio que virou cisne talvez não ajude. É um rito de passagem pelo qual passarão.

Na escola, muitos destes adolescentes capricornianos tímidos e esquisitões logo progridem e se tornam líderes. Alguns podem virar capitães de time, monitores de turma ou algo equivalente. Isso é só uma amostra do que virá pela frente. Nesse contexto, entre seus colegas, essas primeiras experiências de responsabilidade devem ser de grande ajuda na formação do caráter. Os pais devem apenas se certificar de que estes adolescentes sejam amados pelo que são, sem terem de fazer nada especial em casa para receber este amor.

Quando se trata de escolher uma formação profissional, o capricorniano deveria considerar o ramo das ciências. Estes jovens têm um lado cético que busca provas concretas, meta de todas as ciências. Se demonstrarem aptidão para tal, química, física, matemática e biologia são assuntos que podem ser de grande utilidade mais tarde na vida. Todavia, há muitas direções que os capricornianos podem seguir, e uma carreira em ciências seria apenas uma dessas direções.

Estudos políticos, administrativos ou econômicos também são boas opções para os jovens de Capricórnio. Muitos tornam-se gerentes ou abrem suas próprias empresas. O ramo jurídico também é uma boa opção, seja trabalhando como advogados, juízes ou policiais, por ser uma área que combina com suas mentes racionais.

As crianças de Capricórnio que demonstrarem talento artístico podem se dar bem com escultura e design, que combinam mais com eles do que belas-artes, que já é um tanto abstrata demais para elas. Mas isso não deve ser tomado como uma regra: afinal, o impressionista francês Paul Cézanne era um capricorniano. Contudo, como são dotados de grande consciência sensual, se saem melhor no trabalho com formas e texturas. O design, com todas as suas ramificações mais práticas, também é uma boa opção.

Outras áreas artísticas como música, dança ou teatro também podem ser de grande apelo para os jovens capricornianos. Sempre que houver aptidão vale a pena estimular o desenvolvimento, e sua forte autodisciplina os levará longe. Todavia, para seguir tais carreiras, que são por natureza mais incertas, eles vão precisar de coragem e apoio para correr o risco. Há muita rejeição a ser encarada no caminho, portanto essa opção não é para os mais fracos. Dito isso, há muitos capricornianos que se destacaram nessas áreas.

Seja qual for sua escolha profissional, os pais devem estar preparados para os custos adicionais com educação. Os que se envolverem com as artes certamente vão querer freqüentar cursos de música, de teatro ou de belas-artes. Se tiverem inclinações acadêmicas, é provável que queiram cursar uma universidade. Sabem, por causa de sua perspectiva realista, que só têm a ganhar com um diploma universitário. As únicas exceções são aqueles que já demonstram ter tino empresarial e não agüentam esperar para começar logo. Mas mesmo esse tipo pode ganhar tempo enquanto aprende algumas táticas de negócios.

Seja qual for a opção do jovem de Capricórnio, ele ou ela vai querer se destacar. Não deixe que ele cresça rápido demais e proteja-o das responsabilidades do mundo adulto o quanto puder. Seja gentil quando este jovem for irresponsável, para ajudar a manter seu crítico interno sob controle. E, principalmente, mostre seu amor até quando ele errar. Assim, terá mais chances de extrair o melhor da vida.

Aquário

de 20 de janeiro a 18 de fevereiro
Signo fixo de ar, regido por Saturno e Urano

Conhecendo o signo de Aquário

Os aquarianos são fáceis de reconhecer por seu jeito aéreo, desprendido e indiferente. Trata-se de indivíduos com princípios, que demonstram independência de pensamento e que têm opinião sobre quase todos os assuntos. Como seus conceitos são bastante definidos, eles têm pontos de vista muito pessoais sobre a vida e, sejam politicamente engajados ou não, têm uma consciência social que transparece em sua maneira de lidar com as pessoas. Essa consciência sublinha sua vida e sua postura como um todo.

Este signo é representado pelo aguadeiro, que traz água de beber para benefício de todos. Em lugares onde não existe água potável, os aguadeiros ainda levam água para suas vilas, desempenhando um papel humanitário. Aquarianos típicos estão em missão para melhorar a vida dos outros e procuram fazê-lo de maneiras diversas. Sempre se concentram na perspectiva mais ampla das coisas e buscam o bem maior acima de suas necessidades pessoais. São indivíduos idealistas que procuram pôr em prática sua idéia de um mundo melhor. Freqüentemente, se engajam apaixonadamente em questões que têm implicações para a comunidade num sentido mais amplo, como distribuição de renda, políticas de transporte público, direito de ir e vir, horas de trabalho e assuntos do tipo.

Para começar, os aquarianos preferem ver a vida como um todo. Ficam mais à vontade quando têm uma certa distância e perspectiva. Permanecendo à margem, conseguem pensar com mais clareza e tomar uma posição. Buscam uma visão panorâmica das coisas e gostam de pensar que não têm preconceitos e que são pessoas objetivas. Para eles, a idéia de isso não ser possível é simplesmente inconcebível.

Os aquarianos querem a verdade e gostam de ir ao cerne de tudo, descobrir o aspecto mais verdadeiro das coisas. Acreditam na existência de uma verdade objetiva e absoluta, não na verdade relativa. Sempre escrupulosos, honestos e justos, para eles honestidade e franqueza são fundamentais em uma sociedade civilizada. Em todas as suas interações com os outros, sinceridade é uma expectativa básica. Nunca têm medo de falar o que pensam e podem não ter muito tato, pois para eles a verdade é uma prioridade maior do que a forma com que ela é apresentada.

Em comum com os outros dois signos de ar, Gêmeos e Libra, os aquarianos se preocupam com idéias e conceitos. Intuitivos e inventivos, são os grandes pensadores e revolucionários deste mundo e, apesar de nem todos serem intelectuais, a maioria tem muita energia mental e para eles não há nada melhor que uma discussão estimulante para se debater idéias. Como suas mentes tendem a estar muito adiante daquilo que estão dizendo no momento, sua conversa pode mudar de rumo inesperadamente, de modo que as pessoas têm de lutar para acompanhar o fluxo de idéias.

Por se interessarem por vários assuntos distintos, estímulo mental é como um alimento de vida, sem o qual os aquarianos se sentem famintos e desnutridos. Tendem a passar muito tempo lendo, organizando e trabalhando com idéias, as quais podem estimulá-los em excesso e levá-los a sofrer de tensão nervosa. Exercícios físicos ajudam a liberar o estresse, assim como atividades práticas e criativas, como culinária e jardinagem. Qualquer coisa que os ajude a esquecer os próprios pensamentos age como um antídoto para seu cérebro superativo.

Sua inquietude se deve em parte à necessidade que os aquarianos têm de mudanças drásticas. De vez em quando eles destroem a antiga ordem e criam algo para substituí-la. Isso os anima e revigora, pois não são sentimentais nem nutrem apego por suas coisas; adoram reorganizar a vida e

Aquário

inventar novos sistemas. Para eles, uma limpeza geral representa a libertação de impedimentos e barreiras. Este é o signo dos revolucionários, seja no modo de pensar, seja na forma como organizam sua casa e seus armários.

Os aquarianos apreciam a cultura em suas várias manifestações, como teatro, cinema, dança, ópera, shows e exposições de arte. Em todos esses campos, seu gosto se volta sempre para a vanguarda, o original e o abstrato. Gostam de trabalhos que rompem com fórmulas prontas e criam modalidades novas e excitantes. Apesar de talvez não acompanharem todas as artes com igual avidez, estarão sempre bem informados sobre aquelas que lhes interessam mais. Costumam ler as resenhas de críticos e muitas vezes fazem assinatura de publicações sobre o ramo que lhes interessa mais. Podem ser um pouco dogmáticos, mas com certeza sabem do que estão falando.

A literatura é uma fonte inestimável de estímulo, principalmente para os aquarianos mais introvertidos, que podem se afastar da dimensão social dos eventos aos quais compareçam. Isso pode ser feito reservadamente ou talvez o nativo de Aquário se filie a um clube literário, espaço perfeito para os debates que tanto aprecia.

Em geral, os aquarianos gostam de discussões vigorosas regulares com amigos, colegas e conhecidos. As pessoas representam uma caixa de ressonância para seu fluxo constante de idéias e opiniões incomuns. Esse diálogo é sua fonte de vida, sua alma, e eles buscam essa troca com pessoas com as quais têm pouco em comum a não ser um interesse específico. Isso quer dizer que conhecem pessoas dos tipos mais diferentes, o que resulta em amigos improváveis. Se dessem uma festa para a qual convidassem todos os seus amigos, muitos ficariam chocados ao descobrir que a única coisa que têm em comum é a amizade com o anfitrião.

De mente aberta e liberal, os aquarianos questionam o *status quo* e jogam nova luz sobre formas tradicionais de pensamento. Consideram pessoas de pensamento estreito ou limitado insuportáveis e se expõem publicamente para defender oprimidos e minorias. O conceito de direitos iguais é tipicamente aquariano (bem como qualquer constituição de direitos humanos) e os nativos deste signo farão de tudo para fazer cumprir esses direitos dentro das organizações às quais pertencem.

Os aquarianos costumam ser encontrados em posições de ponta em suas profissões. Estão sempre a par das últimas opiniões nas áreas que lhes interessam e são muito bem informados. Lidam bem com tecnologia, dominam os últimos avanços tecnológicos e, se seu poder aquisitivo permitir, terão sempre equipamentos de última geração, do aparelho de som ao laptop e celular, os quais serão regularmente atualizados, pois os aquarianos querem acompanhar de perto as novidades. Alguns podem achá-los elitistas, mas eles entendem de equipamentos e sabem apreciar a diferença entre eles.

Os aquarianos têm reputação de anticonvencionais, e é verdade que eles não seguem as massas. Alguns são claramente excêntricos e até aqueles que parecem bem convencionais têm um quê de incomum. A maioria tem opiniões fortes sobre certas coisas e está mais do que determinada a dizê-las a quem quiser ouvir. Estão prontos para ir de encontro ao consenso geral para defender uma idéia na qual acreditam. Sua personalidade freqüentemente se constrói sobre as opiniões que emitem, de modo que se posicionar publicamente sobre algo afirma e fortalece sua identidade e o modo como vêem a si próprios. Eles não têm medo de controvérsia; na verdade, até gostam disso.

Entre os aquarianos famosos estão a artista Yoko Ono, a feminista e acadêmica Germaine Greer e a atriz e ativista política Vanessa Redgrave. As três são famosas pelas posturas radicais que assumiram em suas áreas específicas. Elas gostam de ser peculiares.

Os princípios contam muito para os aquarianos, sendo que alguns podem dar a vida por eles. Não é nenhum capricho deles, e sim algo que jaz na essência de suas personalidades e estilos de vida. Os princípios governam tudo, de um jeito ou de outro. Nem todo aquariano é radical como Vanessa Redgrave, mas passeatas pela paz, protestos contra a guerra, o movimento pelos direitos dos homossexuais e dos animais e outros movimentos afins são dominados por esse tipo de indivíduo, que defende seus ideais apaixonadamente.

É comum descrever os aquarianos como indivíduos sociáveis e voltados para grupos de pessoas, mas apesar de isso ser verdade para os aquarianos mais extrovertidos, não o é para todos. Todavia, a sensação de fazer parte de uma comunidade com ideais partilhados pode ser importante até para o mais introvertido dos aquarianos, mesmo que os pontos em comum se resumam a assinar determinadas revistas ou contribuir para certas instituições de caridade. O que as pessoas muitas vezes não entendem é que esse grupo pode ser algo abstrato e não-físico para o nativo de Aquário; ele pode se encontrar no domínio do pensamento em vez de ser algo concreto.

Os aquarianos podem adotar modos de vida idealistas, como viver em comunidade, ou compartilhando bens ou ainda em relações abertas, que podem funcionar muito bem na teoria, mas que na prática podem passar por cima de sentimentos pessoais de um ou outro. Os nativos deste signo têm tamanho compromisso em viver de acordo com seus ideais que se esquecem do fato de que eles nem sempre funcionam bem quando aplicados à vida em sociedade. Sentimentos de ciúme ou de posse podem ser áreas proibidas para os aquarianos – na verdade, qualquer sentimento que não seja "legal" tende a ser suprimido, pois costumam sair correndo ao menor sinal deles. Ao se recusarem a considerar a possibilidade de sentir, eles mesmos, tais coisas, os aquarianos tendem a atrair pessoas que as sintam e as expressem. Assim são forçados a confrontar, pelos outros, os sentimentos que têm dificuldade de vivenciar.

Os aquarianos são ótimos amigos, e em vários sentidos se sentem mais à vontade com o conceito da amizade do que com o de um relacionamento amoroso, no qual surge todo tipo de complicação emocional. Eles se mantêm fiéis e leais aos amigos e são aquele tipo de amigo "pau para toda obra", com quem se pode contar nos bons e maus momentos. Mesmo se o contato for esporádico, não se sentirão rejeitados nem magoados. Não precisam da confirmação constante da amizade via encontros ou telefonemas freqüentes, especialmente se, por qualquer razão, eles não forem tão fáceis de ocorrer. Longos hiatos e ausências podem até ser bons para eles se ficar evidenciado que eles e os amigos em questão se encontram na mesma sintonia.

Mesmo quando estão num relacionamento amoroso, os aquarianos salvaguardam as amizades, que podem durar mais que seus relacionamentos. Os amigos não são descartados nem negligenciados só porque o aquariano ou aquariana começou uma relação. Para eles, o conceito de um relacionamento amoroso é parecido com o de ter um melhor amigo, é só o envolvimento emocional mais profundo que costuma ser-lhes problemático.

Contudo, até os amigos querem apoio e carinho, e não o tipo de reação desapegada típica dos nativos de Aquário. Se um amigo passa por dificuldades, não vai querer pensar no problema de maneira objetiva, ao menos não imediatamente. Ter uma perspectiva ampla das coisas é muito bom em determinadas circunstâncias, mas os aquarianos tendem a usar essa perspectiva de modo defensivo e precipitado. Os amigos podem se sentir distanciados e achar que os aquarianos se sentem ameaçados pelo conteúdo emocional do que está sendo discutido. A análise do aquariano será bem-vinda mais tarde, depois que a pessoa escutar um "tudo bem", "vai passar", "para tudo tem solução" etc. Os aquarianos, por sua vez, não fazem questão desse tratamento para si mesmos, pois acham piegas e pegajoso demais.

O mínimo que os aquarianos precisam é de espaço para vivenciar suas emoções em seu próprio ritmo. Quando acontece algo que lhes aborrece, apesar de registrarem o fato, sua reação inicial é em geral próxima a um estado de choque que os paralisa e congela por um tempo. Só mais tarde, quando eles saem do choque, que conseguem se conectar à dor. Nesse momento, eles podem não se sentir seguros o bastante para se dar ao luxo de se emocionar, além do que podem também ficar preocupados que, uma vez que dêem vazão às emoções, elas acabem lhes tomando um tempo enorme e do qual não dispõem. Eles temem se desfragmentar – se desfazer em pedacinhos –, de modo que preferem pôr certa distância entre si mesmos e aquele momento, num mecanismo de sobrevivência.

Os aquarianos se orgulham de sua lógica e racionalidade, e gostam de avaliar as pessoas e situações de acordo com esses atributos. Na maior parte do tempo, isso funciona bem, mas a coisa desanda quando se trata de seus sentimentos mais profundos, pois eles têm dificuldade em lidar com o plano afetivo, e emoção não é algo que resista bem a análises racionais. Nessas horas, os aquarianos se tornam um mistério para si mesmos, e apesar de ser admirável o modo aberto e interessado com que lidam com o processo, freqüentemente se vêem em apuros e perdidos.

No que tange a relacionamentos amorosos, os aquarianos costumam ser pegos de surpresa. Não estão preparados para as emoções que começam a aparecer e que podem vir a massacrar e desestabilizar estes indivíduos. Mesmo que já tenham passado por isso várias vezes, nunca aprendem a reconhecer quando acontece de novo; então, são sempre pegos de surpresa. A maioria das pessoas se sente desorientada quando se apaixona – é de fato uma experiência de tirar o chão –, mas os aquarianos provavelmente levam mais tem-

Aquário

po para recuperar o equilíbrio e são os menos preparados para lidar com esse tipo de situação. Eles não têm pontos de referência para lidar com sentimentos mais profundos; é como estar numa inundação, em que todos os pontos de referência terrestres desaparecem.

Parte da razão pela qual os aquarianos se debatem tanto no plano emocional – mais até do que os outros signos de ar, Gêmeos e Libra – reside no fato de Aquário ser um signo fixo, portanto lhes falta flexibilidade. Os nativos deste signo buscam reconhecer as coisas minuciosamente e torná-las constantes, mas é evidente que as emoções são flutuantes, difíceis de definir, que dirá explicar ou justificar. Sentimentos simplesmente não resistem a interrogatórios rigorosos. Eles apenas são – têm a ver com ser. Então, quando se trata de amor, este signo passa por maus momentos na tentativa de entender do que se trata efetivamente.

Dito isso, é preciso dizer que os aquarianos se apaixonam, sim, e que se sentem particularmente atraídos por signos de água, que os deixam atordoados e desconcertados. Essa pode ser uma boa combinação, se cada um respeitar o outro, sem tentar forçar a barra para ser do jeito de um ou do outro. Os aquarianos podem aprender mais sobre as emoções numa relação com esse tipo de pessoa, que sem dúvida os ajudará em tal domínio, ao passo que os aquarianos podem ensinar como se desapegar um pouco e não levar tudo para o lado pessoal.

O que pode frustrar os aquarianos nesse tipo de relacionamento é a quantidade de silêncio, pois eles gostam de falar e de usar o diálogo como uma forma de processar seus pensamentos e emoções, ao passo que os signos de água, em geral, não precisam tanto disso. Os aquarianos tendem a se sentir isolados e abandonados, pensando no que fazer com uma pessoa tão pouco falante e que se dariam melhor com alguém que tivesse mais a dizer. Apesar de isso ser verdade quando se trata de amizade, um amigo não precisa ter necessariamente o tipo de ligação emocional de que o aquariano precisa realmente. Sem isso, o relacionamento pode ficar à deriva, tornar-se platônico e ficar parecido demais com uma amizade para continuar existindo.

Talvez Aquário seja o signo do zodíaco mais refratário a compromissos, em parte por precisarem de liberdade, e em parte por levarem compromissos muito a sério. Enquanto nativos de outros signos fazem promessas e as quebram como se estivessem trocando de roupa, se um aquariano fizer uma promessa, pode escrever que vão cumprir, o que explica sua relutância em prometer.

Como conseqüência, aquarianos heterossexuais tendem a ser contra o casamento (os homossexuais ainda não têm a opção de rejeitar o casamento). A idéia de prometer amor eterno é completamente absurda para eles, pois amam agora, mas não sabem do dia de amanhã. Desconfiam igualmente das implicações legais do contrato de casamento, freqüentemente encarando com um olhar cínico a ligação disso com a supressão do indivíduo pelo Estado e pela Igreja. Muitos conseguem ser bem convincentes em seus argumentos para justificar a incorreção política do casamento. Isso pode ser claramente problemático para parceiros mais dados ao romantismo e que não desconstroem o casamento como os aquarianos.

A fobia a compromisso dos aquarianos pode se estender até a pequenas coisas, como para onde e quando sair de férias, pois não gostam de descartar opções. São do tipo que gosta de esperar até o último minuto e então ir para onde quiser, o que não tem problema nenhum se estiver sozinho. Algumas pessoas não se importam, outras, porém, gostam de ter as coisas bem definidas para ficar à vontade. Mas isso pode ser restritivo demais para os aquarianos, que são indivíduos espontâneos e libertários e odeiam sentir que estão sendo restringidos, não importa como.

Os aquarianos precisam ter autonomia sobre a própria vida e, como resultado, podem ser desajeitados e não cooperar em nada para se adaptar aos outros. Ter controle sobre o que fazem e quando fazem é uma necessidade para os nativos de Aquário. Para eles, compromisso não é uma opção, então eles procuram conseguir as coisas do seu jeito. Como todo signo fixo (os outros são Touro, Leão e Escorpião), tendem à teimosia. Uma vez emperrados, é difícil fazer com que se mexam. A única coisa que pode fazê-los mudar de idéia é apelar ao seu senso de justiça, pois não abrem mão de serem vistos como pessoas sensatas.

O casamento pode ser descartado, mas os aquarianos costumam ter relacionamentos prolongados. Em geral, permanecem com a mesma pessoa por muito tempo, contanto que não sejam encurralados nem pressionados a assinar um contrato de casamento – situação da qual costumam dar um jeito de escapar. É mais a idéia do compromisso que os assusta do que o compromisso em si. Isso é bastante paradoxal da parte dos aquarianos. Na verdade, é um dos signos mais leais e jamais abandonariam uma pessoa num momento de necessidade.

De todos os signos, Aquário talvez seja aquele que mais tende a se atrair pelo estilo de vida gay, por opção própria. Eles gostam de experimentar e talvez isso se estenda à sua sexualidade também. Alguns se consideram bissexuais e se mantêm abertos a relacionamentos com ambos os sexos, apesar de serem perfeitamente capazes de se dedicar exclusivamente a uma pessoa por vez. Contudo, para quem nasceu homossexual e nunca pôde escolher o que seria em termos sexuais, ter um parceiro de Aquário pode ser arriscado, pois ele ou ela pode mudar de orientação sexual a qualquer momento.

Aquarianos homossexuais costumam ter orgulho de sua condição e atuar no movimento dos direitos de gays e lésbicas. Estes indivíduos tiram proveito do fato de serem homossexuais. Gostam de não fazer parte do comportamento predominante e de sua posição à margem, de onde têm uma visão única da sociedade, o que reforça sua tendência radical.

Muitos aquarianos se tornam pais. Seja qual for sua orientação sexual, podem decidir ter filhos. E se existe alguém que luta pelo direito de homossexuais terem filhos, próprios ou adotados, este alguém é de Aquário. A principal razão pela qual talvez optem por não tê-los seria a situação do mundo, como a vêem. Talvez achem que o mundo não seja um bom lugar para se criar um filho. Todavia, uma vez afastadas essas objeções, os aquarianos se saem pais liberais, tranqüilos e politicamente corretos.

Para seus filhos, a correção política do aquariano pode ser uma chatice. A maioria dos adolescentes costuma ter vergonha dos pais, e mais ainda aqueles cujos pais vão a manifestações e se portam de maneira não-convencional. É comum os pais de Aquário esperarem que seus filhos compartilhem dos mesmos ideais, o que raramente ocorre. Mais tarde, quando forem adultos, os filhos podem até vir a se orgulhar de seus pais "esquisitões", mas isso não ocorre quando ainda estão crescendo.

De toda maneira, o que os pais de Aquário oferecem de sobra para os filhos é liberdade para serem eles mesmos. São abertos e estão sempre prontos para ouvir as idéias dos filhos, e a vida em casa costuma ser intelectualmente estimulante, incluindo visitas de amigos de todas as esferas sociais.

No que diz respeito à carreira, os aquarianos têm um vasto leque de opções. Seu interesse na verdade e nos fatos os faz bons professores. São bons comunicadores e acreditam apaixonadamente nas virtudes da educação. Como os sagitarianos, gostam de ser bem informados; para eles o conhecimento é a chave da liberdade, o qual ele gosta de compartilhar com todos, como uma troca estimulante.

Os aquarianos costumam sair-se bons cientistas e empiristas, filtrando as informações, testando teorias e procurando pela verdade. Como crêem em explicações racionais e objetivas para tudo, esse pode ser um campo profissional adequado para eles. Gostam de encontrar provas de que as coisas são exatamente como eles intuíram que fossem, o que é possível de obter numa carreira científica. Também adoram pesquisas, pois não se sabe qual será o resultado, e a verdade sobre um determinado assunto é revelada. Acima de tudo, são grandes inventores e inovadores com sua intuição e capacidade de resolução de problemas.

Os aquarianos se saem bem em trabalhos que requeiram intermediação e conciliação, nos quais seu desapego e visão do todo são muito úteis. São bons em ajudar a resolver disputas, como conflitos entre vizinhos, ou com casais que queiram se divorciar da maneira mais civilizada possível. Outra opção seria uma carreira como advogado ou como terapeuta, principalmente se houver uma abordagem sistemática e o uso de técnicas para solução de problemas. Talvez se saiam especialmente bem no trabalho com casais, em que imparcialidade é fundamental. Contudo, sua dificuldade com as próprias emoções pode limitar sua capacidade de trabalhar nesse ramo, de modo que talvez funcionem melhor em trabalhos mais objetivos e breves.

O trabalho como assistente social também pode atrair muitos aquarianos, por ser um ramo no qual se pode ajudar diretamente pessoas mais vulneráveis e em que é possível fazer a diferença com sua atitude. Talvez essa opção seja ainda melhor que ser terapeuta, pois os aquarianos preferem agir diretamente para resolver uma situação a ter de se sentar e lidar com a dor de coisas insolúveis.

Com sua capacidade de se dar bem com tecnologias modernas, os aquarianos se saem bem no ramo de tecnologia da informação e afins. Podem desenvolver softwares, construir websites e se ocupar de várias outras funções no

Aquário

mundo dos computadores. Também são bons engenheiros, principalmente engenheiros civis, podendo pôr em prática algumas de suas idéias visionárias.

Apesar de adorarem a independência da vida de *free-lancer*, os aquarianos trabalham melhor em grupo. Uma cooperativa seria o ideal. Como funcionários, se saem melhor quando lhes dão autonomia e liberdade para fazer seu trabalho da maneira que acharem melhor. Preferem trabalhar numa atmosfera de respeito mútuo e sem controles mesquinhos de horário. Não que fiquem "voando" durante o expediente, pois sabem trabalhar duro quando se sentem motivados, e sim que precisam sentir que têm o controle do próprio trabalho. Sem isso, eles se tornam insolentes e desafiam as restrições impostas. Não trabalham direito com alguém espiando sobre seu ombro e precisam de um superior que seja digno de seu respeito. Se acharem que podem fazer melhor o trabalho de seu superior, é melhor partir para outra, pois as coisas não vão funcionar bem nesses termos.

Na condição de chefe, os aquarianos são dos mais liberais e progressistas. Eles exercem sua autoridade com discrição, cientes de como se sentiriam se fossem objeto da mão pesada de um superior. Como preferem trabalhar coletivamente, compartilhando o poder, quando estão no comando tentam criar esse tipo de atmosfera, com os funcionários assumindo o comando de suas respectivas áreas. Expedientes flexíveis e trabalho compartilhado são encarados com naturalidade por este chefe de mente aberta.

Os aquarianos talvez sejam os melhores chefes que existem, sendo o único lado possivelmente negativo o fato de serem camaradas demais com sua equipe e os limites naturais acabam se desfazendo. Alguns funcionários gostam, mas outros podem ter dificuldades com isso: afinal, o chefe é ele ou ela, que tem poder de lhe demitir. Este chefe excessivamente amigável talvez precise ser benquisto pelos funcionários e valorize demais a opinião deles sobre sua pessoa, o que pode ser complicado na hora de tomar decisões mais difíceis. A posição de chefe pode ser solitária para o aquariano, que prefere mesmo é trabalhar com colegas.

Seja qual for o trabalho do aquariano, ele ou ela contribuirá com sua capacidade de analisar as coisas com clareza. São indivíduos dotados de raciocínio extremamente analítico, o qual aplicam em uma ampla variedade de situações. Gostam de trabalhos ligados a causas humanitárias ou idealistas e muitos se envolvem com entidades de caridade que apóiam tais causas. Este signo é associado à redenção, e seu objetivo é melhorar o mundo para benefício de todos. Quaisquer que sejam seus defeitos, são pessoas admiráveis.

O lado negativo de Aquário

As características negativas de Aquário estão intrinsecamente ligadas a seu desejo de salvar o mundo. Com aspirações tão elevadas, é fácil para eles perder a noção de por que fazem certas coisas. Apesar de parecer cinismo afirmar que não existe altruísmo de verdade, quando os aquarianos se recusam a reconhecer que também estão ganhando algo, deve-se prestar atenção. Mesmo se fizerem certas coisas por puro prazer é importante ter isso claro na cabeça, pois os nativos de Aquário não estão livres de jogar culpa sobre as pessoas por elas não passarem o fim de semana e as noites se dedicando a alguma causa importante.

Independentemente de sua baixa resistência ao tédio, os aquarianos toleram tarefas mundanas, como pôr cartas em envelopes, caso se trate de algo relevante. É difícil para os entes queridos culpá-los, já que é óbvio que se trata de uma iniciativa muito nobre da parte dos aquarianos, mas as pessoas podem acabar se sentindo preteridas e em segundo plano. Os aquarianos se concentram tanto no aspecto geral das coisas que não percebem o impacto que isso pode causar nas pessoas próximas, que podem querer um pouco mais de sua atenção e presença. E o que pode ser ainda mais irritante para quem gosta dos aquarianos é quando eles assumem uma postura superior de donos da verdade.

Outra questão vem no nível de autoconfiança de alguns aquarianos. Eles podem se sentir tão certos que, em vez de estarem abertos para o ponto de vista dos outros, ficam fechados e intolerantes, o oposto do que pretendem ser. Podem se tornar dogmáticos, tacanhos e isolados. E o pior é que eles continuam se achando abertos e receptivos. Sua identidade se baseia nesse traço, do qual se distanciaram completamente. Assim, tornam-se hipócritas que não praticam o que pregam.

Esse tipo de aquariano rebate as idéias dos outros sem sequer terminar de ouvi-las. Podem se apegar tanto às próprias opiniões que chegam a perder o interesse por qualquer outra opinião. Só estão abertos a quem endossar tudo que eles dizem e descartam os demais. Assim deixam de reconhecer que todos os seus amigos pensam como os aquarianos, e apesar de não haver nada de errado nisso – as semelhanças atraem as pessoas –, sua intolerância com os pontos de vista dos demais pode resultar em arrogância e preconceito. Estes aquarianos não percebem que, apesar de serem contra esnobismos sociais, acabam sendo, eles mesmos, intelectualmente esnobes.

Outro problema monumental que os aquarianos têm de encarar é o universo dos sentimentos. Muitos são impressionantemente desconectados das próprias emoções e, conseqüentemente, tratam com arrogância as emoções das outras pessoas. Pode-se argumentar em sua defesa que eles não têm consciência do que fazem, mas quem se relaciona de perto com eles precisa ficar alerta, do contrário pode acabar seriamente ferido.

Seja como for, os aquarianos acabam causando maior dano a si mesmos. É típico deles ir levando a vida cotidiana na maior felicidade até que, sem mais nem menos, sejam tomados pelas emoções, como um maremoto que os desestabiliza por completo por alguns momentos. Quando se encontram nessa situação, ficam abertos e acessíveis, e os amigos ficam tocados por sua evidente vulnerabilidade, mas essa conexão mais profunda com as próprias emoções e com as pessoas não dura muito, pois assim que o aquariano se sente melhor, volta ao velho jeito distanciado e rapidamente esquece o que passou. É mais ou menos como um resfriado daqueles que derruba a pessoa: quando passa, é logo esquecido e não se pensa mais nele, até pegar outro resfriado. Em vez de aproveitar a oportunidade para saber mais do que acontece num nível mais profundo, costumam apenas dar graças a Deus quando o episódio se encerra.

É compreensível que os amigos dos aquarianos se sintam abandonados, então. Eles estavam pensando que outro nível de intimidade havia se estabelecido, mas logo descobrem que não é bem assim. Na verdade, os nativos de Aquário podem até se afastar das pessoas que os apoiaram quando estavam fragilizados – o que não fazem de propósito nem conscientemente, e sim porque a pessoa os faz lembrar os momentos difíceis que tanto querem esquecer. Portanto, estar disponível demais para um aquariano em momento de crise pode até pôr a amizade em risco.

Os aquarianos não fazem idéia de que todas essas emoções podem estar dormentes neles, por baixo da capa de seu comportamento cotidiano, e, logo após emergirem para a consciência, voltam a ser negadas e ignoradas, como de costume. Enquanto as pessoas mais familiarizadas com as próprias emoções as exploram a fundo com intuito de avaliar melhor a si mesmas, os aquarianos se voltam para a mente e o intelecto. Apesar de essa opção ter seu valor, é uma posição que pode deixar de fora tudo que for pessoal e individual.

Esses episódios emocionais desestabilizadores ocorrem tipicamente quando o aquariano está apaixonado. O amor pode até fazer o mundo girar, mas estar apaixonado traz um quê de loucura, e quem se baseia na racionalidade pode ter muita dificuldade de lidar com esse tipo de sentimento. Apaixonar-se é estar disposto a libertar os sentimentos, o que para eles é difícil de administrar, muito mais difícil do que para quem tem consciência do próprio lado afetivo. É típico que interrompam totalmente a vida normal em tais circunstâncias. Perdem peso, passam noites sem dormir e não conseguem funcionar direito.

Quando efetivamente envolvidos amorosamente, os aquarianos estão fora de seu ambiente e lutam para administrar as emoções que emergem. Como esse não é seu domínio, podem se comportar de modo imprevisível e emitir sinais conflitantes para um parceiro em potencial, como telefonar insistentemente e depois não retornar as ligações. Sua estratégia de luta é parecer muito tranqüilos, pois eles tentam retomar um semblante de normalidade, depois dão uma guinada e subitamente demonstram ser loucos pela pessoa. Um parceiro recente precisa agüentar firme nesses primeiros estágios da relação, pois as mensagens contraditórias dos aquarianos provavelmente têm mais a ver com seu estado interno do que com qualquer ambivalência ou incerteza.

Todavia, os aquarianos sofrem de ambivalência e questionam a razão de ser de um relacionamento, o que pode gerar sentimentos de insegurança em seus parceiros, a quem se aconselha manter certa distância dessas maquinações todas para não serem tão afetados. Os aquarianos ficam mais seguros quando lhes dão espaço e se sentem ameaçados quando o parceiro busca intimidade, que para eles pode ser claustrofóbica e sufocante. Precisam de privacidade total para pensar nas coisas e não se deve esperar que estes indivíduos compartilhem cada mínimo pensamento que formulam. Como têm grande necessidade de liberdade e autonomia, precisam de um parceiro que tenha segurança suficiente para lhes oferecer isso de modo tranqüilo.

Férias em separado e até quartos separados devem ser considerados em uma relação estável. Os aquarianos gostam de ter seu próprio espaço e não gostam de se comprometer a dar satisfações de quando saem, para onde vão, nem querem abrir mão de acender a luz do quarto à noite, até porque muitos gostam de ler na cama nas horas mais estranhas (eles têm muita energia mental para processar) – tudo isso sugere que se considere esse tipo de acordo mais distanciado desde o início. Assim, o aquariano ou aquariana em questão poderá fazer a bagunça que quiser sem aborrecer ninguém. Enquanto para alguns signos isso seria sinal de estar faltando algo na relação, não é o caso aqui.

Se por um lado uma relação prolongada pode começar a parecer uma amizade platônica, por outro há diferenças importantes na maneira pela qual os aquarianos contam com seus parceiros. Não reconhecem prontamente uma dependência emocional, o que para eles é algo aterrorizante. O parceiro, porém, pode ter certeza de que eles têm sim suas dependências emocionais, por mais que neguem, apesar de que, como não reconhecem isso sequer para si mesmos, os parceiros têm de se acostumar ao fato de eles simplesmente não reconhecerem esse seu lado.

Os aquarianos sempre acham a amizade o tipo de relacionamento mais próximo do ideal – é um conceito que eles valorizam bastante –, mas até suas amizades podem passar por certos problemas. Os amigos podem se sentir expostos, como se estivessem sendo dissecados em laboratório, ao conversarem com um aquariano sobre questões extremamente pessoais. O que os aquarianos têm a dizer pode estar certíssimo, mas também pode ser dito de uma maneira tão clínica que não ajuda em nada. Eles deixam de perceber que informação não é necessariamente o que a pessoa precisa numa hora dessas, e não entendem que um ombro amigo ajuda muito mais. Pior ainda, esse tipo de postura mais empática não lhes interessa nem um pouco.

É típico dos aquarianos preocupar-se com o todo e com o bem comum, de modo que ponderações individuais são minimizadas e tidas como desimportantes. Isso é igualmente verdadeiro se a pessoa em questão for um amigo, pois jamais deixarão que interesses pessoais solapem seus ideais. Eles esperam que os amigos entendam isso e estejam prontos para sacrificar suas próprias necessidades em benefício das massas, e, se não gostarem da idéia, os aquarianos descartam essas pessoas, tachando-as de egoístas. Se for para o bem de todos, os aquarianos consideram estes sacrifícios um preço pequeno a pagar.

Essa expectativa de que as pessoas têm de adotar uma atitude altruísta pode se aplicar a todo tipo de situação, a ponto de perder uma casa ou uma vista para que seja criada uma rodovia, ferrovia, pista de decolagem ou reservatório de água que sejam de extrema necessidade. Os aquarianos costumam favorecer aquilo que chamam de progresso e costumam condenar os que têm pontos de vista diferentes. Por outro lado, quando se trata de algo que represente uma ameaça para a natureza ou o meio ambiente, são os primeiros a se opor. Sua coerência se encontra na valorização e priorização do bem-estar coletivo antes do individual.

E eles podem ir ainda mais longe, abrindo mão de benefícios pessoais. Muitas vezes, assumem uma postura propositalmente desprovida de ego que é nobre e virtuosa, fazendo vista grossa para os próprios interesses e investimentos pessoais inerentes a essas atividades, apresentando-as como se fossem tão-somente de interesse geral, e por isso válidas. Esse tipo de negação das motivações pessoais é potencialmente negativo e hipócrita, e pode fazer com que os aquarianos se sintam donos da verdade e superiores enquanto não assumem os próprios desejos, que podem ser políticos ou financeiros. Isso não quer dizer que eles sejam desonestos, pois sua honestidade é fundamental para seu senso de integridade: trata-se de uma dinâmica bem mais sutil e mais insidiosa.

Os aquarianos negam o próprio egoísmo, que acaba aparecendo de outras maneiras. Eles vêm com um argumento racional convincente o qual ignora que, se as coisas são feitas de tal forma, eles se beneficiam. E realmente não percebem que construíram um plano que lhes favorece e ficam profundamente ofendidos quando alguém lhes aponta isso claramente. Na verdade, o assunto é tamanho tabu que raramente é mencionado. No entanto, é uma forma de corrupção da integridade de suas idéias, causando-lhes também enorme dor, pois seus sentimentos são feridos quando as pessoas reagem com suspeita às suas propostas, o que é impossível para um aquariano entender. Eles simplesmente não vêem e não compreendem a questão. É seu ponto cego.

Muito se fala sobre a independência de pensamentos e princípios dos aquarianos, que são seus atributos mais positivos, mas quando eles levam esse seu lado a extremos, podem acabar chegando às raias do fanatismo. Por exemplo, as opiniões e ações políticas de uma minoria de ativistas pelos direitos dos animais que são contra o uso de animais em laboratórios representam um clássico do extremismo segundo o qual os fins justificam os meios. No ponto mais extremo desse radicalismo, se encontram os homens-bomba que sacrificam a própria vida por causa de suas crenças fundamentalistas. O fato de acabarem com as vidas de inocentes é para eles um preço lamentável a pagar na consecução de seus ideais. Muito poucos chegam a este ponto, e a maioria dos aquarianos abomina esse tipo de atitude na qual os princípios contam mais que os indivíduos, mas se trata de uma postura típica deste signo. E esse desprezo à individualidade fica aparente na maneira como tratam a si mesmos e aos outros. Portanto, ironicamente, adotam uma posição na qual não têm direitos, caso esses direitos afrontem suas metas humanitárias.

Isso se manifesta no cotidiano na maneira implacável com que os aquarianos usam seu tempo. Por exemplo, não ficam até mais tarde na cama aos sábados só por estarem cansados e terem tido uma semana cansativa, pois há muito a ser feito. E ai de quem priorizar suas necessidades pessoais.

Contudo, apesar das manifestações negativas das qualidades de alguns aquarianos, são indivíduos bem-intencionados. Eles sempre reagem bem a abordagens de bom senso e, se entenderem determinado problema, procurarão mudar. Seu crime é se comprometer cem por cento a seu idealismo e a seu desejo de salvar o mundo; o que dificilmente pode ser considerado um pecado mortal.

O homem de Aquário

É possível reconhecer o homem de Aquário por seu jeito indiferente e aéreo, e pela curiosidade desprendida que demonstra pelas pessoas e pelo mundo ao redor de si. É um homem de idéias que adora se engajar em conversas estimulantes. Ele não busca necessariamente concordância ou um denominador comum, contanto que haja veracidade, e costuma gostar de discutir com pessoas de opiniões radicalmente opostas às dele, por gostar da troca de idéias em si.

Os princípios são o interesse maior do homem de Aquário, que tenta viver de acordo com eles. Apesar da aparente soberba, esse traço torna muito difícil para o aquariano se envolver com alguém que não compartilhe de seus ideais. Para ele, o encontro de duas mentes é fundamental, e quando se trata de escolher uma pessoa para se envolver amorosamente, é preciso que ela esteja na mesma sintonia que ele, mesmo que não haja acordo completo, e que o estimule intelectualmente.

O homem de Aquário tem um jeito impassível de quem não se envolve, como se nada o incomodasse ou alcançasse. Rei da tranqüilidade, ele age como quem pode lidar com tudo e pode parecer indiferente a coisas que deixam muita gente fora de si. Alguns têm uma atitude "tô nem aí" e não parecem levar as coisas muito a sério. Dessa maneira, acabam parecendo imunes a dores ou ofensas.

Na verdade, o homem de Aquário é, de certa forma, protegido por seu desapego. Seus sentimentos, às vezes, podem ser postos de lado e é preciso tempo para que essa conexão se restabeleça, mas, quando isso ocorre, ele sofre tanto quanto qualquer homem. Sua relação com os próprios sentimentos é errática e duvidosa. Na maior parte do tempo ele não está em contato com o que sente e só entende como determinados eventos o afetaram em retrospecto. Seu modo de agir é sempre justo e contido. E isso, é claro, representa uma dádiva e tanto para aqueles que trabalham em profissões que requeiram sangue-frio em momentos de crise, como médicos e equipes de emergência.

Ser razoável e justo é algo que o homem de Aquário espera dos outros o tempo todo. Para ele, quem não for capaz disso está abaixo da crítica. Considera comportamentos irracionais e emotivos algo extremamente ameaçador e logo se afasta de pessoas que agem dessa maneira. Para essas pessoas, o aquariano é frio, inflexível e desdenhoso, mas essa é a máscara que usa para se defender. Para ele, expressar emoções tão claramente é chegar próximo da anarquia, e o aquariano, assim, deixa de reconhecer que o que teme é o próprio caos interno gerado pelas emoções.

Conseqüentemente, o homem de Aquário é ótimo em se comportar com civilidade e tem mesmo um lado bastante severo e crítico. Ele acha que a sociedade funciona melhor quando todos guardam seus sentimentos pessoais para si mesmos, e aplica essa regra para todos os níveis de interação. Talvez a pior coisa que se possa fazer com ele é uma cena escandalosa em público.

O aquariano tem em comum com os outros dois signos de ar (Gêmeos e Libra) os sofisticados talentos sociais, apesar de seu lado rebelde – ele gosta de provocar as pessoas. Ao contrário de Libra, ele não se preocupa muito com o que pensam dele, de modo que se dá uma considerável liberdade de fazer e ser como quiser. O aquariano gosta de ser controvertido.

O cantor pop Robbie Williams é um aquariano que serve de exemplo desse traço de personalidade. Pode-se dizer que a controvérsia alimenta sua carreira ao lhe render bastante publicidade. Sua postura é irreverente, mas ele é ao mesmo tempo aberto e honesto, especialmente em algumas de suas letras, com relação ao que ele realmente sente. Essa honestidade é um dos traços mais desconcertantes do signo de Aquário.

O artista Jackson Pollock é um aquariano que ainda provoca controvérsia após a morte. Sua arte era única em estilo e rompia radicalmente com formas de representação artísticas, lançando mão de conceitos sobre a natureza do inconsciente então em voga na psicanálise. É também tipicamente aquariano que as idéias em voga na época tenham influenciado e servido de base para sua arte.

Com sua personalidade superestilosa, o homem de Aquário pode ser devastadoramente atraente, mas quando se trata de relacionamentos amorosos, costuma ter a má fama de ser avesso a compromisso, o que é verdade – ao menos superficialmente. No entanto, a maior razão de sua relutância em se comprometer é o fato de levar a coisa a sério. Palavras valem muito para ele, portanto, ao contrário de alguns signos, jamais dirá "eu te amo" sem realmente sentir esse amor no momento em que se expressam. Mesmo assim, um compromisso como o casamento pode lhe parecer uma impossibilidade emocional. Ele não entende como pode prometer amor eterno, sabendo que pode ser só uma intenção do momento. Mas esse é seu dilema, e é por isso que ele hesita tanto em se casar.

Mas o aquariano tem outras reservas ao casamento. Ele sofre de um alto grau de ambivalência e odeia ser mandado ou reprimido. Ele realmente gosta de manter suas opções em aberto, e um parceiro em potencial precisa reconhecer que este homem precisa de bastante espaço. Isso se aplica particularmente ao começo do relacionamento, quando ele se comporta de modo mais retrativo. Ele precisa dar as cartas. O parceiro em potencial deve evitar quaisquer movimentos bruscos, devendo evitar até mesmo telefonar para o aquariano a não ser que esteja claro que ele não vai se sentir pressionado, pois, caso isso aconteça, ele pula fora. A pessoa que quiser ficar com ele precisa bancar a difícil e manter suas opções em aberto também.

O homem de Aquário leva um certo tempo até reconhecer que ama alguém. Por mais rápido que ele seja em outras áreas, nessa ele é lento. Mesmo quando é óbvio para aqueles que o cercam, o aquariano pode nem perceber que está apaixonado. E o novo relacionamento pode não progredir enquanto ele não reconhecer seus sentimentos.

Uma das razões pelas quais leva tanto tempo para o aquariano saber que está apaixonado por alguém é o fato de estar sempre negando suas emoções como um todo, e principalmente suas necessidades. Por isso, se estar apaixonado pode ser assustador para qualquer um, para ele nem se fala, pois é uma situação na qual ele tem de se confrontar com todas as coisas de si mesmo das quais costuma fugir. Portanto, ele é particularmente vulnerável e despreparado quando se trata de amor. Ele está entrando em território desconhecido e, mesmo que já tenha passado por isso, jamais seria uma área para ele se especializar.

Uma vez tendo compreendido integralmente como se sente, o homem de Aquário tenta analisar e tirar um sentido racional da situação. Apesar de essa atitude não ajudar necessariamente, ao menos ele fala sobre como está se sentindo. Mas mesmo nesse estágio ele pode não querer uma relação convencional e pode achar a mera idéia de namorar alguém extremamente atemorizante. O conceito deve cair em suas graças antes que ele possa considerar a questão em termos emocionais.

O aquariano um pouquinho mais velho seria melhor opção nesse sentido, pois já percebeu o lado ruim de viver sozinho, principalmente se seus amigos já estiverem casados e com filhos. Na hora em que ele achar que está ficando para trás, é provável que mude de atitude. Assim, com este homem tudo vai depender do momento ideal e, se seu melhor amigo tiver se casado recentemente, será mais provável que ele considere a idéia para si mesmo. Se todos os seus amigos forem solteiros, ele ainda vai esperar muito para se unir a alguém. Isso se aplica a despeito de sua orientação sexual, pois é uma questão de estilo de vida, vida de solteiro *versus* vida de casado.

No final, o aquariano acaba se decidindo por alguém e se revela um parceiro e tanto. Por mais relutante que ele tenha sido inicialmente, a compensação vem na lealdade que ele poderá oferecer agora. Ele é um amante atencioso que adora experimentar, de modo que um relacionamento sexual estável continua interessante e vivo. Sua atitude para com o sexo é aberta e consciente, e ele pode falar de suas preferências e perguntar sobre as da pessoa que estiver com ele, o que é bastante libertador para quem tem vergonha desse tipo de diálogo. Aquarianos não se chocam facilmente.

Além do que, o homem de Aquário é fácil de levar e um companheiro entusiasmado que traz para seu relacionamento muitas amizades e interesses. A conversação com ele é sempre estimulante e inteligente e sempre há visitas casuais. Com ele a vida não tem nada de maçante. Ele dá liberdade à pessoa para tomar parte em sua vida social e cultural ou não, como preferir. Se a pessoa não gostar de algo que o aquariano faz com freqüência, deve saber bem que ele não vai abrir mão dessa atividade por ela. É necessário que haja espaço suficiente na relação para que tenham interesses distintos, de uma forma que não represente ameaça para o relacionamento mas acabe até estimulando-o.

Sendo o aquariano um homem de princípios, é provável que tenha a cabeça aberta e seja tolerante. Ele quer ter um relacionamento de igual para igual, no qual as decisões sejam tomadas em conjunto e as responsabilidades e deveres sejam compartilhados. Se ele vai conseguir isso ou não é outra coisa, mas ao menos esta é sua intenção. Ele tampouco espera que os papéis se dividam por gênero. Todavia, ele pode não ser muito prático, de modo que, no começo, a pessoa que estiver com ele precisa investir um certo tempo para mostrá-lo como funcionam as coisas. E, como este sujeito não deve ser muito bom em tarefas práticas da casa ou jardinagem, vale a pena lhe ensinar as tarefas básicas de uma casa.

Quando se trata de ter filhos, o homem de Aquário pode demonstrar preocupação com possíveis mudanças em sua vida e na perda de liberdade que ele acha que ocorrerá. Ele vai com cautela e, apesar de não perceber de cara quais seriam as mudanças positivas, tem razão em reconhecer esta como uma decisão séria. Poucas pessoas entendem, antes de terem filhos, como as crianças acabam mudando as prioridades da vida dos pais, mas o homem de Aquário se encontra entre os que mais se surpreendem com isso; ele não faz idéia do impacto emocional que sentirá ao ser pai. Contudo, se ele vier mesmo a ter filhos, certamente achará esta uma das experiências mais gratificantes de sua vida.

O homem de Aquário entra numa curva de aprendizado veloz ao lutar no estágio pré-verbal do seu bebê. Esta é a fase para a qual ele está menos preparado, mas, à medida que seus filhos vão crescendo, ele também vai se adaptando melhor ao papel de pai. Ao manter sua postura imparcial, o aquariano espera fazer sua parte na criação dos filhos, portanto, apesar de ser um pai arredio nos primeiros meses, ele contribui bastante e faz o melhor que pode, o que fornece uma boa estrutura para o futuro. Se existe alguém que luta pela licença-paternidade e reconhece a importância de estar perto dos filhos, é o aquariano.

O homem de Aquário costuma ser um pai liberal e tolerante. Ele é acessível e está sempre disposto a ouvir. Sabe ajudar os filhos a pensar sobre as coisas e elaborar as próprias idéias e opiniões, além de os incluir desde cedo em suas atividades do dia-a-dia. Pode-se dizer que os aquarianos são um exemplo do chamado "novo homem", por sua atitude inclusiva e igualitária. Ele também pode ter suas idéias sobre como educar os filhos, as quais tendem ao experimentalismo e ao radicalismo. Se existe alguém que prefere métodos alternativos de educação para os filhos, como as escolas teosóficas de Rudolph Steiner ou as escolas progressivas Summerhill de A.S. Neill, pode apostar que é um aquariano.

Todavia, a despeito das tendências liberais do homem de Aquário, ele não é manipulável e estabelece limites bem definidos, esperando que estes sejam respeitados pelos filhos. Ele apela ao senso de justiça dos filhos ao estabelecer qualquer regra e, ao fazer isso, agirá com mão de ferro caso desrespeitem as regras. Para ele, comportamentos insensatos são completamente inaceitáveis.

No que tange à carreira, há muitas direções que o homem de Aquário pode tomar. Mas seja qual for a carreira que ele venha a escolher, ficará mais feliz com um trabalho no qual possa efetivamente dar sua contribuição à sociedade. Ele tem necessidade de se sentir parte de algo maior, portanto o trabalho em algo estritamente comercial ou particular, por mais interessante que seja o trabalho, não o satisfará de verdade. Contribuir para mudar é o mais importante para ele.

Mesmo em sua profissão, o homem de Aquário prefere uma posição que beneficie a maior parcela da população. Então, se ele for médico, por exemplo, é improvável que tenha uma lucrativa clínica particular; geralmente opta por trabalhar em uma área carente, na qual sente que sua contribuição é mais importante. Se for cientista, deve procurar trabalho na esfera pública. Como professor, geralmente trabalha em escolas públicas de áreas carentes em vez de optar por escolas particulares, nas quais os alunos são mais privilegiados. Seu idealismo transpassa tudo que ele faz.

O homem de Aquário pode trabalhar diretamente com questões humanitárias. Assim, é provável que fique bem satisfeito de estar fazendo sua parte para tornar o mundo um lugar melhor, e tende a rejeitar oportunidades de crescimento financeiro para favorecer esse tipo de trabalho. É possível também que ele faça algum tipo de trabalho voluntário em seu tempo livre.

Seja qual for seu trabalho, o homem de Aquário o realiza com consciência política. Apesar de colocar suas necessidades pessoais em segundo plano, costuma alcançar um padrão de vida digno. Seu objetivo não é, necessariamente, ficar rico. Sua prioridade é sempre maior que ele mesmo e por mais que as pessoas que o amam fiquem frustradas com isso, é difícil criticá-lo. O que seria de todos nós sem os aquarianos e sua visão de um mundo melhor?

A mulher de Aquário

É possível reconhecer a mulher de Aquário por sua postura independente e seu jeito simpático e despachado. Ele realmente gosta das pessoas e por elas se interessa, mas sempre se mantém à parte. Determinada a ser ela mesma, a aquariana tem uma atitude intransigente e ao mesmo tempo discreta. Ela não precisa gritar para ser ouvida, ela simplesmente exala personalidade pelos poros.

A mulher de Aquário costuma se vestir de modo bastante original, o que ressalta seu espírito livre. Sempre está moderna, apesar de não seguir a moda.

Tem bom olho para o incomum e consegue misturar e combinar peças com criatividade. Ela é uma pessoa exuberante e única com seu estilo boêmio e seu jeito original de ver as coisas.

Com seu amor pela informalidade, a aquariana adora feiras de rua e brechós, mais pela atmosfera eclética que pelas ofertas. Para ela, pichação de rua não é vandalismo e sim uma forma de arte, e ela gosta de manter-se a par do que acontece nas ruas e das últimas novidades na moda, música, arte e cultura. Se for da classe operária, terá orgulho de suas origens da mesma forma que têm as pessoas que vêm de uma classe mais abastada.

Sempre se posicionando do lado mais radical, a mulher de Aquário não tem medo de dizer o que pensa e, geralmente, suas opiniões não são muito populares – na verdade, ela costuma ser tachada de extremista. Meio-termo é algo totalmente estranho para ela, pois sempre está totalmente à direita ou totalmente à esquerda, e mantém-se bem informada sobre política, local e internacional. Se existe alguém que puxa assunto sobre a situação de algum canto distante do mundo, é a aquariana.

A mulher de Aquário pode bem se envolver com questões globais como a mudança do clima, a dívida dos países subdesenvolvidos, comércio justo e a destruição das florestas tropicais. É provável que esteja bem informada sobre esses assuntos e que tenha uma postura apaixonada sobre eles. Se por um lado ela gosta do fato de cada pessoa ter direito à própria opinião, por outro não estabelece laços de amizade profundos com pessoas que se oponham frontalmente às suas opiniões, ou que não se deixem mobilizar por elas.

Os princípios da mulher de Aquário são evidentes. Eles são a razão de sua vida e a base a partir da qual ela julga a vida dos demais. O mundo em que ela vive afeta sobremaneira a aquariana, que se preocupa com questões humanitárias que não necessariamente a atingem de forma direta. Ela reconhece que os homens têm essencialmente os mesmos direitos, e que ao ignorar esses direitos o homem se degrada. Para ela, essa postura não representa uma opção.

Aberta a todo tipo de pessoa, a mulher de Aquário não tolera preconceito de nenhum tipo, seja de classe, raça, sexualidade, status ou o que for. Ela é contra esnobismo e qualquer tipo de tratamento intolerante, e procura sempre tratar as pessoas pelo que elas são, sem noções preconcebidas. Como não sente necessidade de rotular as pessoas, não espera o pior delas. Então, por exemplo, a despeito de dar esmola a um pedinte na rua, ela o olha nos olhos e o reconhece como um ser humano, tanto quanto ela. Para quem vive nas ruas, esse tipo de reconhecimento em meio a tanta gente que passa por eles funciona como um reconhecimento de seu direito de existir. Essa compaixão por outras pessoas é algo que ela oferece automaticamente, apesar de, às vezes, ela ir além e chegar a oferecer conselhos, os quais nem sempre são bem-vindos.

Muitas mulheres de Aquário abordam a vida como se fossem assistentes sociais, trabalhem ou não nesse ramo de atividade. Suas preocupações com as pessoas fazem da aquariana uma mulher extremamente motivada a fazer coisas sobre a condição humana que muitas vezes não são bem recebidas. Algumas têm uma atitude do tipo evangélico-missionária, o que acaba as afastando daqueles que pretendem ajudar. Portanto, a despeito de seu senso de humanidade, existe um hiato no qual ela sem dúvida se vê como privilegiada. Isso pode bem ser verdade, mas costuma soar para as pessoas como arrogância e pretensão.

A postura de "entendo, mas não tenho este problema" é adotada pela mulher de Aquário em várias áreas de sua vida. O que ela diz não é verdade, apesar de ela realmente acreditar nisso, e assim ela pode contar com indivíduos menos afortunados para projetar sua própria infelicidade. Ela pode se distanciar dessas emoções dentro de si e identificá-las como pertencendo a outrem, razão pela qual se sente tão compelida a ajudar. Essas pessoas vivem sua disfunção por ela. Quanto mais ela alega que está muito bem, pior têm de estar as pessoas próximas.

A aquariana pode ter modos bastante simpáticos e agradáveis, o que pode resultar numa pessoa sempre esperançosa. Trata-se de uma mulher vigorosa e cheia de energia que se recusa a ver as dimensões mais deprimentes e gélidas da vida. Apesar de se interessar pelos momentos mais mórbidos da vida dos outros e estar aparentemente oferecendo ajuda, na verdade ela tem seus próprios motivos – ou seja, fazer com que essas pessoas melhorem. E ai de quem não melhorar com sua ajuda. Ela não tem a menor tolerância para com aqueles que não querem melhorar. Por isso, não há problema em começar um conversa em tom cabisbaixo, mas nada de terminar no mesmo clima. O final tem de ser positivo.

A capacidade da aquariana de ver o lado bom das coisas é, sem dúvida, uma força, pois ela é boa em extrair o melhor de situações difíceis. Ela não se deixa abater por nada por muito tempo e usa sua perspectiva ampla de vida para resolver as próprias dificuldades. Assim, se ela sofrer algum revés, como a perda de um emprego ou o fim de um relacionamento, tentará enxergar um modo de se beneficiar da situação, alegando para si mesma que as coisas já não iam bem e ela já estava mesmo querendo terminar a relação ou pedir demissão. Seu desapego e visão ampla a conduzem pelos altos e baixos da vida, só que ela pode ser rápida demais e acabar não processando devidamente seus sentimentos. Ela vai de cabeça no fluxo dos acontecimentos, deixando para trás suas emoções mais profundas.

 Abandono é algo terrível para a mulher de Aquário. Seu medo de ser abandonada numa relação é um tema constante em sua mente, podendo até se tornar uma forma de competição, do tipo "eu vou terminar com você antes que você termine comigo". O erro subjacente nisso tudo é o modo pelo qual ela negligencia as próprias emoções. Talvez quando criança ela tenha sido estimulada a agir de modo mais independente do que realmente se sentia preparada – talvez até a recompensassem ao agir como menina "crescidinha". Isso pode ter funcionado como um combustível para sua tendência a suprimir emoções mais difíceis. A despeito de como essas emoções vieram a aparecer – e muitas aquarianas passam por esse tipo de distúrbio ou ruptura quando pequenas –, o resultado é que ela luta para ficar longe de sentimentos difíceis e, ao fazer isso, ela destrói uma importante fonte de conhecimento interno. E então ela precisa contar com a própria mente para poder agir, o que é ótimo para situações e decisões nas quais seja melhor agir racionalmente, mas não adianta muito em questões do coração. A área sentimental é de longe a mais difícil para a aquariana, pois as coisas nunca saem de acordo com seus planos.

 A mulher de Aquário é perceptiva e perspicaz, pensa rápido e gosta de exercitar o cérebro. Ela busca estímulo mental e o que mais gosta é de uma boa conversa com os amigos. Seu ideal de noite pode ser uma refeição com um grupo de amigos de diversas origens conversando sobre todo tipo de assunto e discutindo pontos de vista. A comida em si não é tão importante para ela, contanto que seja palatável e que haja bastante vinho para acompanhar; o que importa para ela é a ocasião.

 Quando se trata de discutir pontos de vista, a mulher de Aquário sempre tem opiniões muito definidas. No campo da discussão de idéias ela é sempre bastante segura e firme. E também é brutalmente honesta, e não qualifica nem denigre sua postura de acordo com quem ela está falando, como costumam fazer os signos de água. Ela não tem papas na língua e todos sabem como ela pensa. Sua sinceridade pode ser um pouco difícil de agüentar: se ela achar alguém um imbecil, por exemplo, ela dirá o que pensa sem meias palavras. Ela pode justificar isto dizendo "estou apenas sendo sincera", sem perceber que o que ela chama de sinceridade é apenas sua opinião.

A mulher de Aquário tem um espírito independente que afeta cada esfera de sua vida e de seu comportamento. Ela não pede favores, pois espera que seu sucesso ou insucesso sejam mérito ou falha dela mesma. É incapaz de ficar bajulando quem quer que seja, por mais que ganhe com isso. Poder viver de acordo com sua própria verdade é essencial para seu senso de integridade e respeito próprio. Sem isso ela não é nada. É por isso que ela não consegue jamais comprometer seus princípios, e por isso que sua verdade, às vezes, soa tão pesada.

Todas as aquarianas têm algum nível de fobia a compromisso; é intrínseco à sua natureza de amante da liberdade não aceitar a mera idéia da repressão. O modo pelo qual algumas resistem é fazer arranjos de todo tipo para fugir do que consideram uma armadilha. A mulher de Aquário quer poder fazer o que quiser, na hora que quiser, o que inclui trivialidades vitais para ela. Ela se sente asfixiada se alguém ficar esperando que ela chegue em casa num determinado horário. E se ela quiser parar em algum lugar a caminho de casa? Ou resolver voltar por outro caminho, mais interessante e mais demorado? Ela considera um ultraje a idéia de que alguém possa exercer qualquer tipo de poder sobre seus pensamentos e atos ou crie qualquer problema em relação ao seu direito de exercer essas escolhas. Para ela, trata-se de um direito, e tem vontade de deixar falando sozinha qualquer pessoa que tente lhe impor limites em sua autonomia.

A mulher de Aquário pode sofrer de algum nível de claustrofobia. É comum que se sinta confinada e precise sair para um ambiente aberto. Gosta de ar fresco e espaços abertos. Ela precisa de movimento e não gosta de se sentir amarrada, especialmente pela agenda dos outros.

Portanto, o bem-estar da mulher de Aquário se encontra em seu direito básico de ter liberdade de ir e vir diariamente. A pessoa que estiver com ela precisa saber lidar com isso para ultrapassar o primeiro obstáculo. Num relacionamento, comunicação clara e direta é prioridade. Ela precisa de alguém que seja interessante e que a estimule intelectual e mentalmente. Apesar disso, é bem possível que se atraia por signos de água, que a fascinam pela natureza tão diferente de sua personalidade. Por mais que alegue o contrário, ela precisa de alguém que tenha mais acesso a suas profundezas afetivas e que seja menos refratário a compromisso, do contrário aquilo que era para ser um relacionamento logo começa a parecer mais uma amizade platônica.

Para a mulher de Aquário aceitar um compromisso é necessário que ela esteja cem por cento segura. Enquanto alguns signos fazem promessas que sabem que não vão cumprir, ela não seria capaz disso. Entretanto, isso não significa que não seja leal, pelo contrário. Ela é extremamente confiável dentro dos limites que impõe. Na verdade ela é bem mais estável num relacionamento do que demonstra, pois é a idéia do compromisso que representa um problema para ela, e não a prática.

Morar junto é algo com que a aquariana consegue lidar, principalmente se não houver muita cena nesse processo. Ela realmente não gosta da idéia de se casar. Ela simplesmente não é do tipo casadoira por inclinação natural, o que também não significa que ela tenha algo contra a monogamia – em geral, outras modalidades lhe parecem complicadas demais. O fato é que ela não morre de vontade de fazer votos de amor eterno, pois só consegue prometer o que sente no momento atual. A mera idéia de "até que a morte nos separe" lhe dá uma sensação de prisão. Não há romance que consiga transformar a idéia em algo atraente para a aquariana.

A mulher de Aquário traz consigo seus ideais ao dividir a casa com alguém, e espera determinado tipo de comportamento. Ela tem uma verve feminista nata, pois acha que tudo deve ser dividido meio a meio, incluindo as contas e as tarefas domésticas. Ela não espera ser sustentada, assim como também não espera ficar com a maior parte do trabalho em casa. E também não costuma ser das mais organizadas, de modo que muitas vezes quem vive com ela acaba reclamando de sua bagunça. Ela se deixa levar por suas idéias e pode deixar de perceber certos assuntos práticos e triviais, os quais nunca serão seu forte. Talvez ela queira espalhar suas coisas por ser mais confortável para ela mesma e por não se importar com a bagunça, mas, se seu parceiro se incomodar, o problema passa a ser de ambos.

A atriz aquariana Mia Farrow é um bom exemplo de uma série de traços deste signo. Sua longa relação com Woody Allen tinha por base um acordo tipicamente aquariano, no qual cada um morava de um lado do Central Park, ela com as crianças e, sem dúvida, uma boa dose de bagunça; e ele, sozinho. Allen podia assim escapar da vida doméstica sempre que queria, e, na época, o arranjo parecia satisfazê-la.

Viver em casas separadas pode se encaixar bem ao jeito da mulher de Aquário, pois ela gosta de ter seu espaço. Normalmente, cada um tem seu quarto, ou cada um tem sua casa, uma na cidade e outra no interior, usadas por ela e pela outra pessoa. Um parceiro que se ausente bastante por causa do trabalho também é ótimo para ela. Assim, ela pode ter tempo para si mesma sem maiores esforços e também não precisa pensar em arrumar modos de garantir o próprio espaço.

Quando estava com Woody Allen, Mia Farrow adotou mais de oito filhos e continuou a adotar mais, alguns com deficiências, após o término de seu relacionamento com ele. Para adotar tantas crianças, ela lutou para alterar a legislação no senado norte-americano. Esta foi uma questão na qual ela se engajou fortemente. Obviamente essas crianças estavam sendo ajudadas, mas também é possível que ela estivesse tentando salvar sua própria criança interna ao abrigá-las. É compreensível que ela tenha passado por muito estresse e que este tenha sido um dos motivos que a levou a adotar crianças vulneráveis.

O nascimento de uma criança é uma ocasião na qual, assim como quando alguém se apaixona, emoções muito profundas vêm à tona, e a mulher de Aquário se sente mais desestabilizada que a maioria das mulheres com o peso da nova responsabilidade. Além disso, é possível que ela se sinta isolada, o que torna vital que tenha apoio e companhia. Por mais que seu parceiro a ajude, ela realmente precisa trocar experiências com outras mães de primeira viagem; portanto, participar de encontros de mães e de atividades relacionadas ao bebê favorece esse tipo de contato. Sem isso, determinadas combinações de circunstâncias podem levar a aquariana à depressão pós-parto. Se isso ocorrer, ela reagirá bem a terapias de grupo fáceis de encontrar no dias de hoje.

Na verdade, ter filhos pode não ser uma prioridade para a mulher de Aquário. Dar à luz idéias e projetos estéticos pode lhe satisfazer em termos criativos, e ela talvez não queira perder sua independência. Além disso, a questão física de dar à luz a deixa nervosa e nauseada. Apesar disso, muitas se tornam mães e adoram. Podem se sentir um tanto inseguras em relação à criação dos filhos na fase pré-verbal, quando só pela empatia podem presumir o que está acontecendo com o bebê. Entretanto, muitas aquarianas acabam se surpreendendo e se saindo melhor na maternidade do que imaginavam. Seu desapego pode ajudar bastante nisso, pois não entram em pânico como nativos de outros signos e são mais capazes de presumir o que pode estar acontecendo.

Quando os filhos começam a crescer, a aquariana se sai muito bem em estimular suas mentes. Os pequenos vão aproveitar a creche e também ser levados para cima e para baixo a todo tipo de atividade cultural. Ela sabe criar atividades extracurriculares para as crianças, tornando suas vidas mais completas e fascinantes. Mãe liberal e fácil de lidar, ela conversa com os filhos desde cedo e os estimula a participar de decisões que afetam a família toda. Se existe alguém que gosta de organizar reuniões de família na qual todos tenham o direito de ser ouvidos, é a mãe de Aquário.

A mulher de Aquário tende a tratar seus filhos como iguais, no que geralmente obtém boa resposta das crianças. Em especial, ela tem uma relação boa, aberta e honesta com os adolescentes, que se sentem bem em contar a ela coisas que deixariam as outras mães horrorizadas. Ela não os julga, nem entra em pânico, agindo com inteligência e realismo quando se trata de assuntos como drogas e sexo, e oferecendo livros sobre o assunto próprios para a idade do jovem. E se põe à disposição para responder perguntas com sinceridade e respeito. Para ela, deixar os filhos bem informados é capacitá-los para fazer as escolhas certas. Como não se comporta com autoritarismo, acaba sendo uma amiga e confidente dos filhos.

Outra coisa importante que a mãe de Aquário costuma fazer certo é não se sacrificar demais pelos filhos, de modo que no futuro não há ressentimentos nem cobranças de nenhum tipo. Ela sabe tocar a própria vida e fazer as próprias coisas, de um jeito ou de outro, e há algo de saudável e revigorante nisso. Como ela não fica projetando neles a vida que deixou de viver nem esperando que eles façam o que ela queria ter feito, seus filhos são livres para ser o que são. Para alguns ela pode ser egoísta, mas na verdade ela é uma mãe que deixa os filhos à vontade.

Tocar a própria vida pode incluir seu trabalho, ou não. Se a carreira da aquariana já for importante para ela antes de ter filhos, então é provável que ela queira continuar. Entretanto, se o trabalho era só para pagar as contas, ela pode ficar feliz da vida de parar de trabalhar, se puder abrir mão do dinheiro. Ela tem muitos interesses e pode perfeitamente entrar em grupos como Amigos da Terra ou Greenpeace, e pode querer dedicar bastante tempo e energia a várias causas.

Oprah Winfrey é um bom exemplo de aquariana super bem-sucedida da atualidade. Na condição de rainha absoluta da televisão no horário vespertino, ela aborda muitas questões sociais em seus programas os quais, para alguns, banalizam histórias de dor pessoal e exploram os participantes, enquanto para outros o que ela faz é transmitir uma mensagem extremamente necessária para uma parte mais ampla da comunidade e em benefício de todos. Além do que, ela ajuda os Estados Unidos a ler: ao recomendar romances específicos em seu programa ela popularizou certos autores e criou *frisson* sobre o mundo literário.

No final das contas, o que importa para a aquariana – assim como acontece com o aquariano – é fazer a diferença, seja com seus filhos, com as atividades voluntárias ou o trabalho. Sua consciência social e seu desejo de melhorar o mundo são o que a distinguem. Os duros golpes da vida inevitavelmente abrandam seu idealismo, mas mesmo assim ele se mantém sua força-motriz.

A criança de Aquário

Podemos reconhecer a criança de Aquário por seu jeito simpático e sociável. Desde muito cedo, os pequenos aquarianos demonstram ativo interesse no ambiente que os cerca. Assim que aprendem a focalizar o olhar, gostam de sair para toda parte empurrados em seus carrinhos de bebê, conhecendo assim o mundo ao seu redor. Mesmo ainda bebês, ficam intrigados com as pessoas, observando seus movimentos com fascínio evidente. Se este bebê for carregado nas costas ou pela frente sustentado por uma tira ou mochila para bebês ficará sempre atento ao movimento das ruas. Ousadas na hora de produzir sons, as crianças de Aquário deixam claro que querem se comunicar e costumam se aventurar precocemente em sua língua, formando frases inteiras ainda muito pequenas.

Sociáveis e gregárias, as crianças de Aquário se beneficiam muito com o contato direto com outras crianças. Ficam muito bem na creche, pois, ao contrário de algumas crianças pequenas, não ficam nervosas por não estarem ao lado da mãe. Adoram atividades estimulantes e brincadeiras com as outras crianças. Entretanto, os pais podem achar difícil ver seu filho ou filha sair sem olhar para trás nenhuma vez.

As crianças de Aquário demonstram sua natureza independente bem cedo, não apenas por ficarem mais à vontade com estranhos que a maioria das crianças, mas também pelo modo como gostam de estar no controle e fazer as coisas sozinhas. Elas insistem em comer sozinhas tão logo conseguem segurar a colher, mesmo que estejam fazendo a maior sujeira. E rejeitam barulhentamente qualquer tipo de ajuda.

O que é mais preocupante é que, quando a criança de Aquário começa a caminhar, costuma se rebelar contra a obrigação de dar a mão aos pais e ter idéias próprias sobre a direção a seguir, podendo até sair correndo na direção oposta à da mãe, de modo que é preciso ficar de olho, do contrário haverá grandes chances de o pequeno aquariano se perder, assustando a si mesmo e aos pais. Para esta criança, este é um jogo que vale a pena tentar.

Uma aquariana de dois anos de idade estava num acampamento de férias com os pais e desapareceu logo após sua chegada. Alguém tentou tranqüilizar a mãe dela dizendo: "Não se preocupe, logo alguém achará uma criança chorando e a levará para a central de crianças perdidas." A mãe respondeu: "Você não entende! Ela não vai chorar." E não chorou mesmo – felizmente, foi encontrada sã e salva.

As crianças de Aquário não costumam ser mais complicadas do que a maioria das crianças de dois anos, é só que elas demonstram uma ausência de medo que as coloca em perigo. Mas é importante, contudo, que os pais não superestimem a capacidade destas crianças e saibam evitar a ansiedade que lhes acomete por tentar coisas demais, cedo demais. Quando muito pequenas, é essencial que estas crianças estejam sendo sempre vigiadas, mas sem frustrar seu espírito independente.

A criança de Aquário é naturalmente do contra, e tende a fazer exatamente o contrário do que lhe pedem, o que exige certa astúcia para conseguir que façam certas coisas. Muito antes de serem aptas para se vestir sozinhas, insistem em fazê-lo. Para não transformar a coisa num cabo-de-guerra pelo poder no qual o adulto pode acabar perdendo, é preciso usar de tática. Nessa idade, uma boa idéia seria limitar suas opções de roupas àquelas que são adequadas para o momento, de modo que o pequeno aquariano possa exercitar seu livre-arbítrio, mas dentro de certos parâmetros. Outra boa idéia seria comprar roupas que eles possam vestir e tirar com relativa facilidade – como sapatos com fecho de velcro no lugar de laços ou fivelas.

Quando a criança de Aquário já está mais crescida e sabe falar, os pais podem apelar ao seu bom senso. É claro que aos dois anos de idade isso não é possível. Os pais devem desistir de ficar no controle e simplesmente aceitar que seu filho é do contra. Uma mistura de firmeza quando for realmente importante e de deixar para lá quando não for funcionará bem e será menos estressante.

A criança de Aquário tem um jeito desligado e indiferente e pode agir como se as coisas não lhe incomodassem muito. Apesar de os pais gostarem disso, pois ninguém é fã de ataques histéricos, pode ser um erro estimular demais este comportamento. Quando adultos, os aquarianos têm ligações tênues com suas emoções; portanto, os pais devem sempre estimular e aceitar explosões emocionais e a expressão de sentimentos fortes.

Qualquer criança expressa o que sente; só quando crescem e viram adultos que começam a reprimir seus sentimentos, e os aquarianos, em especial, tendem a encarar a expressão das emoções como uma falha. Ao validar suas emoções quando pequenos, os pais transmitem uma mensagem positiva, que se manterá com eles pela vida adulta.

Por outro lado, se a criança de Aquário presenciar crises emocionais dos adultos, pode acabar convencida de que os sentimentos são algo assustador, o que dá munição para que acabe reprimindo o que sente. É difícil encontrar um equilíbrio, principalmente quando a sociedade valoriza tanto as pessoas que reprimem suas emoções, o que já é uma tendência natural do signo de Aquário.

Pergunte regularmente a esta criança como ela está, o que sente, e ajude-a a desenvolver um jeito de falar sobre isso. Informe-se sobre suas amizades e suas preferências. Crianças de Aquário tendem a esquecer rápido demais coisas pequenas e aborrecimentos menores, como se não importassem. Elas mantêm uma postura animada, o que é bom; o problema é que podem pagar um preço por isso. Se isso for apresentado a estas crianças como um conceito que tenha a ver com igualdade de direitos, elas entenderão imediatamente.

Apesar de algumas crianças de Aquário serem tímidas e introvertidas, a maioria é gregária e sociável. Sua posição entre os colegas e, mais tarde, na vida adulta, na sociedade, é de fundamental importância em termos de sua noção do "eu", portanto, dê a estas crianças oportunidade de estar com outras crianças. Assim, são indicadas atividades extracurriculares em grupos, como esportes de times e de ação conjunta, grupos de teatro, orquestras e corais. Em casa, costumam gostar de jogos de tabuleiro com a família toda, principalmente jogos de palavras e demais jogos de conhecimento.

Quanto aos brinquedos, a criança de Aquário pode mostrar inclinação científica e, nesse caso, um pequeno laboratório faz por encorajar essa aptidão – quem sabe não se trata de um futuro cientista? Dentre todos os signos, Aquário é o que mais demonstra interesse por feitiçaria e magia. Também podem se interessar por outras ciências, incluindo astronomia, de modo que um telescópio seria bem-vindo. E isso se refere também às meninas de Aquário, que têm tanta inclinação científica quanto os garotos.

Dentro de casa, a criança de Aquário coopera melhor quando assuntos importantes lhe são explicados. Para entender as regras da casa, ela precisa entender sua lógica, e quando entende, normalmente aceita. Esta criança reage bem ao ser incluída no processo de tomada de decisão, desde que seja possível, sobretudo quando se trata de assuntos que a atingem diretamente. Deixar o pequeno aquariano decidir coisas pequenas e sem importância não funcionará se todas as decisões importantes forem apresentadas como fato consumado. A criança saberá, então, que sua opinião não conta na família, sendo que seu senso de auto-estima está relacionado a ter suas opiniões levadas a sério.

Crianças aquarianas mais crescidas têm um senso desenvolvido de *fair play*, de modo que as pessoas podem esperar que elas cumpram sua parte num combinado. Contudo, é importante que tudo seja bem discutido e que haja um acordo, não uma imposição. Regras arbitrárias, ou injustas, segundo os pequenos aquarianos, serão confrontadas e eles prontamente se pronunciarão contra a falta de sentido de alguma restrição que esteja lhes sendo imposta. É importante que os pais conquistem sua cooperação com imparcialidade. Se isso não for observado, sérios problemas ocorrerão na adolescência.

O adolescente de Aquário tende a ser rebelde para valer, de um jeito ou de outro. Trata-se de um signo que corteja a controvérsia, portanto, numa fase em que a maioria dos adolescentes desafia a ordem estabelecida, os aquarianos podem chegar a extremos. Tendem a se vestir de modo chocante e diferente, principalmente as meninas, que costumam expressar sua identidade por meio das roupas. E os meninos também estão cada vez mais seguindo pelo mesmo caminho. A pressão dos colegas também favorece isso, mas os aquarianos são sempre os mais radicais de seu grupo. Se gostarem de piercings, vão querer furar a orelha, o nariz e outras partes do corpo. Se sua "onda" for pintar o cabelo, podem começar uma nova moda em seu grupo ao pintar os seus de verde. Eles lutam para ser diferentes, mesmo que seja apenas para ser o oposto do que seus pais esperam.

O adolescente de Aquário sente prazer em chocar os outros pela aparência e adora ser admirado em seu grupo por ser dos mais radicais. Aconselha-se aos pais que disfarcem seu choque e consternação enquanto o jovem aquariano ganha credibilidade entre os colegas por ser assim, já que esse tipo de reação apenas estimula mais ainda a rebeldia do filho ou filha de Aquário. Os pais precisam entender que as regras deste jovem para se vestir tomam por base a idéia de estabelecer uma personalidade distinta, além de lembrar-se da época em que eles próprios eram jovens e usavam roupas esquisitas. Se essa questão for tratada com autoritarismo, os pais perdem o respeito dos filhos e talvez nunca o recuperem.

É sempre possível negociar com o adolescente de Aquário, especialmente tentando apelar ao seu bom senso. E nem todos se comportam de modo a chamar a atenção. Os aquarianos mais introvertidos acham torturante ser alvo de atenção. Esse estágio do crescimento é especialmente complicado e desconfortável para eles, que acabam fugindo de qualquer tipo de atenção. Os adolescentes de Aquário mais introvertidos podem se tornar anti-sociais e reclusos, passando muito tempo sozinhos no quarto escutando música ou ao computador, envergonhados demais para sair com amigos. Esta atitude pode deixar os pais bastante preocupados, mas já seria um bom começo se eles estimulassem o filho a convidar amigos para uma visita. Nem todos vão criar uma fuzarca.

Muitas crianças de Aquário adotam uma postura idealista ainda jovens, o que alguns pais podem achar complicado e inconveniente. Por exemplo, é bem possível que adotem uma dieta vegetariana, recusem alimentos geneticamente modificados ou que envolvam a exploração de trabalhadores de países subdesenvolvidos, ou não queiram usar couro. Preocupam-se com a reciclagem do lixo doméstico e têm conhecimento sobre os recursos naturais sustentáveis. Podem demonstrar uma consciência social precoce e se envolver em ações políticas na escola ou na comunidade.

A criança de Aquário percebe e comenta as desigualdades da vida, e pede explicações aos pais. Os jovens aquarianos acham que as coisas deveriam ser justas, ficam aborrecidas quando vêem que não são e querem fazer algo para mudar. Têm mentalidade naturalmente filantrópica e a manifestam em tenra idade. Certamente é uma qualidade admirável, mas que pode colocar os pais – que já perderam seu idealismo dos tempos de juventude – na defensiva. Mas é importante não podar o entusiasmo da criança, pois se trata do tipo de indivíduo que quando cresce acaba fazendo por onde melhorar as vidas das pessoas.

A escola é importante para a criança de Aquário não só em termos de instrução, mas também como fonte de socialização, o que fica evidente desde a creche. Estas crianças vão à escola não só para aprender, mas para fazer amigos e se divertir. Costumam ser populares e apreciadas por sua alegria, entusiasmo e capacidade de dividir. Sua natureza igualitária aparece desde cedo.

As amizades cultivadas pela criança de Aquário tendem a se manter ao longo dos anos. Quando adultos, muitos ainda conservam amigos da escola primária, pois quando estabelecem laços, dificilmente os rompem. São o oposto dos "amigos das boas horas", pois demonstram grande lealdade e estão presentes nas horas difíceis. Não mudam seu comportamento. Sociáveis e fáceis de levar, os aquarianos gostam de sair com os amigos, sem razão ou motivo especial. Assim como as crianças de Sagitário, gostam de receber os amigos para visitas ou para dormir, o que pode ser boa moeda de troca na hora conseguir sua cooperação em casa.

A escola pode ser uma das fases mais felizes da vida da criança de Aquário, pois, além do aspecto social, ela adora aprender e acha educação algo excitante e agradável, saindo-se excelente aluna, bastante interessada e alerta. Às vezes, se distraem facilmente, mas se engajam nas matérias com toda a disposição e entram com tudo no espírito da escola. Quando chegam na idade de escolher o que vão estudar, talvez lhes custe um pouco tomar uma decisão. Os aquarianos são encontrados em todos os ramos, mas seria aconselhável apostar em ciências, sociologia e comunicação. Entretanto, deixar que escolham o mais tarde possível e manter opções em aberto também seria recomendável.

Apesar de os professores adorarem o interesse agudo de seus alunos aquarianos, eles também podem ser um pouco difíceis, especialmente a partir da adolescência. À medida que vão crescendo, vão desenvolvendo seu intelecto, o que os leva a expressar suas opiniões de modo impositivo. Adoram debater e podem provocar discussões ao desafiar a sabedoria dos professores, assumindo uma postura de "sabe-tudo". Também podem buscar informações recentes sobre matérias da escola, pesquisando na internet, por exemplo, de modo que o professor precisa saber levar bem a situação. Assim como no caso de um pai ou mãe autoritário, se o professor agir de modo autocrático e defensivo, perderá o respeito do aluno, que passará a desafiá-lo constantemente.

A melhor maneira de lidar com a busca por conhecimento do jovem aquariano é apreciar sua contribuição e lhe dar espaço para apresentá-la, o que ajuda a minimizar seu antagonismo. Assim, ele se sente reconhecido e passa a desenvolver sua curiosidade de maneira construtiva, não só para se exibir para o professor. Intelectualmente aventureiros, os aquarianos têm mentes flexíveis e capazes. Se estiverem se comportando de modo excessivamente rebelde ou estranho na escola, é quase certo que seja por não estarem recebendo o estímulo mental de que precisam.

A maioria dos aquarianos chega a cursar universidade, pois gostam de estudar pelo estudo em si. Logo percebem que precisarão se qualificar se quiserem crescer na vida. Os pais devem estar prontos para as despesas com educação. Mas é possível que parem por um ano antes de cursar faculdade, o que lhes abre os olhos para os problemas dos outros. Estes jovens já estarão procurando por um modo de serem socialmente úteis e de usar sua profissão para construir um mundo melhor.

O idealismo da criança de Aquário é maravilhoso de se ver. Todavia, pode ser difícil para quem tem mais experiência deixar de lhes abrir os olhos para certas realidades mais duras. Mas é melhor desistir de fazer isso. Não vai funcionar. A criança não vai gostar e se afastará de pessoas mais céticas. Suas esperanças e desejos são seu maior dom. Ajude a criança a se apegar a essas esperanças e assim ela se sentirá capaz de fazer a diferença.

Peixes

de 19 de fevereiro a 20 de março

Signo mutável de água, regido por Júpiter e Netuno

Conhecendo o signo de Peixes

Os nativos de Peixes são indivíduos enigmáticos e misteriosos e, portanto, difíceis de compreender. Podem ser reconhecidos pelo olhar distante, como se estivessem sonhando com algo maravilhoso e longe deste mundo. E é verdade, às vezes eles mal tomam parte da realidade cotidiana; vivem num universo muito mais mágico, cheio de rico simbolismo e significado. São os poetas, os sábios, os visionários do zodíaco, sempre concentrados em questões místicas e espirituais. São difíceis de definir e cheios de surpresas.

Os piscianos são almas sensíveis. Trata-se de indivíduos empáticos, gentis e misericordiosos que se identificam prontamente com o sofrimento dos demais. Para eles, todas as pessoas estão conectadas e fazem parte da mesma humanidade, portanto, o que fere a uma pessoa fere a eles também. Notícias de desastres ou de miséria em lugares remotos podem levá-los às lágrimas. Ignorar essas pessoas seria como ignorar um ente querido ou um pedido de ajuda de um vizinho – está fora de questão. Alguns tentam se poupar do sofrimento que sentem ao tomar conhecimento dessas histórias e resolvem não mais ler jornais ou assistir a noticiários televisivos.

Os piscianos também podem ir às lágrimas por causa da beleza, seja na natureza, na música, na pintura ou em qualquer outra arte, pois este é um dos signos mais criativos do zodíaco e que normalmente sabe apreciar as artes. Nesse caso, seu choro é uma expressão de alegria ou êxtase. Eles choram com facilidade pelos mais variados sentimentos. Nunca presuma saber a razão dessas lágrimas; sempre pergunte.

Os piscianos ficam agoniados e respondem intensamente à dor de outrem, e se sentem levados a fazer algo para melhorar a situação das coisas. Eles estendem a mão a quem precisa, exemplificando o "bom samaritano" que desvia seu rumo para ajudar as pessoas. São dotados de uma abnegação que os leva a priorizar as necessidades dos outros no lugar das suas. Apesar de isso nascer de sua forte identificação com os outros, também é uma forma que os piscianos têm de ajudar a si mesmos.

Essa sensibilidade aos dramas alheios pode fazer com que o pisciano seja explorado por pessoas menos escrupulosas que tentam tirar vantagem de sua boa natureza. Os piscianos tendem a esperar o melhor dos outros, e por mais que tenham sido passados para trás e se decepcionado, sua fé na bondade humana prevalece. Perder essa fé e se tornar cético seria uma perda terrível para estes indivíduos.

Quando se encontram em alguma situação que não leva a nada, os piscianos sabem como sair dela discreta e rapidamente. Raramente confrontam as pessoas, pois não gostam de exibições de agressividade, além de não suportarem cenas dramáticas. Essas coisas ofendem sua delicada sensibilidade e os deixaria aborrecidos por dias. Preferem lidar com as coisas de modo discreto e indireto, e, por isso, são especialistas nesse tipo de evasão passiva.

De fato, o pisciano faz da falta de objetividade uma forma de arte. São conhecidos por escolher o caminho da menor resistência e por seguir o fluxo. Como o peixe que representa este signo, podem ser escorregadios e preferem resvalar das situações que não os fazem felizes. As pessoas podem nem sequer imaginar que havia algum problema, e quando se dão conta o pisciano já sumiu sem deixar bolhas na superfície. São indivíduos que logo ao entrar num recinto ou numa situação já localizam a saída – literal e metaforicamente.

Apesar de não terem medo de se enrolar como determinados signos, os piscianos odeiam estar numa atmosfera inóspita ou hostil, na qual não se sintam em casa, daí a necessidade eventual de escapadas rápidas. Expressões como "peixe fora d'água" enfatizam o fato de situações assim representarem riscos mortais para o peixe em questão, e os piscianos podem se sentir asfixiando, desesperados para voltar ao domínio aquático.

Este é o signo dos dois peixes que nadam em direções opostas, e é mesmo típico do pisciano viver esse conflito interno. Pode-se ver um dos peixes como aquele que vai com a corrente, segue o fluxo e opta pela rota mais fácil, maximizando suas vantagens naturais. O outro peixe vai contra a corrente e nada rio acima, de modo que tudo é vivenciado com mais dificuldade. Nesse caso a natureza atrapalha mais que ajuda, de modo que precisam lutar bastante para conseguir o que querem.

Mas, como todo signo de água (sendo Câncer e Escorpião os outros dois), Peixes pode ser incrivelmente forte no que diz respeito à persistência, esgotando a resistência dos outros como o provérbio da água mole que fura a pedra dura. Eles erodem gentil e persistentemente e acabam conseguindo o que querem.

Os piscianos parecem sempre viver um dilema sobre que tipo de peixe seriam. Muitas vezes são chamados de preguiçosos e de deitar sobre os louros ao se aferrarem ao que aparentemente seria a escolha mais sensata e ao se deixarem levar pela corrente. Mas quando vão contra a corrente são acusados de criar dificuldades desnecessárias. Parece que nunca agem certo. Precisam aprender quando e onde ser o peixe apropriado, sem viver a vida toda de acordo com um padrão único.

Os piscianos são indivíduos adaptáveis e flexíveis. Ajustam-se a quaisquer circunstâncias nas quais se encontrem e sabem extrair o melhor de qualquer tipo de situação, até aquelas que as outras pessoas acham mais difíceis. Entretanto, eles sofrem quando se encontram em alguma situação alienante e procurarão buscar uma alternativa mais agradável. Sua qualidade camaleônica os ajuda a sobreviver e indica que, apesar de profundamente afetados e modificados pelo ambiente em que se encontram, sabem se reajustar ao que eram quando as circunstâncias mudam. Nada para eles é fixo ou permanente. As pessoas podem se perguntar qual seria a cor e a personalidade verdadeiras deste camaleão. A resposta é que, por serem reativos ao seu ambiente, sua identidade simplesmente muda.

Mais que os nativos de qualquer outro signo, os piscianos estão sintonizados com os ritmos flutuantes da vida e seguem o fluxo natural sem problema nenhum. Eles cedem um certo nível de controle a um poder maior e crêem que as coisas são pré-arranjadas, de modo que não adianta tentar apressar as coisas. Têm esse jeito relaxado que advém da realização de que tudo tem seu tempo e lugar e que as oportunidades, acontecimentos e a própria vida florescem na hora que têm de florescer. Essa atitude *laissez-faire* pode resultar em considerável procrastinação, o que pode frustrar as pessoas que esperam um pouco mais de iniciativa.

Talvez Peixes seja o mais romântico dos signos. Apaixonam-se de uma hora para outra e geralmente o coração comanda sua cabeça. Adoram estar apaixonados. Aquela sensação vertiginosamente tóxica inspira o lado poético de sua alma e eles se sentem em seu elemento próprio. É após esse ponto ser alcançado que os problemas começam a aparecer em seu mundo paradisíaco.

Apesar de Peixes não se interessar por conquistas como Áries, por exemplo, existe um ponto bem no início de um relacionamento no qual seu interesse pode se evaporar rapidamente. Eles apreciam a arte da sedução e podem encará-la até mesmo como um jogo perigoso, mas quando a coisa começa a tomar um caráter cotidiano e normal os piscianos podem simplesmente entrar em outro estado de espírito e buscar novas experiências mágicas. O pior que pode acontecer é alguns ficarem viciados no sentimento de estar apaixonado, ficando então permanentemente à procura de alguém com quem possam interagir nesse sentido.

Isso pode, sem dúvida, trazer dor e sofrimento a quem se relaciona com um pisciano desse tipo. Uma coisa que parceiros recentes devem conferir logo no começo é o histórico de relacionamentos do pisciano até ali. Isso pode até não explicar tudo, mas se ele ou ela tiver uma longa lista de relacionamentos breves e expresse sua decepção em relação a eles, é bobagem imaginar que agora vá ser diferente. Pode contar que, a não ser que algo fundamental tenha sido alterado, a história se repetirá. Os piscianos podem ser verdadeiros destruidores de corações.

Descobrir aquela pessoa especial para uma relação estável tem muito a ver com a percepção do momento certo. Os piscianos simplesmente atingem um ponto na vida em que estão prontos. Antes disso, jamais magoam as pessoas intencionalmente, pois são cuidadosos e sensíveis demais para fazer algo assim, mas em seus casos impetuosos e fugazes, uma vez que a chama da paixão se extinga, eles se distanciam e desvencilham o mais gentilmente que podem.

Para cada grande paixão de Peixes que resulte em algum tipo de relacionamento existem várias que, por uma razão ou outra, nunca decolam. Muitos piscianos passam a primeira metade de sua vida numa montanha-russa amorosa – pulando de galho em galho, correndo atrás de seus sonhos românticos.

Isso não quer dizer que o pisciano nunca sossegue numa relação, pois é claro que muitos o fazem. É mais provável que fique com uma pessoa que não seja completamente louca de paixão por ele ou ela, pois os nativos deste signo permanecem cativados por quem se mantém um tanto esquivo; gostam do mistério de quem não se mostra cem por cento disponível e se cansam de quem fica tão entorpecido de amor quanto eles próprios. Não se pode dizer que seja justo, já que nem todo mundo gosta de bancar o difícil, mas quem for verdadeiramente cauteloso e mais pé no chão pode se dar muito bem nesse relacionamento.

Os piscianos têm facilidade em demonstrar sua devoção à pessoa amada, o que faz deles parceiros adoráveis. Por mais defeitos que tenham, são gentis e atenciosos, querem agradar e sempre dão um jeito de fazer a pessoa amada se sentir especial. Eles também gostam de receber mimos e gentilezas, como café na cama. Na verdade, seu estilo de vida beira o hedonismo, pois não sabem manter o controle daquilo que fazem e tendem a extrapolar.

Os piscianos talvez não sejam as pessoas mais organizadas para se viver junto, pois sofrem de um certo caos interno que pode transbordar e se refletir em seu ambiente. São do tipo que dá uma geral no lugar com freqüência e deixam tudo imaculadamente arrumado, mas rapidamente tudo se degenera numa baderna fenomenal. Os piscianos podem não ligar muito para a bagunça – o que deve ter algo a ver com seu espírito artístico – e se sentir até confortáveis com ela. Apesar da aparência caótica, eles conseguem encontrar tudo de que precisam e haverá um sistema de classificação. Se alguém faz uma arrumação, eles reclamam muito, pois não conseguem mais achar suas coisas.

Para alguns piscianos, contudo, o lar pode ser um santuário e um refúgio no qual buscam calma e tranqüilidade, e como tal, procuram manter o local limpo, organizado e transitável. Para estes indivíduos, seu lar é um templo, um espaço sagrado, que não deve ser violado por barulho nem por bagunça.

Sua decoração tende ao minimalismo, e aqueles que tiverem uma religião ou prática espiritual podem erigir um altar ou exibir artefatos religiosos. Organizada ou bagunçada, a casa do pisciano costuma brilhar com cores harmoniosas, graças à sua sensibilidade artística.

Há uma enorme diferença entre o modo com que os piscianos se comportam fora e dentro de casa, pois este é seu domínio particular, onde revelam seu eu mais íntimo. Só da porta de casa para dentro que demonstram o estresse e a luta que travam no dia-a-dia do mundo lá fora. Dentro de casa eles relaxam, se descontraem e dispensam a máscara que usam na sociedade.

Os piscianos não buscam necessariamente ter filhos, mas ficam felizes quando eles vêm. Talvez usem algum método contraceptivo de modo inconstante, permitindo que ocorra um "acidente". Qualquer decisão se dá à revelia. Depois que a criança chega, seu amor e dedicação surgem e eles fazem de tudo para tornar a jornada do filho neste mundo o menos dolorosa possível. São pais liberais e informais que não falam em disciplina e oferecem doses para lá de generosas de compreensão e compaixão. Eles realmente não acreditam que amor demais estraga uma criança.

Como pais, o problema dos piscianos é serem relaxados demais e não estabelecer os limites necessários. Mostram-se disponíveis demais, e, ao invés de gerarem segurança nos filhos com isso, podem gerar na verdade mais insegurança. E ainda que haja diferenças de opinião sobre a importância de a criança ter hora certa de ir para a cama, isso sem dúvida beneficia os pais, que assim conseguem garantir seu próprio espaço do qual precisam tanto para processar seu dia.

A abordagem descontraída do pisciano pode sair pela culatra de modo gritante quando os filhos chegam à adolescência. Aí já é um pouco tarde para impor regras, mas certos acordos têm seu lugar e precisam ser respeitados, tanto para o bem dos filhos quanto dos próprios pais. Eles podem se ver às voltas com adolescentes desregrados e precisam dar uma volta de 180 graus para conseguir administrá-los.

Os piscianos dados a múltiplas escapadas amorosas podem estar em busca de experiências de êxtase e de contato com o divino por meio de uma relação. Sua busca de união e unidade com a pessoa amada pode, na verdade, desvirtuar do assunto em questão, compensando a falta de espiritualidade em sua vida. Podem acreditar que se apaixonar é o único jeito de vivenciar algo de sublime, quando essa postura está fadada ao fracasso. Após várias decepções ou, mais positivamente, após dar um jeito de ficar num relacionamento depois da primeira onda de paixão, eles podem buscar outras formas de ter essas sensações de unidade e fusão.

No final das contas, os piscianos só encontram o amor perfeito e incondicional pelo qual tanto anseiam por meio de algum tipo de religião ou experiência espiritual. Alguns se envolvem com práticas religiosas orientais, enquanto outros ficam mais à vontade com sistemas ortodoxos. Todavia, pode muito bem ser também uma prática particular, uma convicção interna ou crença. Seja qual for sua crença, será boa para que estabeleçam sua união com Deus, com o divino ou com o eu superior, independentemente de como compreendam esse conceito.

O caminho do devoto, que requer a rendição a uma força superior, pode servir especialmente bem ao nativo de Peixes. Alguns buscam um guru, sabendo que este é seu caminho. Outros negam isso, mas depois encontram pessoas menos dignas a quem dedicam sua devoção. Os piscianos realizam seu potencial máximo ao oferecer amor incondicional e fazer sacrifícios em nome do amor, o que pode ser um pouco demais para um humano comum que venha a receber isto tudo. Portanto, sua busca por amor incondicional por meio do próximo pode ser dolorosa, principalmente quando percebem as falhas humanas da pessoa amada.

Alguns piscianos são tentados a escapar da dor do cotidiano pelo uso de álcool e drogas. Algumas drogas oferecem um vislumbre da benção estática que tanto buscam, mas isso no final nunca satisfaz sua ânsia pelo contato com Deus. E quem se vicia nessas substâncias, seja física ou psicologicamente, pode entrar num processo altamente destrutivo que pode arruinar com a pessoa.

Para os piscianos que seguem um caminho espiritual, boa parte dos padrões dolorosos de relacionamento, além dos problemas com drogas e álcool, são contornáveis. Estes são os piscianos que meditam, praticam ioga e fazem retiros. Por meio dessas práticas e de outras mais tradicionais, eles honram as necessidades de suas almas.

O pisciano George Harrison agia de acordo com muitas das características de seu signo. Tudo nele tipificava Peixes: seu talento musical, suas experiências com drogas, seu período como devoto de um guru e seu profundo envolvimento com práticas espirituais, entre as quais fundar um *ashram**, além de ter uma produtora cinematográfica (filmes são associados a Netuno, regente de Peixes). Ele era conhecido por seus modos gentis e atenciosos, tinha dificuldade com o sucesso e a fama de ser um Beatle, e era o mais misterioso dos quatro roqueiros famosos.

Todo pisciano está sintonizado com níveis menos tangíveis de realidade. Ele presta tanto ou mais atenção na linguagem corporal e nos climas sutis de conversas cotidianas do que no que está sendo dito de fato. Como resultado, costumam ver as pessoas e acontecimentos de modo peculiar e oblíquo, o que se por um lado lhes concede uma posição privilegiada, por outro pode ser difícil de explicar em termos mais lógicos. É como se eles lessem as mentes das pessoas, e apesar de muitos serem de fato dotados de capacidades mediúnicas, a maioria apenas tem sensibilidade apurada para detectar sentimentos subjacentes na atmosfera.

Em seus relacionamentos, os piscianos confiam bastante em sua antena mediúnica e ficam surpresos de ver que nem todos têm a mesma capacidade. Costumam deixar de dizer aos entes queridos aquilo de que gostam e não gostam, pois esperam que adivinhem automaticamente, como por osmose, e sofrem quando isso não ocorre. E o pior é que eles têm de desemaranhar as próprias inseguranças da informação que recebem, por isso nem sempre conseguem interpretar os sinais corretamente. A coisa tende a virar uma confusão, e não ajuda nada o fato de o pisciano ainda ficar decepcionado quando esse método de comunicação telepática falha, o que se reflete negativamente no relacionamento e o pisciano fica se sentindo mal-amado.

Alguns piscianos desenvolvem sua consciência instintiva do domínio intangível de modo profissional. Muitas terapias alternativas requerem conhecimento do domínio metafísico. Eles se voltam para esse modo menos ortodoxo de pensamento e são encontrados trabalhando como homeopatas, reflexologistas, terapeutas de *reiki*, acupunturistas, osteopatas cranianos, praticantes de *shiatsu* e outras profissões do tipo. Todos esses sistemas de

---

*No hinduísmo, *ashrams* são centros de estudos religiosos ou locais de concentração de devotos de um determinado guru. (*N. do T.*)

cura têm uma compreensão do corpo sutil e de como a energia flui nele, algo que os piscianos estão particularmente bem preparados para entender. Nessas profissões, sua sensibilidade e compaixão são acessórios úteis para melhorar sua habilidade. E quanto aos que não se tornam terapeutas, é bem possível que sejam pacientes que optem por se tratar com esse tipo de terapia em vez de usar a medicina convencional.

Além do ramo de medicina alternativa, os piscianos são muito encontrados em outras áreas relacionadas, ajudando a quem sofre de alguma maneira. Aconselhamento e psicoterapia, trabalho social e enfermaria são opções viáveis. Mas sua extrema sensibilidade pode cobrar um alto preço de sua saúde psicológica. Os piscianos são suscetíveis o bastante para se envolver demais com seus pacientes e clientes e levar o trabalho para casa, apesar de muitos verem nisso uma prova do quanto se importam com as pessoas. Apesar do problema da sobrecarga emocional, trabalhar em profissões nas quais poderá ajudar aos outros sempre lhes traz uma grande recompensa emocional na forma de conexão com as pessoas.

Por outro lado, Peixes talvez seja o signo mais adequado para trabalhar com o lado criativo. Costumam ser indivíduos extremamente talentosos e, aqueles que conseguirem tirar seu sustento de seu talento serão especialmente felizes e realizados. O sucesso pode vir à custa de muita perseverança e ser um teste de caráter. É pouco provável que venha de repente ou na juventude, portanto fé e persistência são necessários, pois talvez tenham de nadar contra a corrente.

Para cada pisciano bem-sucedido haverá muitos que não chegaram lá e tiveram de se adaptar a trabalhos menos satisfatórios para pagar as contas. Contudo, a luta e a experiência terão sido importantes para quem não conseguiu o sucesso comercial, pois não se julga o sucesso apenas em termos materiais. A satisfação e as memórias são importantes, e o interesse no processo criativo fica estabelecido. No futuro, é importante lembrar que, como um todo, os arrependimentos se voltam para aquilo que não se tentou, por isso é importante que a pessoa tente fazer o melhor que pode.

Entre os piscianos de sucesso se encontram atores como Elizabeth Taylor, Michael Cane, William Hurt, Drew Barrymore, Julie Walters e Robert Carlisle. Se o pisciano conseguir suportar as rejeições que fazem parte do trabalho de ator, esta será a carreira ideal. Mestres da ilusão, são capazes de fazer qualquer papel e usam de sua característica enigmática para expressar todos os tipos de humores e atmosferas. Estão em casa no mundo do teatro, cinema e televisão, que precisa de sua capacidade de imaginação e de fazer de conta.

Outras áreas do *show business* também podem ser de grande apelo para os nativos de Peixes: Charlotte Church, Quincy Jones, Bobby Womack e a falecida Nina Simone são cantores piscianos famosos dotados de uma magia especial. Além de suas vozes e sua musicalidade, eles têm uma aura que cativou o público do mundo inteiro.

Além dessas áreas, os piscianos também podem seguir carreira nas artes plásticas, na fotografia, na música e na literatura. Qualquer forma de expressão criativa que possa captar sua imaginação e suas impressões lhe servirá bem. Seja qual for o meio, o estilo criativo de Peixes é sutil e atmosférico, e por meio dele é possível conduzir nuanças sofisticadas de tom e sentimento.

Por causa da natureza do trabalho criativo, muitos piscianos trabalham sozinhos, apesar de acharem isso difícil. Disciplina não é para eles, pois eles precisam trabalhar quando têm inspiração, o que pode significar longos períodos de inatividade dos quais é complicado sair. Ao trabalhar com os outros, como numa equipe de design ou em uma agência de publicidade, podem não criar o trabalho em si, mas cooperam com o fluxo geral.

Como funcionário, o pisciano pode parecer aquiescente ao fazer seu trabalho sem estardalhaço. Mas o chefe ou supervisor faria bem em ficar de olho no que este funcionário está fazendo, pois pode facilmente se distrair do trabalho e se entreter com atividades que só dizem respeito a ele mesmo e não com a razão pela qual recebe salário. Um pisciano entediado perde muito tempo e afunda numa espécie de apatia, de modo que pode mesmo estar precisando de uma demissão. Geralmente não toma esse tipo de iniciativa e precisa de alguém que os ajude a partir para outra.

Dito isso, é bom dizer que os piscianos trazem uma contribuição inestimável a qualquer equipe de trabalho que lhes motive emocionalmente. A chave está em sua necessidade de se sentirem envolvidos e criativamente absortos, e sem isso eles podem não ter boa disposição para o trabalho. Uma atmosfera feliz entre seus colegas de trabalho ajuda a manter o pisciano motivado por um tempo, mas no final é necessário mais do que mera camaradagem de colegas. O nativo de Peixes precisa amar o que faz (o que não é ruim) e, sem isso, sua atenção se dispersa.

No papel de chefe, o pisciano está longe de ser convencional. Os limites do local de trabalho ficam flexíveis, pois este chefe não se incomoda com aquilo que considera mesquinharia. O que lhe importa é a atitude dos funcionários, quanto eles se importam com o trabalho e quanto investem nele. Quem chegar neste chefe do jeito certo pode se dar muito bem. Em se tratando de coisas como compaixão e a necessidade que os funcionários têm de acompanhar os eventos esportivos dos filhos, ou mesmo freqüentar aulas de ioga à tarde, este chefe é bastante maleável e fácil de levar. Na verdade, se existe um chefe que sugere um abraço grupal antes de começar o expediente ou um período de meditação durante o dia, em parte para elevar o moral e o desempenho da equipe, mas em parte como um reconhecimento da existência de outras dimensões, é o chefe de Peixes.

O que pode despertar o lado mais exigente do chefe de Peixes é sua expectativa de arrebatar o coração e a alma de seus funcionários. Podem não criar caso por pequenezas, mas querem extrair muito deles, sem reconhecer como está sendo exigente. Isso pode combinar com alguns funcionários que amam o que fazem, mas alguns podem achar isso muito mal explicado e preferir algo mais direto, um trabalho no qual os limites sejam mais convencionais e definidos.

Seja qual for a carreira escolhida pelos piscianos, e muitos deles passam por várias tentativas e erros antes de encontrar uma carreira que realmente lhes sirva, o que procuram mesmo é algo em que possam investir o coração e a alma. Tendo isso, os nativos deste signo já terão conseguido um de seus objetivos principais.

O lado negativo de Peixes

Muitas das características mais positivas de Peixes podem se manifestar de forma negativa. Como suas aspirações são das mais nobres, quando erram, erram feio. Mais que a maioria dos signos, quando suas boas intenções se perdem, as conseqüências podem ser terríveis.

A sensibilidade de Peixes é uma dessas características. Por causa dela, os piscianos se melindram com qualquer coisa e podem vestir a carapuça por comentários que não foram direcionados a eles. Atribuem significados profundos tirados tão-somente da própria cabeça a coisas ditas casualmente. Inundados pela dor e pelo desgaste que sentem, estes piscianos relacionam tudo e todos que o cercam a essa dor.

Pode ser difícil manter uma conversa normal com um desses piscianos, pois tudo precisa passar por uma censura e ser muito bem pensado para garantir que não haja margem para interpretações errôneas. Estes indivíduos estão convencidos de que as pessoas têm determinada opinião sobre eles e buscam indícios e provas disso, o que pode resultar numa espécie de complexo de vítima. Eles desenvolvem uma mentalidade de acordo com a qual se consideram injustiçados, deixando de perceber que, provavelmente, não estão em situação pior que a maioria das pessoas comuns. Essa postura de vítima é bastante desestimulante e desagradável, e pode ser difícil de reverter.

Uma pisciana dessas ficava sempre tecendo suas ladainhas e nada conseguia fazê-la melhorar seu estado de espírito, por mais que recebesse a atenção e a compaixão das pessoas. Foi então que começou a ficar evidente que ela tinha memória seletiva, esquecendo-se rapidamente de coisas boas que lhe aconteciam e das vezes em que era bem tratada, de modo a manter seu status de vítima. Só se lembrava das coisas ruins e falava delas *ad infinitum*. As pessoas acabavam se cansado de ouvir isso, e com o tempo ela foi ficando sem amigos e materializando a realidade hostil que vivia dentro de si. Os amigos que poderia ter desistiram dela, pois não valia o esforço. Mesmo sem que ela fizesse qualquer acusação, os amigos se sentiam culpados por sua infelicidade e sem reconhecimento algum pelo que faziam por ela.

Assim, esta pisciana em particular criou sua própria realidade, como se pode dizer que todo mundo cria a sua num certo sentido, já que interpretamos a realidade através de nossas próprias lentes. A origem disso é uma mistura de predisposição nata e experiências de vida, e reexaminar e desconstruir essas experiências pode ajudar bastante, especialmente no tipo de situação na qual esta mulher se encontrava. O pisciano precisa se livrar de seu complexo de vítima e começar a aceitar a responsabilidade pela própria infelicidade.

Pode-se alegar que bancar a vítima é uma forma de agressão passiva e, com certeza os piscianos têm problema com qualquer tipo de agressividade. Eles fogem desse tipo de coisa, tanto em si mesmos quanto nos outros. Trata-se de um processo complicado e sutil, e obviamente as pessoas são responsáveis por seus próprios sentimentos, mesmo quando são provocadas.

Entretanto, se um pisciano percebe que se envolve sempre com pessoas que inicialmente não aparentam ter dificuldade em gerenciar a própria raiva, mas que depois começam a ter surpreendentes crises de raiva, é aconselhável considerar até que ponto o próprio pisciano não está atraindo aquilo para si. É possível que estas pessoas estejam expressando uma raiva que é do pisciano.

Quando Peixes banca a vítima passiva, tende a projetar culpa nos entes queridos também, que ficam mal por sentir raiva do "pobrezinho" ou "pobrezinha" que nada fez de concreto para causar essa raiva. Numa situação assim, ninguém pensa com clareza.

Os piscianos têm em comum com os outros signos de água (Câncer e Escorpião) a tendência à manipulação para conseguir o que querem. Sentem-se expostos e vulneráveis demais para pedir o que querem de modo direto e se arriscar a uma rejeição, então tentam fazer as pessoas oferecerem, e é aí que entra seu talento para a manipulação. Eles dão um jeito de atrair voluntários. Alguns deles realmente crêem que as coisas só contam ou valem a pena quando obtidas sem qualquer pedido. Se tiverem de pedir, para eles a coisa perde o valor. Esse pensamento torto indica que eles podem pressionar as pessoas de modo sutil para conseguir o que querem.

Os piscianos são os maiores especialistas em induzir culpa nas pessoas e têm um jeito sem precedentes de fazê-las ajudar de todas as maneiras, mesmo que elas não tenham a menor intenção ou vontade. Seu talento especial é se apresentar como vítimas azaradas para que as pessoas as salvem e resolvam a situação. Eles captam e exploram a compaixão das pessoas.

Os piscianos podem deixar as pessoas sem ação e sem palavras com sua ladainha sentimental. Quando estão aborrecidos, perdem qualquer resquício de lógica que possuam (e já não são do tipo que mais prima pela racionalidade). Além do que estão de tal maneira firmes em seu argumento que não adianta discutir com eles. Eles se agarram à lealdade das pessoas, fazendo com que se sintam inseguras de si mesmas. As pessoas precisam ter seus valores muito estabelecidos para superar o violento ataque sentimental do pisciano.

Boa parte desse comportamento mais negativo é resultado da hipersensibilidade de Peixes, e apesar de suas manobras emocionais serem exaustivas, são sem dúvida preferíveis em comparação a outras soluções mais destrutivas de certas pessoas. Como os piscianos passam por um certo nível de dor psicológica, alguns acabam usando várias substâncias para amortecer e embotar a dor. Dependendo das drogas usadas, eles podem ficar viciados e criar todos os graves problemas subjacentes. Até drogas supostamente não-viciantes, quando usadas regularmente, podem exercer um efeito danoso na capacidade do usuário de fazer as coisas de maneira apropriada.

Todo pisciano precisa tomar cuidado especial com qualquer experimentação com drogas, pois pode facilmente descambar para o excesso. Sua ânsia por experiências de êxtase o torna especialmente vulnerável. Não há nada errado em buscar a glória, mas essa rota nunca o levará a ela: na verdade, acaba levando para bem longe, a experiências, muitas vezes, degradantes. É interessante notar que os programas usados tanto pelos Narcóticos Anônimos quanto pelos Alcoólicos Anônimos para ajudar viciados se baseia, em parte, em render-se à vontade de Deus, a despeito de como o viciado o chame. Muito já se disse sobre os alcoólicos buscarem o Espírito Santo numa garrafa, quando na verdade Ele se encontra em toda parte.

Os piscianos podem se viciar até em remédios receitados por médicos, com os quais também devem tomar cuidado. Sua sensibilidade os deixa mais vulneráveis que a maioria a problemas com a abstinência. Remédios devem ser usados apenas por períodos curtos de tempo, e sejam parte de um programa de recuperação de enfermidades psicológicas ou não, eles não são a resposta. São problemas da psique e da alma e, como tal, precisam ser abordados com mais profundidade.

A maioria dos piscianos não é de viciados, mas mesmo assim eles têm tendências ao vício na maneira que se alimentam, assistem à televisão e compram roupas. Nem todos que usam a comida como fuga ou compensação são diagnosticados com alguma desordem alimentar, mas todos sabem que sua alimentação está fora de controle. Eles têm problemas com o apetite e em como satisfazê-lo. Comer tarde da noite por ansiedade não é incomum. Assistir a televisão demais pode parecer inofensivo, mas pode embotar a mente e deixar quem fica afundado num sofá com os olhos fixos na tela com uma sensação de apatia e desinteresse. E com certeza não ajuda nada no crescimento da auto-estima.

O consumismo compulsivo só foi definido como um problema sério recentemente, e em alguns casos pode levar a dívidas alarmantes e dificuldades financeiras. Estes indivíduos precisam estar sempre comprando algo e gastam dinheiro de modo irresponsável, ignorando seu poder aquisitivo. Muitas pessoas fazem piada da idéia de fazer compras como terapia, dizendo que elas dão uma "onda" de excitação, mas o problema dos consumistas compulsivos é que eles precisam regularmente da sensação advinda da compra que não difere de nenhum viciado que precisa de sua dose diária.

Os piscianos podem achar que seu dinheiro é destinado às boas coisas da vida e resistir à idéia de fazer um orçamento ou separar o dinheiro para pagar as contas. Costumam estar sempre com problemas na vida financeira.

Qualquer coisa que os piscianos usem como forma de escapar da realidade cotidiana pode ter consequências negativas. Moderação não costuma fazer parte de seu vocabulário. Há sensações de constrangimento relacionadas a todo tipo de vício e aparece um padrão definido por meio do qual o viciado faz de tudo para ter sua dose, cede às próprias fraquezas – sejam elas quais forem –, passa primeiro por uma sensação de libertação para logo após sentir angústia e vontade de interromper aquele ciclo. Quem se deixa aprisionar por esse tipo de círculo vicioso precisa de ajuda profissional.

Retiros espirituais podem funcionar muito bem para estes piscianos que anseiam por escapar da realidade áspera do dia-a-dia, principalmente em comunidades religiosas ou espiritualistas. Lugares como Findhorn, na Escócia, oferecem um santuário para quem está cansado da sociedade estabelecida. Lá é possível viver de modo simples e comunitário, o que envolve um trabalho diário que restaura o espírito e a alma. Existem muitos lugares desse tipo e são perfeitos para os idealistas e preocupados piscianos, seja por um período curto de tempo ou como modo de vida permanente.

Os piscianos precisam de mais tempo em quietude do que a maioria das pessoas. Períodos de isolamento são bons para eles, em que se recompõem e retomam o equilíbrio com um pouco de solidão. Alguns meditam como parte de suas atividades espirituais. De um jeito ou de outro, eles precisam descobrir formas de filtrar as impressões que absorvem ao longo do dia e as equilibrar dentro de si. Precisam de tempo para contemplação e reflexão com regularidade, tenham ou não uma crença espiritual ou religião.

Ocupações criativas como escrever, pintar e tocar instrumentos musicais também podem ter efeito catártico e educativo. Todos esses meios de expressão são excelentes para que os piscianos processem suas impressões e as transformem em outra coisa. Os piscianos procuram paz e quietude para poderem trabalhar e pensar, também. Eles gostam de ficar longe do burburinho e se sentem facilmente superestimulados pela vida cotidiana. Podem precisar de mais horas de sono que a maioria das pessoas, pois sua receptividade emocional lhes custa muita energia nervosa. Ter bastante tempo para sonhar é outra forma importante de processarem os eventos do dia, algo essencial para seu bem-estar.

Para alguns piscianos é bom caminhar perto da água, especialmente água do mar, que tem efeito calmante sobre eles com suas marés, as quais refletem a riqueza de sua vida interior. Afinal, a água é o elemento dos peixes, portanto não é de surpreender que os piscianos se sintam tão à vontade perto de mares, rios ou lagos. Muitos optam por viver perto da água para ouvir seu som, e alguns até conseguem ter um pequeno lago, chafariz ou outro recurso no jardim para ter este elemento perto de si para lhes acalmar os nervos.

O complexo de vítima dos piscianos é uma de suas manifestações negativas, mas este signo também pode representar aqueles que pensam ser os salvadores da humanidade – o outro lado da moeda. Isso pode se manifestar como um senso inflado de sua supremacia espiritual ou religiosa, na qual se vêem como salvadores das pessoas. Isso inclui aqueles que têm uma missão evangélica de mudar os outros, seja tentando uma cura milagrosa, seguindo algum tipo específico de dieta, usando certos produtos de limpeza biodegradáveis ou algo assim. Por mais nobre que seja a causa, sempre existe uma fina linha divisória entre transmitir informações e agir de modo messiânico.

Junto a isso pode vir – como no caso dos missionários de antigamente – um certo tipo de superioridade moral que se revela ofensiva e insolente à luz do século XXI. Ao assumir essa posição, os piscianos estão provavelmente tentando rejeitar sentimentos de impotência, de modo que ficam satisfeitos de ter as "respostas", de acordo com eles. Eles presumem erroneamente que, se algo funcionou para eles, funcionará para os outros.

É a partir disso que surgem muitos livros de auto-ajuda que dizem oferecer uma solução para este ou aquele problema. O autor descobre algo que funcionou para si, fica convencido e realmente acredita que descobriu uma resposta para as questões dos outros também, e que podem representar sua salvação. Em seu aspecto mais extremo, isso vem a ser um complexo de messias e, por mais bem intencionado que seja, pode ser perigoso. Apesar de seu método funcionar para alguns, é simplista pensar que só existe um caminho, uma resposta ou uma solução, deixando de considerar que outras pessoas também descobriram suas próprias respostas.

É possível alegar que existe um sentimento de auto-ilusão em quem tenta salvar os outros e isso é algo a que os piscianos são muito propensos a sucumbir. Quem se encontra num caminho espiritual e tem uma prática espiritualista pode sentir tamanha gratidão que essa seria sua forma de reconhecer o bem que receberam – realmente estas pessoas foram salvas – e ter dificuldade de entender que isso não se aplica de modo universal. Eles deixam de enxergar o que havia na situação e neles mesmos que levou a coisa a funcionar tão bem, e não percebem que nem todo mundo parte do mesmo ponto que eles.

Outro traço negativo de Peixes é que eles podem ser seletivos na hora de dizer a verdade. Podem classificar as pessoas em diversas categorias, e para algumas dizem a verdade absoluta, enquanto outras recebem uma versão "maquiada" dos fatos. Nem todos mentem deliberadamente, apesar de alguns contarem lorotas sem tamanho, mas a maioria faz omissões. Sabem ser vagos e inventar histórias. Geralmente fazem isso por não conseguirem encarar algo, por uma dificuldade emocional de dizer o realmente sentem. Nesses casos, jamais são maldosos e não existe intenção de magoar. Por exemplo, fazem as coisas de modo a tornar improvável que tenham de manter a mentira. Prometem ligar para confirmar algo, e não o fazem, deixando a pessoa na dúvida.

O pior aspecto dos piscianos é "esquecerem" de dizer ao seu novo parceiro que já são casados ou que devem muito dinheiro. São detalhes dolorosos de admitir e que trazem o risco de perder alguém de quem não suportariam se afastar. Suas intenções podem ser nobres, eles planejam liquidar a dívida discretamente e desfazer o casamento enquanto correm os procedimentos de divórcio. Contudo, a outra pessoa tem o direito de saber. Este é um exemplo de como o pisciano pode ser escorregadio.

É típico dos piscianos serem desligados e esquecidos, que é como eles se saem de alguma versão ambígua de um fato que já contaram de modo diferente antes. Assim, é tão comum estarem com a cabeça nas nuvens que se atrasam para compromissos, ou mesmo se esquecem de comparecer, podendo ainda esquecer as chaves em algum lugar ou perder coisas vitais. Apesar de não ser uma falha terrível, pode deixar as pessoas furiosas e eles acabam perdendo oportunidades. Piscianos mais velhos e mais sábios costumam escrever listas e lembretes, pois, se não apelarem a isso, acabam se esquecendo das coisas.

Por piores que sejam as coisas que o pisciano faz ou deixa de fazer, normalmente fica evidente e claro para todos. E é quase sempre questão de administrar sua natureza extremamente gentil e sensível. Eles buscam o paraíso em toda parte, mesmo nos lugares menos apropriados. É impossível não reparar neles, discretos como um peixe fora d'água.

Muitos destes piscianos que estão debaixo dos holofotes passam por esses problemas de modo excruciante. Elizabeth Taylor e Liza Minelli estiveram internadas na clínica Betty Ford em diversas ocasiões e viram seus dramas pessoais expostos nas manchetes de jornal. Drew Barrymore não agüentou ser catapultada à fama ainda criança e passou por sérios problemas com drogas. Karen Carpenter morreu de anorexia e, apesar de estar debaixo dos holofotes não ser a causa do problema de saúde, certamente não ajudou em nada. É interessante notar que todas começaram como estrelas infantis, portanto tiveram de lidar com todas as complexas emoções relativas à exposição precoce, e é bem possível que tenham se sentido exploradas.

A pisciana Christine Keeler, a famosa prostituta do caso Profumo que veio a derrubar o governo conservador do Reino Unido de então, tem muito de vítima em si. O glamour pode ter sido muito atraente na época – alguns piscianos são levados pelo glamour, por aquilo que oferece de especial. Mas se trata de uma promessa vazia que se revela uma ilusão. Alguns levam muito tempo para perceber isso.

Por mais destrutivo que seja o pisciano em sua busca pelo nirvana, de toda forma é uma busca nobre. Apesar de poder afetar negativamente as pessoas próximas, o dano maior fica com eles mesmos. Estratégias para limitar esse dano são aconselháveis a todos que se envolverem com um pisciano fora de controle. No final das contas, a maioria dos piscianos descobre um caminho para sua paz e tranqüilidade interiores. Lembre-se de que este é o signo do peixe, cujo ambiente natural é o oceano, com todo seu magnetismo e poder destruidor. Ninguém está mais sintonizado aos altos e baixos da vida do que os nativos deste signo.

O homem de Peixes

Podemos reconhecer o homem de Peixes por sua aparência sonhadora e seu jeito charmoso e sedutor. Ele tem um quê de evasivo que o faz parecer especial, uma aura de mistério que atrai as pessoas, que ficam tentando descobrir o que ele tem de tão instigante. Este homem encanta e atrai a quem quer que esteja em sua órbita.

O homem de Peixes é gentil e atencioso e normalmente se dá muito bem com as mulheres, que apreciam esse tipo de sensibilidade e profundidade de sentimentos. Como os outros signos de água (Câncer e Escorpião), ele avalia a vida de uma perspectiva emocional e vive em contato com o próprio mundo interno – que é a sua base, por meio da qual ele toma suas decisões e interage. Se ele instintivamente não gostar de uma determinada pessoa, não haverá explicação racional capaz de convencê-lo do contrário. Vai contra sua reação instintiva, que sempre é priorizada, mesmo que não possa explicar nem justificar o que sente.

Este não é o macho típico – o homem de Peixes é poético, místico e de mentalidade diferente. Mesmo que seja um operário de construção ou motorista de caminhão, ele sempre transita em dimensões inesperadamente sutis. O operário é capaz de sentir a energia do edifício, todas as vidas que já existiram naquele local e que contribuíram para tornar essa energia feliz ou infeliz. O motorista de caminhão repara em luzes estranhas no céu campestre e conversa sobre essas luzes ao chegar no próximo posto de gasolina. Alguns podem achá-lo esquisito, mas ele exerce um fascínio nas pessoas, mesmo assim.

O homem de Peixes vive com uma percepção de outros níveis de consciência e nunca acha que a realidade do dia-a-dia é tudo que existe. Ele não é limitado ao que seus cinco sentidos lhe informam sobre o universo e está aberto a quase tudo. Essa abertura é parte de seu charme, apesar de ele talvez ser um tanto crédulo e sugestionável e enfiar certas idéias excêntricas na cabeça, seguindo-as cegamente. Em vez de procurar explicações racionais, é mais provável que ele aceite a explicação mais descabida e difícil de provar. Tudo isso faz parte de sua vívida imaginação, de modo que ele não é muito bom em separar os fatos da ficção.

O homem de Peixes tem uma sensibilidade aguçada que o leva a se interessar muito por vários ramos da cultura, de onde ele pode extrair muita satisfação emocional. Não precisa ser nada muito erudito. Muitos adoram música clássica e ópera, mas também há aqueles que se entusiasmam com jazz, blues, hip-hop e música popular. Para apreciar a música, muitas vezes investe em equipamentos caros e sofisticados. Seja qual for sua paixão, ele tende a extrapolar um pouco, importando CD's raros ou colecionando discos de vinil (escolha de especialista) e tendo uma coleção enorme e abrangente de seu tipo favorito de música.

Além da música, alguns homens de Peixes são conhecedores apaixonados de artes plásticas, teatro ou cinema, os quais tocam profundamente suas emoções. Ele pode ficar inspirado ou enlevado por filme, uma exposição ou uma produção teatral. Tem seu diretores favoritos e conhece bem seus trabalhos, sem jamais perder suas exposições. Pode também colecionar arte e patrocinar artistas ainda não estabelecidos.

O homem de Peixes também pode gostar de ler, e em geral prefere ficção, poesia, filosofia, espiritualidade e metafísica. O hábito da leitura para ele é, em parte, uma fuga para outros planos, e em parte para descobrir novas formas de pensar e entender a existência. De um jeito ou de outro, é preciso que algo apele para sua imaginação. Ele não está atrás de fatos concretos e, por mais inteligente que seja, não costuma ser intelectual. O saber acadêmico costuma ser rígido e estreito demais para ele, mas se ele resolver seguir esse caminho mesmo assim, é capaz de lhe conferir uma nova dimensão.

No que tange a relacionamentos, a imaginação e a sensibilidade do homem de Peixes são parte importante. Provavelmente se trata do mais romântico dos cortejadores e, quando apaixonado, manda flores em profusão, todas cuidadosamente selecionadas e com um significado especial: talvez sejam todas perfumadas ou se trate de um farto buquê de rosas, todas amarelas ou brancas. Seja o que for, ele enche tudo de significado. Ele sabe pensar nas flores de modo simbólico, usando-as como veículo sutil e sofisticado de sua mensagem. Esse nível de percepção permeia toda sua comunicação e é o que o torna tão romântico e especial.

Além de flores, o homem de Peixes também gosta de mandar pequenas lembranças amorosas para a sua recente conquista, e a pessoa geralmente fica marcada para sempre por tais gestos. Quando está inspirado, o pisciano pode escrever as poesias mais tocantes e tem talento para lidar com as palavras, de modo que até uma carta comum se torna extraordinária. E qualquer presente é comprado com muita atenção e cuidado.

O homem de Peixes é adepto tanto dos gestos pequenos e simbólicos quanto dos gestos grandiosos, mais caros e ousados. É capaz de gastar o orçamento de uma semana inteira com um presente espetacular que deixa a pessoa amada perplexa. Esta é uma das maneiras pelas quais ele comunica seus sentimentos e deixa a pessoa arrebatada. Quando ele quer conquistar, sabe ser assaz persuasivo e virtualmente irresistível. Ao contrário de determinados signos, que ficam tímidos, ele usa as palavras certas e parece convincente e sincero. Ele aperfeiçoou a arte da sedução e, como um músico e seu instrumento, ama tocar.

Não que a sedução seja um jogo para o homem de Peixes. Para ele, é de verdade, ao menos no momento. É que ele se deixa levar pelo romance em si, o qual pode se dissolver uma vez que seu objeto de afeição tenha sido cortejado e conquistado. Ele pode amar o fato de estar apaixonado em si e só descobre muito tempo depois que a identidade da pessoa é incidental. Quem for alvo dessa sedução deve conferir o quanto existe de pessoal nela. Se sentir que qualquer pessoa poderia estar em seu lugar, é preciso cuidado. Quando tudo o que ele estiver buscando for uma sensação sublime por meio de outra pessoa, a coisa vai acabar em lágrimas.

De modo algum isso se dá intencionalmente. O homem de Peixes está tão convencido de sua paixão quanto o objeto de sua afeição. Ele é simplesmente levado por seus próprios impulsos românticos; sua ânsia por algo lindo, maravilhoso e além deste mundo produz um tranco poderoso em suas emoções, levando-o a experiências extraordinárias. Sempre que a vida se torna banal e sem graça ele dá um jeito de injetar magia nas coisas.

Quem estiver disposto a correr o risco emocional pode ter certeza de que mesmo um caso rápido com um nativo de Peixes é algo mágico e memorável. A pessoa se sente como um deus ou deusa por um tempo, ascendendo a uma categoria especial e sendo objeto de adoração. O truque é entender que isso não dura muito e aproveitar enquanto puder. A euforia gerada nesse primeiro fluxo de amor pode mimar a pessoa, estragando-a para futuros relacionamentos, que nunca dão certo. O melhor é partir do pressuposto de que não era tão real assim desde o início – que era fantasia. Do contrário, será difícil simplesmente ignorar e seguir em frente.

O homem de Peixes heterossexual é sem dúvida um mestre na arte de fazer a mulher amada se entregar. Estar entregue, talvez de um jeito totalmente inédito para ela, a faz acessar um nível de si mesma até então desconhecido. Ele faz a mulher se abrir para si mesma. Este é seu presente para ela, para guardar para sempre. Após mergulhar tão profundamente em si, ela adquire um parâmetro que usará para comparar todos os homens que passarem por sua vida. Mesmo assim, talvez ela nem perceba o que o pisciano fez exatamente por ela.

O homem de Peixes sempre acaba conhecendo sua alma gêmea. Após todos aqueles relacionamentos exagerados, pode ser bastante surpreendente o tipo de pessoa com a qual ele acaba ficando. Ele procura alguém com quem possa estabelecer uma real intimidade e compartilhar suas emoções, pensamentos e medos mais profundos e com quem possa manter um alto nível de segurança emocional. Apesar de sua natureza romântica, sua escolha final é pela compatibilidade doméstica. Ele quer alguém com quem possa realmente se dar bem, que não lhe afronte a sensibilidade e com quem possa habitar o mesmo espaço harmoniosamente.

O homem de Peixes se sai melhor tendo ao seu lado uma pessoa que tenha os pés mais no chão do que ele, mas que mesmo assim compreenda seus sonhos. Se o pisciano ficar com uma pessoa mais lógica e racional do que ele, pode se sentir diminuído, pois pode ser bastante difícil ser observado e analisado o tempo todo. Julgando pelos padrões dessas pessoas, o pisciano pode parecer tolo, pois ele vive uma realidade totalmente diferente. Além disso, um parceiro muito racional também pode se sentir ameaçado, pois sua confiança na objetividade pode ser igualmente enfraquecida ao ser forçado a aceitar outras formas de pensamento. Respeito mútuo é essencial para um casal assim funcionar.

A despeito de com quem o homem de Peixes acabe se arranjando, o relacionamento começa com a paixão e depois evolui para algo mais duradouro. Apesar de a aparência ser importante na atração inicial, as qualidades internas de um parceiro estável são o que realmente vale para o pisciano. Riqueza, classe social e status não contam para ele.

Quando se encontra num relacionamento estável, o homem de Peixes heterossexual pode pensar em se casar. Ele não é do tipo estritamente casadoiro e só casa para confirmar um sentimento romântico. Se um relacionamento já passou da fase da empolgação romântica inicial, ele relutará muito mais para se casar, não verá sentido – principalmente se já moram juntos: ele alegará que tudo está muito bem como está. Ele pode ser bastante passivo a esse respeito e deixar que uma situação de viver com uma pessoa se prolongue indefinidamente até ser pressionado – e a maioria das mulheres não gosta de ter de forçar seu homem a se casar com elas. O pisciano busca uma saída fácil, por isso reluta em se casar, apesar de isso evidentemente não tornar mais fácil terminar o relacionamento: se vier a acontecer, ainda assim será doloroso e complicado.

Se e quando houver filhos, o homem de Peixes pode achar que seus interesses estarão mais protegidos se ele estiver casado com a mãe deles, e então decide tomar a iniciativa. Todavia, isso carece de qualquer romantismo e pode não acontecer. A não ser que um casamento signifique muito para a mulher, talvez seja melhor aceitar o status de não-casada.

Com filhos, o pisciano deixará de considerar a separação uma opção, pois já terá ido longe demais. Sai-se um pai dedicado. Seu lado suave, que ele talvez achasse necessário manter velado, vem à tona. Ele é totalmente apaixonado, carinhoso e "babão" com os filhos. Quando eles já estão desmamados, o pai de Peixes cuida da alimentação noturna, sabe ninar e trocar fraldas, na verdade, ele é muito bom em tarefas consideradas tipicamente femininas. Ele gosta de ser dono de casa e de cuidar das crianças, e se sai muito bem. Por causa da sua natureza compassiva, ele sabe interpretar bem os diferentes tipos de choro de criança, correspondendo corretamente às suas necessidades.

O homem de Peixes se destaca em qualquer coisa relacionada a tocar e sentir. É por isso que costuma ser considerado tão atraente e é isso que o torna um parceiro e amigo tão bom. Além de sua alma gêmea, também é provável que tenha amigos próximos de ambos os sexos com os quais conversa sobre assuntos íntimos. Ele precisa compartilhar sua realidade interna com outras pessoas para não se sentir isolado e sozinho. Um parceiro pode se sentir ameaçado por essas amizades, quando na verdade qualquer perigo em potencial tende a vir de outras áreas.

Mesmo quando o homem de Peixes tem tudo a perder e um caso amoroso não significue muita coisa para ele, ainda assim ele fica tentado. Manter-se fiel nunca é fácil para ele. Não tem nada a ver com seu profundo amor e afeição pela pessoa com quem vive, e sim com sua necessidade de escapar e de fantasiar. Todavia, a pessoa jamais verá a coisa dessa maneira, embora o mais provável é que ela nunca venha a saber de nada, pois o pisciano sabe apagar os rastros muito bem, apesar de sofrer crises de remorso que o deixam mal e difícil de conviver. Ele fica arrasado e a pessoa sofre e não sabe como ajudar, pois não sabe o que está acontecendo, e ainda se sente excluída.

Nem todo homem de Peixes tem romances extraconjugais, mas alguns são verdadeiros conquistadores. Um romance guarda a falsa promessa do paraíso, que é vivida num ímpeto e rapidamente se decompõe e perde o sentido. Não é que o homem de Peixes seja dado a sentir culpa, razão pela qual acaba repetindo tudo. É quase certo que sua busca seja por uma experiência espiritual fadada ao fracasso enquanto ele mantiver esse comportamento. Até entender isso, ele pode causar mágoas incalculáveis não apenas nas pessoas envolvidas, mas em si mesmo.

Contudo, de modo geral, o homem de Peixes é fácil de conviver. É descontraído e fácil de levar e muito bom em não fazer nada. Como raramente se estressa, pode ajudar a pessoa amada a ignorar certas coisinhas sem importância da vida. Ele sabe como se divertir e ao fazê-lo cria uma atmosfera que estimula todos ao seu redor a descontrair. Na verdade, ele pode ser um tanto hedonista. O princípio do prazer é prioridade para ele.

Peixes

O homem de Peixes pode ser um entusiasta de vinhos e costuma apreciar uma taça ou duas no jantar. Também pode ser um excelente cozinheiro e adora comidas finas que requerem os melhores ingredientes. Seja qual for o seu poder aquisitivo, tende a gastar o que pode e mais, de modo que se aconselha à parceira ou ao parceiro do pisciano ficar de olho na conta conjunta. Se a casa for propriedade de ambos, certifique-se de que esteja registrada assim para que ele não possa fazer uma nova hipoteca quando tiver problemas de dinheiro. Ele vive para o agora, o que está muito bem até o momento em que entra no direito da outra parte no casal, que pode ter um choque terrível ao descobrir que seu direito de propriedade do imóvel em que vivem evaporou, levando junto sua segurança financeira.

A atitude *laissez-faire* do pisciano faz com que sua situação financeira oscile entre fartura e fome. Quando ele acaba de resolver uma trapalhada financeira, entra em outra. Este homem sabe gerar grandes somas de dinheiro do nada e reage criativamente quando encurralado. Passa por grandes flutuações financeiras ao longo de sua vida, o que em parte origina estes problemas. Qualquer pessoa que tenha uma queda na renda terá dificuldade de se adaptar a isso. E para ele também é quase impossível a adaptação, e assim ele continua gastando dentro do padrão mesmo nos períodos em que está ganhando bem menos dinheiro.

Seja qual for o trabalho do homem de Peixes, é mais provável que ele tenha uma vocação, uma ambição, do que uma carreira convencional. É típico dele lançar mão de seus talentos criativos e construir algo a partir de suas experiências de vida. Ele se sai bem em atividades artísticas e criativas como fotografia, cinema, belas-artes, design, moda, estética e música, que representam um grande canal para sua sensibilidade, imaginação e empatia.

As profissões nas quais se ajuda aos outros são outra rota que o homem de Peixes pode seguir, o que pode ser decidido mais tarde na vida, principalmente se ele não tiver se saído bem em alguma atividade artística ou criativa. Atividades assistenciais são uma ótima opção, e não representam uma segunda escolha, pois constituem um alimento para a alma dele e um estímulo ao seu lado mais forte.

A água sempre exerce grande fascínio nos piscianos, especialmente naqueles que não exercem seu lado feminino de um modo mais evidente.

Pode-se notar que sua ligação com o mar representa sua ligação com seu lado mais profundo e misterioso. Uma carreira na Marinha ou como marinheiro mercante ou mesmo pescador são opções válidas para este signo de água. A pesca pode ser também uma atividade recreativa que oferece períodos de solidão e reflexão.

O príncipe Andrew, que fez carreira notável na Marinha Real, é um pisciano desse tipo. Por fora ele pode parecer o típico machão, mas após se divorciar de Sarah Ferguson eles dividiram uma casa por certo tempo. Isso se deu obviamente por questão de conveniência e por causa das filhas, e demonstra seu sofisticado talento para processar emoções difíceis.

Quem pensa em se envolver com um homem de Peixes deve saber que seu erro maior é ser excessivamente bom. Ele erra e falha como qualquer ser humano. Apesar de seus anseios espirituais muitas vezes o colocarem em maus lençóis, sua busca é admirável. Assim como os peixes que nadam em direções opostas e que representam este signo, o melhor e o pior do pisciano estão muito próximos.

A mulher de Peixes

Reconhecemos a mulher de Peixes por seus modos enigmáticos e misteriosos que deixam todos à sua volta enfeitiçados. É uma mulher fascinante e cativante, dona de considerável carisma pessoal que se origina em seu sensível universo particular.

É difícil conhecer de verdade a mulher de Peixes, pois ela sempre parece esconder uma parte de si. Isso indica que as pessoas nunca sabem dizer bem como ela vai reagir, e, por mais tempo que conheçam a pisciana, ela mesmo assim continua surpreendendo. Talvez ela seja cheia de manias, com preferências muito definidas e demarcadas que parecem irracionais para os demais, mas que são a estrutura da nativa de Peixes. Ancorada em seus sentimentos, ela avalia todas as situações do ponto de vista emocional e usa seus instintos como barômetro. Tudo é considerado de acordo com o que ela sente. Assim, seu critério para julgar qualquer coisa é bastante simples: que sensação isto ou esta pessoa me transmite?

É compreensível que isso deixe determinados indivíduos mais lógicos e racionais furiosos, mas a mulher de Peixes não se deixa abalar por isso. Ela segue em frente, apesar de tudo. Parte de seu charme está no fato de ela ter seu próprio pensamento e seu próprio método, e nenhum argumento a fará mudar. De certa forma ela parece habitar uma bolha à parte, sem se deixar abater pela vida cotidiana.

Todavia, quem tentar desacreditar a mulher de Peixes vai ter um choque tremendo, pois ela sabe julgar personalidades muito bem. Ela simplesmente sente quando algo não está combinando em determinada pessoa, e por mais que não saiba explicar, ela sabe que existe algo errado. Capaz de tomar conhecimento de fatos aos quais não tem acesso, a pisciana capta climas subjacentes e os interpreta acertadamente. E confia no que sabe. Quando se encontra em sua melhor forma, ela vê o que está abaixo da superfície da vida, de modo que não há como se esconder dela, não há subterfúgios, pois ela consegue ler as intenções das pessoas e o potencial das situações como se fossem livros.

Apesar de normalmente ser loquaz e animada e de ter um senso de humor singular, eventualmente faltam palavras à mulher de Peixes, por ela viver tão voltada para o nível não-verbal de comunicação. Ela pesca suas informações na linguagem corporal e nas nuanças sutis de expressão que lhe dizem muito mais sobre as pessoas que qualquer palavra. A compreensão de algo pode lhe vir em sonhos ou simplesmente do plano etéreo, mas independentemente do modo pelo qual ela consiga suas informações, quase sempre está certa. Ocasionalmente, quando está emocionalmente envolvida com a situação, pode se confundir e se enganar, mas no geral ela não falha.

Essa sensibilidade à atmosfera psíquica é certamente um ponto forte da mulher de Peixes, apesar de às vezes sobrecarregá-la. Ela precisa estar sempre desintoxicando sua psique, de preferência diariamente, de modo a se livrar de seus dejetos energéticos e se concentrar no que é importante para si. Do contrário, ela fica carregando uma energia que não é boa nem útil e que só faz bloquear o bom funcionamento de seu corpo. A melhor maneira para ela fazer essa limpeza é ter um tempo consigo mesma. Tendo espaço, ela elimina essas preocupações que não são suas e volta ao próprio centro.

Como para sua contraparte masculina, a água é importante para a mulher de Peixes. Quando está estressada, molhar o rosto em água fria ajuda bastante. Natação e tratamentos em spas também são ótimos para ajudá-la a se livrar dessa carga energética e de preocupações. Após um dia árduo, nada como um longo banho perfumado, possivelmente com música e velas também, para ajeitar as coisas em seu mundo interno. Passar um tempo perto do mar também alimenta sua alma e a revitaliza. A água lava as toxinas de sua psique e a faz sentir nova em folha.

Apesar de nem toda pisciana ser introvertida – algumas são verdadeiramente gregárias e sociáveis –, este é um signo tipicamente mais introvertido. Como tal, para as piscianas a solidão é sempre restauradora, e atividades sociais desgastam e cansam. Portanto, há um limite depois do qual qualquer socialização lhe deixa exaurida. Até as mais extrovertidas se beneficiam com atividades como meditação, tai chi e ioga, que ajudam a manter a mente serena e a estabelecer paz interna e tranqüilidade.

A mulher de Peixes não é materialista e pode ser bastante caótica no que diz respeito às finanças. Apesar de ter uma tendência a comprar compulsivamente, o dinheiro em si não a interessa e segurança financeira não quer dizer nada para ela, de modo que não é surpresa que ela se esforce muito pouco para controlar a vida financeira. Tendo dinheiro ou não, não faz diferença para ela e pouco impacto causa em sua vida cotidiana. Dinheiro simplesmente não é prioridade. Apesar disso, ela freqüentemente namora pessoas materialistas e assim deixa para elas a função de cuidar desse lado de sua vida, como se ela não quisesse sujar as mãos. Ou talvez ela simplesmente fique grata de alguém querer lidar com toda essa chatice necessária e inevitável.

Algumas piscianas passam longos períodos sozinhas. Trata-se de mulheres tão sensíveis a rejeição que muitas vezes deixam de arriscar entrar numa relação, principalmente por tanto buscarem perfeição, o que afasta qualquer mortal de seu ideal de sonhos. Um relacionamento traz o risco da frustração e da destruição dos seus sonhos. Ela se isola numa torre de marfim esperando que o Príncipe apareça e a resgate. É uma posição solitária, na qual ela tem uma elaborada vida fantasiosa, que nada tem de real.

Amor não correspondido é uma das coisas mais dolorosas para algumas piscianas. Na verdade, escolher um ideal inatingível acaba sendo um estratagema de que ela usa para não ter um relacionamento real. É preciso uma busca honesta no fundo da própria alma para mudar isso.

Peixes

Parte da dificuldade é que, quando se trata de relacionamentos, a mulher de Peixes costuma ser das mais românticas. Absolutamente não há considerações pragmáticas. Ela acredita no amor e em viver feliz para sempre e não se contenta com nada menos que isso. Nada a deixa mais feliz do que ficar loucamente apaixonada e está sempre disposta a se sacrificar pela pessoa amada. Para ela, o amor está intimamente ligado ao sacrifício, o qual ela acha que a transforma em uma pessoa melhor – a aproxima de Deus ou do plano divino. Ela oferece e espera amor incondicional.

A mulher de Peixes está à procura de uma alma gêmea e de união mística e espiritual com a pessoa amada. Ela anseia por unidade e consolidação e espera que o parceiro esteja tão sintonizado com ela que as palavras se tornem redundantes. Ela adora a fase mais romântica do relacionamento. Na verdade, ela quer que essa fase dure para sempre. Ela ama ser cortejada e levada para jantar e sentir que vale um milhão de dólares. O parceiro deve saber que tem de ser assim a vida inteira, pois ela não aceita de bom grado ser rebaixada no tratamento.

Quando se sente infeliz, a mulher de Peixes pode sofrer de um mau humor terrível e criar um clima emocional péssimo, os quais são incompreensíveis para o parceiro. Ela pode também não entender o que está se passando, mas pode ser que ela não esteja recebendo a atenção de que precisa. Trata-se de uma princesa de contos de fadas que precisa escutar o tempo todo como ela é especial. Ela pode não ser materialista, mas nesse sentido ela custa caro.

Se estiver com o parceiro errado, a mulher de Peixes pode se tornar um verdadeiro capacho. Se a pessoa tiver tendência a explorar os outros, ela se deixa explorar. Como ela acredita em sacrificar as próprias necessidades, indivíduos mais cínicos podem achar que ela está pronta para ser maltratada. O que estas pessoas não vêem é que fazendo isso elas humilham a si próprias e a pisciana pode apelar para sua postura de mártir.

Fazer-se de vítima é uma das armas da mulher de Peixes para conseguir o que quer. Ela sabe usar argumentos do tipo "coitada de mim", "veja o quanto eu me sacrifiquei por você", e sabe transmitir isso sem palavras. Essa tática funciona com quem a ama e não suporta vê-la sofrer. Ninguém faz mais barulho sofrendo em silêncio que a mulher de Peixes. Além de produzir um silêncio ensurdecedor, ela chora com a maior facilidade e usa suas lágrimas não só como forma de expressar suas mágoas mas como uma arma para conseguir o que quer. Ela pode ser uma atriz perfeita quando precisa, e faz o jogo de modo tão convincente que até ela passa a crer no que representa.

Quando está bem, a mulher de Peixes é uma pessoa das mais generosas, complacente, compassiva e gentil. Nada é difícil demais para ela, que providencia o bem-estar de todos. Ela instintivamente põe as necessidades dos outros em primeiro lugar e assim exige que as pessoas façam o mesmo, do contrário não haverá ninguém para cuidar dela. Aí se encontra tanto sua força quanto sua fraqueza. Ela deposita sua felicidade nas mãos dos outros e ao não obter retorno acaba abandonada. Mas mudar e cuidar mais de si mesma seria comprometer sua natureza.

Quando está num relacionamento, este se torna o centro da vida da mulher de Peixes. Sua vida passa a girar ao redor do parceiro, e ela investe a maior parte de sua energia criativa no relacionamento, esperando receber em retorno um sentimento de plenitude e satisfação. A despeito de ela trabalhar ou não, ou de ter qualquer outro interesse, é provável que a relação se mantenha como prioridade. Ela se coloca numa posição claramente vulnerável e os parceiros de mulheres de Peixes precisam estar cientes do que se espera deles.

Filhos quase sempre fazem parte do pacote para a mulher de Peixes, e quando eles chegam podem tirar um pouco a concentração dela sobre o parceiro. Ela se sai uma mãe cuidadosa, dedicada e carinhosa. Sua compaixão altamente desenvolvida arruma, assim, um canal de expressão altamente adequado e necessário. Costuma se sair particularmente bem na fase pré-verbal que vai até cerca dos dois anos de idade. À medida que crescem, pode ser difícil para a pisciana ver a criança ficar mais independente. O momento em que os filhos entram na escola, por exemplo, que é um passo importante no desenvolvimento de qualquer criança, pode ser realmente complicado para a mãe pisciana – principalmente se ela não tiver outros filhos menores.

Muitas mulheres de Peixes espontaneamente formam famílias grandes como compensação para o fato inevitável que é o crescimento dos bebês. O ponto perigoso é quando os mais novos começam a dar sinais de independência. Outras atividades criativas não servem para aliviar a sensação de perda. Uma boa alternativa, se ter mais filhos não for uma opção, seria

Peixes

um cachorro, que lhe oferece amor incondicional e depende dela. Um parceiro perspicaz compraria um para ela quando o filho mais jovem tiver uns quatro anos de idade.

A despeito de ela ter tido ou não uma carreira antes de ter filhos, é quase certo que a mulher de Peixes se afaste por um bom tempo do trabalho quando as crianças chegarem. O ideal para ela seria ficar em casa com os filhos até eles começarem a freqüentar a escola. É improvável que ela deixe os filhos com babás, se puder evitar, pois quer tomar conta deles pessoalmente e é uma mãe superprotetora. Se ela não tiver uma carreira estabelecida, será a desculpa perfeita para ela esquecer tudo isso, e, se ela tiver uma carreira, ficará em segundo plano após a maternidade. Ela está em seu ambiente quando assume a função de prendas domésticas; para a pisciana, é um trabalho essencial que ninguém faz tão bem quanto ela, no que pode estar mesmo certa. Se ela contratar uma babá para lhe ajudar será para poder garantir seu espaço vital, pois ela precisa de um pouco de solidão para pensar.

Quando os filhos não precisarem mais de muita atenção, a mulher de Peixes pode retomar o antigo trabalho ou começar outra carreira, se a anterior não lhe satisfazia. Sua real vocação geralmente fica mais clara um tanto tarde. Muitas vezes ela acaba reunindo todas as suas experiências anteriores e criando um trabalho que só ela é qualificada para fazer.

Se ela tiver talento, a carreira mais recompensadora que a mulher de Peixes pode seguir seria no ramo artístico. Em geral, ela tem enorme prazer em trabalhos criativos. Música, fotografia, cinema, artes dramáticas, moda, poesia e prosa são possibilidades viáveis, e ela pode até ter múltiplos talentos e se especializar em diferentes áreas. Se for escritora, poesia e ficção se ajustarão melhor para ela, que pode usar sua rica vida interna e sua consciência da fugacidade de certos estados emocionais, os quais ela consegue captar com sua escrita.

Fazer dinheiro como artista é difícil, e talvez a mulher de Peixes não tenha isso em mente. No começo, suas produções artísticas podem ser um passatempo, mas acabam fazendo sucesso. Como seu objetivo não é fazer dinheiro, será uma agradável surpresa ter retorno financeiro com seu trabalho. Se ela começar a fazer sucesso, terá de ter um agente, pois não saberá vender seu peixe sozinha.

Para a mulher de Peixes que não tiver inspiração para as artes geralmente é satisfatório estar ao lado de pessoas criativas. Assim, trabalhar numa galeria de artes, teatro ou casa de shows, ou em algum lugar no qual possa estar com artistas plásticos, músicos e atores, será sempre bom para ela.

Muitas piscianas trabalham ajudando às pessoas e se encaixam profissionalmente em atividades sem nenhum glamour, como enfermeira psiquiátrica, trabalhos com deficientes ou em asilos de idosos. Esses membros da sociedade, vulneráveis e freqüentemente rejeitados, são tratados por ela com compaixão e respeito. Ao contrário de muitos, ela não age com superioridade nem condescendência com essas pessoas, pois sabe que todos temos o mesmo destino final.

Seja qual for o trabalho da mulher de Peixes, ela traz a ele sua habilidade para compreender níveis menos tangíveis da vida. O estado da sua alma e das almas dos outros é o que lhe importa. Outras podem imitá-la e tentar fazer a diferença, mas só a pisciana é quem consegue. Tudo que ela toca ascende a um plano mais alto e ganha dignidade. Este é seu dom para a humanidade.

A criança de Peixes

As crianças de Peixes são delicadas, gentis e sensíveis e nem sempre estão muito bem preparadas para viver no mundo em que vivemos, o qual consideram um lugar áspero e hostil. Um pouco como plantas delicadas que precisam de proteção contra as forças da natureza, as crianças de Peixes precisam de uma certa indulgência nos primeiros anos, até que desenvolvam mecanismos de defesa.

Freqüentemente um tanto tímidas, as crianças de Peixes gostam de conhecer as pessoas com calma, podendo avaliar as situações. Quando se sentem inseguros, estes pequenos se agarram à barra da saia da mãe. Os pequenos piscianos podem ser bastante pegajosos e usam o corpo da mãe para espiar por trás, ao mesmo tempo em que avaliam se vale a pena ou não se aventurar além da segurança materna. O conforto e segurança do contato físico sempre será importante para eles, que nunca rejeitam um aconchego. Um carinho é sempre calmante quando estão na cama prestes a dormir, fazendo-os sentirem-se seguros durante toda a noite.

Peixes

Desde cedo, as crianças de Peixes choram quando estão magoadas ou chateadas. Quando bebês costumam ser bastante sonoros, simplesmente por terem maior sensibilidade a qualquer coisa que considerem inadequada. Alguns pais podem temer que ele venha a se transformar num chorão ou fazer cara feia e choramingar por qualquer pequeno revés da vida, mas na verdade é o contrário que acontece. Se receberem a atenção devida quando bem pequenos, crescerão sabendo lidar melhor com dificuldades. Encare a coisa como dinheiro no banco, como se estivesse construindo os recursos emocionais da criança. Sob hipótese alguma tente tornar estas crianças mais duronas, supostamente para seu bem. Não vai funcionar e só fará com que elas tenham sérios problemas ao tentarem reprimir sua sensibilidade nata mais tarde na vida.

As crianças de Peixes têm imaginação vívida e adoram ouvir histórias, e, à medida que vão crescendo, encontram nos livros uma forma agradável de escapar para outros mundos. Este é um hábito que pode ser cultivado desde bem cedo e que se revela um prazer para todas as partes envolvidas. É preciso cuidado na escolha dos livros, pois são crianças muito impressionáveis. É uma questão de selecionar os títulos adequados para a idade delas, além de ler a contracapa com o resumo da história, optando assim por livros feitos para crianças um pouco mais jovens que elas.

Cuidados extras são necessários com a televisão, o cinema e até o teatro em relação às crianças de Peixes, pois cenas que as demais crianças levam na brincadeira podem deixar os piscianos apavorados. Os nativos deste signo têm menos defesas, por isso são mais afetados – as coisas lhes penetram fundo, enquanto outras crianças nem se incomodam –, e o resultado pode vir na forma de pesadelos e noites mal-dormidas. É melhor ir testando este tipo de coisa gradualmente para checar o nível de tolerância da criança, jamais presumindo o quanto ela pode agüentar.

Quanto aos brinquedos, é bom se certificar de que a criança de Peixes tenha uma caixa com roupas e trajes que estimulem teatrinhos e fantasias, que são seu sustentáculo. Estas crianças preferem jogos que favoreçam e precisem de imaginação. É desperdício gastar dinheiro com brinquedos caros, pois elas acabam brincando mais com uma caixa de papelão que vira um castelo, uma fazenda ou qualquer outra coisa na qual resolvam transformar o papelão do que com brinquedos mais definidos e rígidos. Deixe que virem a casa de ponta-cabeça, pois vão querer arrumar esconderijos e coisas do tipo. Mesas, cadeiras e lençóis fazem milagres, associados à sua imaginação.

Estimule todas as formas de auto-expressão criativa, que estimulam e favorecem sua imaginação, além de funcionar como um veículo pelo qual a criança de Peixes processa algumas de suas impressões, o que ajuda a acalmá-la. É também possível que tenham talento de verdade, do qual possivelmente façam uso mais tarde na vida. Dê-lhes lápis de cor, tintas e grandes folhas de papel e deixe que façam a maior bagunça. Cola, tesoura, papéis coloridos, cartolinas e outros materiais do tipo também serão úteis, principalmente, para que possam construir as estruturas de uma fazenda de brinquedo, ou uma cama de boneca.

Tome cuidado para não estimular demais uma criança de Peixes. Certifique-se de que ela tenha bastante tempo ocioso, sem qualquer atividade programada, para que possam fazer o que quiserem, incluindo fazer nada. Especialmente depois de um dia na escola, esta criança precisará de um tempo sossegada para sonhar acordada e digerir os eventos do dia. Ocupá-las no sábado e no domingo também pode ser demais, pois precisam de bastante espaço para não se sobrecarregarem. Mantenha o mínimo de atividades extracurriculares e compromissos, deixe que surjam naturalmente.

Dito isso, é bom saber que as crianças de Peixes costumam gostar de aulas de dança ou de teatro, ou talvez queiram aprender a tocar um instrumento, e isso deve ser encorajado, principalmente se a iniciativa partir deles. É possível que tenham habilidades excepcionais em uma dessas áreas também, portanto apoiar seu interesse e talento é importante. Só não deixe que as aulas ou ensaios tomem todo seu tempo livre.

Se o pequeno pisciano não se dedicar muito às aulas, não o force. É claro que se os pais estão pagando por aulas caras, a idéia é que a criança pratique e faça valer o investimento, de modo que será preciso considerar se a criança deverá continuar no curso ou não. Tente aceitar que, por mais talentosa que ela seja, insistir no curso talvez não seja sua necessidade imediata. Algumas podem pular de um instrumento ou curso de dança para outro, o que deve ser estimulado. Elas precisam experimentar e descobrir a que se adaptam melhor, portanto não encare esse comportamento como falta de disciplina, não é o caso destas crianças.

Peixes

Quando ficam mais velhas, algumas crianças de Peixes tendem a exibir um lado cruel e são conhecidas, às vezes, por se comportarem de maneira maldosa. Parece ser uma fase pela qual passam e que tem a ver com sua extrema sensibilidade. Elas descobrem algo vulnerável e sem defesas e fazem experimentos bastante frios, como cortar vermes (para testar a teoria de que ambas as partes continuam vivas) ou arrancar as asas de um inseto. Se isso acontecer, é importante não condená-las muito rispidamente e encarar o fato como uma forma de expressarem algo que sentem e ao mesmo tempo sugerir que aquilo não é uma coisa boa de se fazer.

Crianças piscianas podem se sentir facilmente brutalizadas por experiências a que outras resistem melhor, portanto, se estiverem sendo cruéis, trata-se de um pedido de ajuda. Normalmente, estas crianças tomam cuidado para não pisar em formigas e reconhecem seu direito sagrado de viver ao lado de todas as formas de vida. Quando estas crianças descobrem de onde vem a carne, muitas vezes optam pelo vegetarianismo por razões humanitárias. A despeito do que os pais pensem sobre isso, trata-se de um comportamento tipicamente pisciano.

As crianças de Peixes costumam ser sábias demais para a idade que têm no que tange à compreensão da condição humana. Sua empatia natural lhes torna boas ouvintes, mas é importante que sejam ouvidas também. Parte da razão de os piscianos serem tão bons atores é sua qualidade camaleônica de se adaptar ao ambiente que lhes cerca – podem assumir qualquer papel que se espera deles. Isso pode ser um problema se o pisciano não souber bem quem é ou o que quer. Certifique-se de que esta criança não seja negligenciada por ser tão fácil de levar e conviver. Permita que ela faça escolhas importantes para sua vida sempre que possível, pois isso lhes ajuda a se concentrar no que querem e fortalece seu senso de identidade.

Como os nativos de Peixes são muito impressionáveis e dotados de vívida imaginação, são suscetíveis a medos noturnos. Se pedirem para que a porta de seu quarto fique aberta à noite para entrar um pouco de luz ou até se pedirem para dormir na cama dos pais, tente acomodar isso da melhor maneira possível. Ir para a cama dos pais pode representar um empecilho, e apesar de alguns pais aceitarem, outros podem achar isso invasivo e desconfortável demais. Seja como for, para uma criança que está tendo pesadelos, pode fazer uma enorme diferença. É importante fazer o que for possível tanto para levar seus medos a sério quanto para acalmar a criança, mostrando que não há motivo para temer. Portanto, os pais ajudam muito ao não criarem muito caso por conta desses pedidos.

As crianças de Peixes absorvem a atmosfera ao seu redor e são por ela afetadas. Captam especialmente bem o que se passa debaixo da superfície, sem necessariamente saberem falar sobre o que vêem – simplesmente agem de acordo com o que sentem. Comportam-se como uma esponja psíquica no que tange a climas subjacentes. Dessa forma, podem acabar absorvendo e carregando os problemas da família toda. São elas que choram ou ficam enfermas quando a atmosfera familiar se torna tóxica ou poluída. Isso pode ocorrer apenas pelo fato de os pais estarem estressados ou por causa de brigas ou discórdias. Numa atmosfera dessas – que nem precisa ser das mais extremas –, os pesadelos e aborrecimentos da criança de Peixes podem ser encarados como reflexo do problema familiar. Estas crianças agem como barômetros da saúde e do bem-estar da família. A tentação, então, é a família usar a criança como bode expiatório, vendo-a com problemática em vez de enfrentar um problema que é de todos.

Isto não implica culpa da família por todos os aborrecimentos da criança de Peixes. Entretanto, ao valorizar a sensibilidade da criança e sempre lidar com ela de modo compassivo, os pais já estarão fazendo muito por ela.

Os meninos de Peixes, em particular, enfrentam dificuldades por seu nível de sensibilidade, de modo que é especialmente importante tratá-los com gentileza. Nunca faça com que se sintam mal por chorar nem aja como se houvesse algo errado com eles. O pai de um menino desses pode ficar desconcertado e achar difícil de entender que seu filho não goste de futebol e outras atividades tipicamente masculinas. É claro que há jogadores de futebol de Peixes, mas normalmente esportes não são a especialidade deste signo, e, quando são, geralmente são esportes aquáticos como natação, mergulho, pesca e navegação. O pai precisa reconhecer que o filho nasceu com dom para outras coisas.

Não fica muito aparente qual caminho profissional o pisciano seguirá quando chega a hora de definir o que desejará cursar. Se não estiver muito claro, é melhor apostar em qualquer coisa que desempenhem bem. Línguas, artes e áreas humanas são escolhas melhores que ciências, apesar de que uma escolha malfeita nesta época não representa grande problema.

É comum que os piscianos levem mais tempo para descobrir seu caminho na vida. Eles tendem a encontrar seu rumo por meio de um sistema de tentativa e erro, portanto são menos limitados que a maioria. Os pais precisam ter isso em mente e não ligar muito se seu filho de Peixes parecer perdido e sem rumo. Um certo tempo de ociosidade pode ser bom, pois assim o pisciano ganha experiência – principalmente por ser provável que ele ou ela siga antes uma vocação do que estabeleça uma carreira convencional.

Portanto, se o pisciano vai para a universidade ou não depende muito de ter alguma idéia do que quer. Dependendo de sua aptidão, pode ser muito bom investir em uma escola de teatro ou de artes, ou em um diploma em artes ou literatura. Apesar de muitos acabarem trabalhando em áreas correlatas, alguns optam por carreiras que as pessoas próximas jamais esperariam.

É improvável que o caminho de vida da criança de Peixes seja linear, portanto os pais precisam pôr de lado idéias preconcebidas e deixar o filho ou filha à vontade. É claro que os pais precisam decidir até que ponto oferecerá apoio financeiro, mas no geral o pisciano sabe cuidar de si mesmo quando necessário e os pais devem fazer apenas aquilo que sua consciência mandar. É bom lembrar que é improvável que o pisciano seja ambicioso – ele está em busca de um trabalho significativo e criativo.

Todo pai e mãe considera seus filhos especiais, mas as crianças de Peixes são especiais mesmo. Elas podem ultrapassar todas as expectativas para conquistar um sonho. São crianças de Netuno, deus do mar, com sua infinita sabedoria e compreensão. Encare como um privilégio ter-lhe sido confiada a educação destas almas sensíveis, e cuide para que elas estejam sempre em segurança.

Este livro foi composto na tipologia Minion,
em corpo 11/15,2, e impresso em papel off-white 80g/m²
no Sistema Cameron da Divisão Gráfica da
Distribuidora Record.

Você pode adquirir os títulos da Nova Era
por Reembolso Postal e se cadastrar para
receber nossos informativos de lançamentos
e promoções. Entre em contato conosco:

mdireto@record.com.br

Tel.: (21) 2585-2002
Fax: (21) 2585-2085
De segunda a sexta-feira,
das 8h30 às 18h

Caixa Postal 23.052
Rio de Janeiro, RJ
CEP 20922-970

Válido somente no Brasil.
www.record.com.br